STAR WARS

THE MANDALORIAN

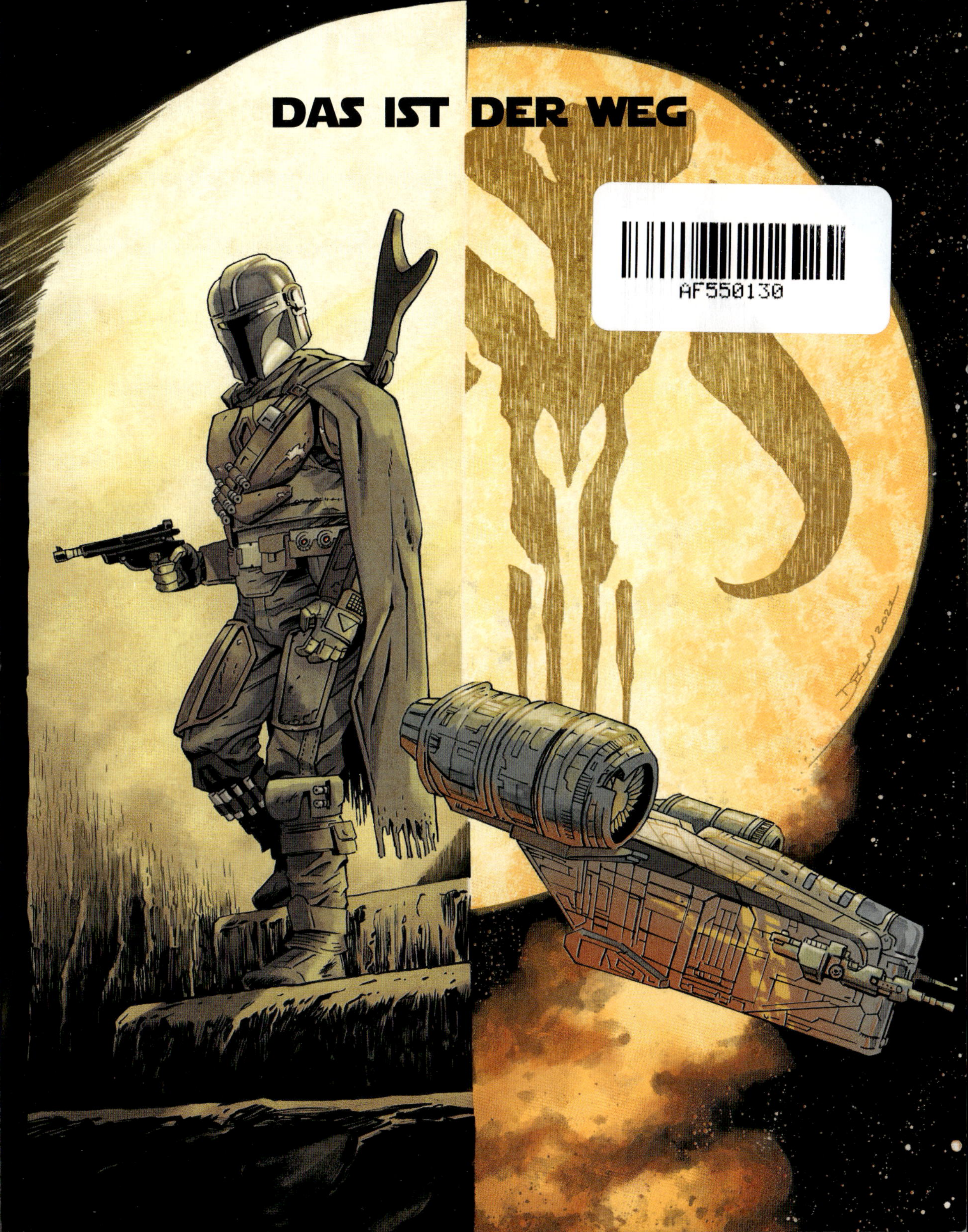

EINLEITUNG

Die Idee für eine *Star Wars*-TV-Serie geht auf George Lucas zurück. Der kalifornische Regisseur hatte nie Vorurteile gegenüber dem Fernsehen – bereits 1978 wurde das Weihnachtsspecial *The Star Wars Holiday Special* auf CBS veröffentlicht, in dem Boba Fett seinen ersten Auftritt hat – und nachdem die Dreharbeiten und die Produktion der Prequel-Trilogie beendet waren, kündigte Lucas auf der *Star Wars Celebration 2005* an, dass er an einer Serie für das Fernsehen arbeitet.

Diese Serie sollte *Star Wars: Underworld* heißen und 2009 in Produktion gehen. Das Projekt beschäftigte Lucasfilm lange und intensiv, sodass nach viel Recherche und Vorbereitung 50 Drehbücher für ebenso viele Episoden produziert wurden. *Underworld* erblickt aufgrund seiner hohen Produktionskosten allerdings nie das Licht der Welt, aber es legt die Saat dessen, was Jahre nach der Übernahme von Lucasfilm durch Disney entstehen wird.

Nach der Veröffentlichung der Sequel-Trilogie, von *Rogue One* und dem Solo-Film wird Regisseur und Produzent Jon Favreau mit der Entwicklung einer Serie für *Disney+* beauftragt. 2018 wird dann *The Mandalorian* angekündigt, während die Dreharbeiten in Kalifornien beginnen.

Die erste Staffel von *The Mandalorian* gewinnt sieben Emmy Awards. Im Jahr 2022 kündigt Marvel die Comic-Adaption an und beauftragt Drehbuchautor Rodney Barnes und Künstler Georges Jeanty, jede Episode der ersten Staffel als Comic umzuarbeiten: Die Comic-Serie wird zu einer der meistverkauften des Jahres.

Impressum: Die deutsche Ausgabe von ***STAR WARS* Sonderband 146: THE MANDALORIAN – DAS IST DER WEG** wird von der Panini Verlags GmbH herausgegeben, Schloßstraße 76, 70176 Stuttgart. Geschäftsleitung: Hermann Paul, Head of Editorial: Jo Löffler (v.i.S.d.P.), Redakteure: Gunther Nickel, Jürgen Zahn; Übersetzung: Text der TV-Serie; Head of Marketing: Holger Wiest (E-Mail: marketing@panini.de); Lettering & Grafik: Brightstar Studio, Ludwigsburg; Druck: Printed in Italy; PR & Presse: Steffen Volkmer;

Panini-Nachbestell-Service: Bezugsmöglichkeiten für ältere Ausgaben unter www.paninicomics.de

Diese Ausgabe enthält die US-Ausgaben: *STAR WARS: THE MANDALORIAN* #1-4.

1. Auflage, März 2023

YDSTWS146

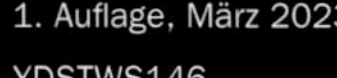

ISBN: 978-3-7416-3346-1

Digitale Ausgaben:
ISBN 978-3-7367-9480-1 (PDF)
ISBN 978-3-7367-9481-8 (EPUB)
ISBN 978-3-7367-9482-5 (MOBI)

Text RODNEY BARNES

Zeichnungen GEORGES JEANTY

Tusche KARL STORY

Farben RACHELLE ROSENBERG

US-Redaktion DANNY KHAZEM
MIKEY J. BASSO
MARK PANICCIA
C.B. CEBULSKI

Nach der TV-Serie von JON FAVREAU und Skripten von JON FAVREAU, DAVE FILONI, CHRISTOPHER YOST und RICK FAMUYIWA

Für Lucasfilm MICHAEL SIGLAIN
ROBERT SIMPSON
TROY ALDERES
PHIL SZOSTAK

Lucasfilm Story Group PABLO HIDALGO
MATT MARTIN
EMILY SHKOUKANI

Chefredaktion JO LÖFFLER

Redaktion GUNTHER NICKEL &
JÜRGEN ZAHN
(Die Texte entsprechen der TV-Serie)

Grafik/Lettering HARDY HELLSTERN

Nach dem Fall des Galaktischen Imperiums herrscht in der gesamten Galaxis Gesetzlosigkeit. Der Mandalorianer ist Kopfgeldjäger und folgt seinem unerschütterlichen Ehrenkodex.
Das ist der Weg ....

STAR WARS THE MANDALORIAN

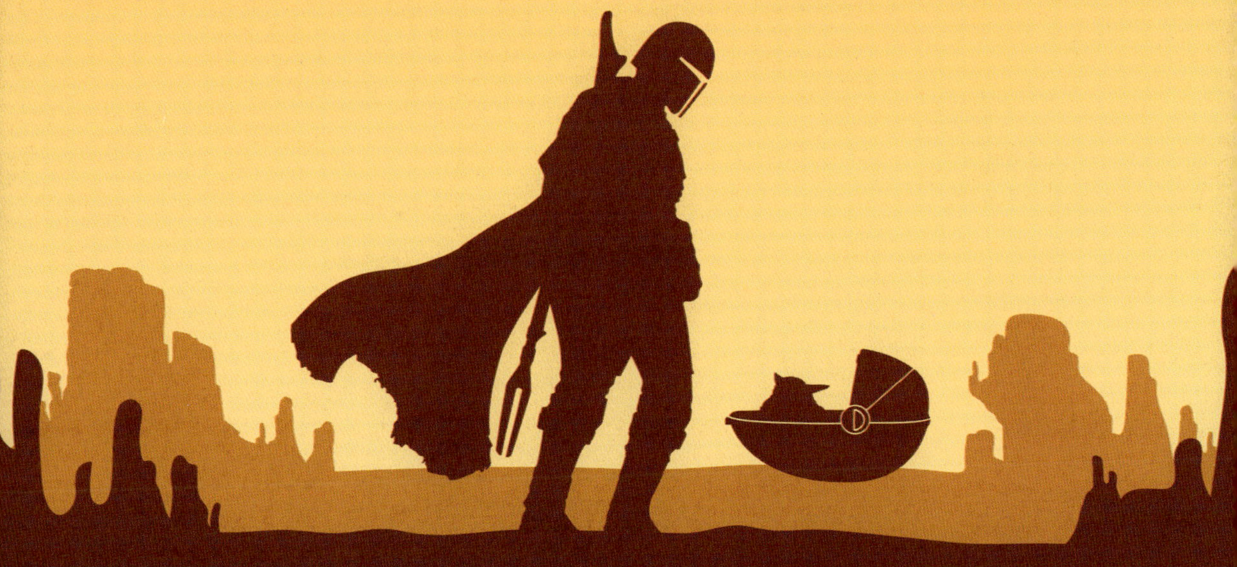

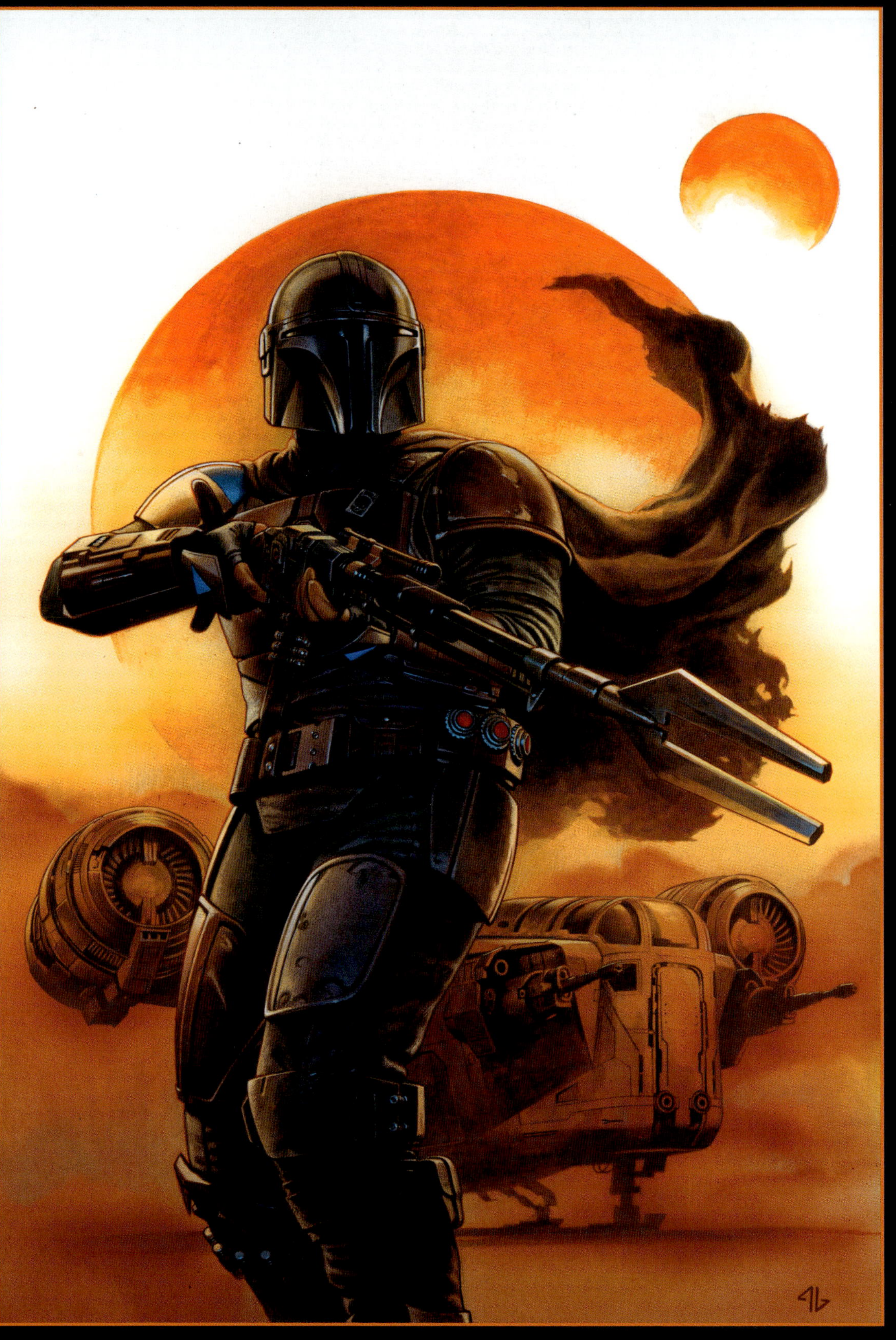

US-STAR WARS: The Mandalorian #1
Cover: **ADI GRANOV**

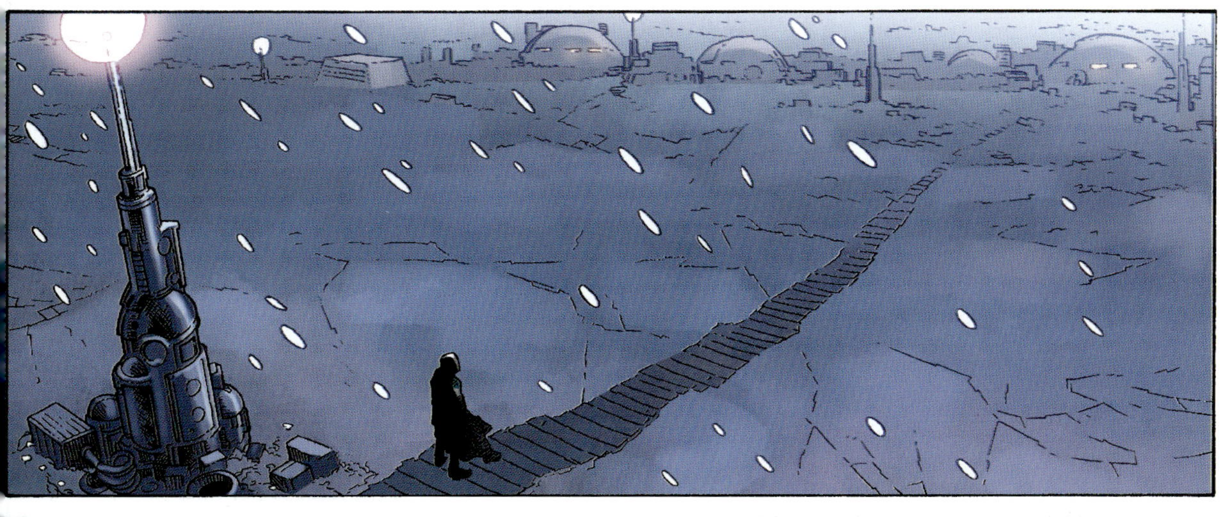

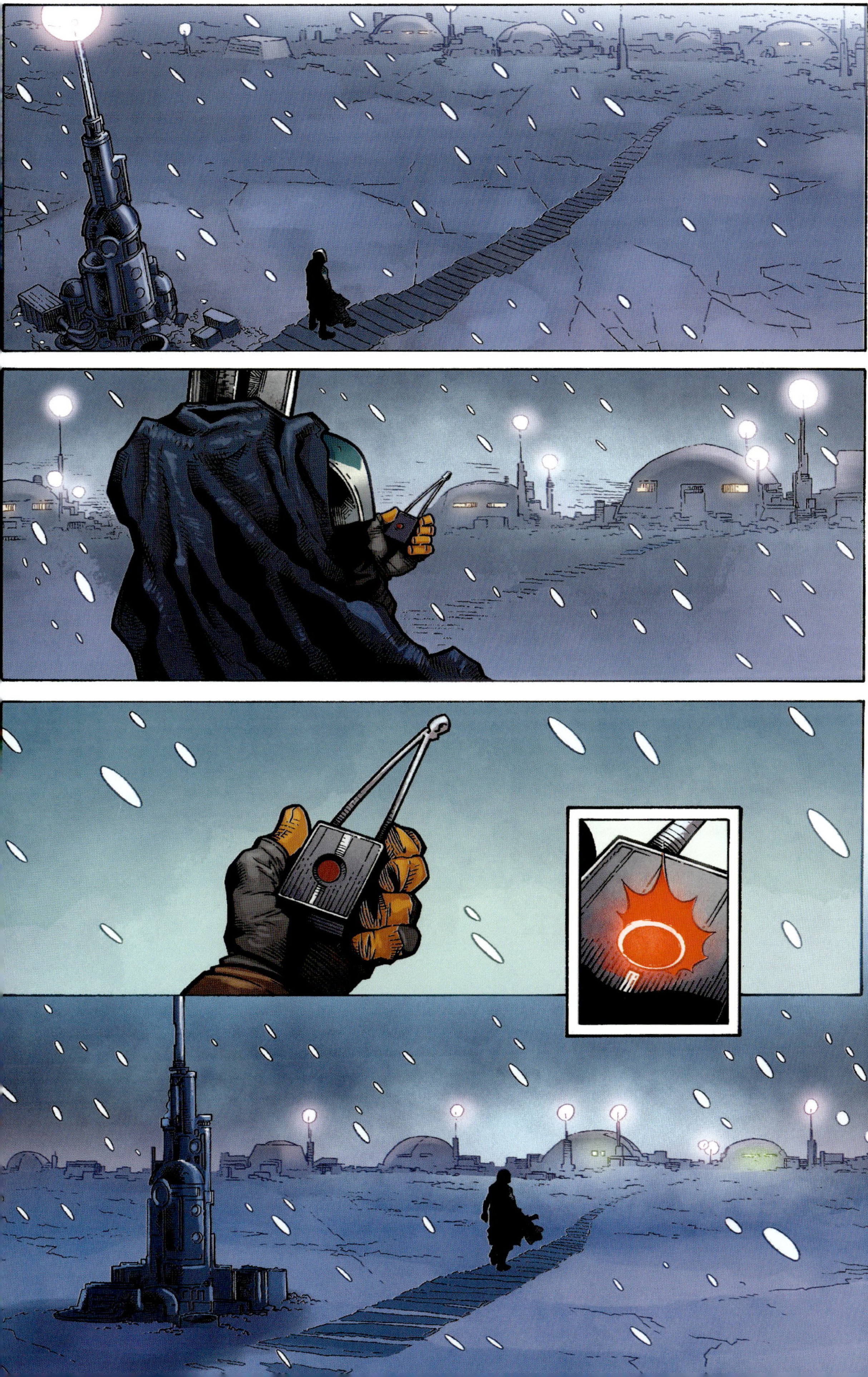

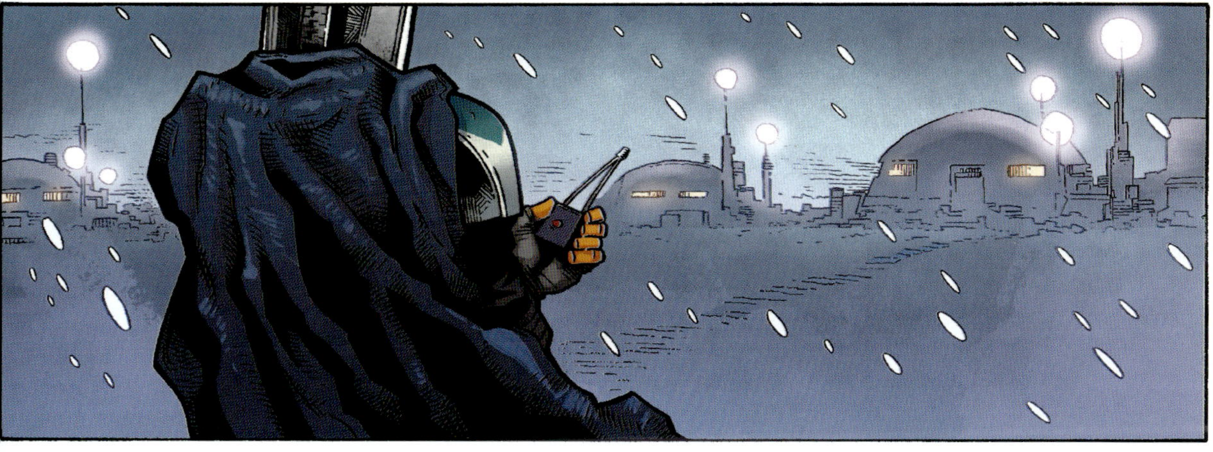

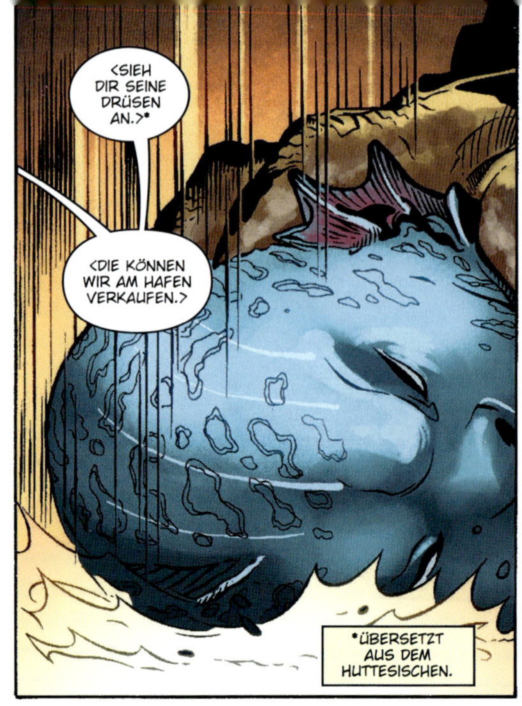
<SIEH DIR SEINE DRÜSEN AN.>*
<DIE KÖNNEN WIR AM HAFEN VERKAUFEN.>
*ÜBERSETZT AUS DEM HUTTESISCHEN.

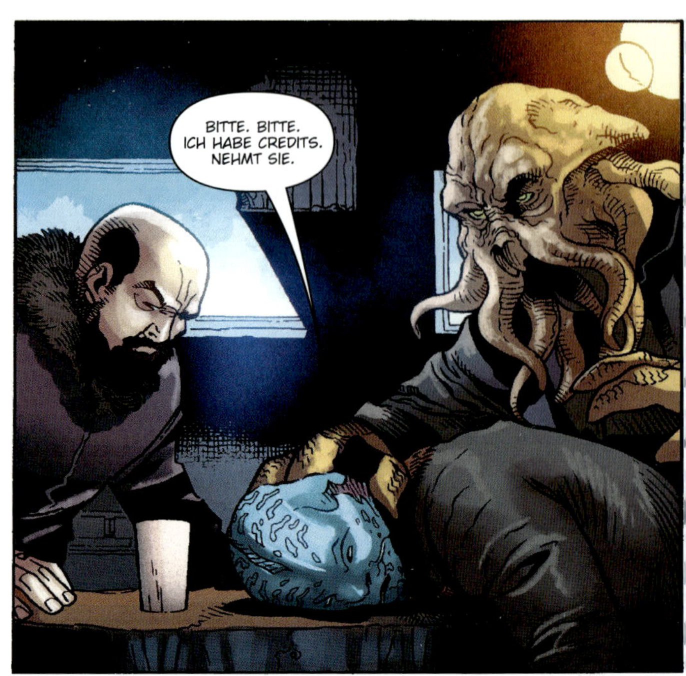
BITTE. BITTE. ICH HABE CREDITS. NEHMT SIE.

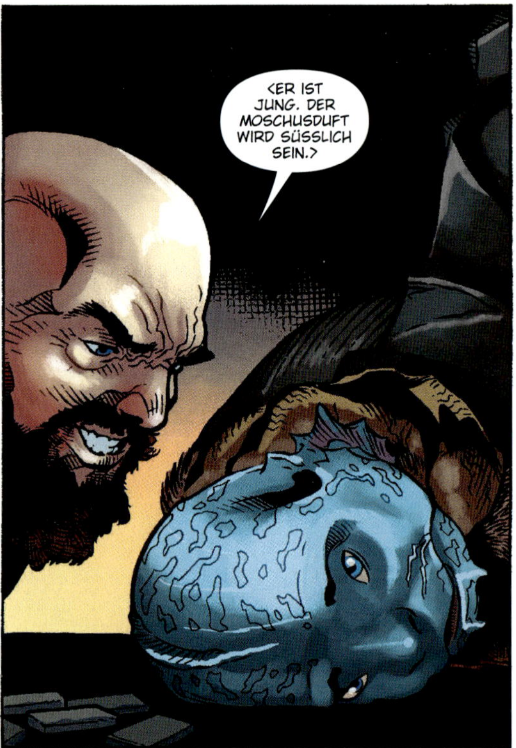
<ER IST JUNG. DER MOSCHUSDUFT WIRD SÜSSLICH SEIN.>

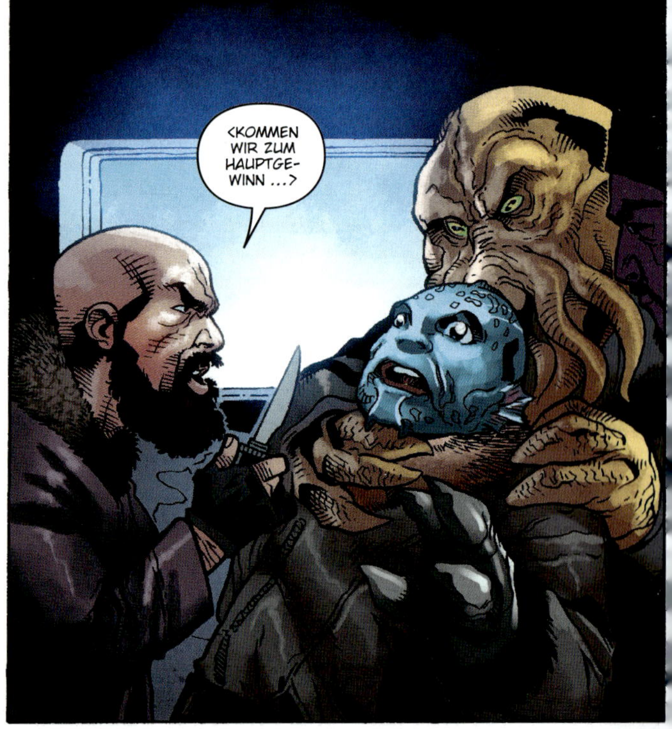
<KOMMEN WIR ZUM HAUPTGE-WINN ...>

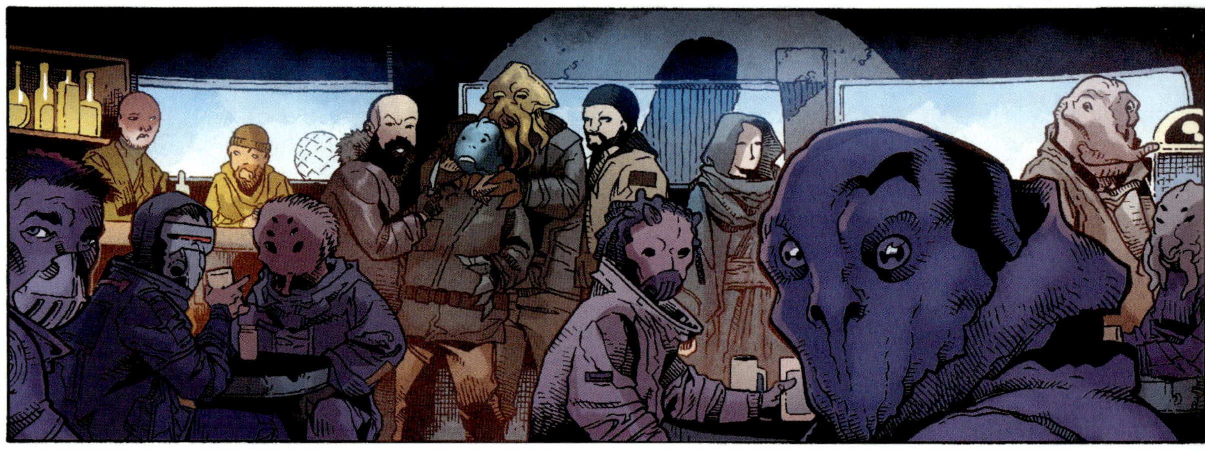

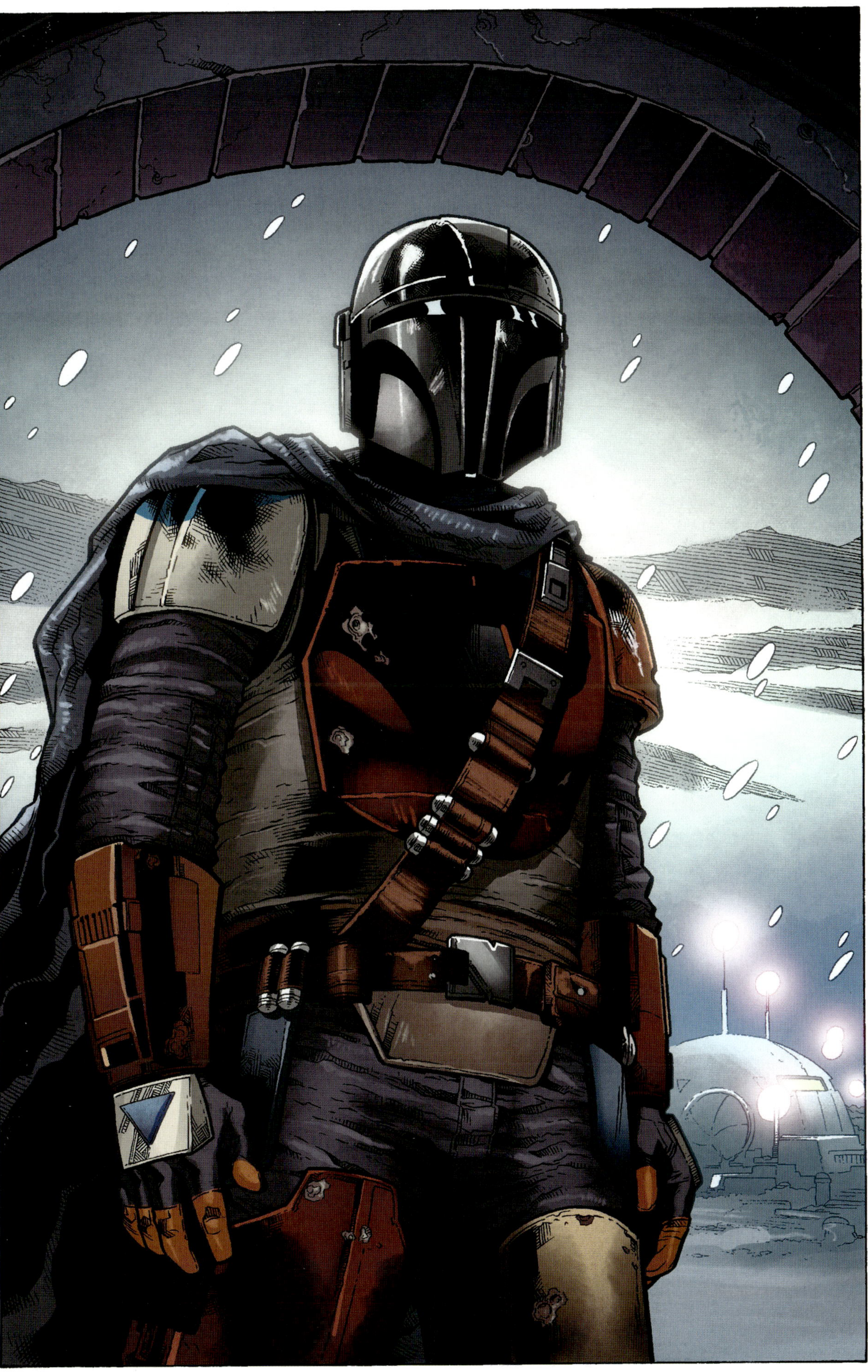

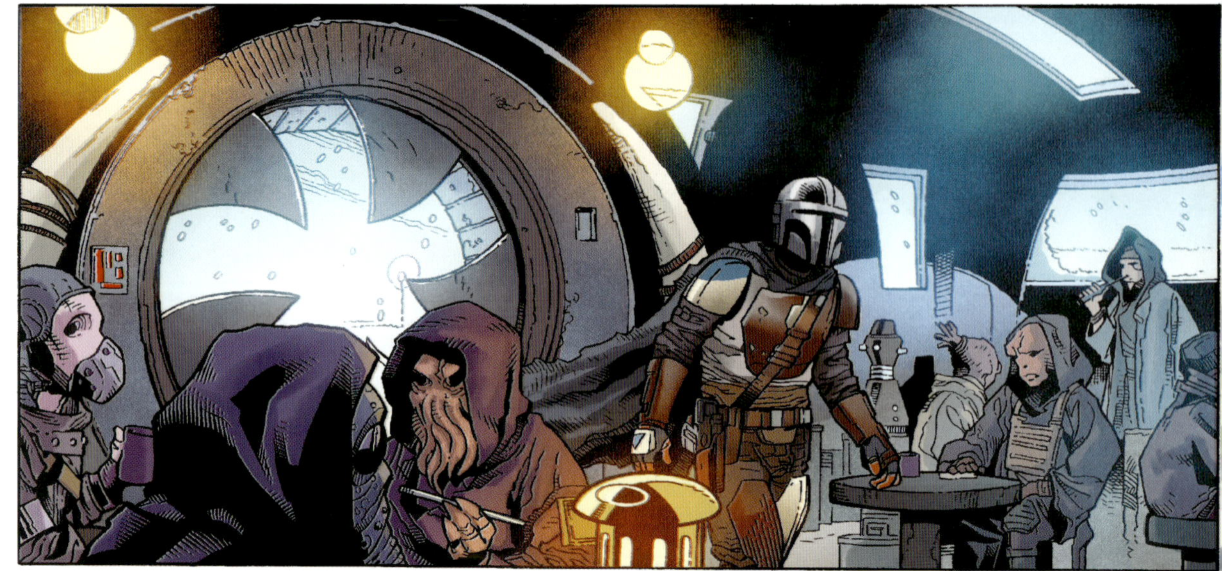

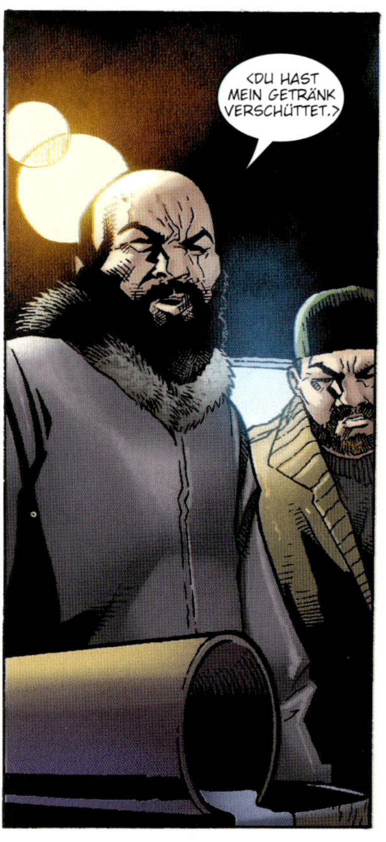
<DU HAST MEIN GETRÄNK VERSCHÜTTET.>

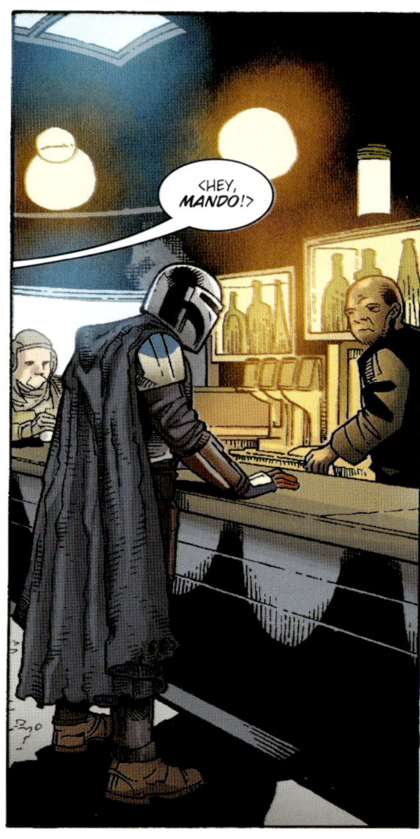
<HEY, MANDO!>

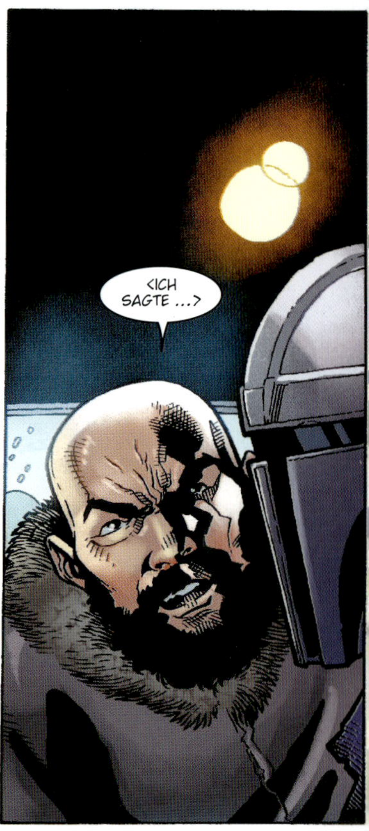
<ICH SAGTE ...>

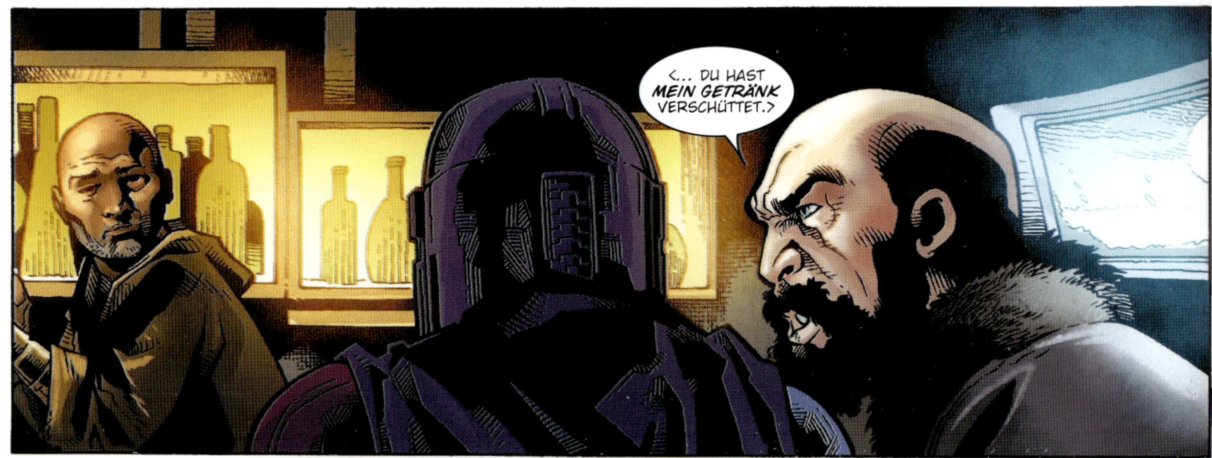
<... DU HAST MEIN GETRÄNK VERSCHÜTTET.>

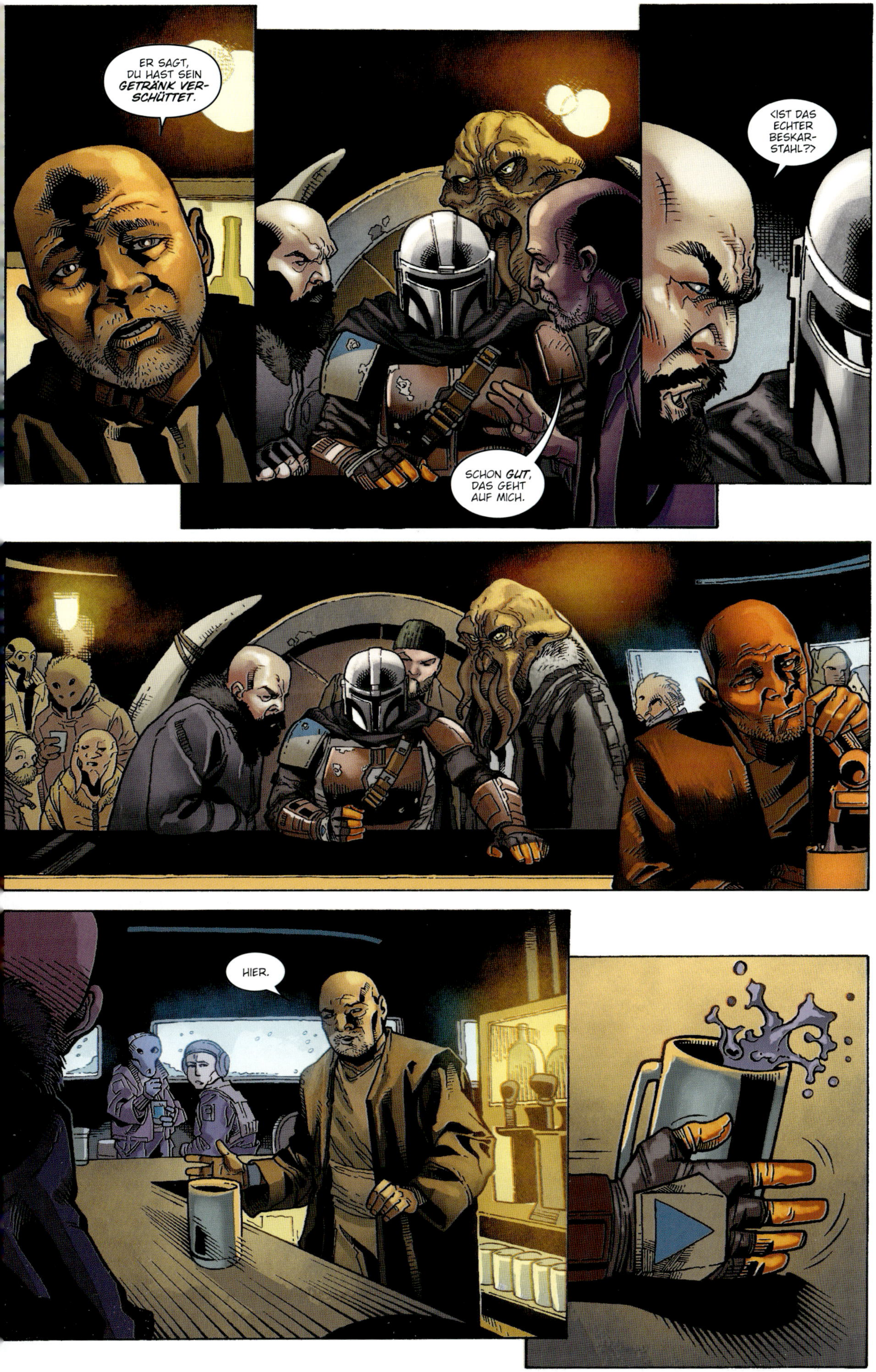

ER SAGT, DU HAST SEIN **GETRÄNK VERSCHÜTTET**.

SCHON **GUT**, DAS GEHT AUF MICH.

<IST DAS ECHTER BESKAR-STAHL?>

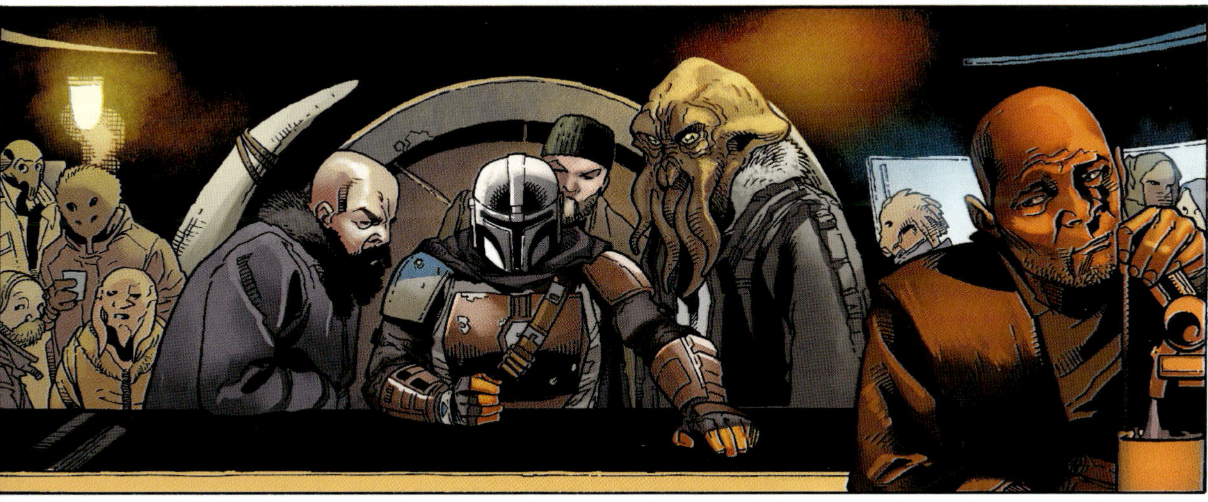

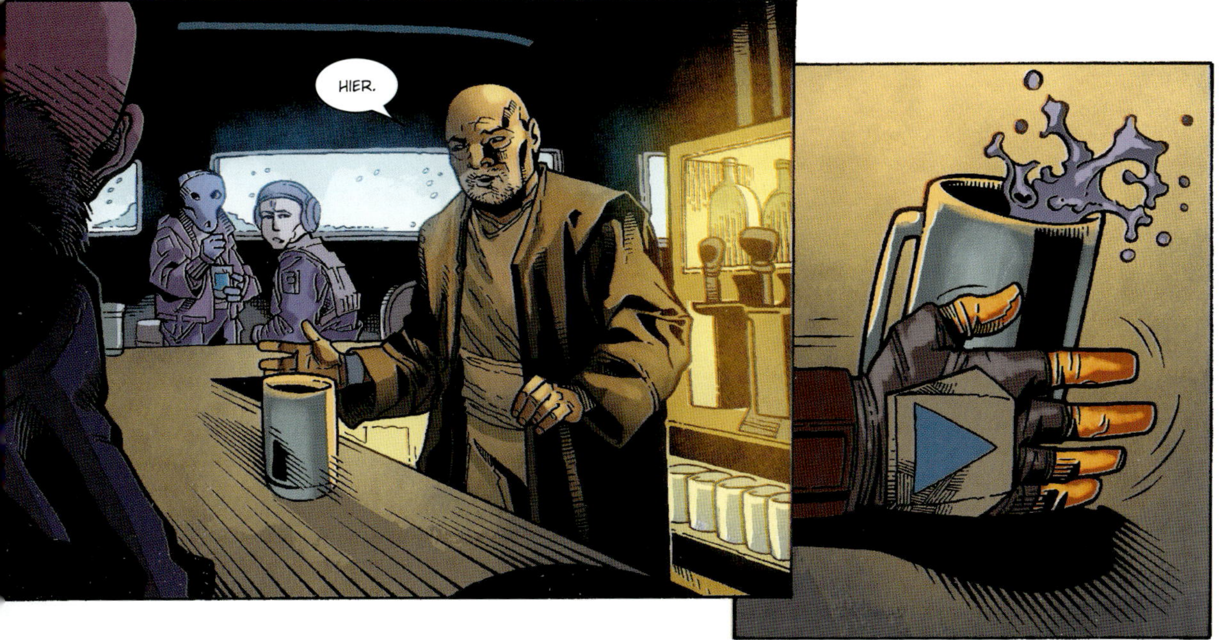

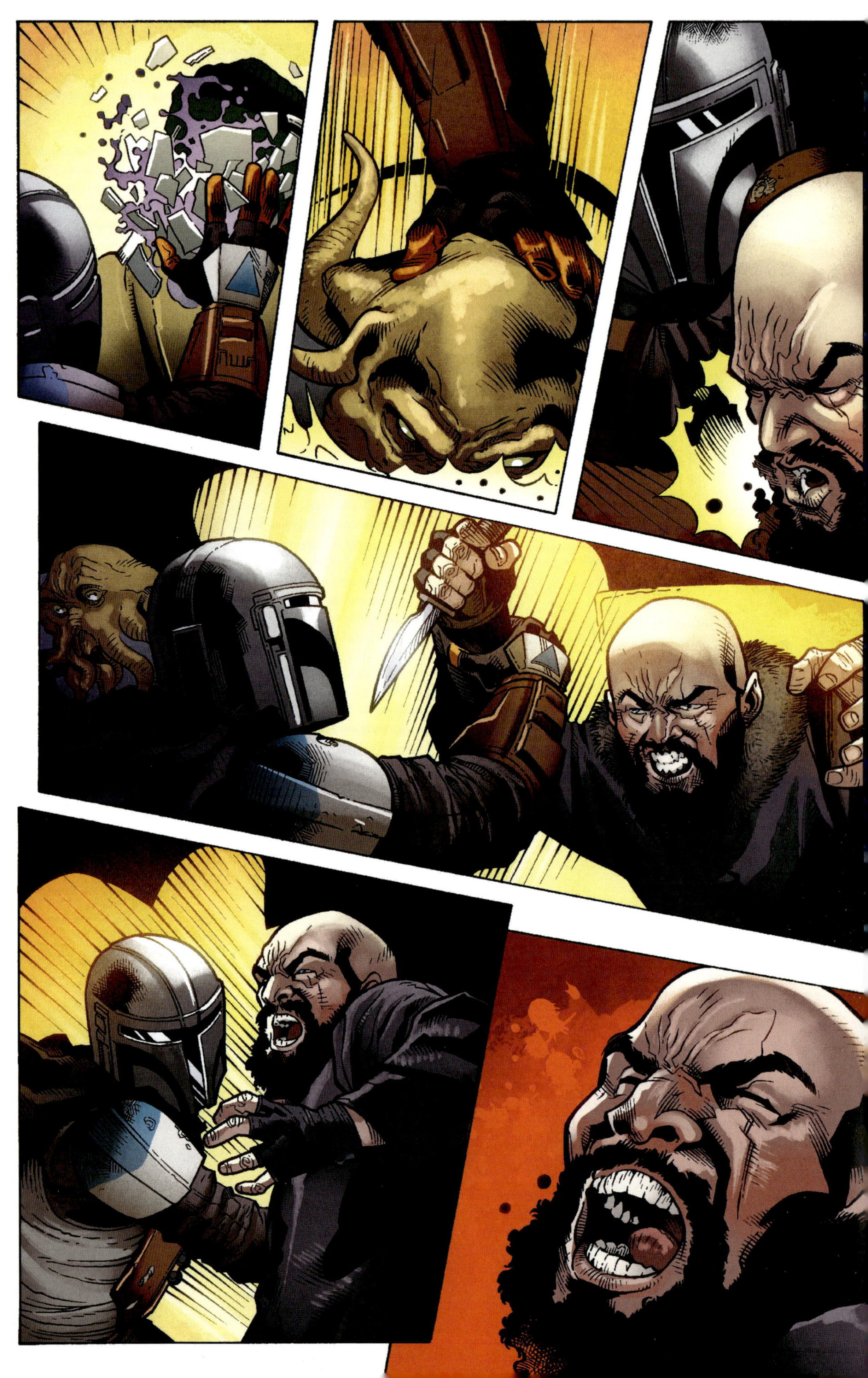

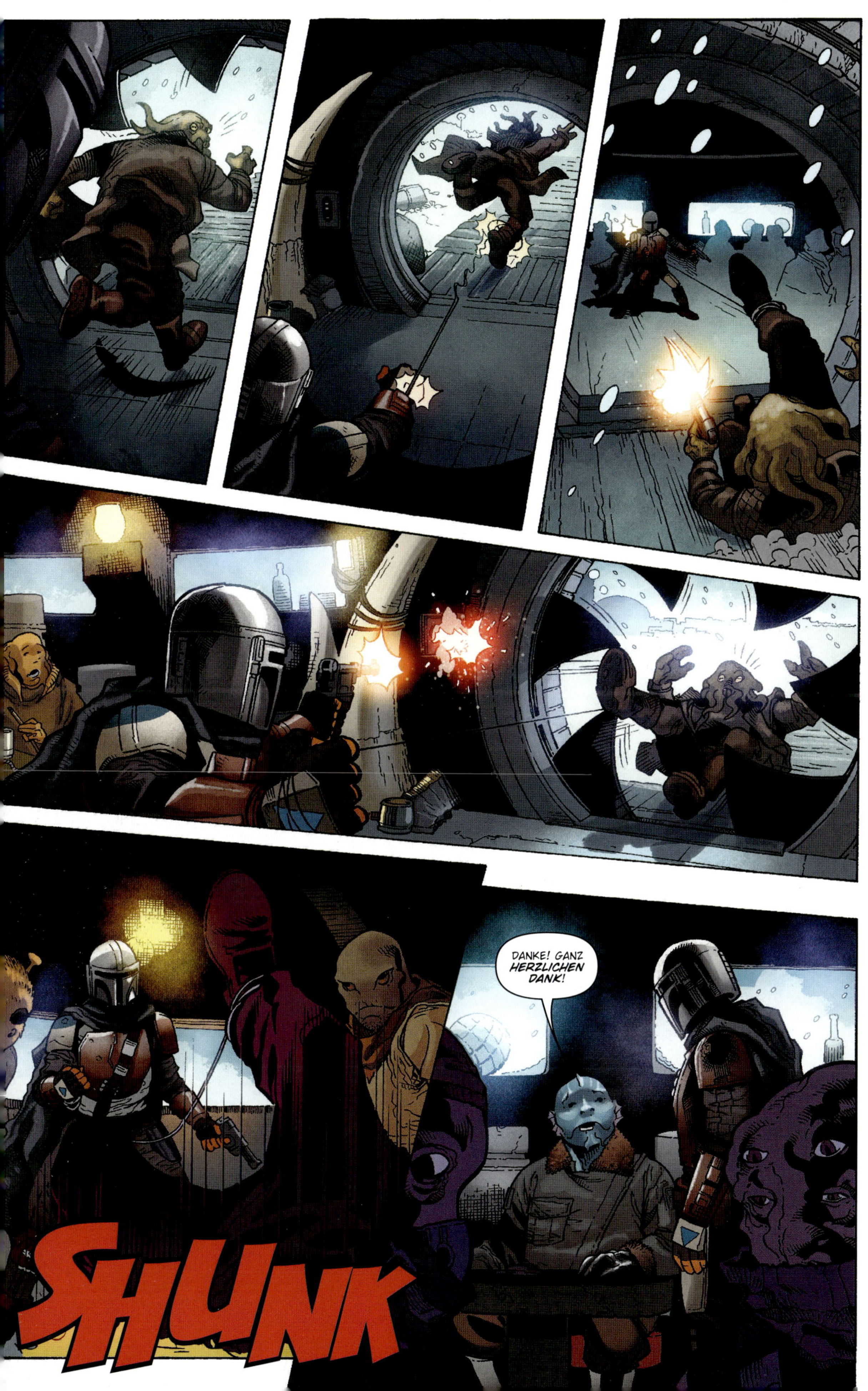
DANKE! GANZ HERZLICHEN DANK!
SHUNK

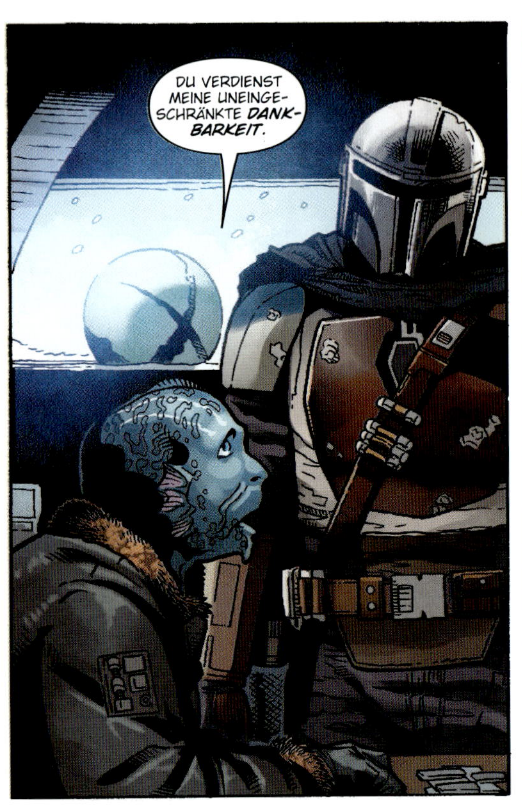
DU VERDIENST MEINE UNEINGE-SCHRÄNKTE **DANK-BARKEIT**.

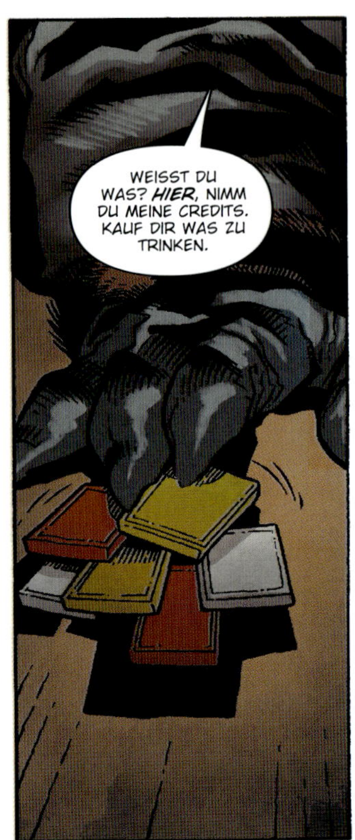
WEISST DU WAS? **HIER**, NIMM DU MEINE CREDITS. KAUF DIR WAS ZU TRINKEN.

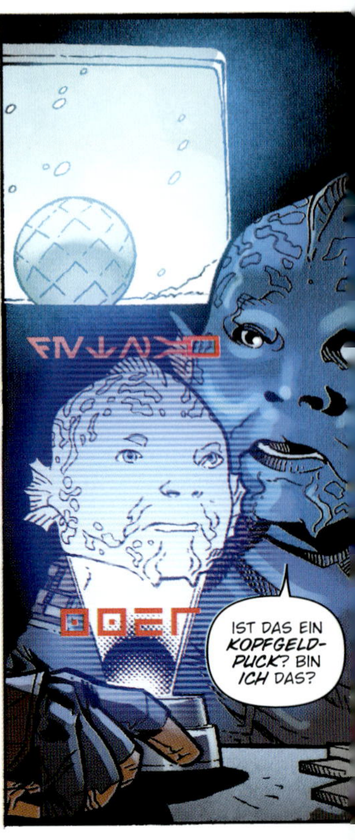
IST DAS EIN **KOPFGELD-PUCK**? BIN **ICH** DAS?

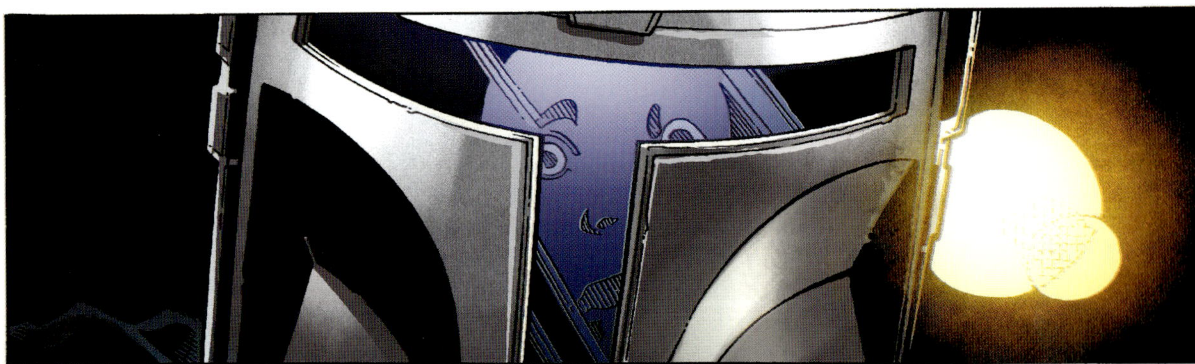

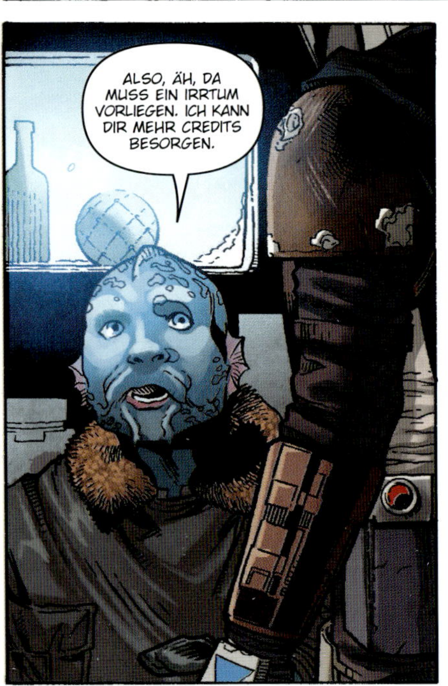
ALSO, ÄH, DA MUSS EIN IRRTUM VORLIEGEN. ICH KANN DIR MEHR CREDITS BESORGEN.

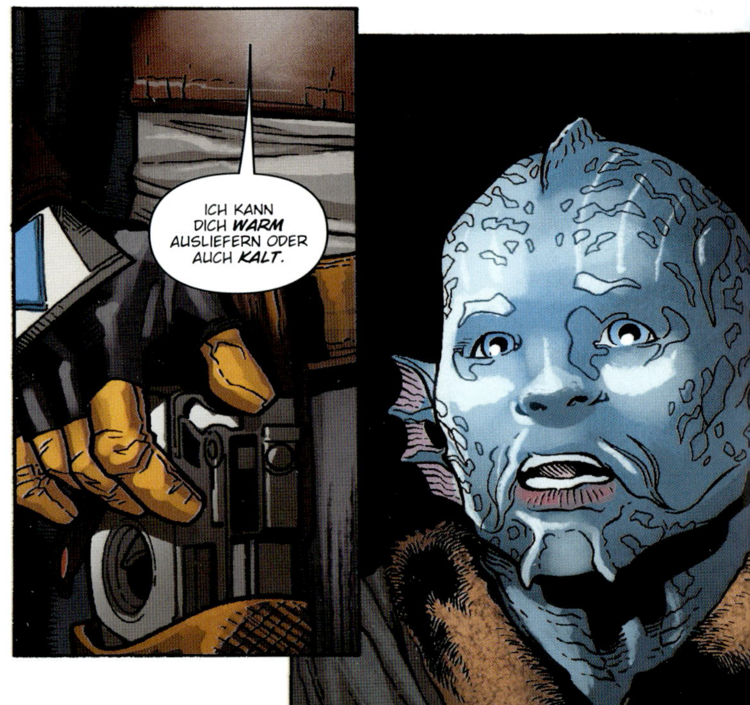
ICH KANN DICH **WARM** AUSLIEFERN ODER AUCH **KALT**.

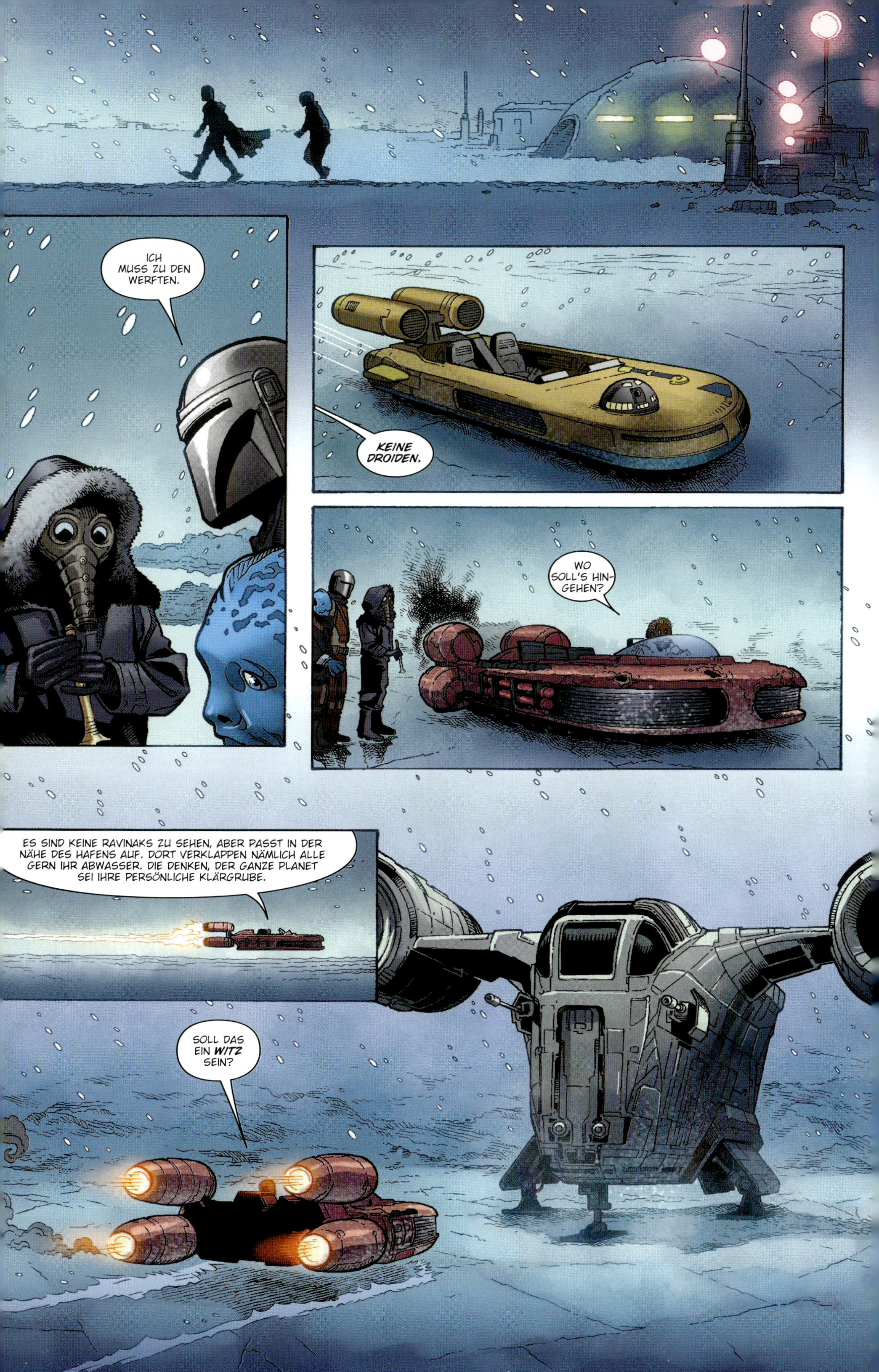
ICH MUSS ZU DEN WERFTEN.
KEINE DROIDEN.
WO SOLL'S HIN-GEHEN?
ES SIND KEINE RAVINAKS ZU SEHEN, ABER PASST IN DER NÄHE DES HAFENS AUF. DORT VERKLAPPEN NÄMLICH ALLE GERN IHR ABWASSER. DIE DENKEN, DER GANZE PLANET SEI IHRE PERSÖNLICHE KLÄRGRUBE.
SOLL DAS EIN WITZ SEIN?

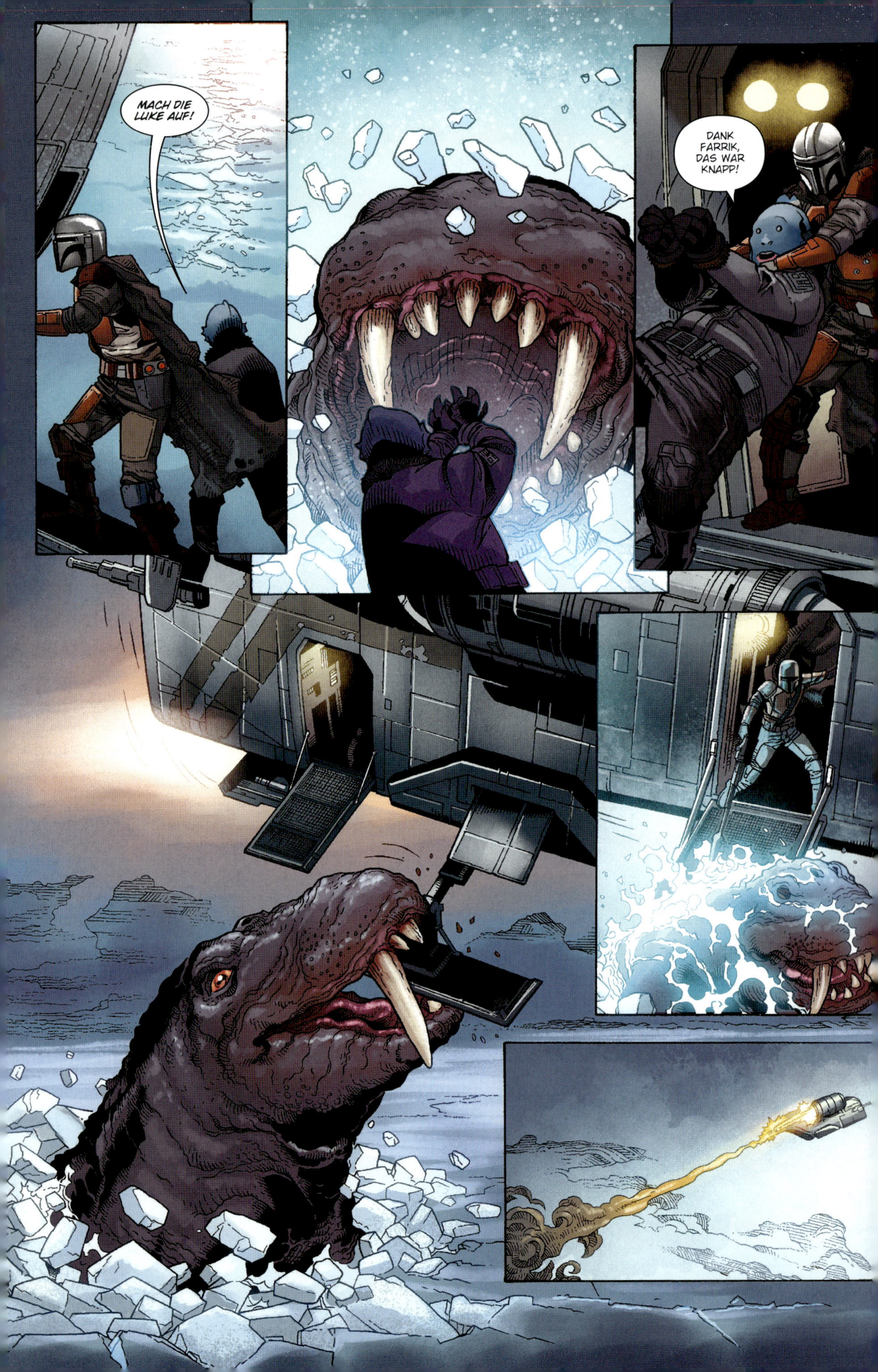
MACH DIE LUKE AUF!
DANK FARRIK, DAS WAR KNAPP!

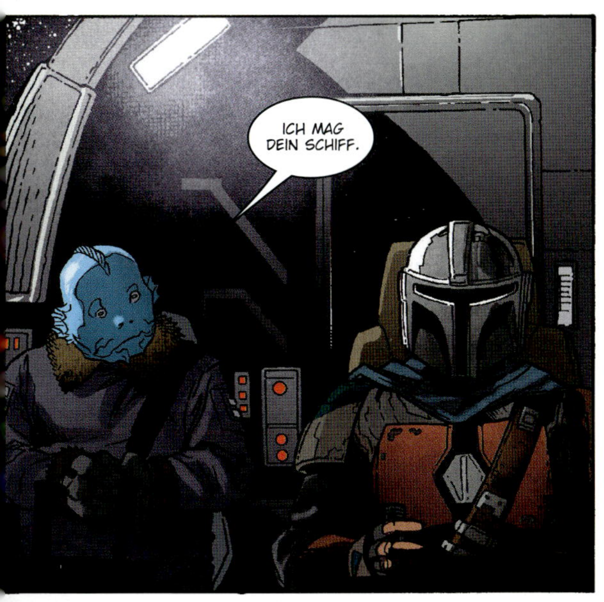
ICH MAG DEIN SCHIFF.

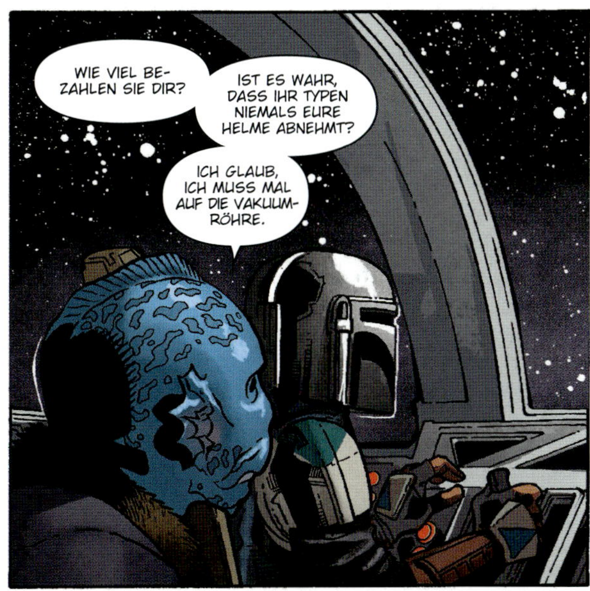
WIE VIEL BEZAHLEN SIE DIR?
IST ES WAHR, DASS IHR TYPEN NIEMALS EURE HELME ABNEHMT?
ICH GLAUB, ICH MUSS MAL AUF DIE VAKUUMRÖHRE.

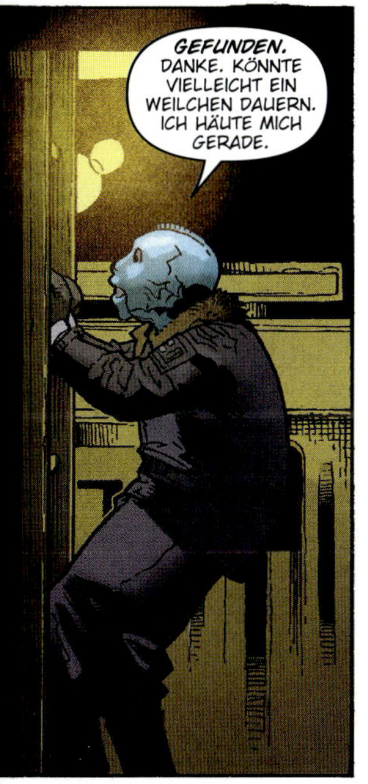
GEFUNDEN. DANKE. KÖNNTE VIELLEICHT EIN WEILCHEN DAUERN. ICH HÄUTE MICH GERADE.

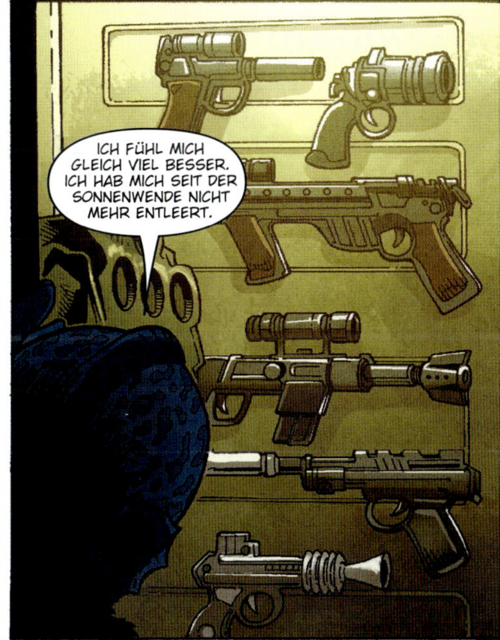
ICH FÜHL MICH GLEICH VIEL BESSER. ICH HAB MICH SEIT DER SONNENWENDE NICHT MEHR ENTLEERT.

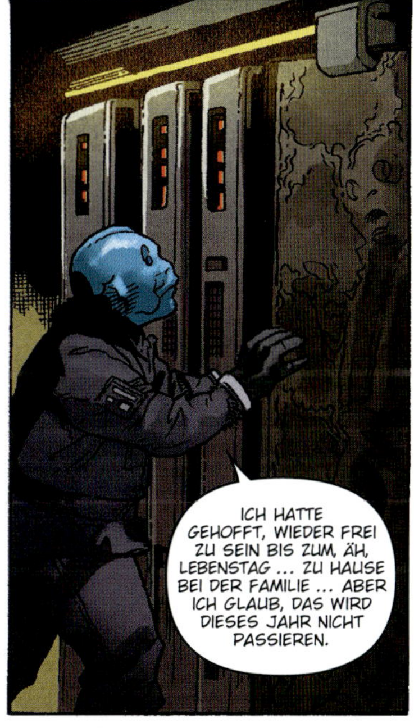
ICH HATTE GEHOFFT, WIEDER FREI ZU SEIN BIS ZUM, ÄH, LEBENSTAG ... ZU HAUSE BEI DER FAMILIE ... ABER ICH GLAUB, DAS WIRD DIESES JAHR NICHT PASSIEREN.

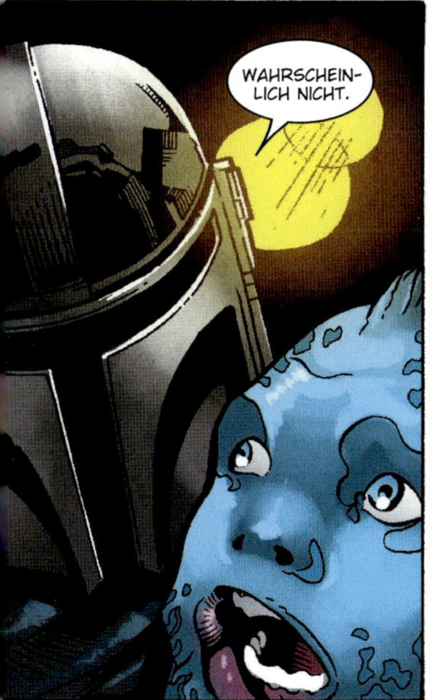
WAHRSCHEINLICH NICHT.

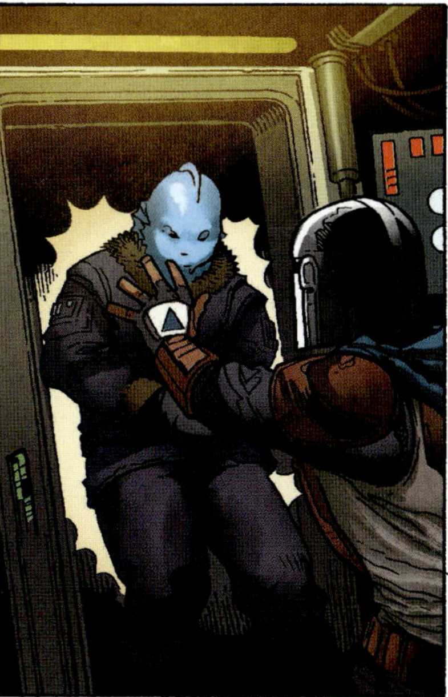

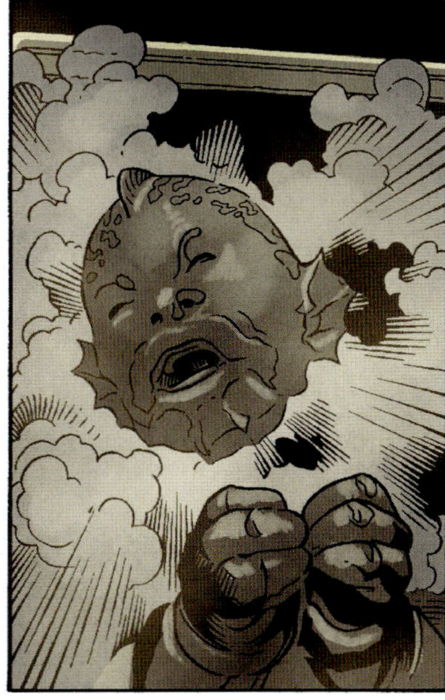

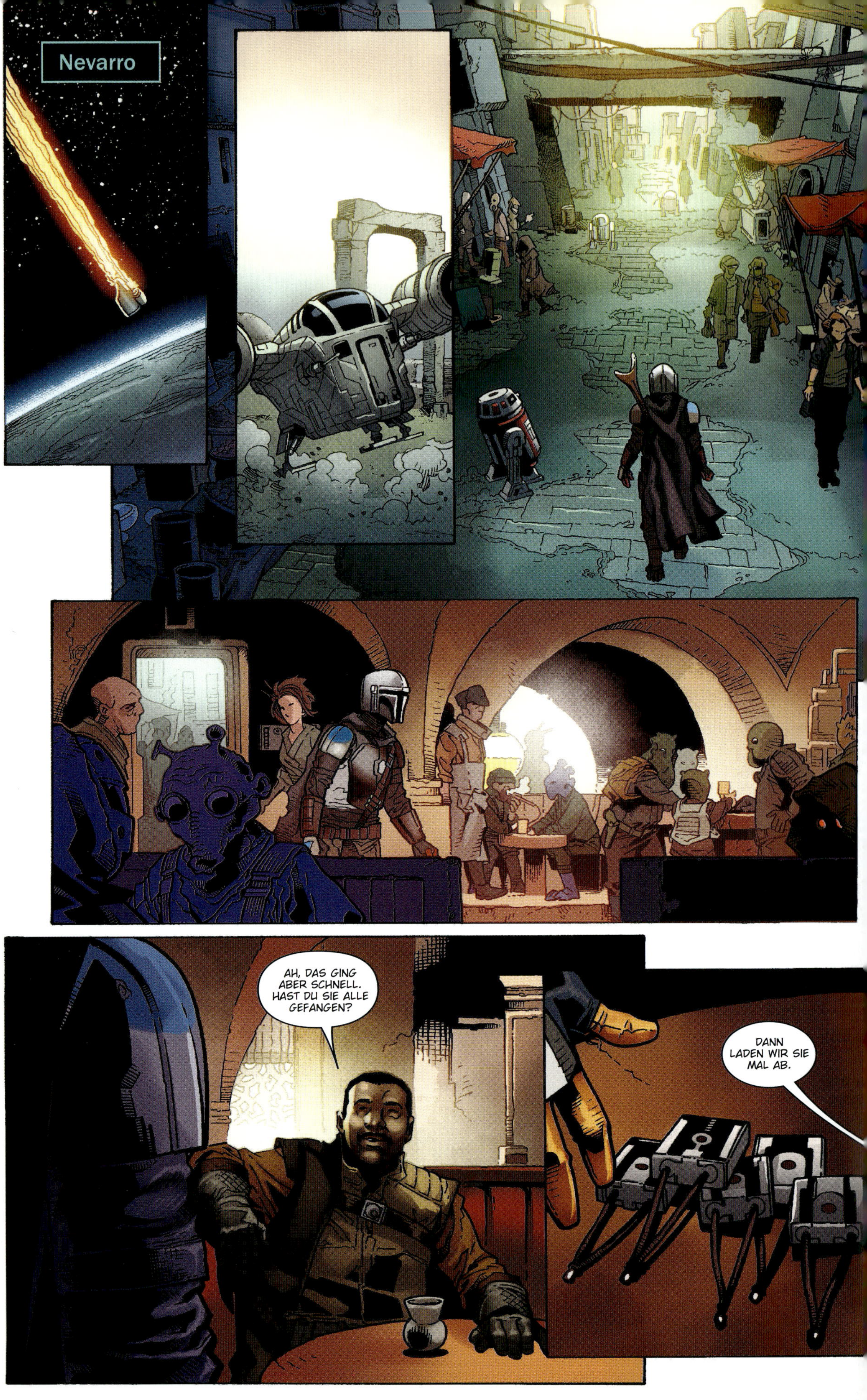

Nevarro

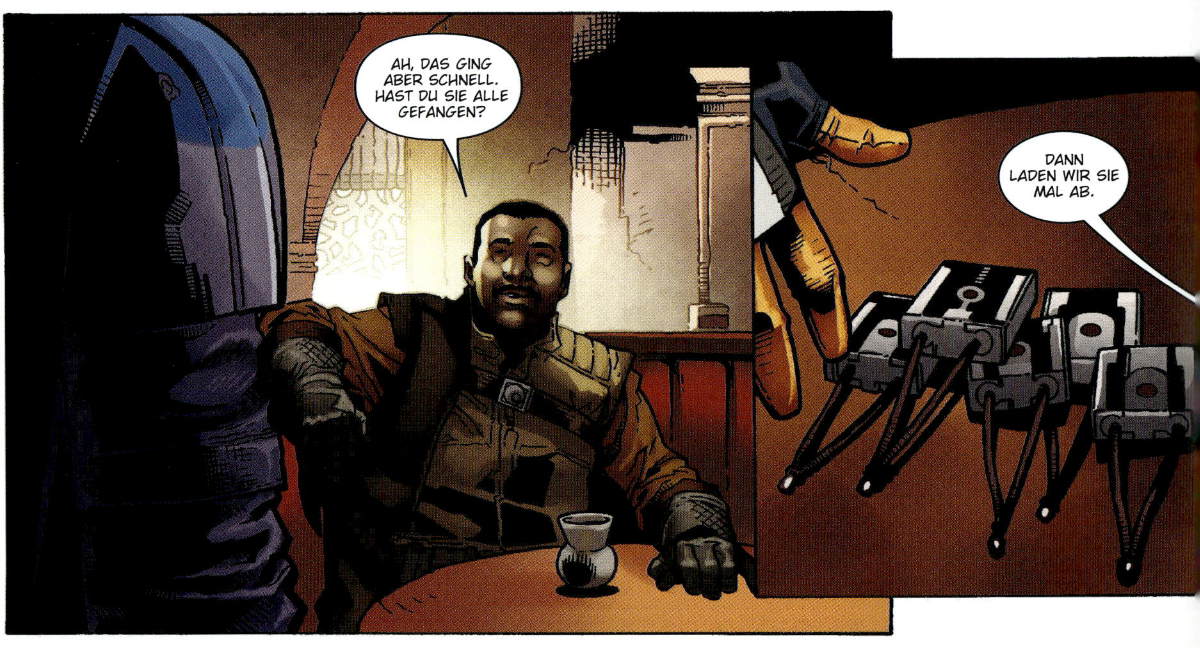
AH, DAS GING ABER SCHNELL. HAST DU SIE ALLE GEFANGEN?
DANN LADEN WIR SIE MAL AB.

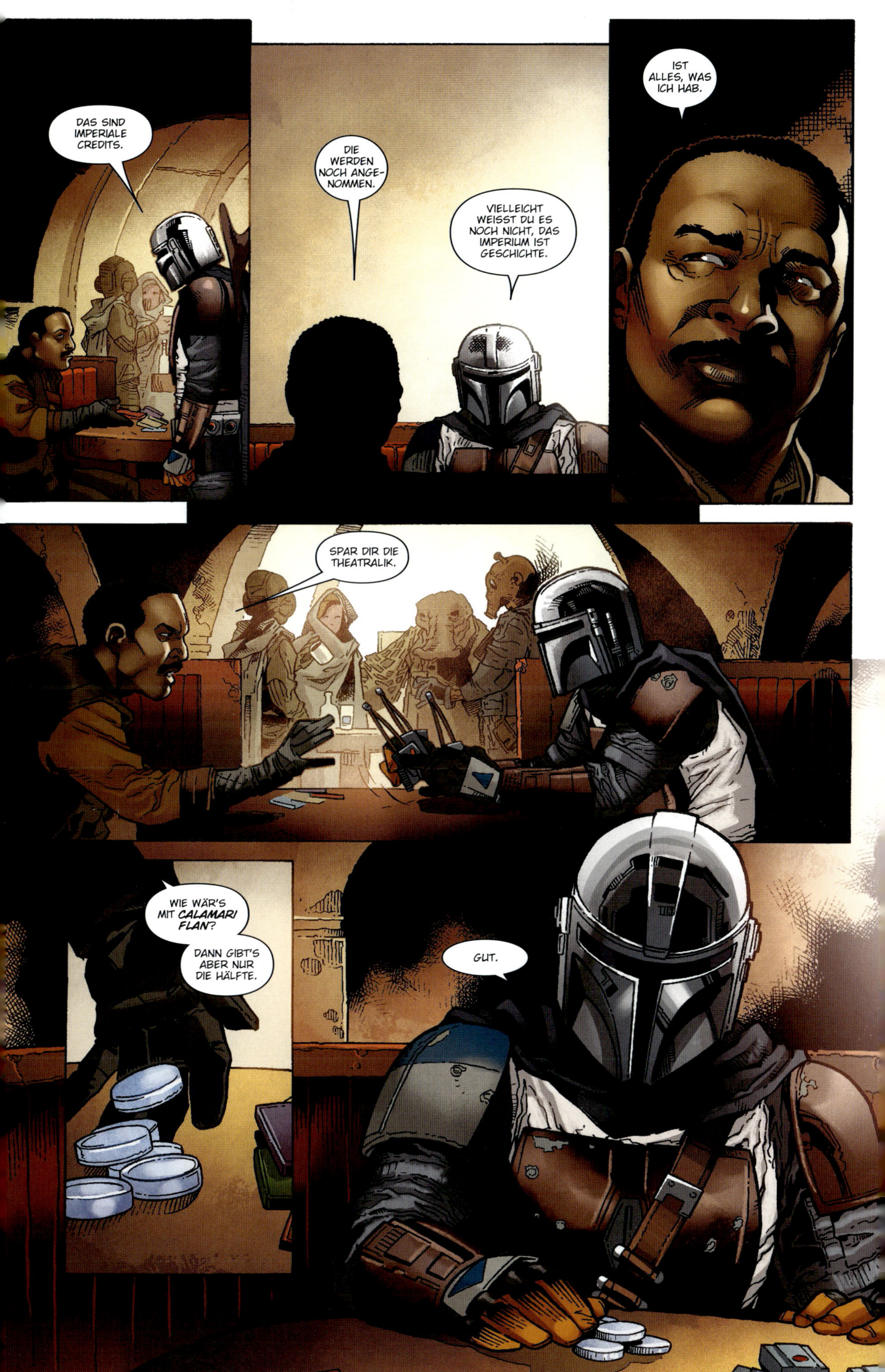
DAS SIND IMPERIALE CREDITS.
DIE WERDEN NOCH ANGE-NOMMEN.
VIELLEICHT WEISST DU ES NOCH NICHT, DAS IMPERIUM IST GESCHICHTE.
IST ALLES, WAS ICH HAB.
SPAR DIR DIE THEATRALIK.
WIE WÄR'S MIT CALAMARI FLAN?
DANN GIBT'S ABER NUR DIE HÄLFTE.
GUT.

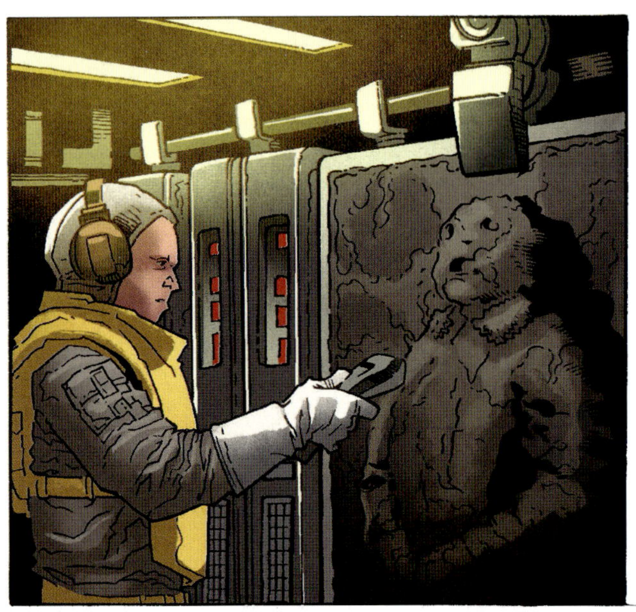

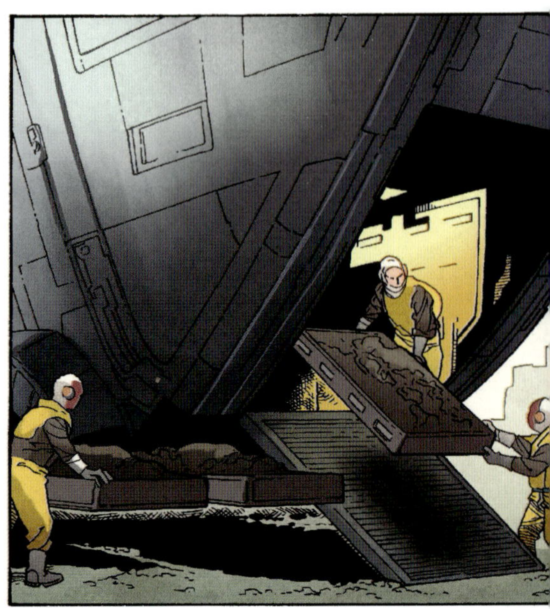

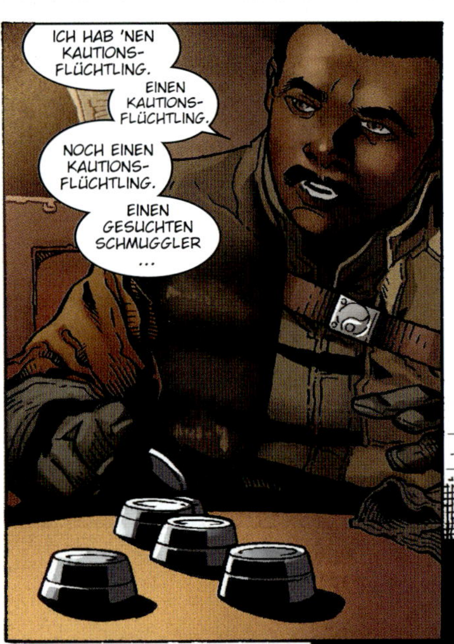
ICH HAB 'NEN KAUTIONS-FLÜCHTLING.
EINEN KAUTIONS-FLÜCHTLING.
NOCH EINEN KAUTIONS-FLÜCHTLING.
EINEN GESUCHTEN SCHMUGGLER ...

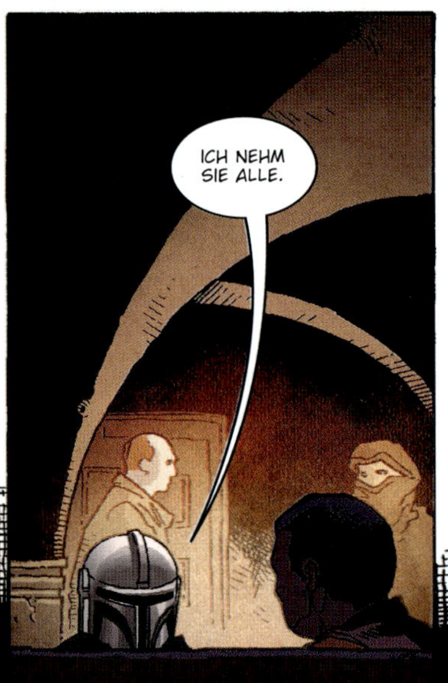
ICH NEHM SIE ALLE.

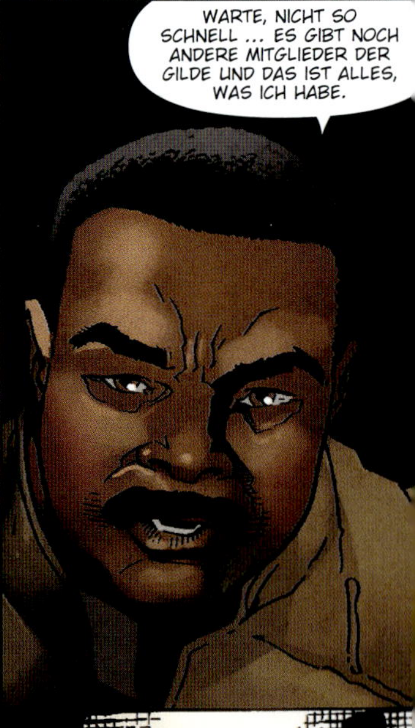
WARTE, NICHT SO SCHNELL ... ES GIBT NOCH ANDERE MITGLIEDER DER GILDE UND DAS IST ALLES, WAS ICH HABE.

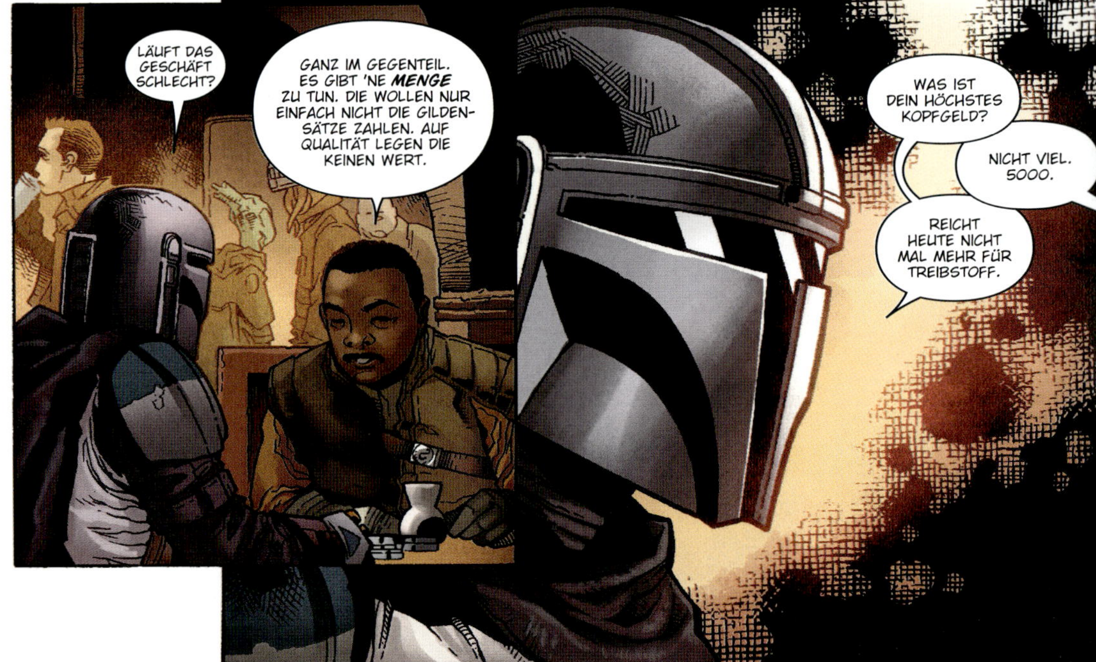
LÄUFT DAS GESCHÄFT SCHLECHT?
GANZ IM GEGENTEIL. ES GIBT 'NE MENGE ZU TUN. DIE WOLLEN NUR EINFACH NICHT DIE GILDEN-SÄTZE ZAHLEN. AUF QUALITÄT LEGEN DIE KEINEN WERT.
WAS IST DEIN HÖCHSTES KOPFGELD?
NICHT VIEL. 5000.
REICHT HEUTE NICHT MAL MEHR FÜR TREIBSTOFF.

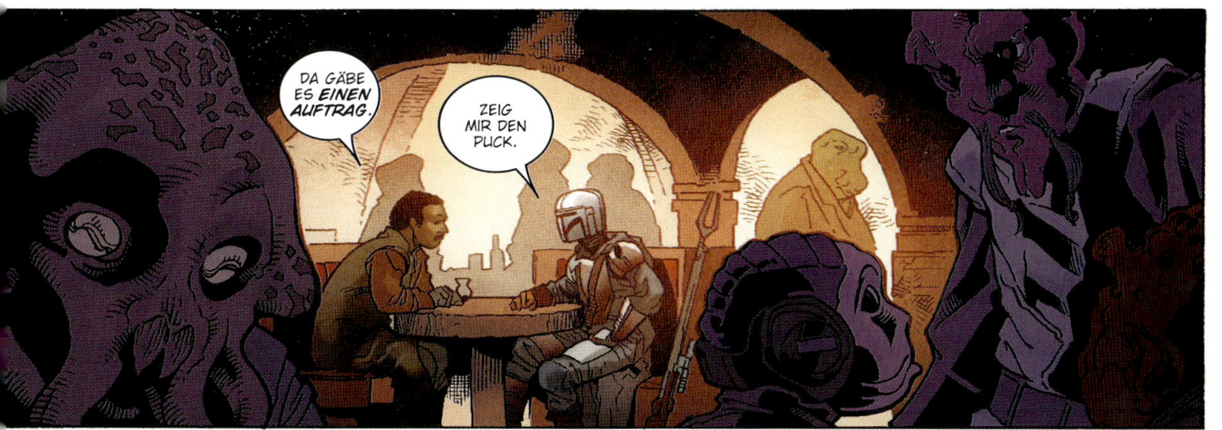
DA GÄBE ES EINEN AUFTRAG.
ZEIG MIR DEN PUCK.

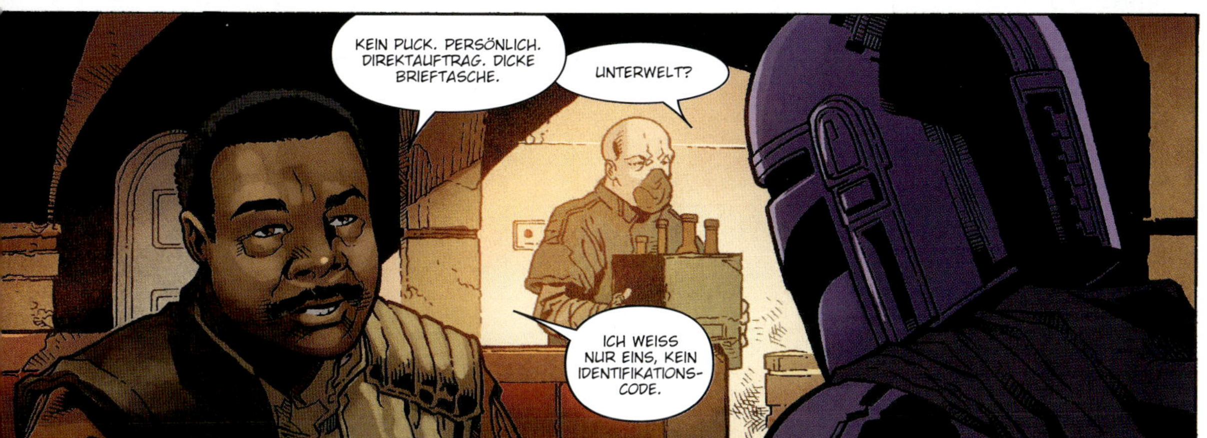
KEIN PUCK. PERSÖNLICH. DIREKTAUFTRAG. DICKE BRIEFTASCHE.
UNTERWELT?
ICH WEISS NUR EINS, KEIN IDENTIFIKATIONS-CODE.

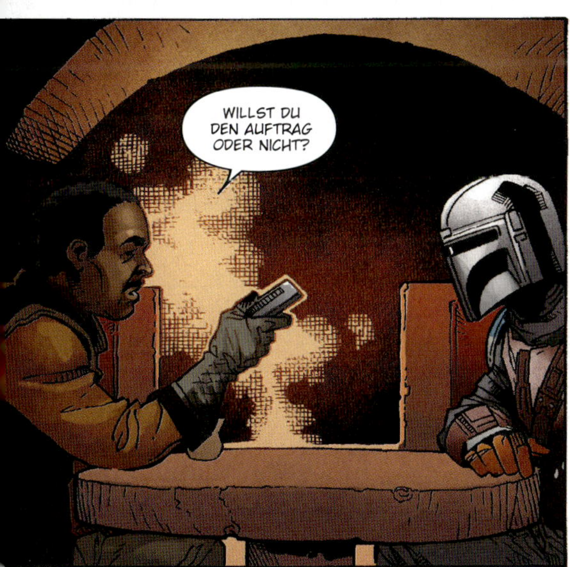
WILLST DU DEN AUFTRAG ODER NICHT?

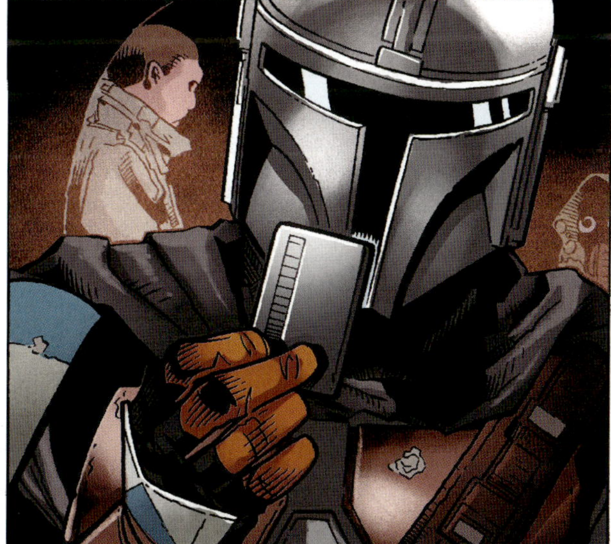

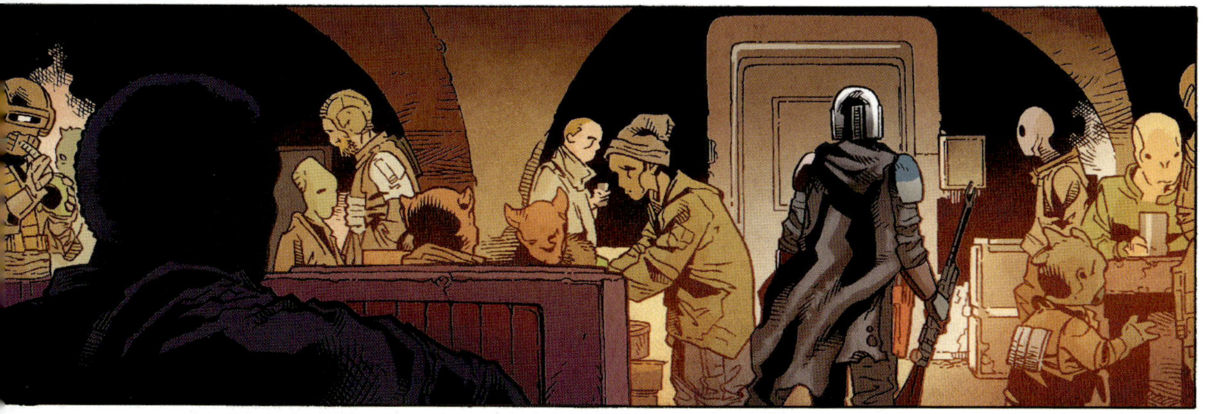

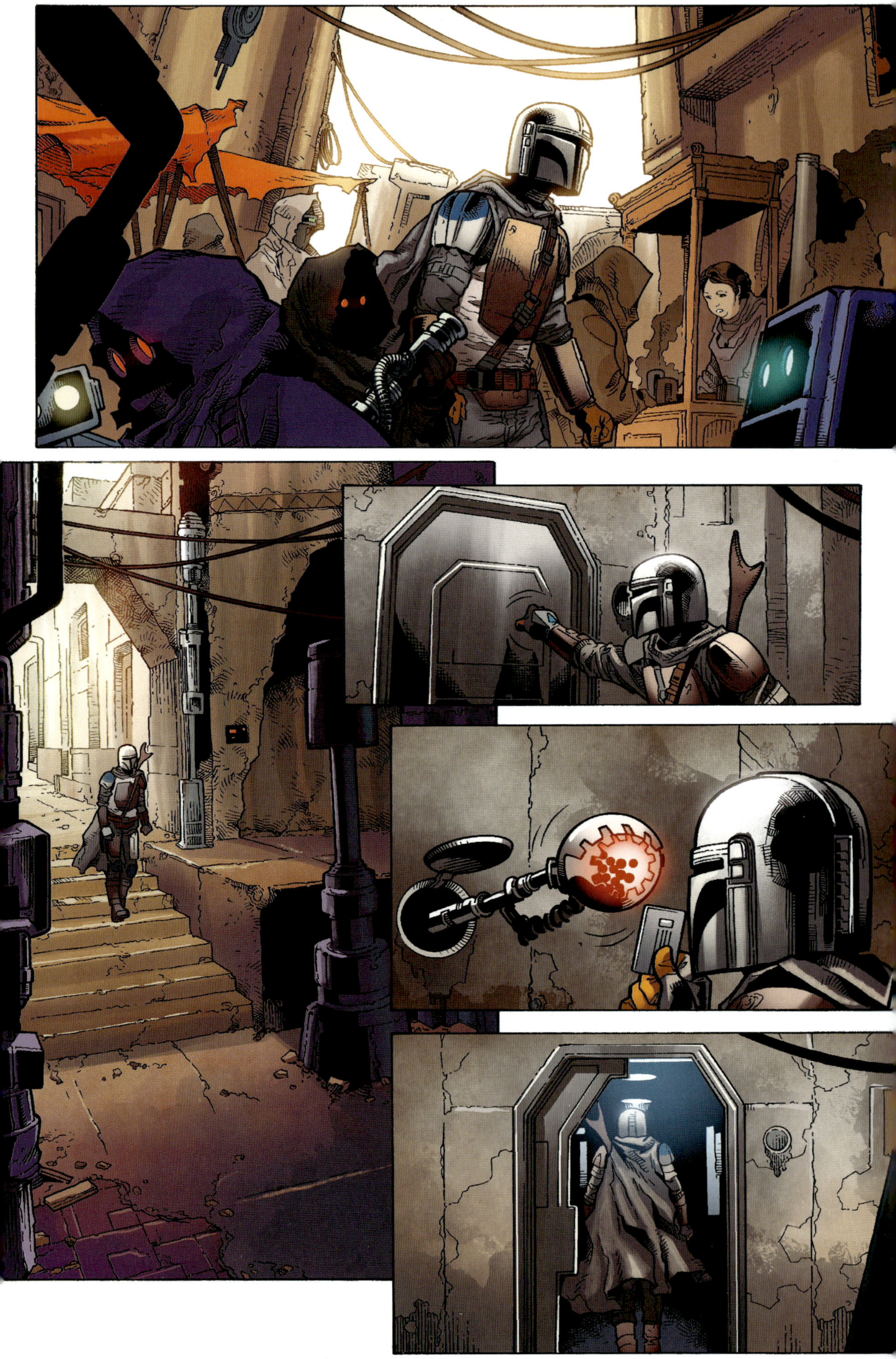

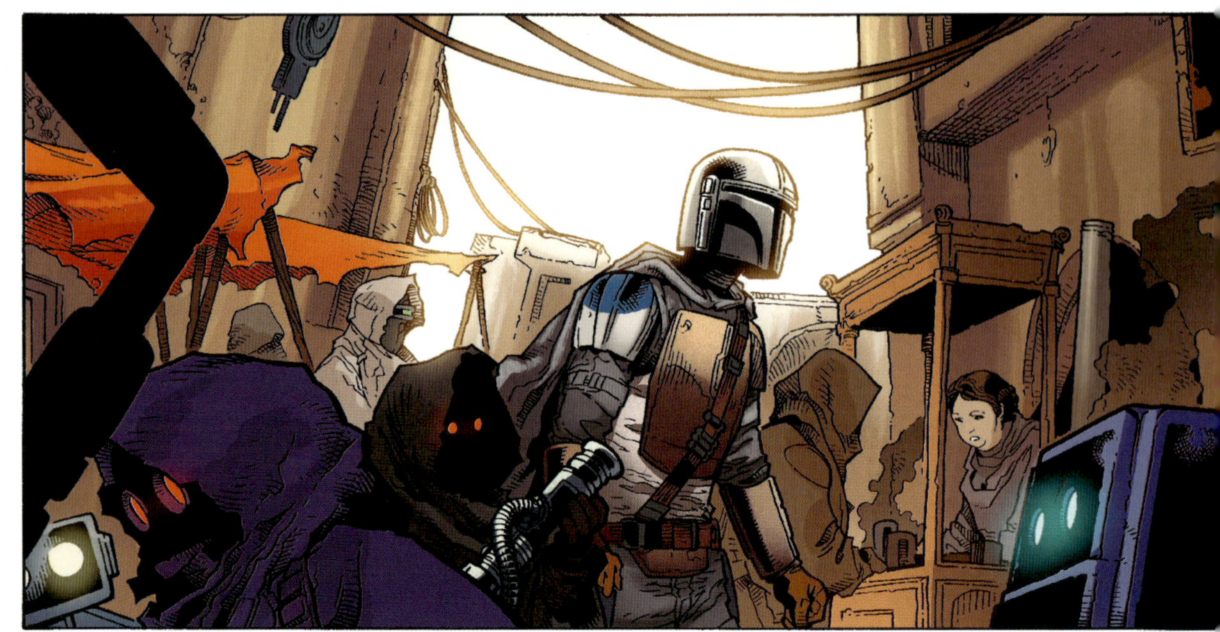

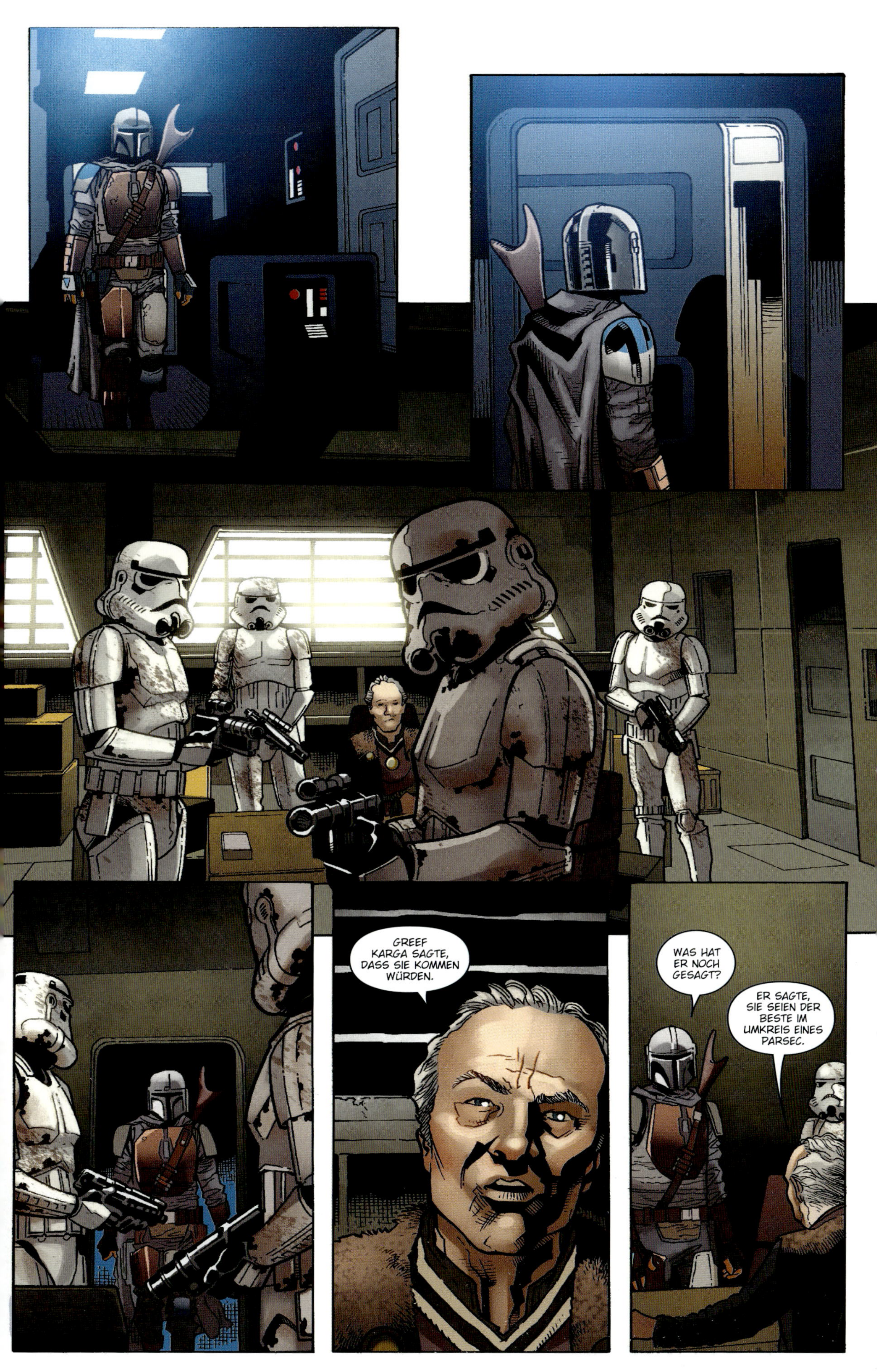
GREEF KARGA SAGTE, DASS SIE KOMMEN WÜRDEN.
WAS HAT ER NOCH GESAGT?
ER SAGTE, SIE SEIEN DER BESTE IM UMKREIS EINES PARSEC.

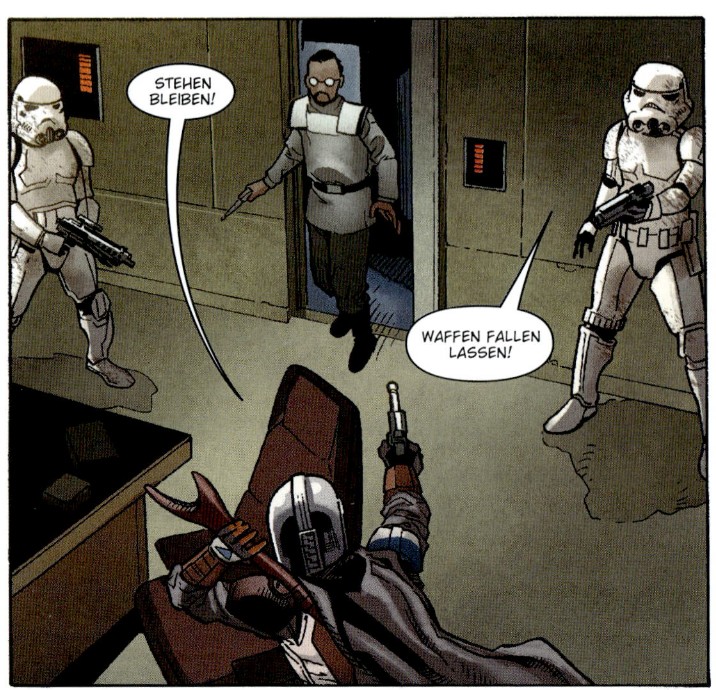
STEHEN BLEIBEN!
WAFFEN FALLEN LASSEN!

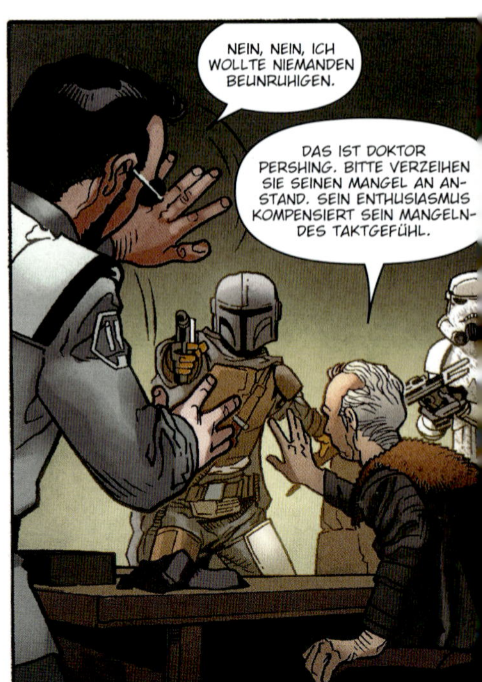
NEIN, NEIN, ICH WOLLTE NIEMANDEN BEUNRUHIGEN.
DAS IST DOKTOR PERSHING. BITTE VERZEIHEN SIE SEINEN MANGEL AN ANSTAND. SEIN ENTHUSIASMUS KOMPENSIERT SEIN MANGELNDES TAKTGEFÜHL.

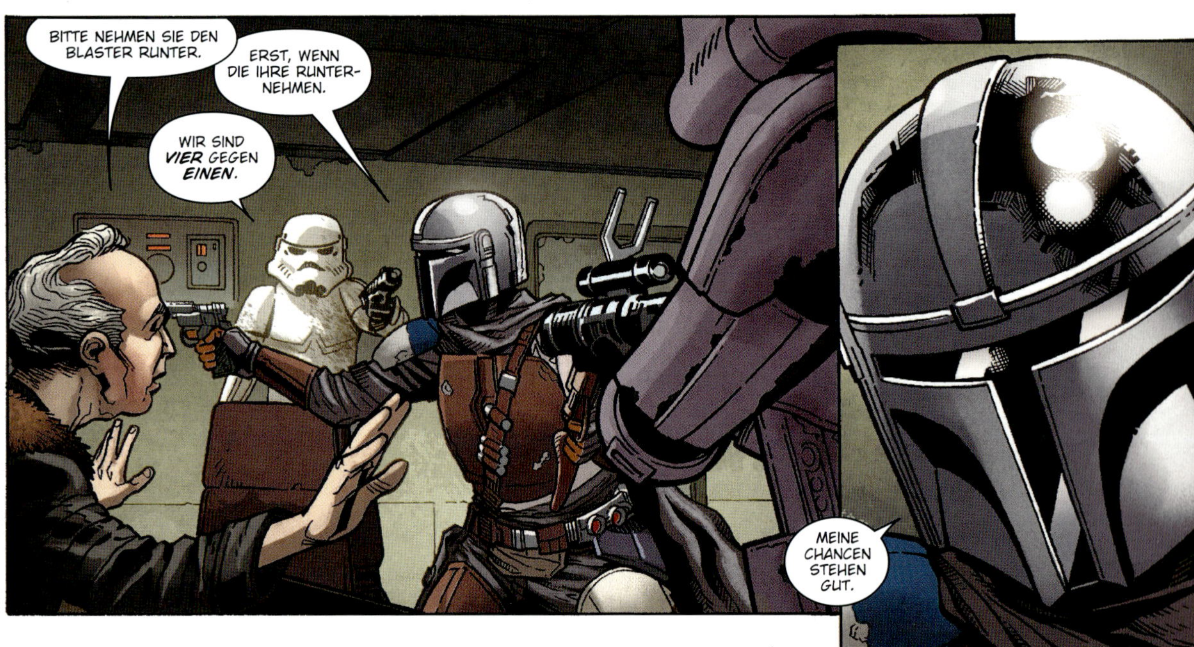
BITTE NEHMEN SIE DEN BLASTER RUNTER.
ERST, WENN DIE IHRE RUNTERNEHMEN.
WIR SIND **VIER** GEGEN ***EINEN***.
MEINE CHANCEN STEHEN GUT.

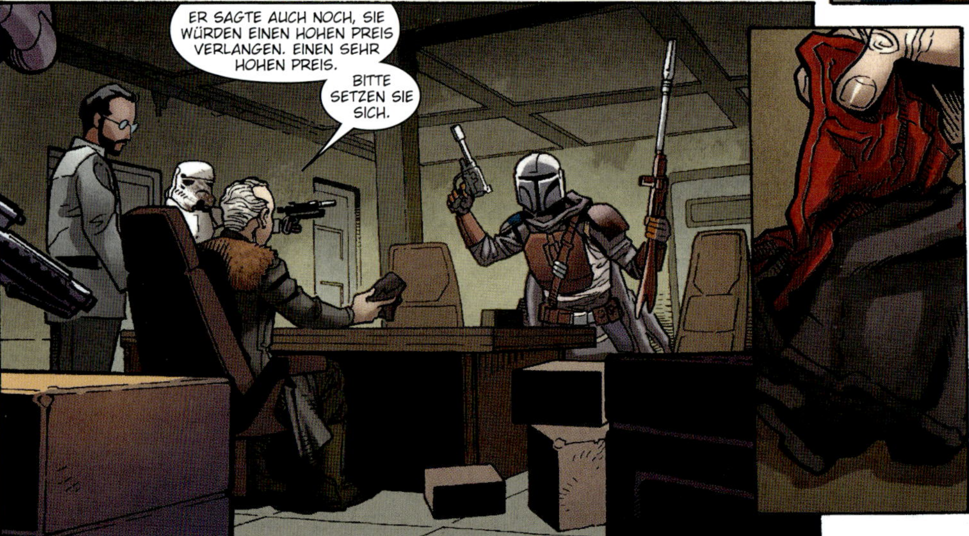
ER SAGTE AUCH NOCH, SIE WÜRDEN EINEN HOHEN PREIS VERLANGEN. EINEN SEHR HOHEN PREIS.
BITTE SETZEN SIE SICH.

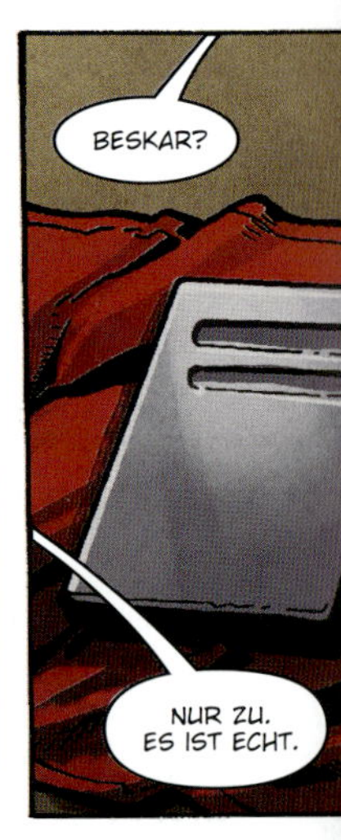
BESKAR?
NUR ZU. ES IST ECHT.

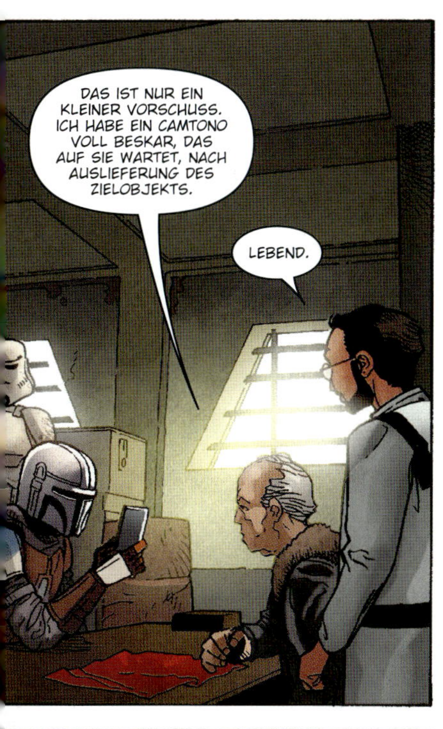
DAS IST NUR EIN KLEINER VORSCHUSS. ICH HABE EIN CAMTONO VOLL BESKAR, DAS AUF SIE WARTET, NACH AUSLIEFERUNG DES ZIELOBJEKTS.
LEBEND.
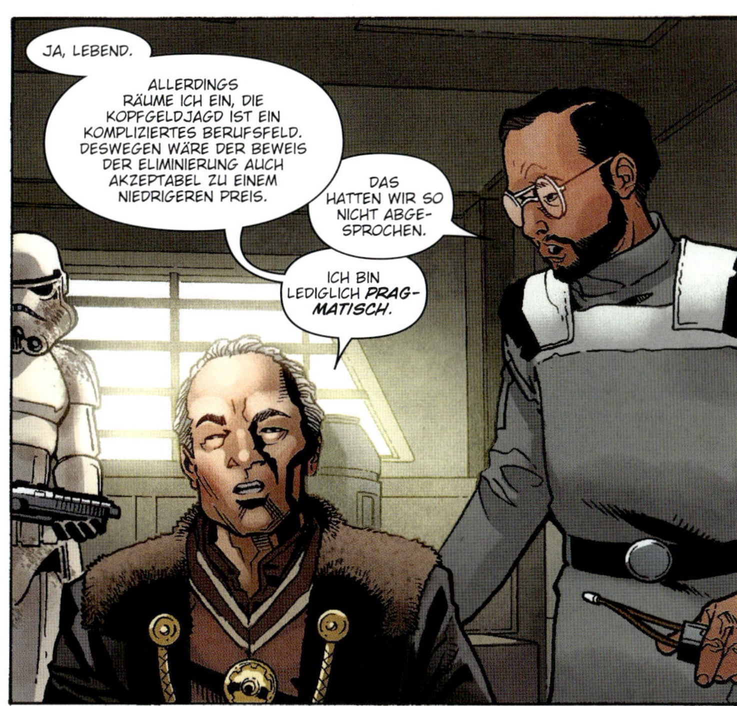
JA, LEBEND.
ALLERDINGS RÄUME ICH EIN, DIE KOPFGELDJAGD IST EIN KOMPLIZIERTES BERUFSFELD. DESWEGEN WÄRE DER BEWEIS DER ELIMINIERUNG AUCH AKZEPTABEL ZU EINEM NIEDRIGEREN PREIS.
DAS HATTEN WIR SO NICHT ABGE-SPROCHEN.
ICH BIN LEDIGLICH PRAG-MATISCH.
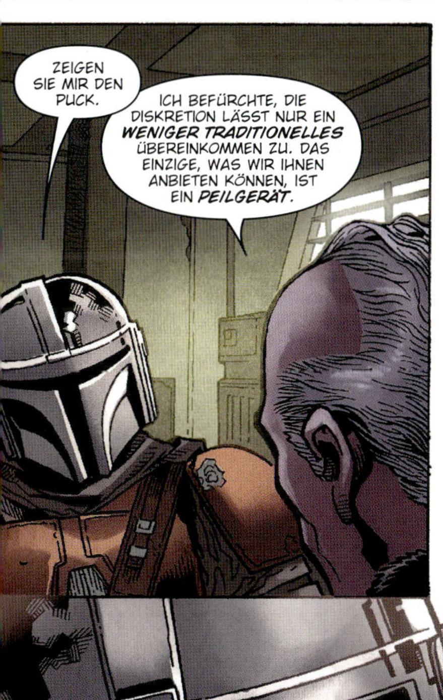
ZEIGEN SIE MIR DEN PUCK.
ICH BEFÜRCHTE, DIE DISKRETION LÄSST NUR EIN WENIGER TRADITIONELLES ÜBEREINKOMMEN ZU. DAS EINZIGE, WAS WIR IHNEN ANBIETEN KÖNNEN, IST EIN PEILGERÄT.
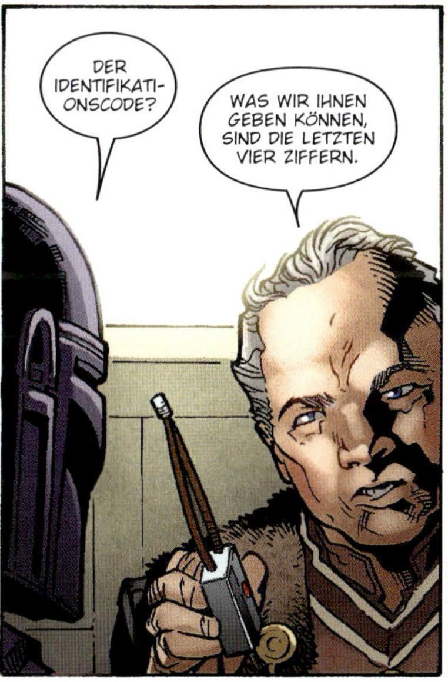
DER IDENTIFIKATI-ONSCODE?
WAS WIR IHNEN GEBEN KÖNNEN, SIND DIE LETZTEN VIER ZIFFERN.
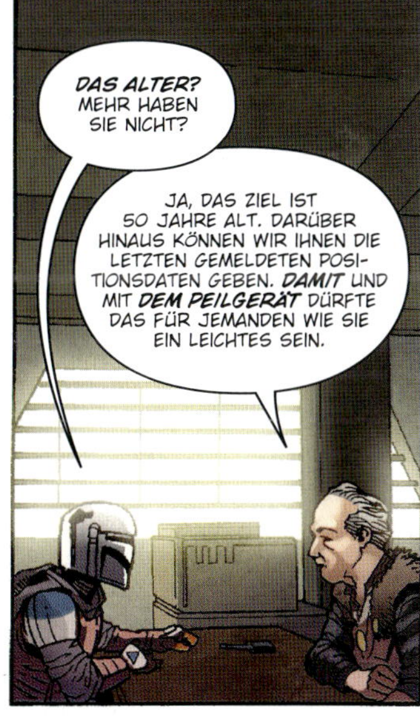
DAS ALTER? MEHR HABEN SIE NICHT?
JA, DAS ZIEL IST 50 JAHRE ALT. DARÜBER HINAUS KÖNNEN WIR IHNEN DIE LETZTEN GEMELDETEN POSI-TIONSDATEN GEBEN. DAMIT UND MIT DEM PEILGERÄT DÜRFTE DAS FÜR JEMANDEN WIE SIE EIN LEICHTES SEIN.
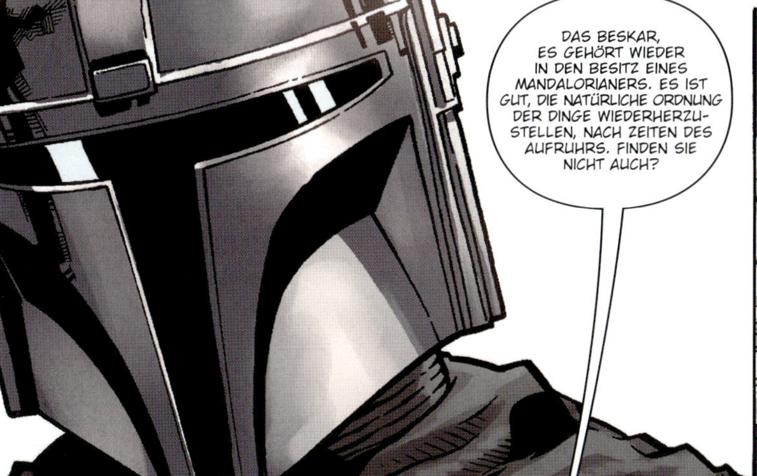
DAS BESKAR, ES GEHÖRT WIEDER IN DEN BESITZ EINES MANDALORIANERS. ES IST GUT, DIE NATÜRLICHE ORDNUNG DER DINGE WIEDERHERZU-STELLEN, NACH ZEITEN DES AUFRUHRS. FINDEN SIE NICHT AUCH?
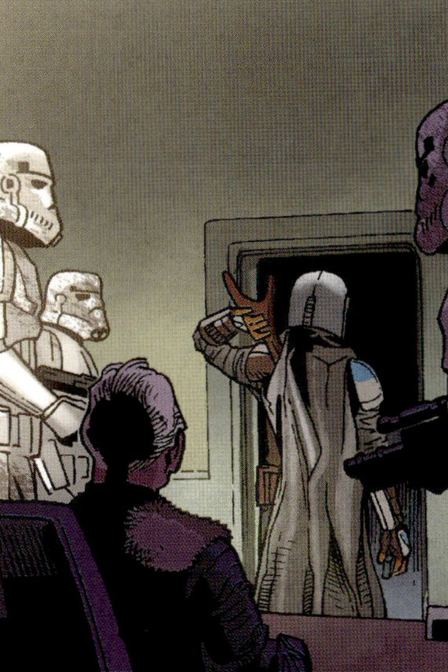

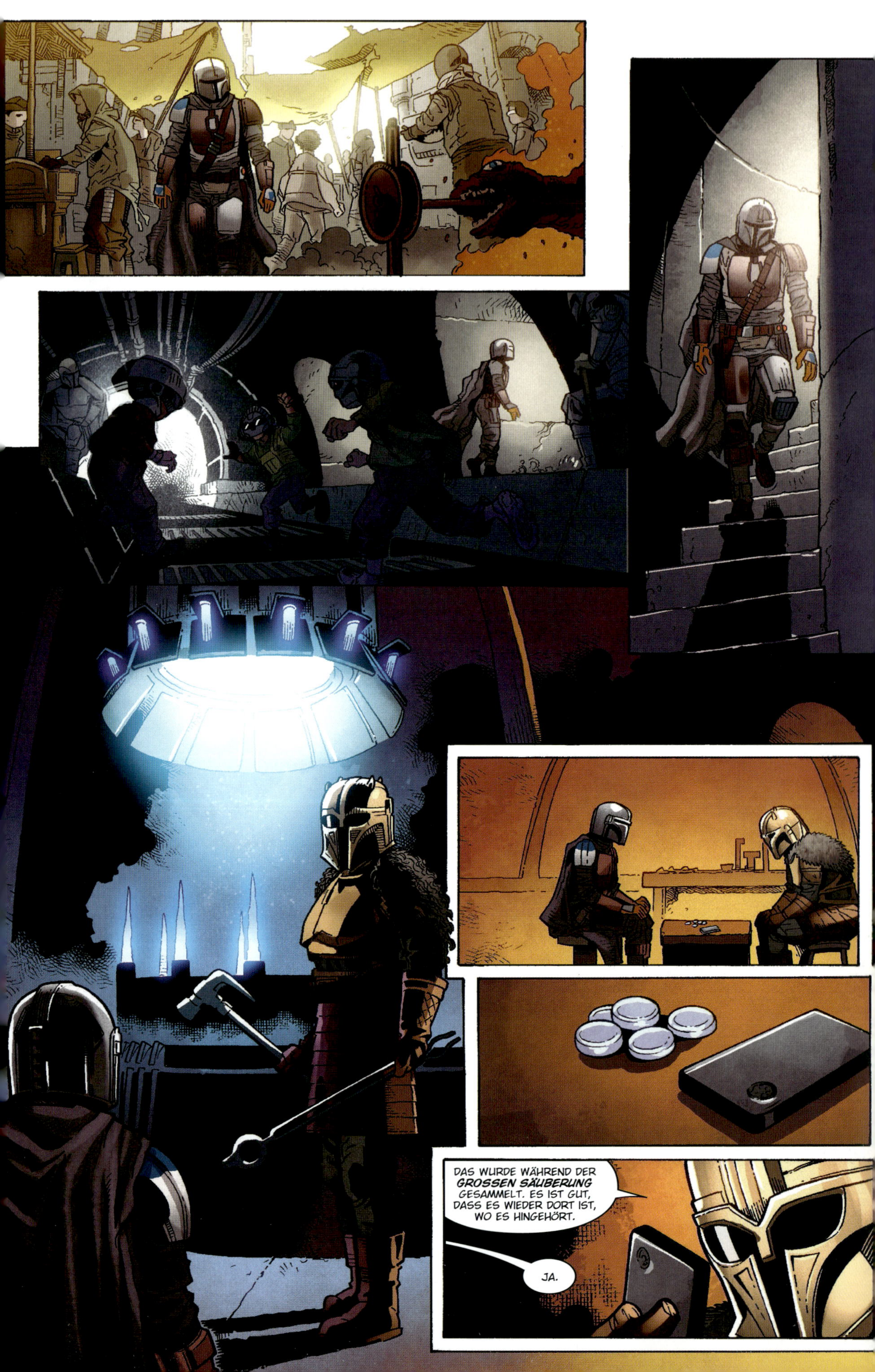
DAS WURDE WÄHREND DER GROSSEN SÄUBERUNG GESAMMELT. ES IST GUT, DASS ES WIEDER DORT IST, WO ES HINGEHÖRT.
JA.

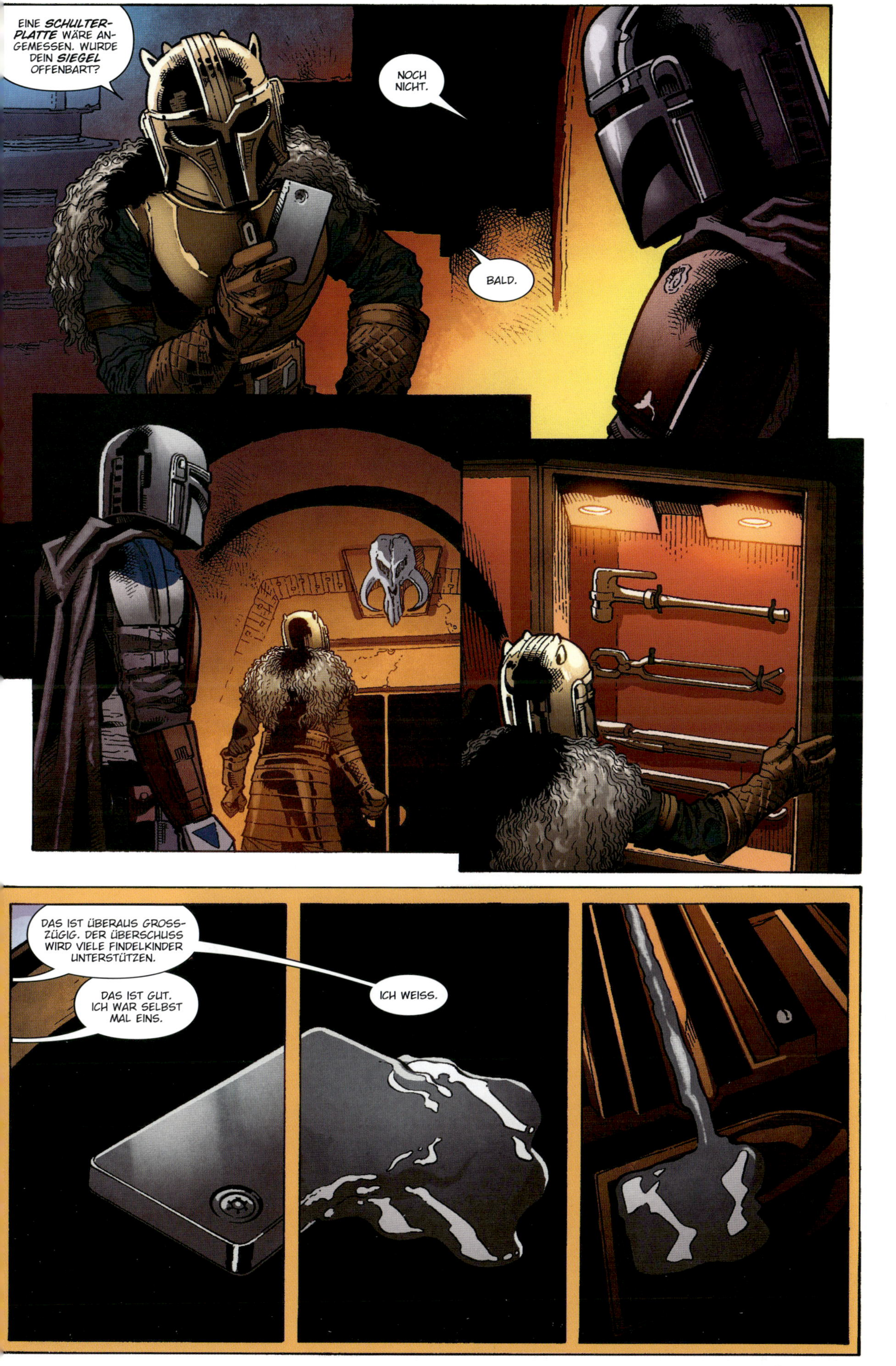

EINE **SCHULTERPLATTE** WÄRE ANGEMESSEN. WURDE DEIN **SIEGEL** OFFENBART?

NOCH NICHT.

BALD.

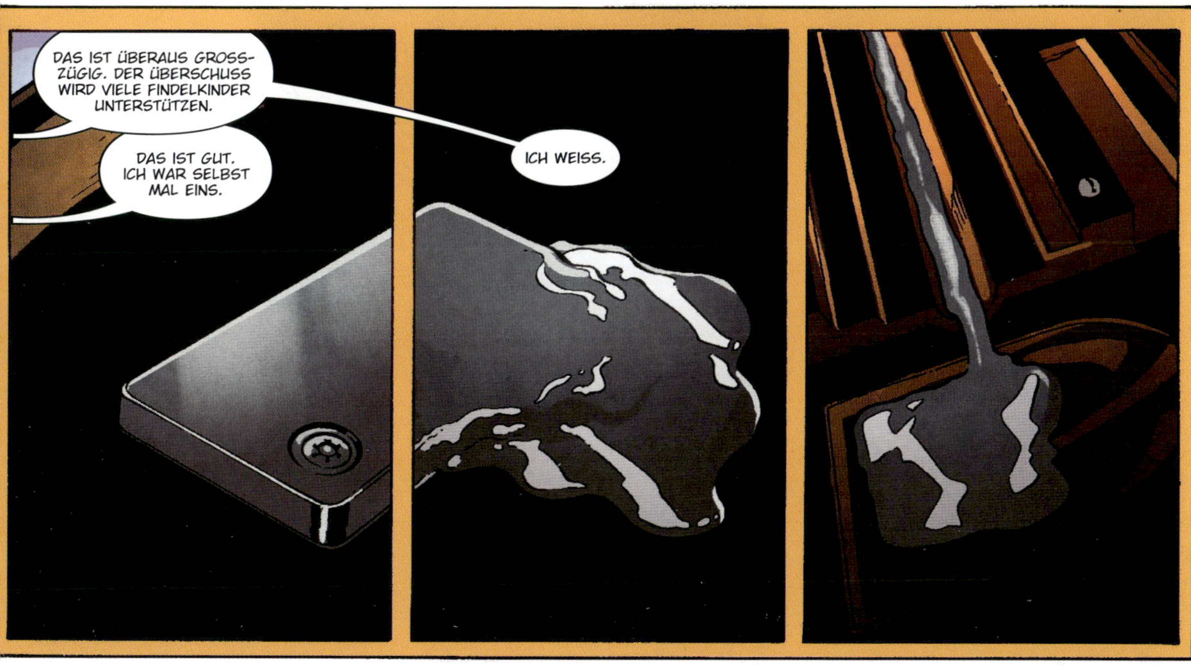

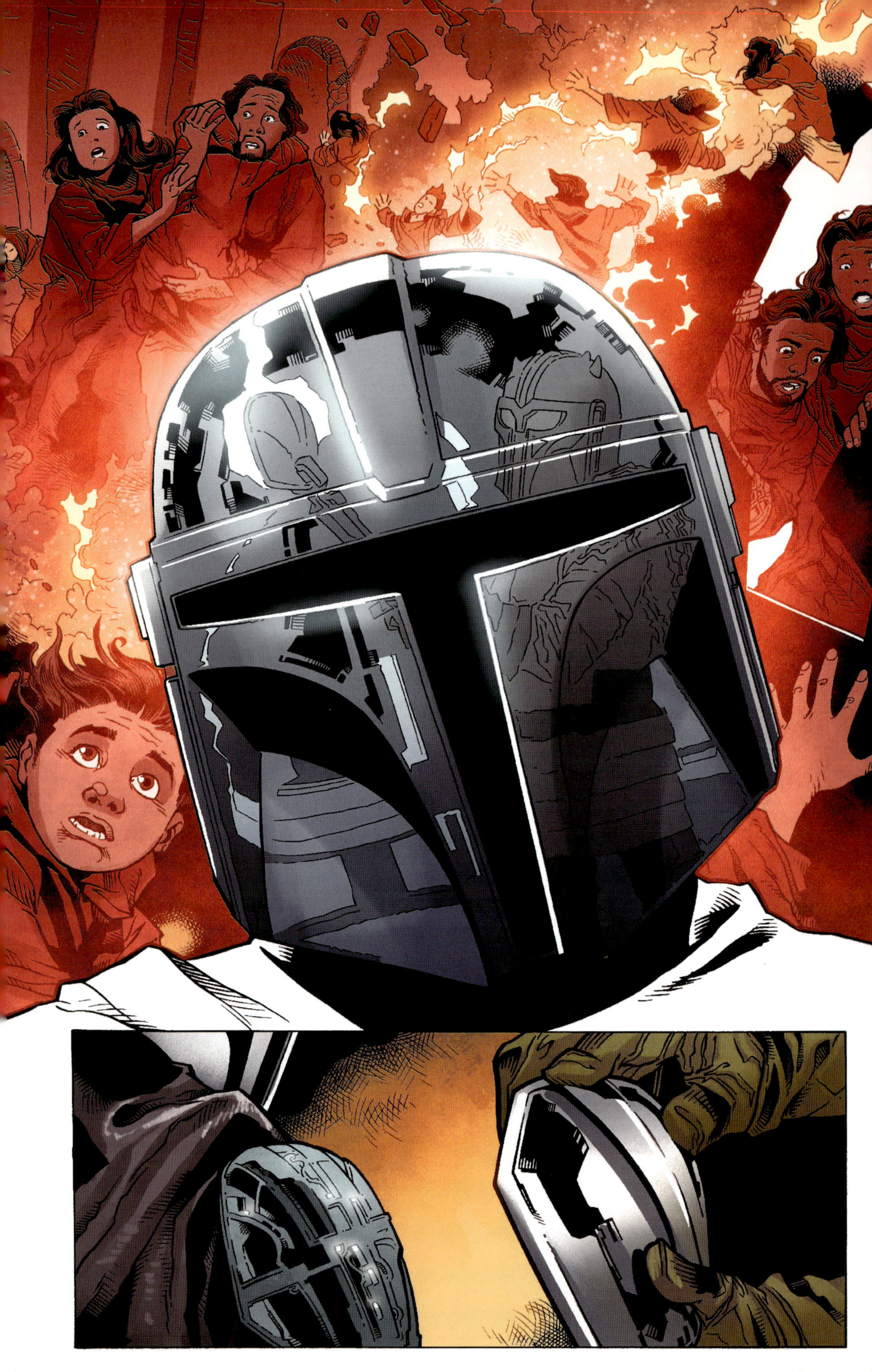

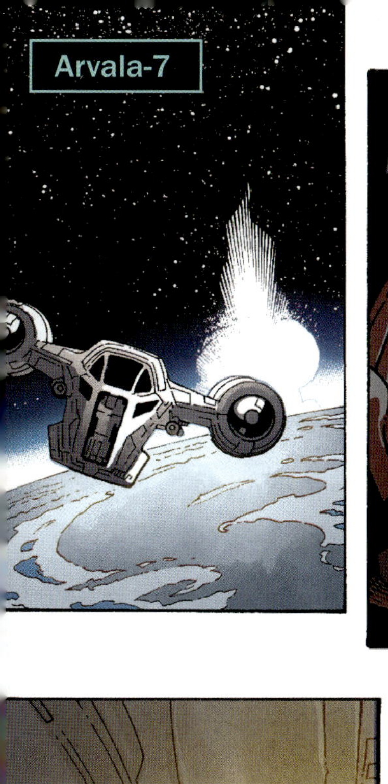
Arvala-7

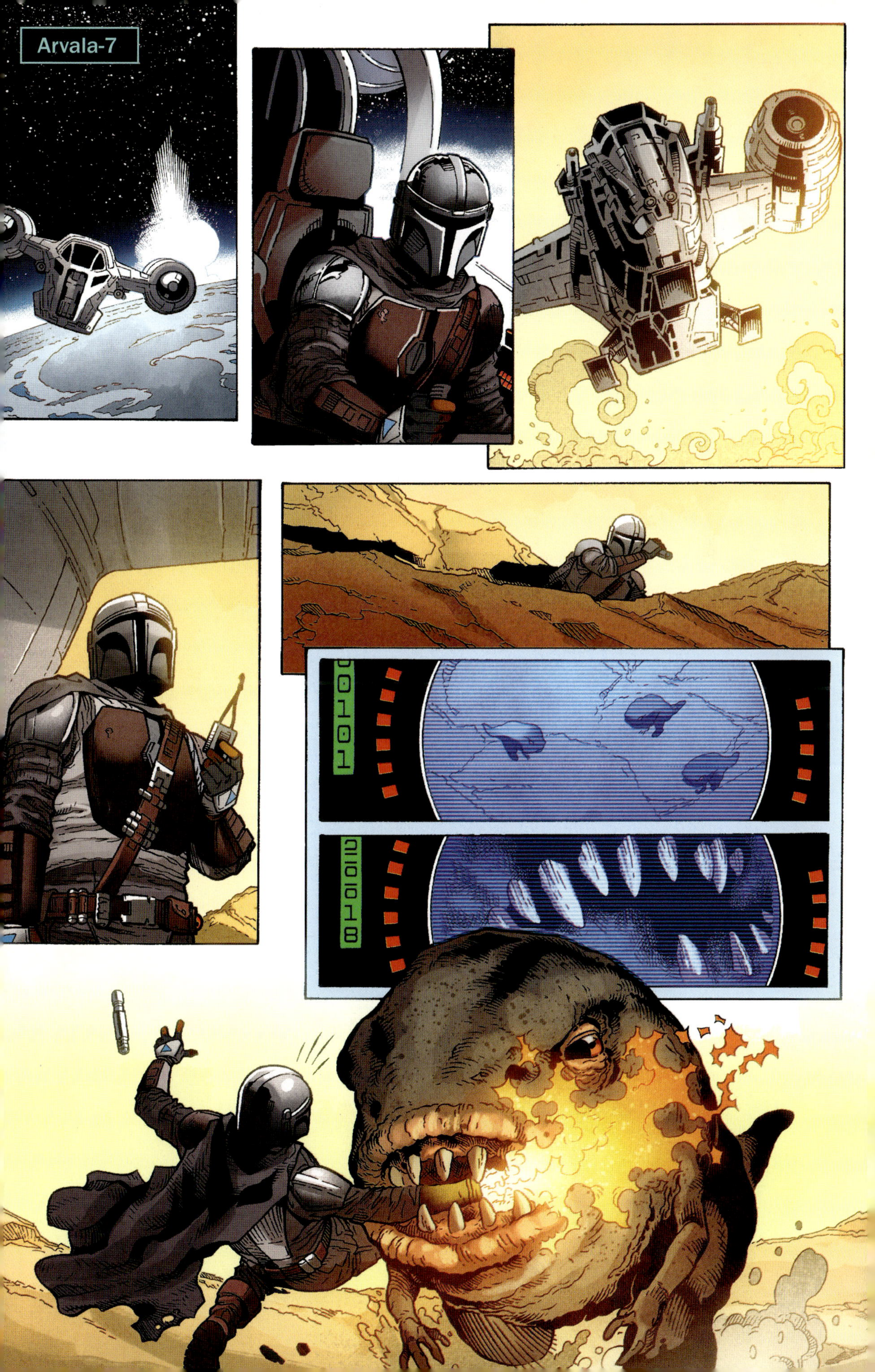

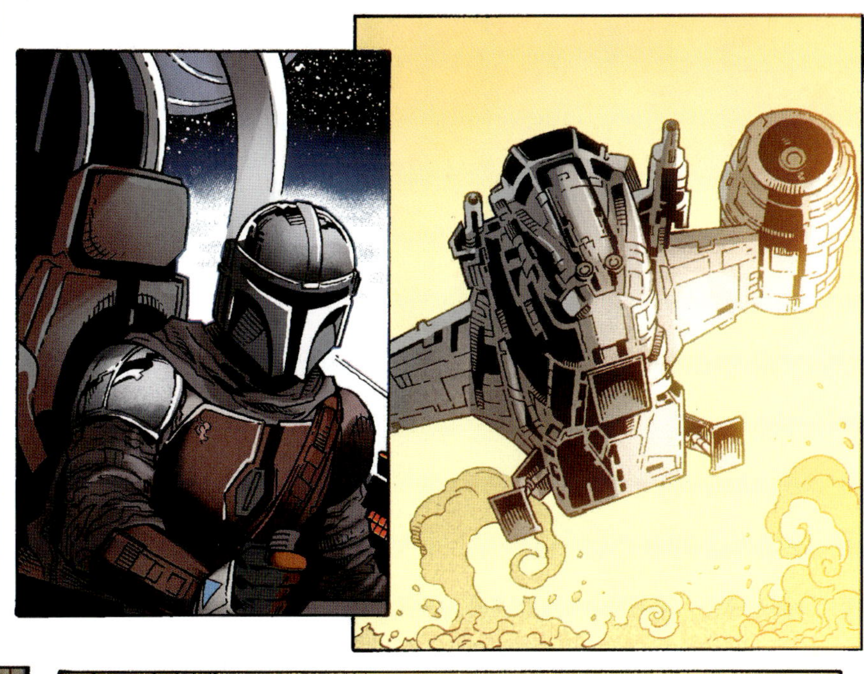

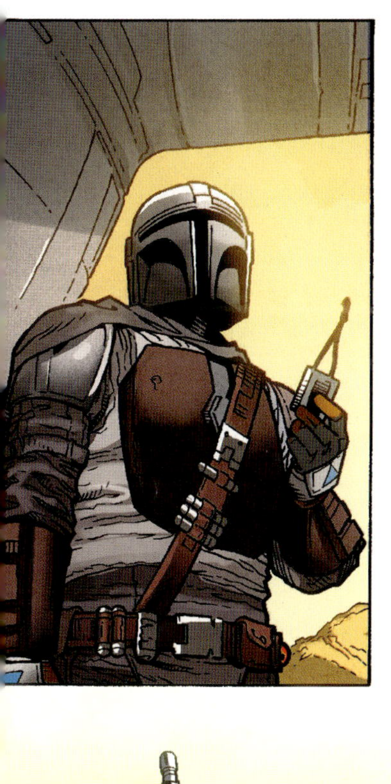

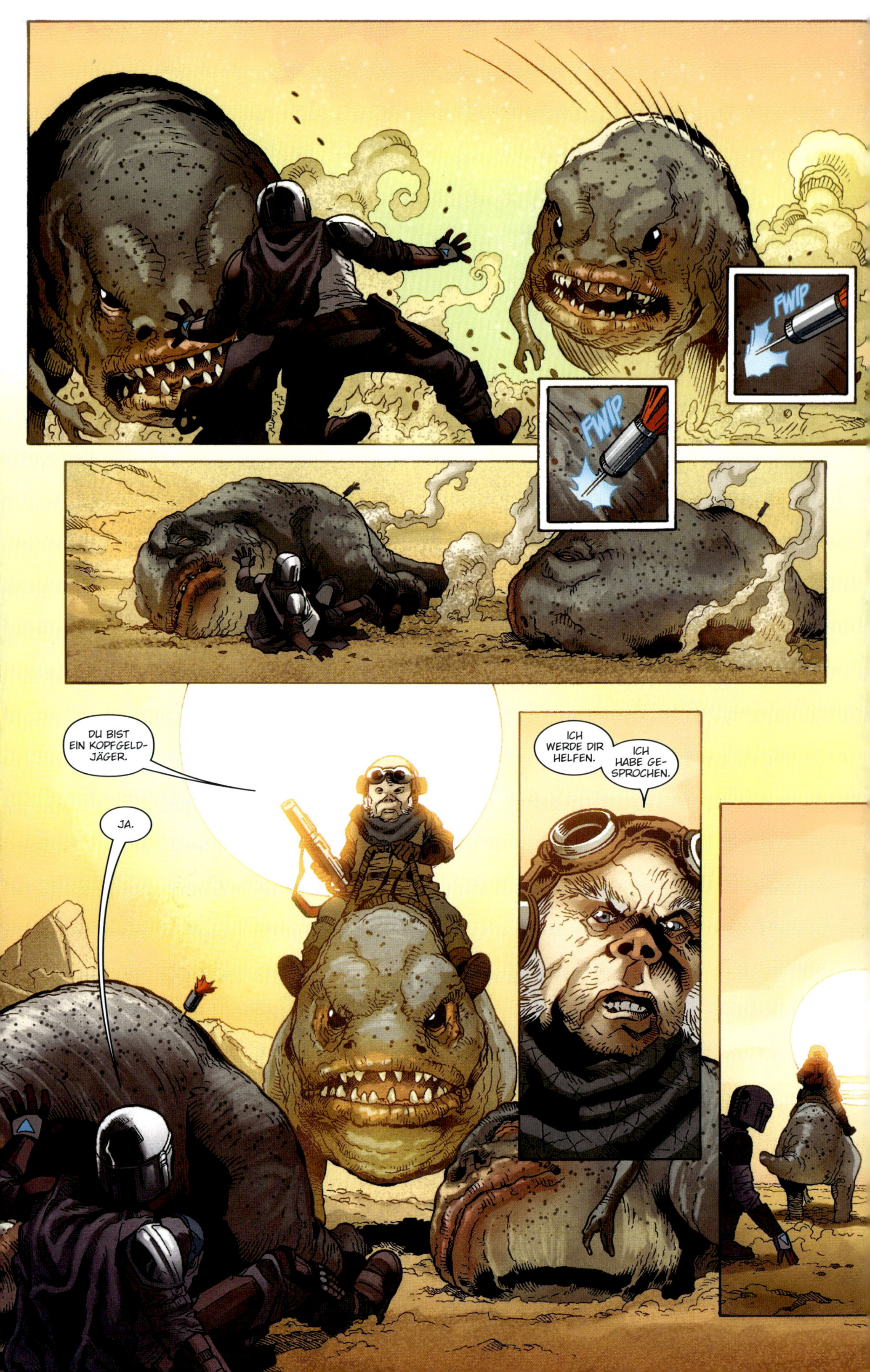
FWIP
FWIP
DU BIST EIN KOPFGELD-JÄGER.
JA.
ICH WERDE DIR HELFEN.
ICH HABE GE-SPROCHEN.

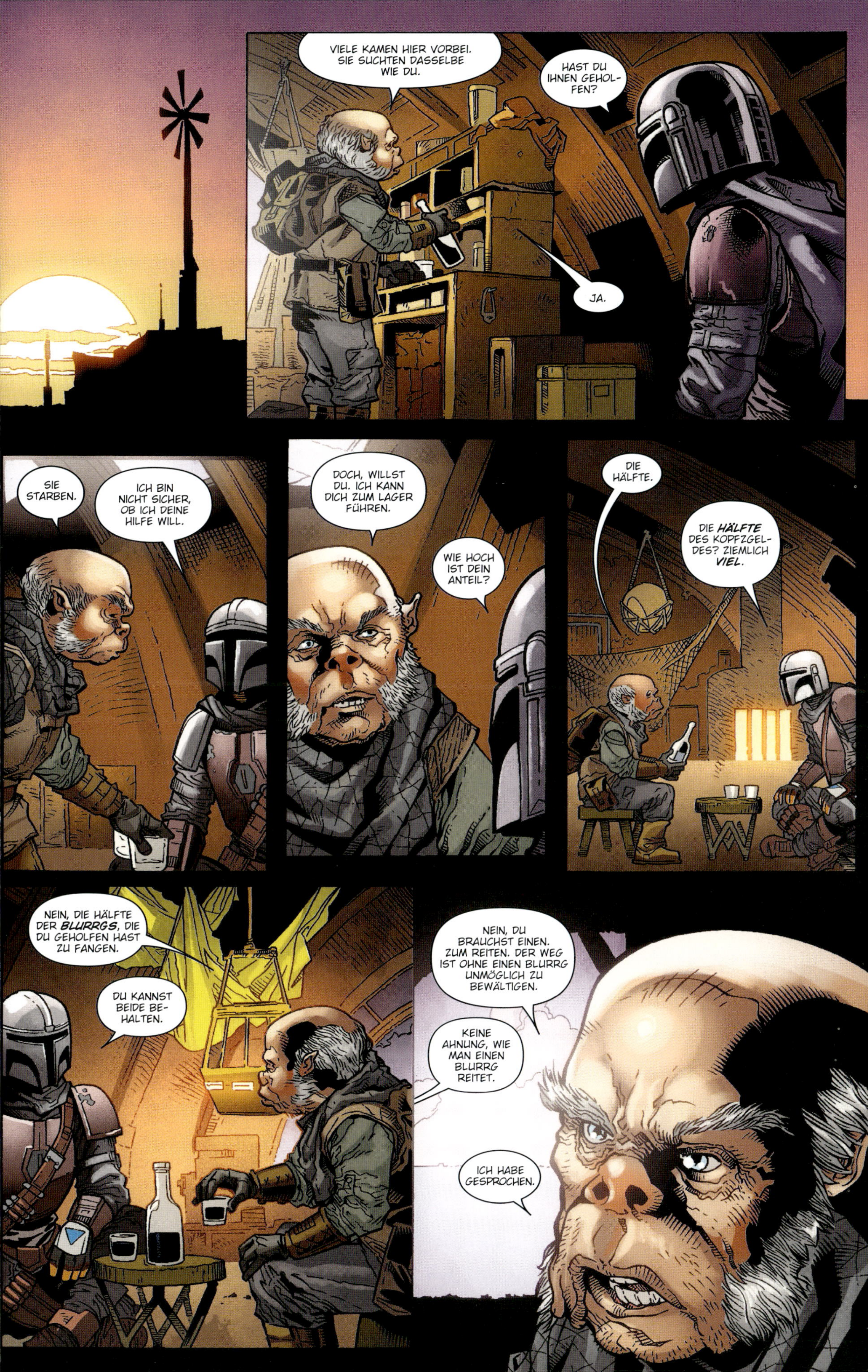
VIELE KAMEN HIER VORBEI. SIE SUCHTEN DASSELBE WIE DU.
HAST DU IHNEN GEHOL-FEN?
JA.
SIE STARBEN.
ICH BIN NICHT SICHER, OB ICH DEINE HILFE WILL.
DOCH, WILLST DU. ICH KANN DICH ZUM LAGER FÜHREN.
WIE HOCH IST DEIN ANTEIL?
DIE HÄLFTE.
DIE HÄLFTE DES KOPFZGEL-DES? ZIEMLICH VIEL.
NEIN, DIE HÄLFTE DER BLURRGS, DIE DU GEHOLFEN HAST ZU FANGEN.
DU KANNST BEIDE BE-HALTEN.
NEIN, DU BRAUCHST EINEN. ZUM REITEN. DER WEG IST OHNE EINEN BLURRG UNMÖGLICH ZU BEWÄLTIGEN.
KEINE AHNUNG, WIE MAN EINEN BLURRG REITET.
ICH HABE GESPROCHEN.

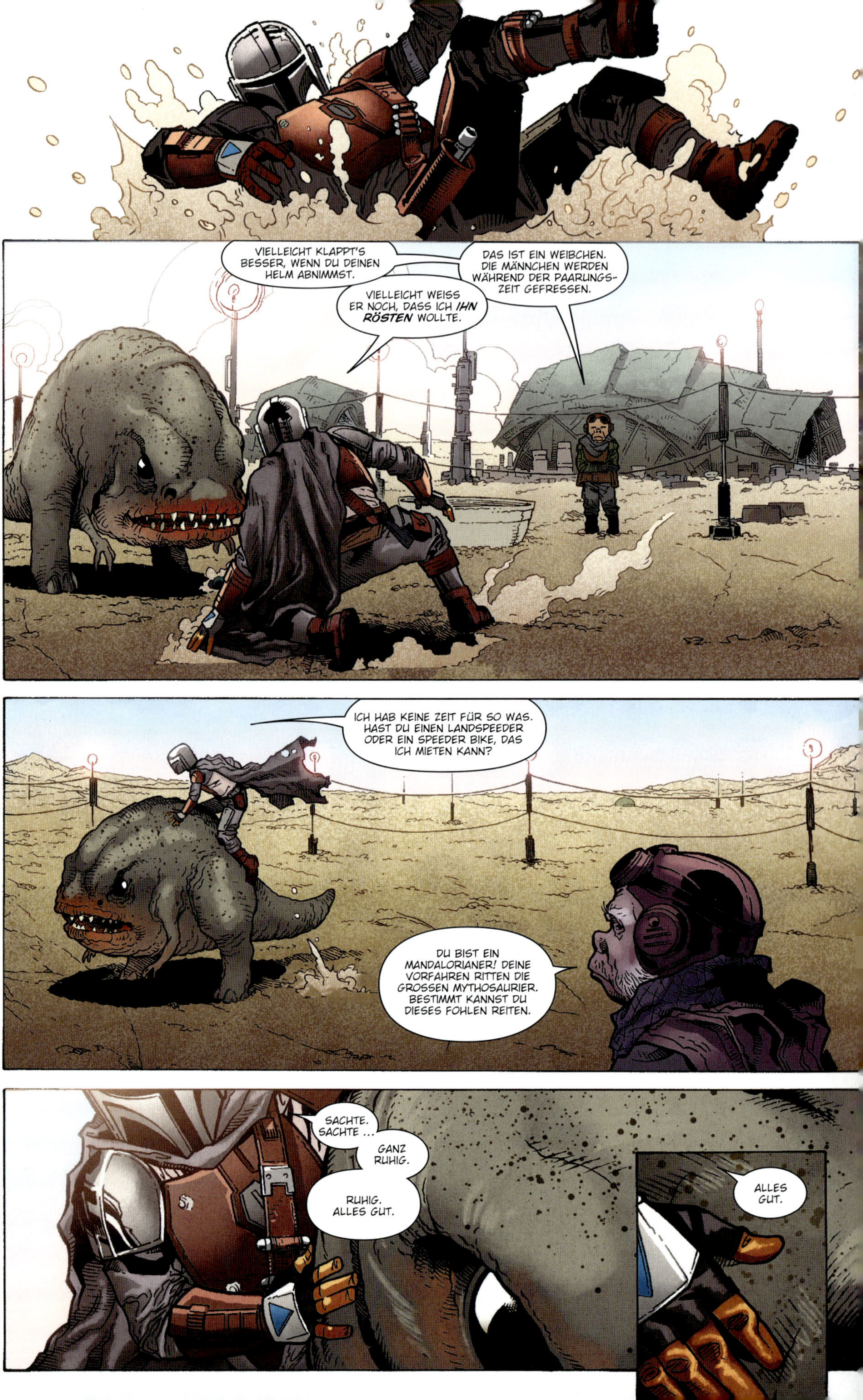

VIELLEICHT KLAPPT'S BESSER, WENN DU DEINEN HELM ABNIMMST.

DAS IST EIN WEIBCHEN. DIE MÄNNCHEN WERDEN WÄHREND DER PAARUNGS-ZEIT GEFRESSEN.

VIELLEICHT WEISS ER NOCH, DASS ICH ***IHN RÖSTEN*** WOLLTE.

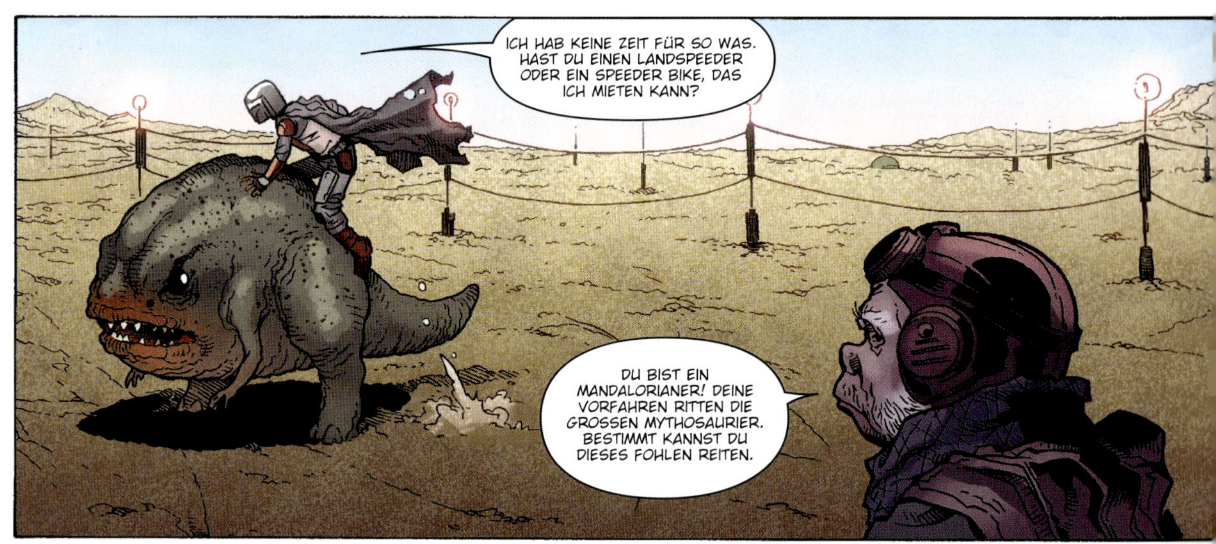

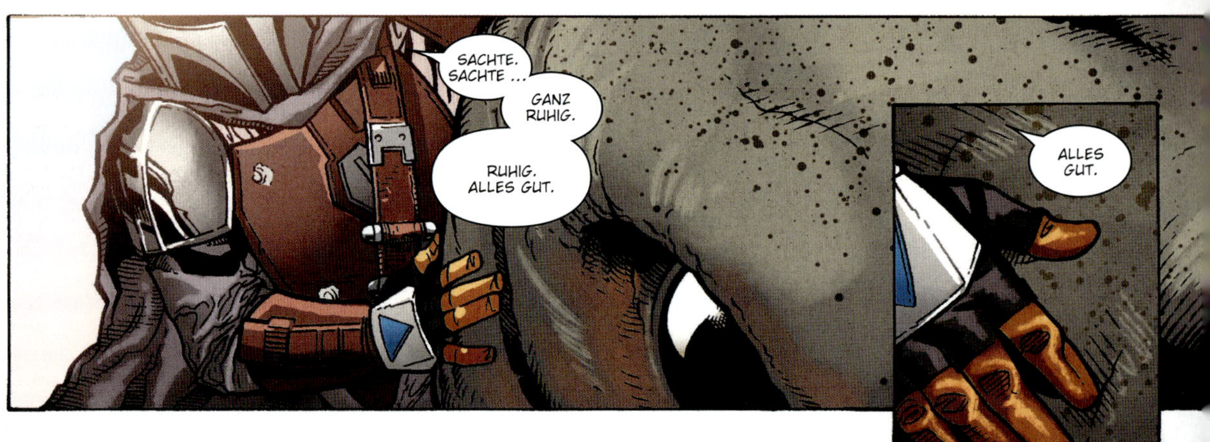

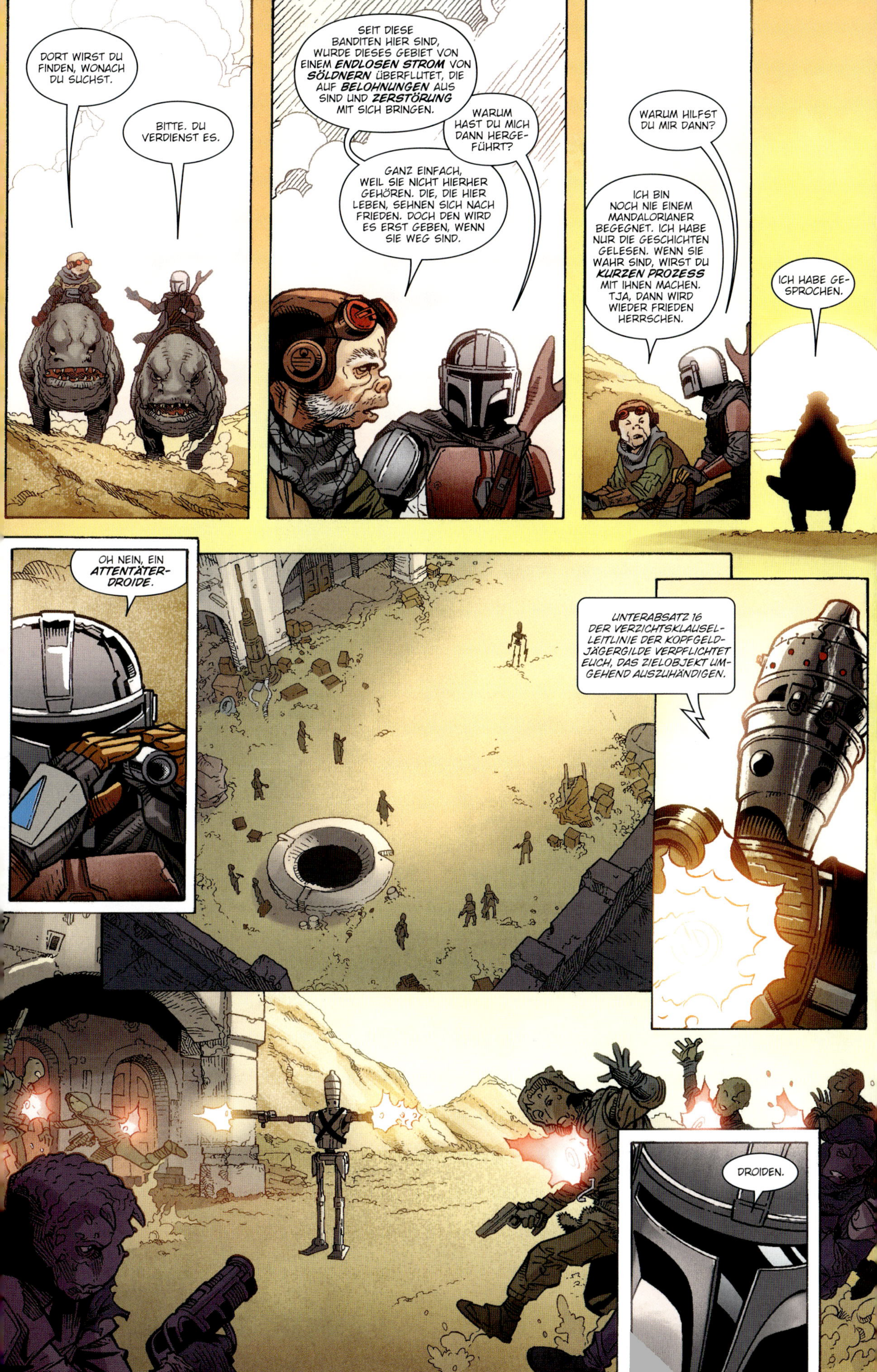
DORT WIRST DU FINDEN, WONACH DU SUCHST.
BITTE. DU VERDIENST ES.
SEIT DIESE BANDITEN HIER SIND, WURDE DIESES GEBIET VON EINEM ENDLOSEN STROM VON SÖLDNERN ÜBERFLUTET, DIE AUF BELOHNUNGEN AUS SIND UND ZERSTÖRUNG MIT SICH BRINGEN.
WARUM HAST DU MICH DANN HERGEFÜHRT?
GANZ EINFACH, WEIL SIE NICHT HIERHER GEHÖREN. DIE, DIE HIER LEBEN, SEHNEN SICH NACH FRIEDEN. DOCH DEN WIRD ES ERST GEBEN, WENN SIE WEG SIND.
WARUM HILFST DU MIR DANN?
ICH BIN NOCH NIE EINEM MANDALORIANER BEGEGNET. ICH HABE NUR DIE GESCHICHTEN GELESEN. WENN SIE WAHR SIND, WIRST DU KURZEN PROZESS MIT IHNEN MACHEN. TJA, DANN WIRD WIEDER FRIEDEN HERRSCHEN.
ICH HABE GESPROCHEN.
OH NEIN, EIN ATTENTÄTER-DROIDE.
UNTERABSATZ 16 DER VERZICHTSKLAUSEL-LEITLINIE DER KOPFGELD-JÄGERGILDE VERPFLICHTET EUCH, DAS ZIELOBJEKT UMGEHEND AUSZUHÄNDIGEN.
DROIDEN.

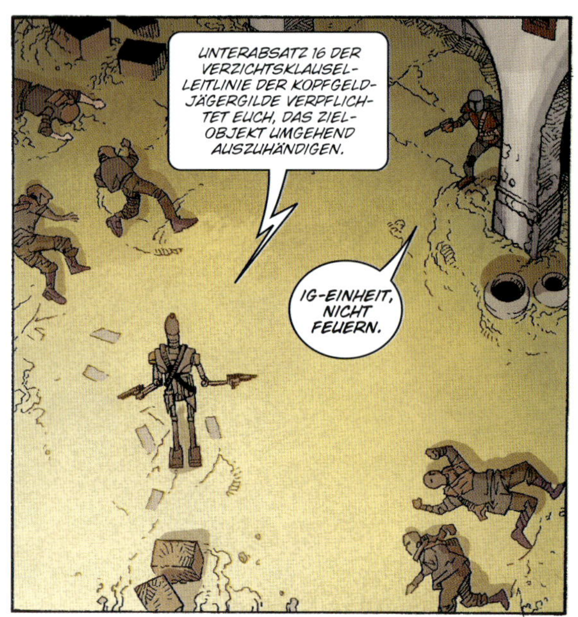
UNTERABSATZ 16 DER VERZICHTSKLAUSEL-LEITLINIE DER KOPFGELD-JÄGERGILDE VERPFLICHTET EUCH, DAS ZIEL-OBJEKT UMGEHEND AUSZUHÄNDIGEN.
IG-EINHEIT, NICHT FEUERN.

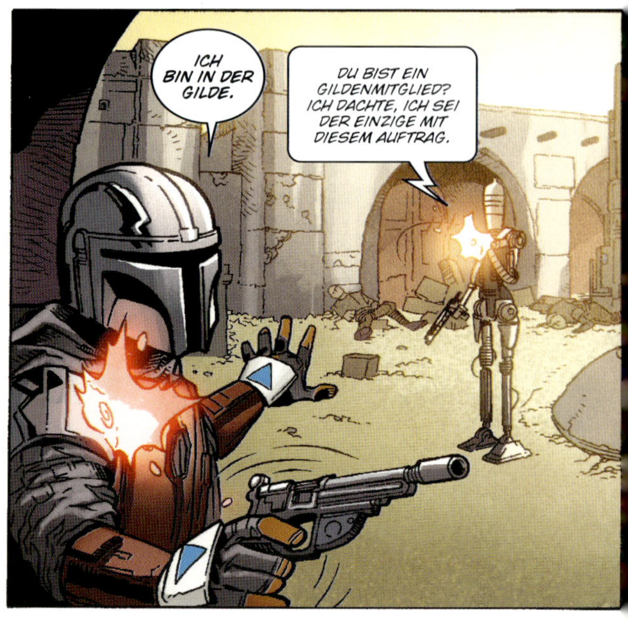
ICH BIN IN DER GILDE.
DU BIST EIN GILDENMITGLIED? ICH DACHTE, ICH SEI DER EINZIGE MIT DIESEM AUFTRAG.

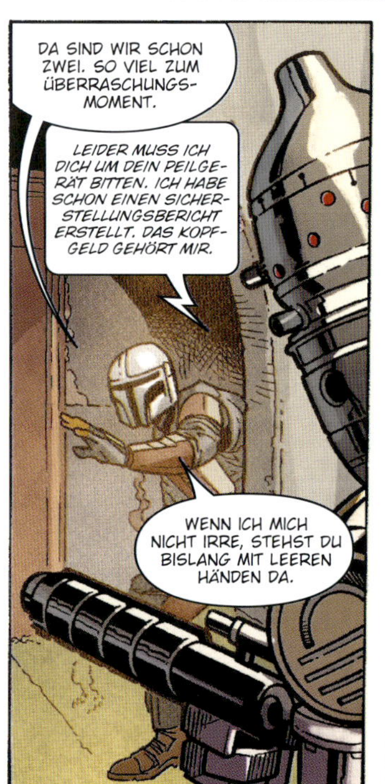
DA SIND WIR SCHON ZWEI. SO VIEL ZUM ÜBERRASCHUNGS-MOMENT.
LEIDER MUSS ICH DICH UM DEIN PEILGE-RÄT BITTEN. ICH HABE SCHON EINEN SICHER-STELLUNGSBERICHT ERSTELLT. DAS KOPF-GELD GEHÖRT MIR.
WENN ICH MICH NICHT IRRE, STEHST DU BISLANG MIT LEEREN HÄNDEN DA.

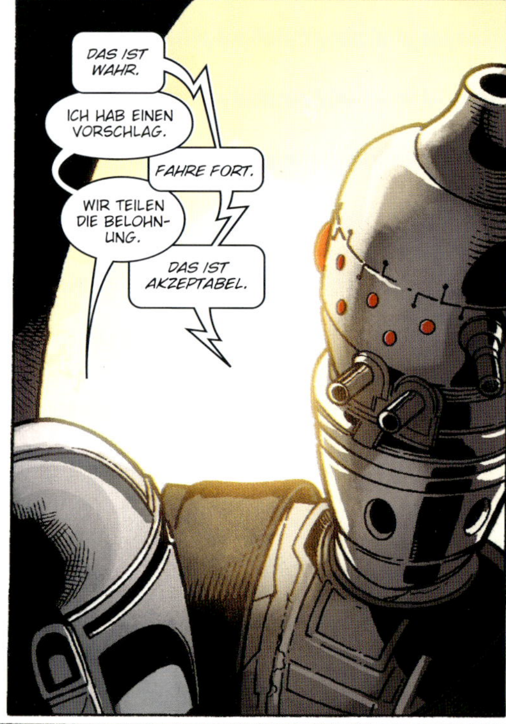
DAS IST WAHR.
ICH HAB EINEN VORSCHLAG.
FAHRE FORT.
WIR TEILEN DIE BELOHN-UNG.
DAS IST AKZEPTABEL.

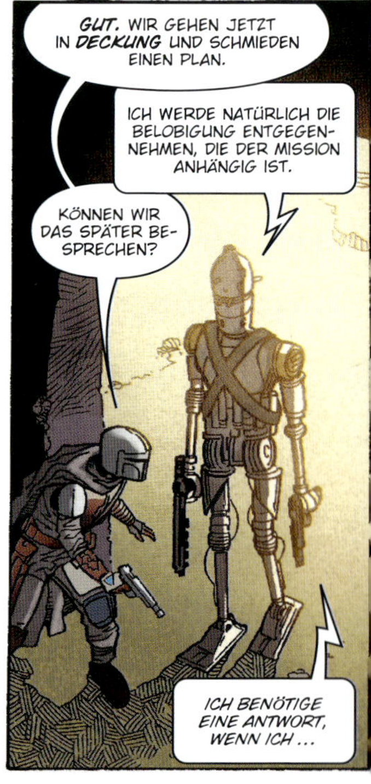
GUT. WIR GEHEN JETZT IN DECKUNG UND SCHMIEDEN EINEN PLAN.
ICH WERDE NATÜRLICH DIE BELOBIGUNG ENTGEGEN-NEHMEN, DIE DER MISSION ANHÄNGIG IST.
KÖNNEN WIR DAS SPÄTER BE-SPRECHEN?
ICH BENÖTIGE EINE ANTWORT, WENN ICH ...

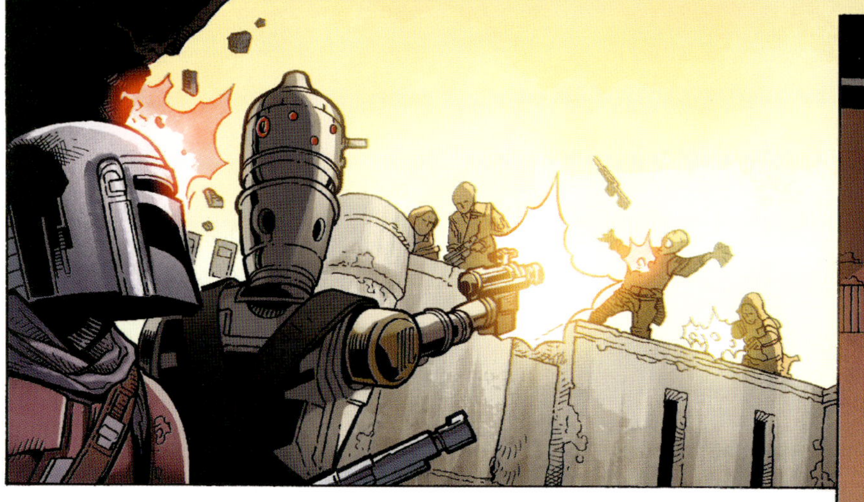

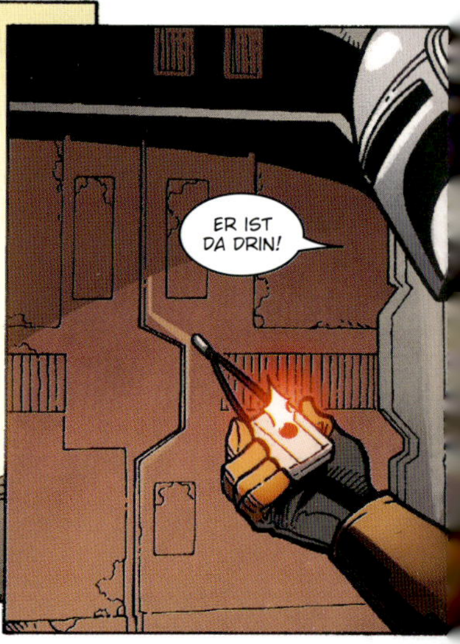
ER IST DA DRIN!

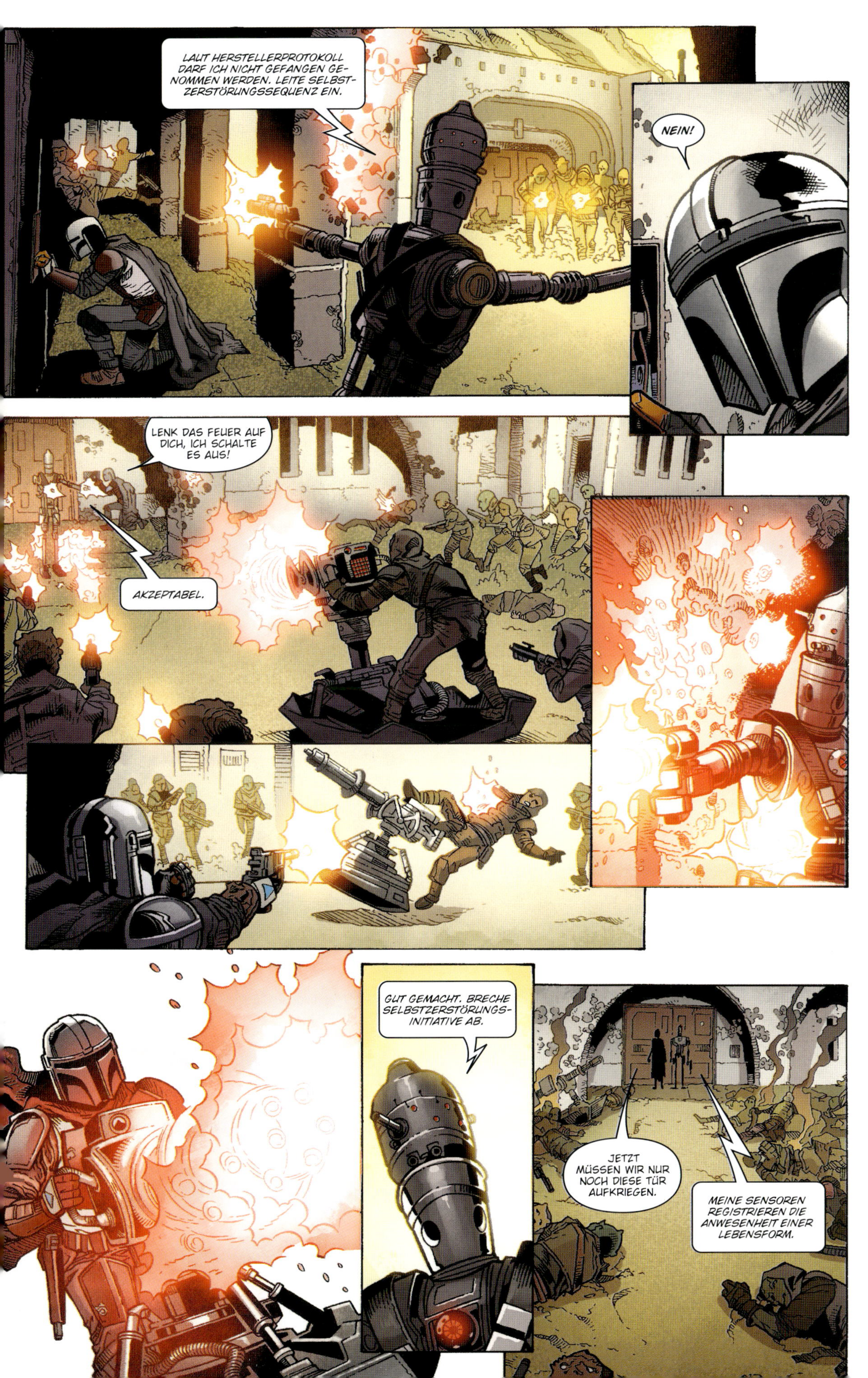
LAUT HERSTELLERPROTOKOLL DARF ICH NICHT GEFANGEN GENOMMEN WERDEN. LEITE SELBSTZERSTÖRUNGSSEQUENZ EIN.
NEIN!
LENK DAS FEUER AUF DICH, ICH SCHALTE ES AUS!
AKZEPTABEL.
GUT GEMACHT. BRECHE SELBSTZERSTÖRUNGS-INITIATIVE AB.
JETZT MÜSSEN WIR NUR NOCH DIESE TÜR AUFKRIEGEN.
MEINE SENSOREN REGISTRIEREN DIE ANWESENHEIT EINER LEBENSFORM.

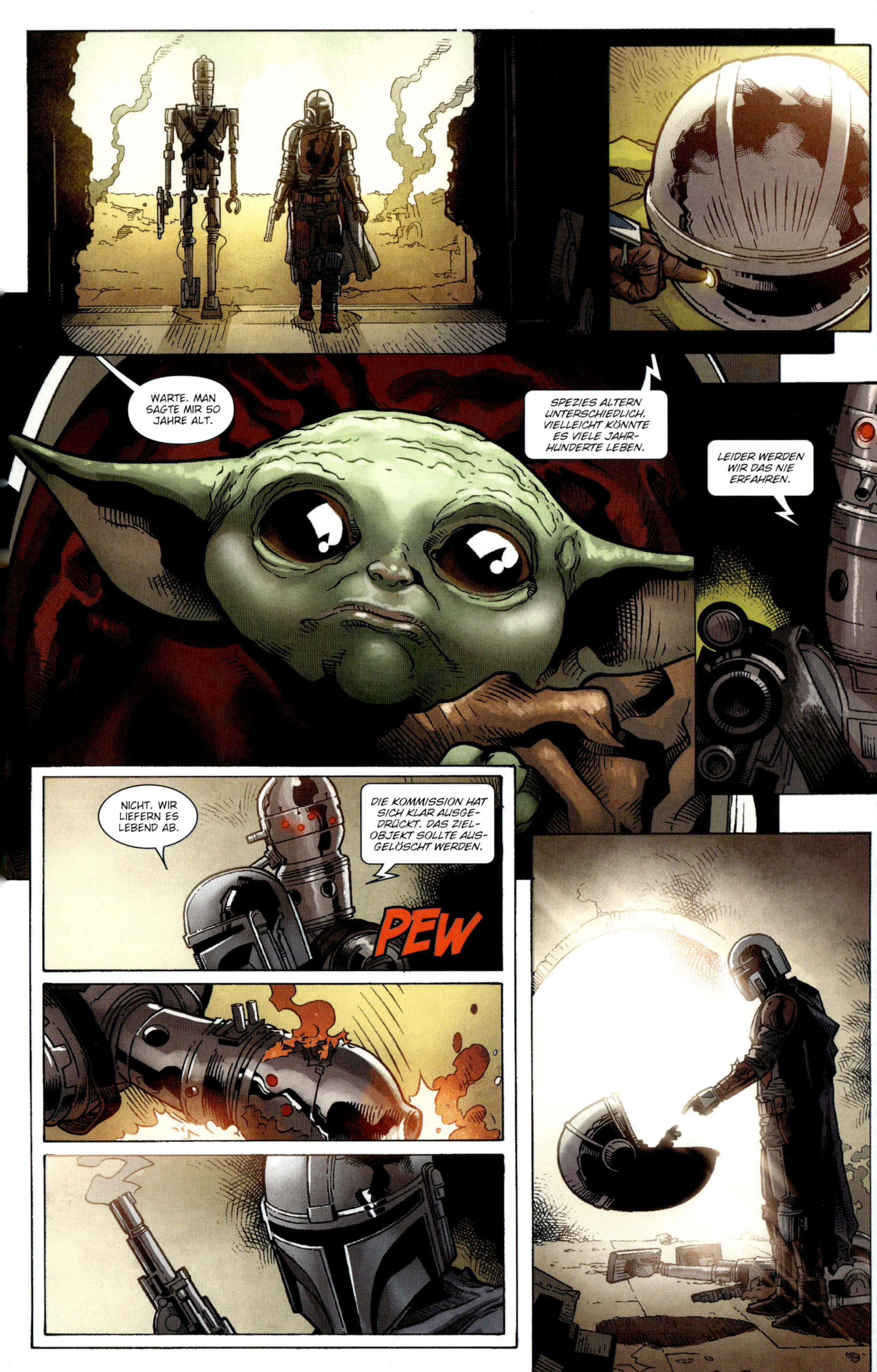
WARTE. MAN SAGTE MIR 50 JAHRE ALT.
SPEZIES ALTERN UNTERSCHIEDLICH. VIELLEICHT KÖNNTE ES VIELE JAHRHUNDERTE LEBEN.
LEIDER WERDEN WIR DAS NIE ERFAHREN.
NICHT. WIR LIEFERN ES LEBEND AB.
DIE KOMMISSION HAT SICH KLAR AUSGEDRÜCKT. DAS ZIELOBJEKT SOLLTE AUSGELÖSCHT WERDEN.
PEW

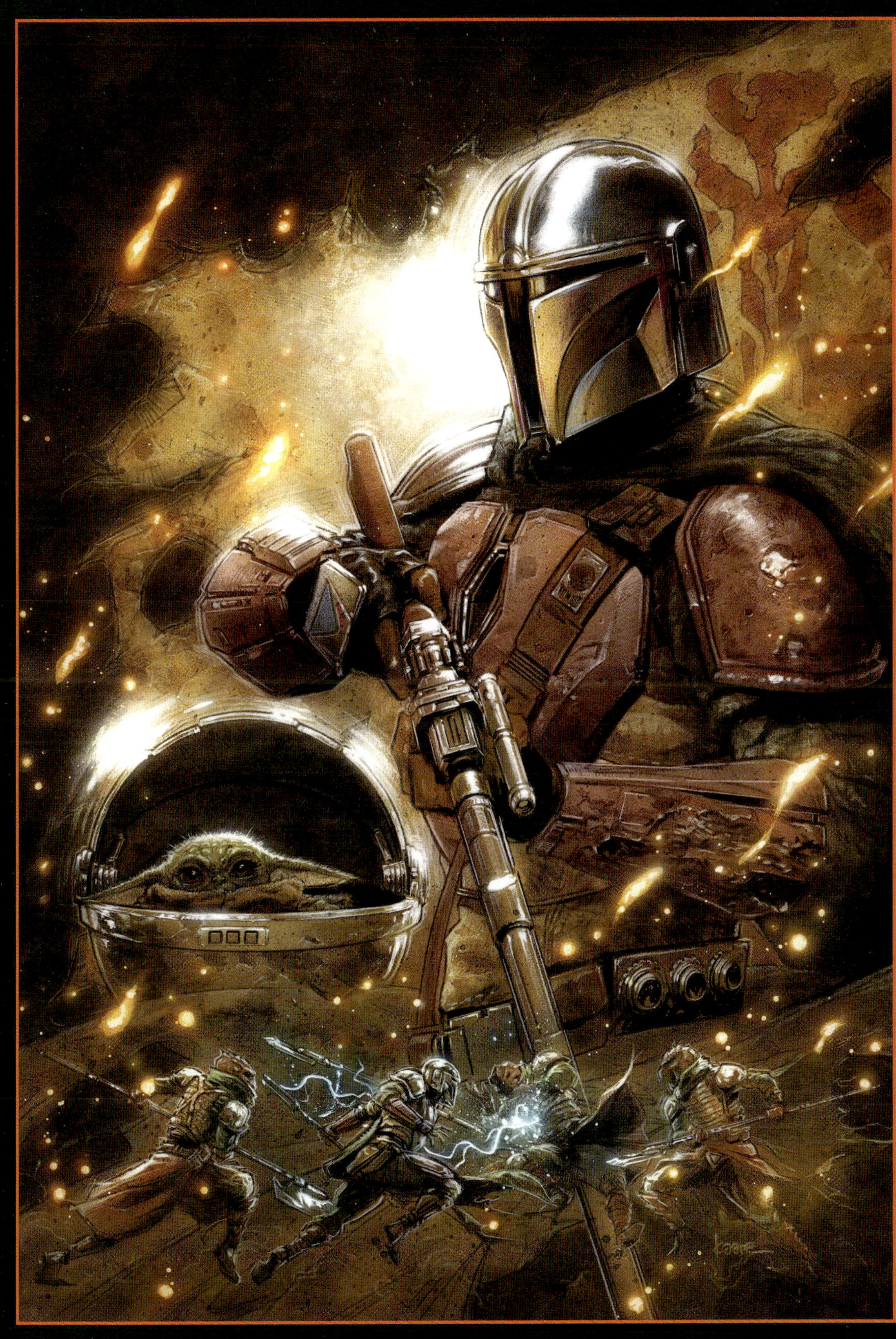

US-STAR WARS: The Mandalorian #2
Cover: **KAARE ANDREWS**

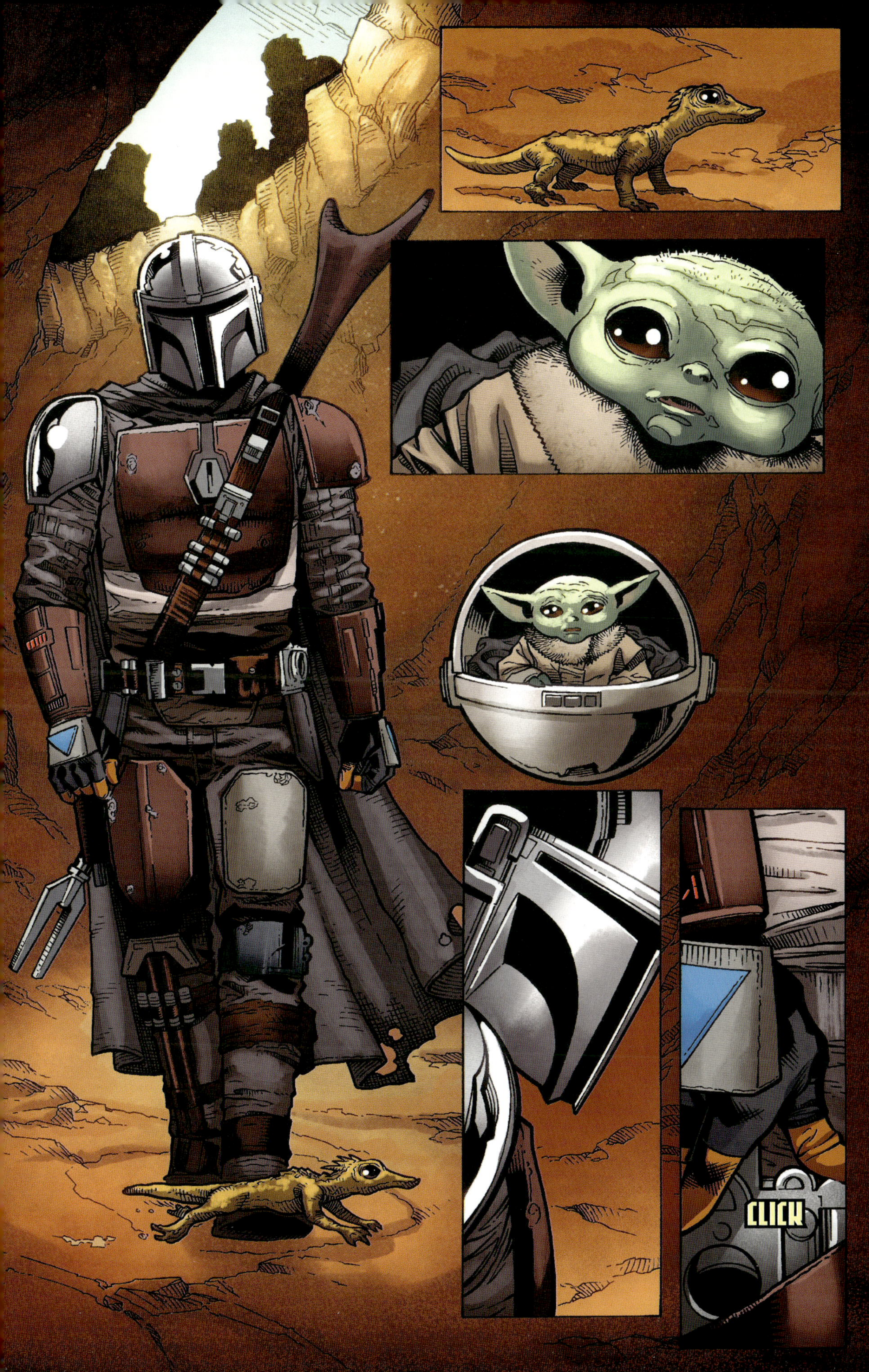
CLICK

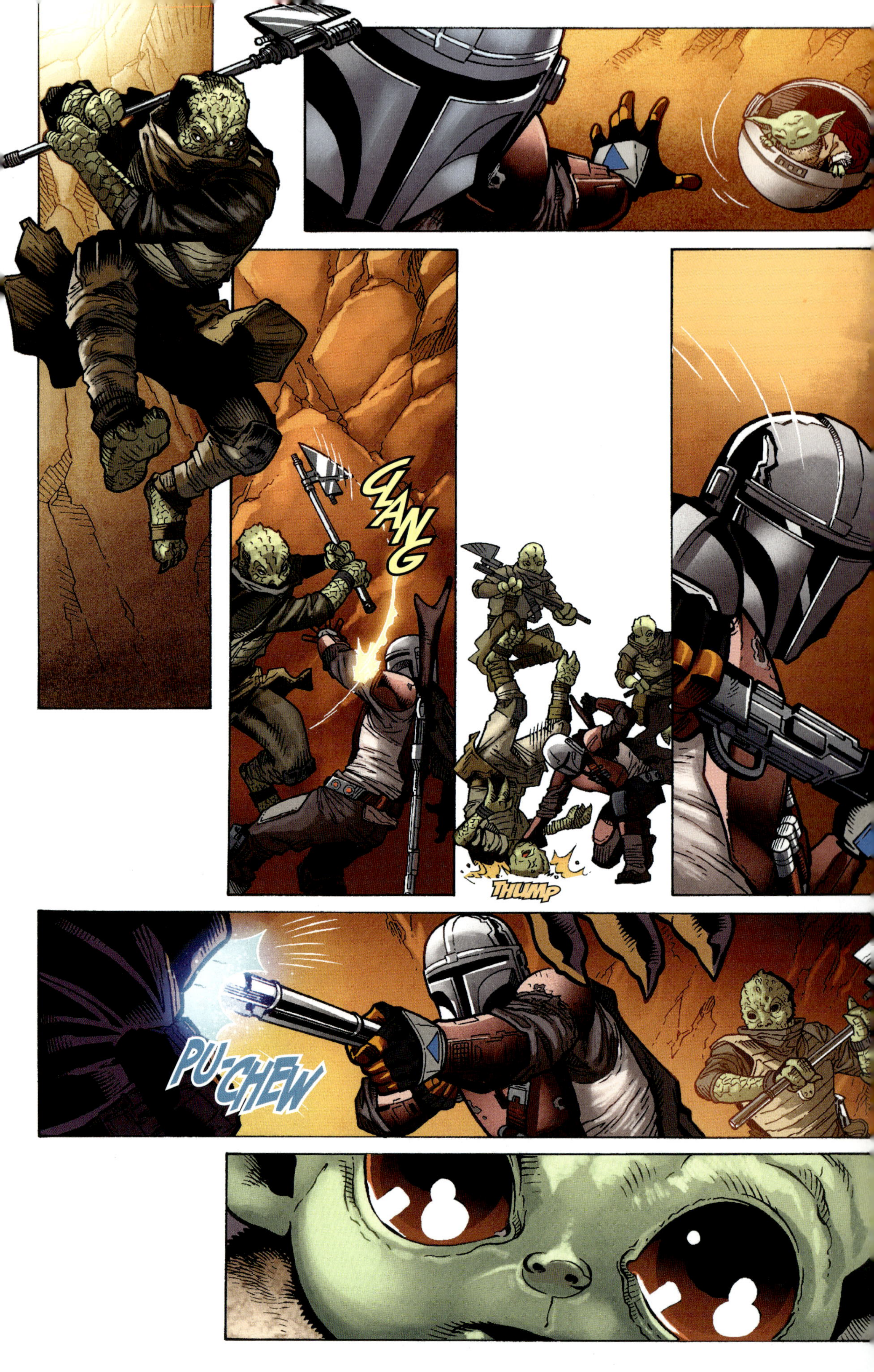

CLANG

THUMP

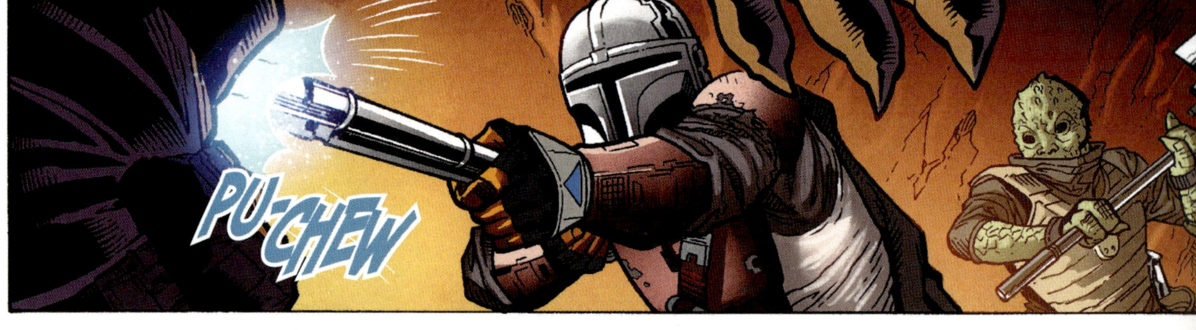

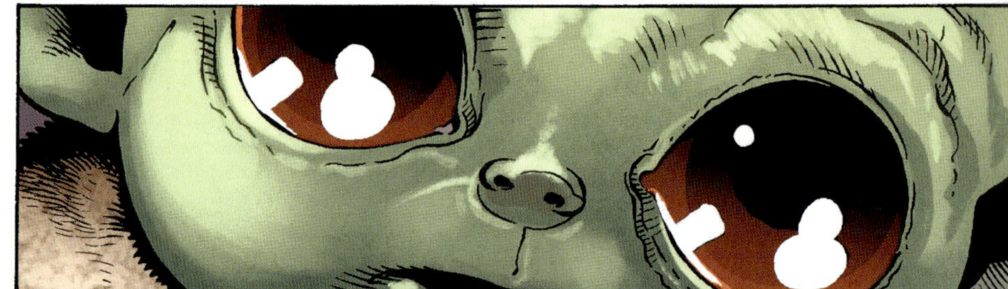

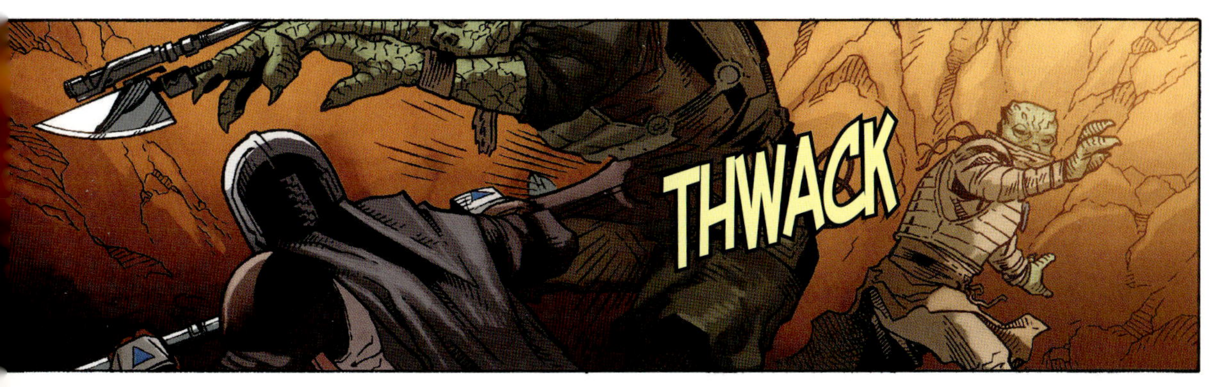
THWACK

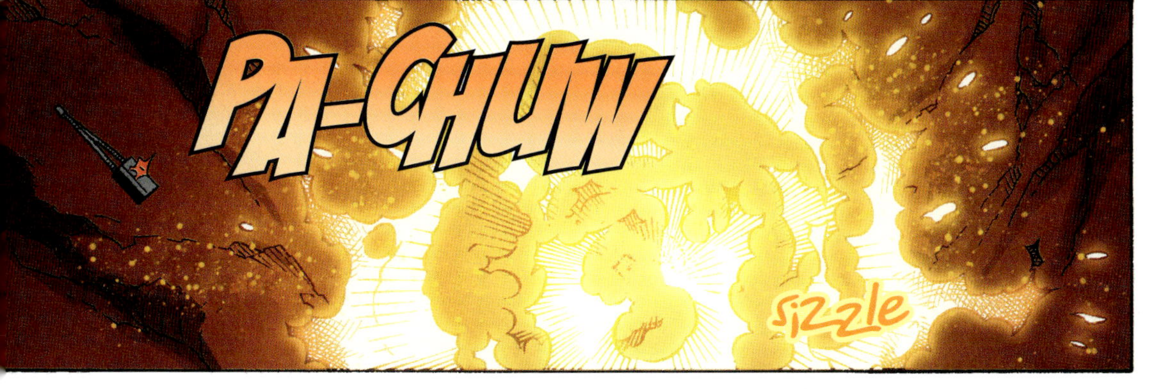
PA-CHUW
sizzle

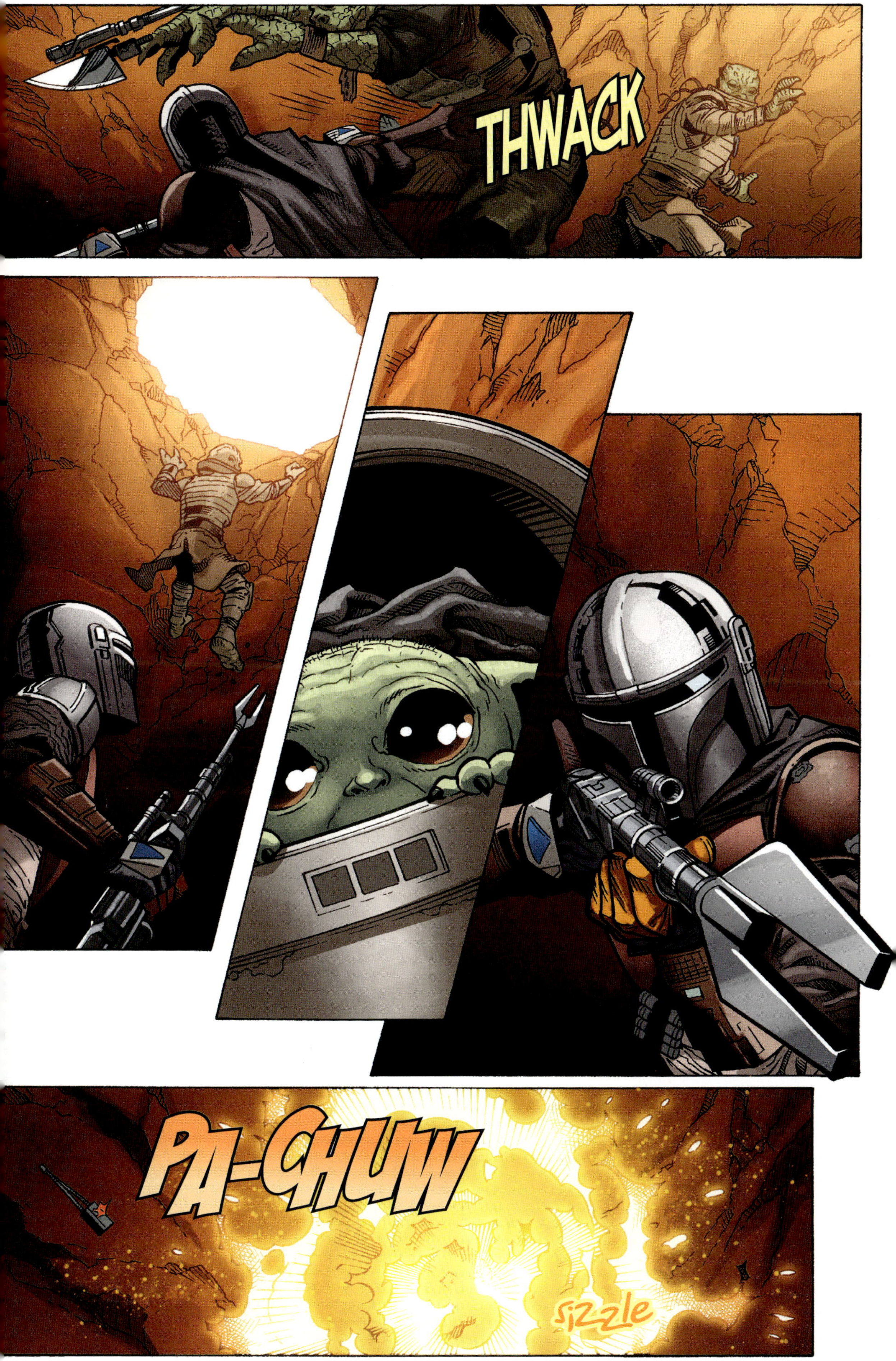

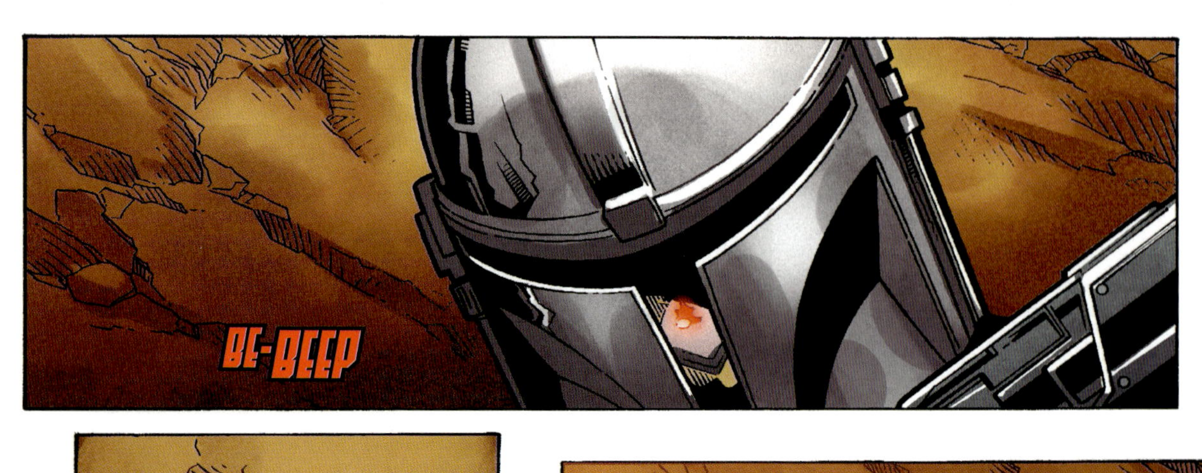
BE-BEEP

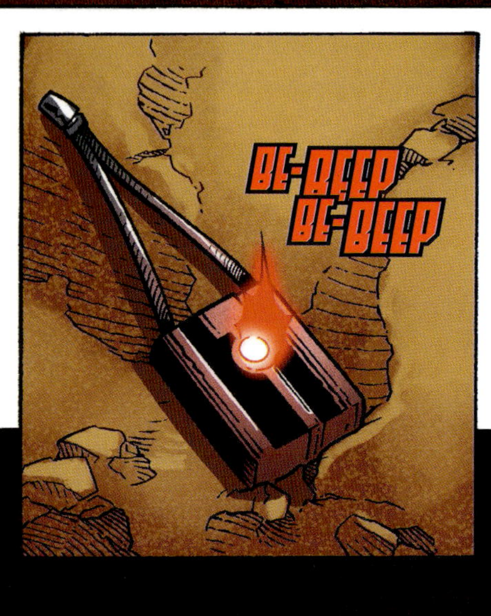
BE-BEEP
BE-BEEP

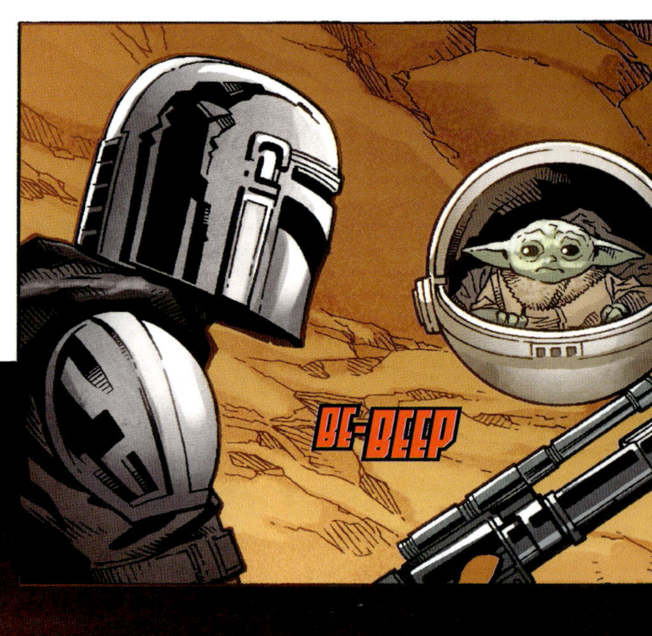
BE-BEEP

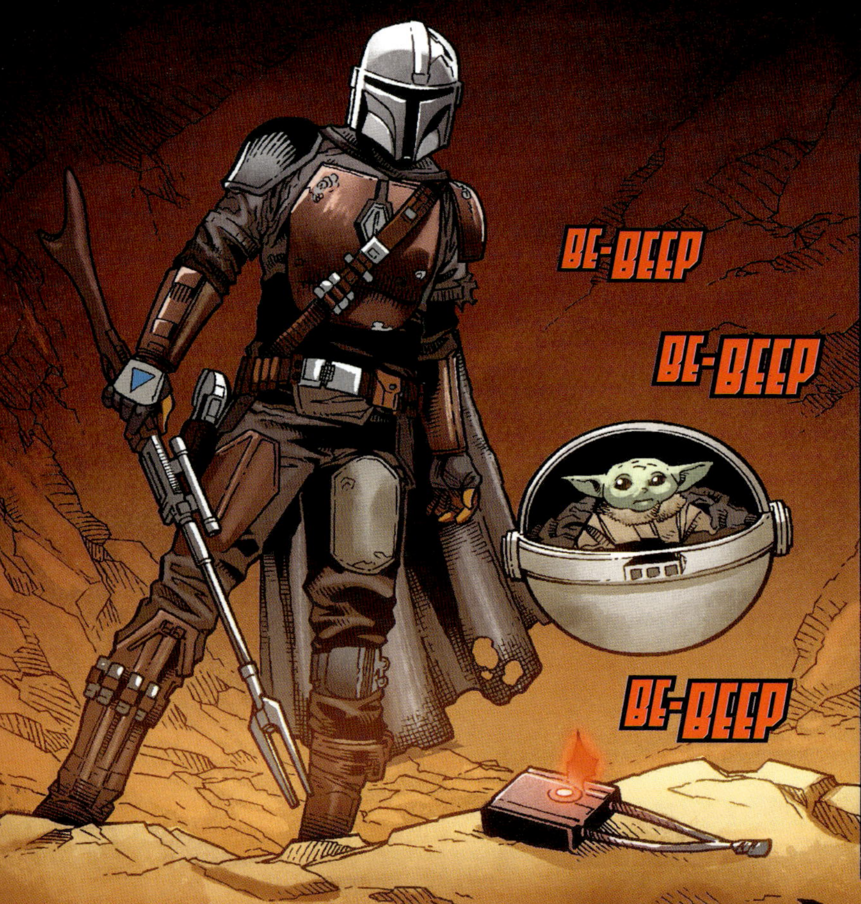
BE-BEEP
BE-BEEP
BE-BEEP

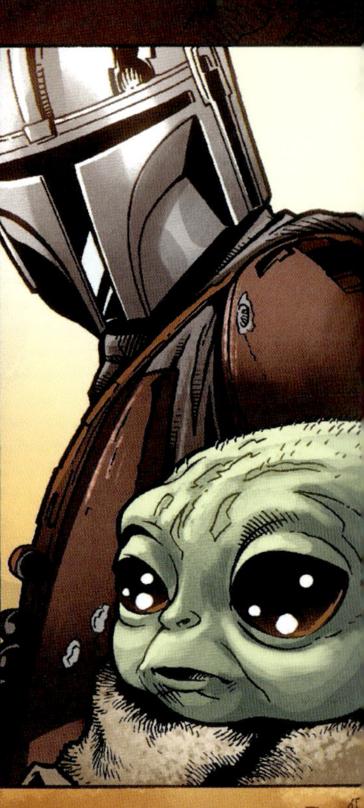

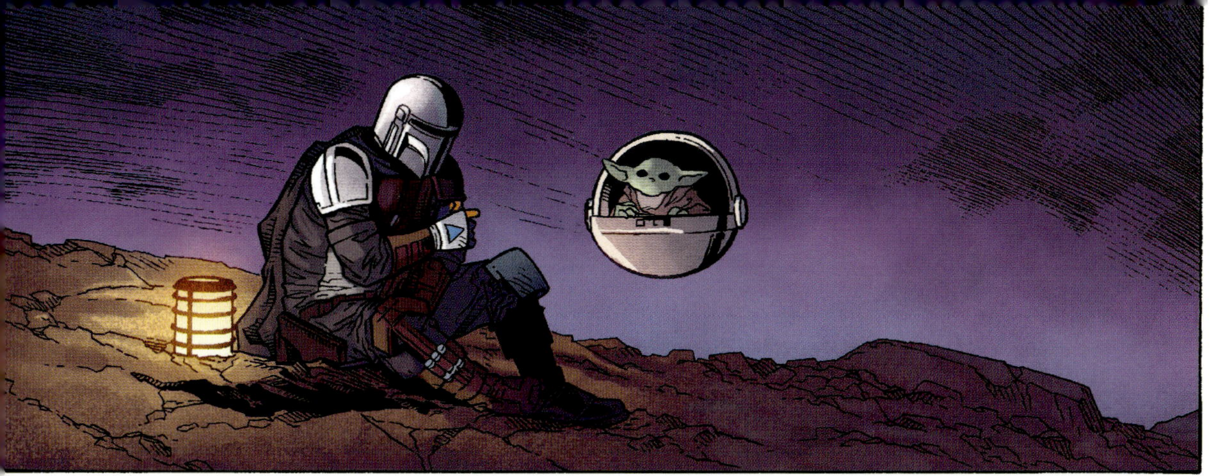

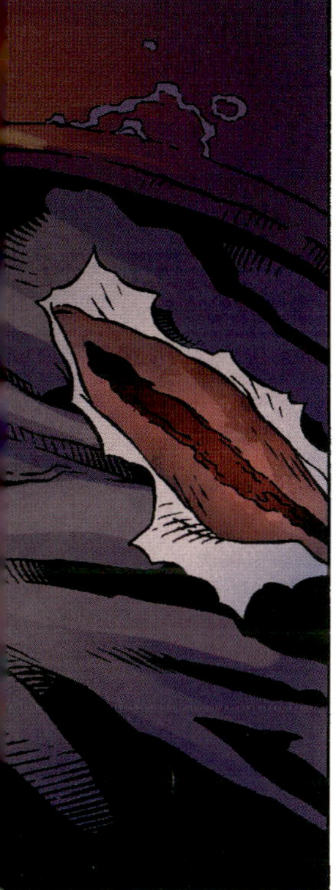

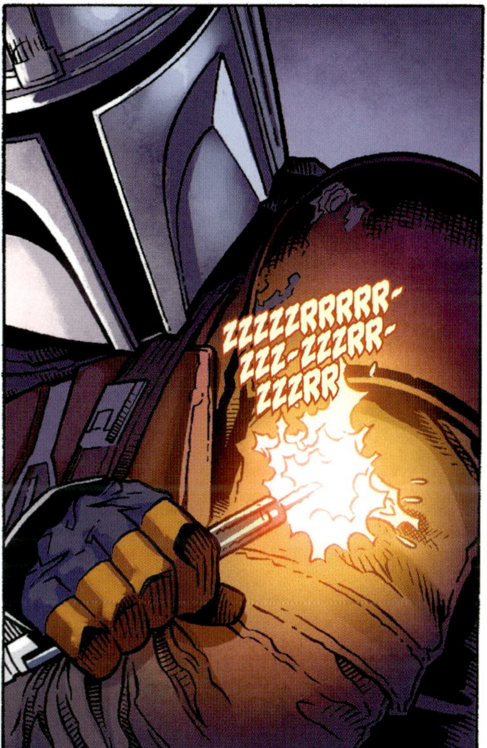
ZZZZZRRRRR-
ZZZ-ZZZRR-
ZZZRR

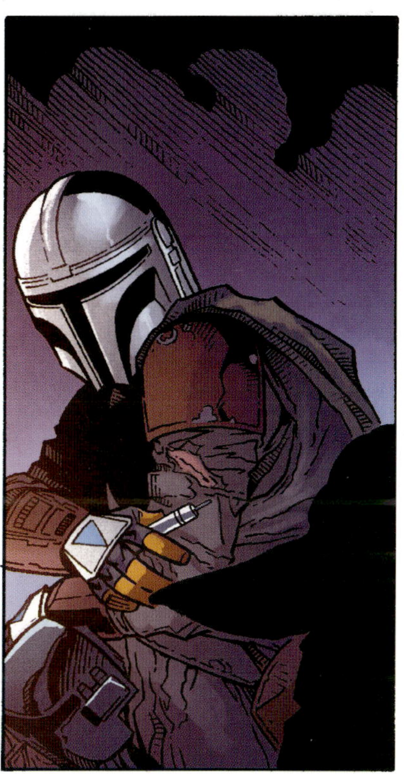

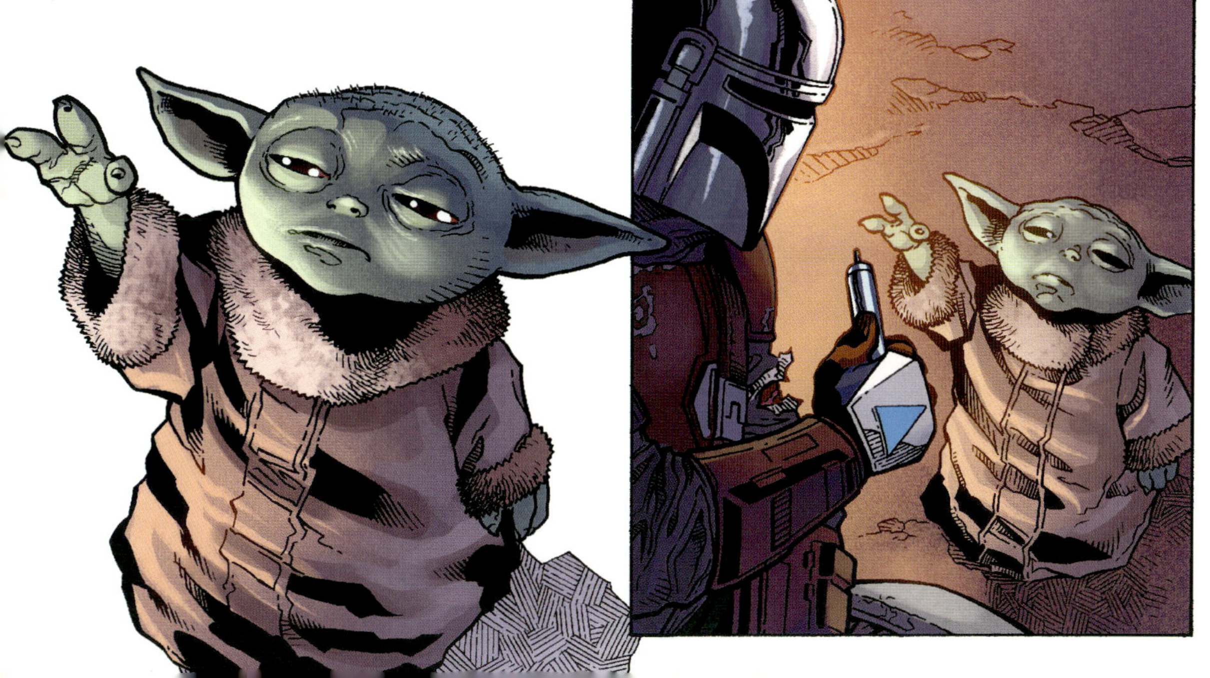

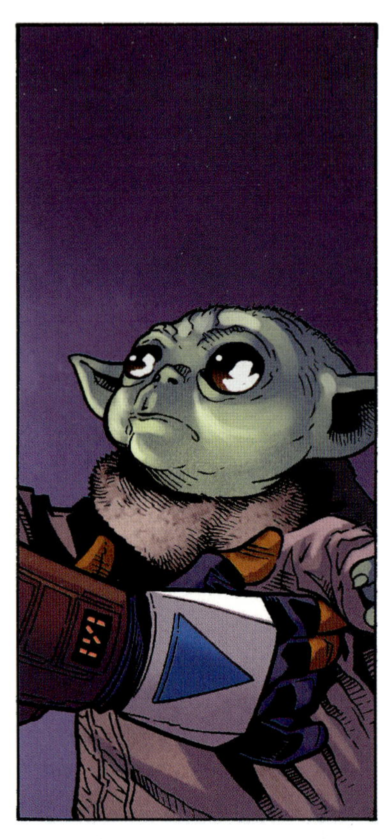
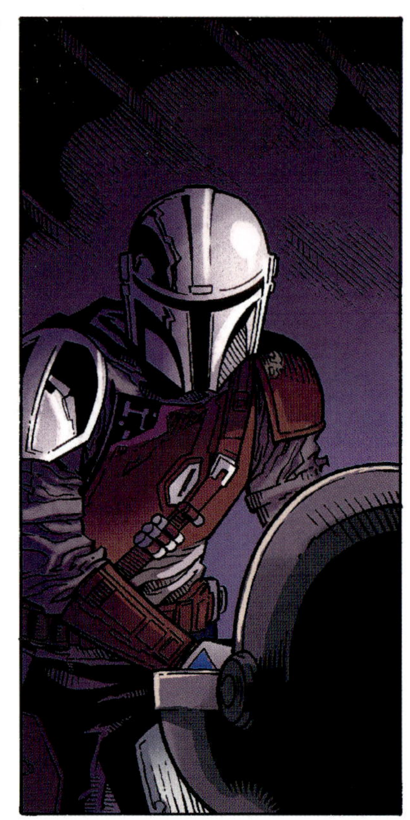
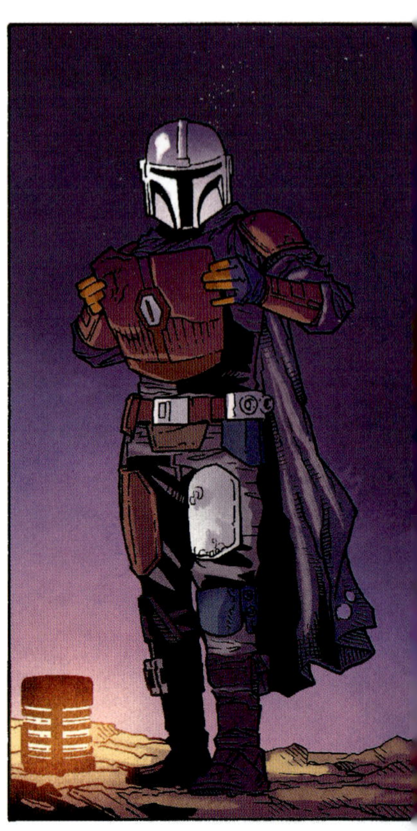
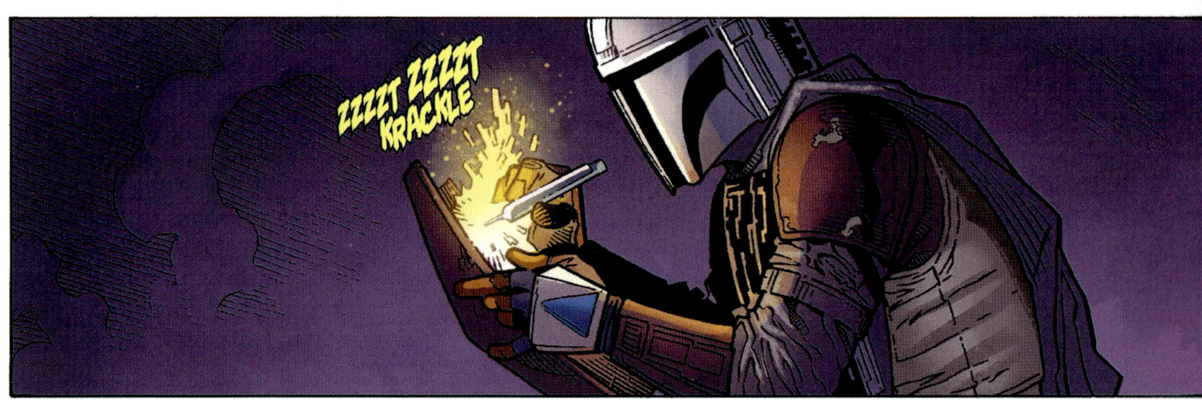
ZZZZT ZZZZT
KRACKLE
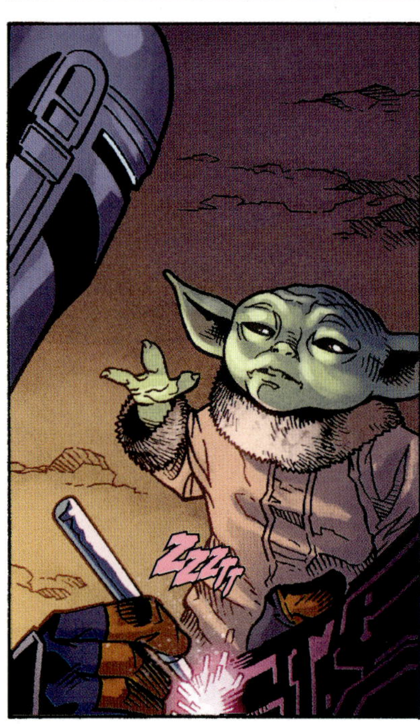
ZZZZT
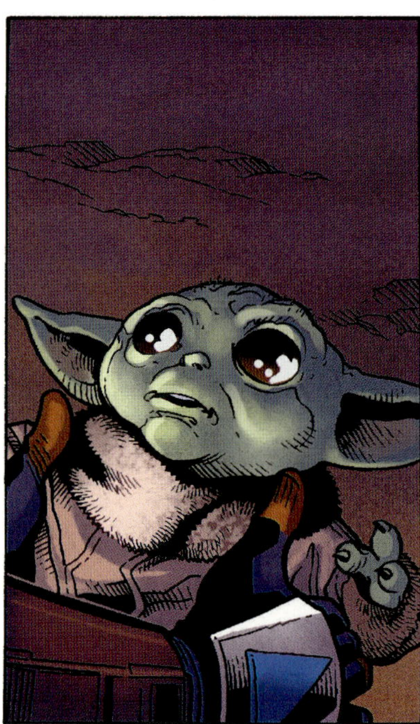
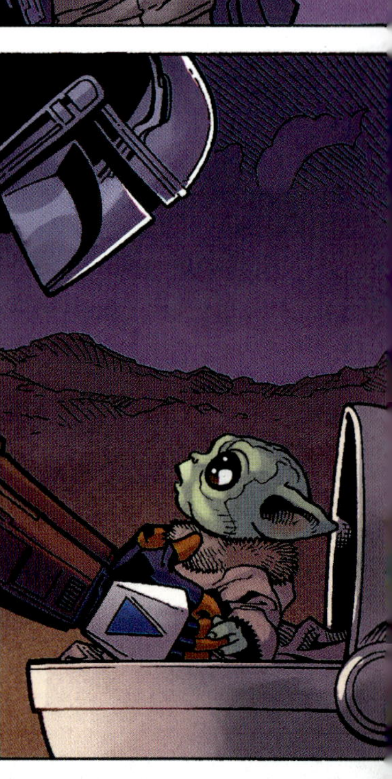

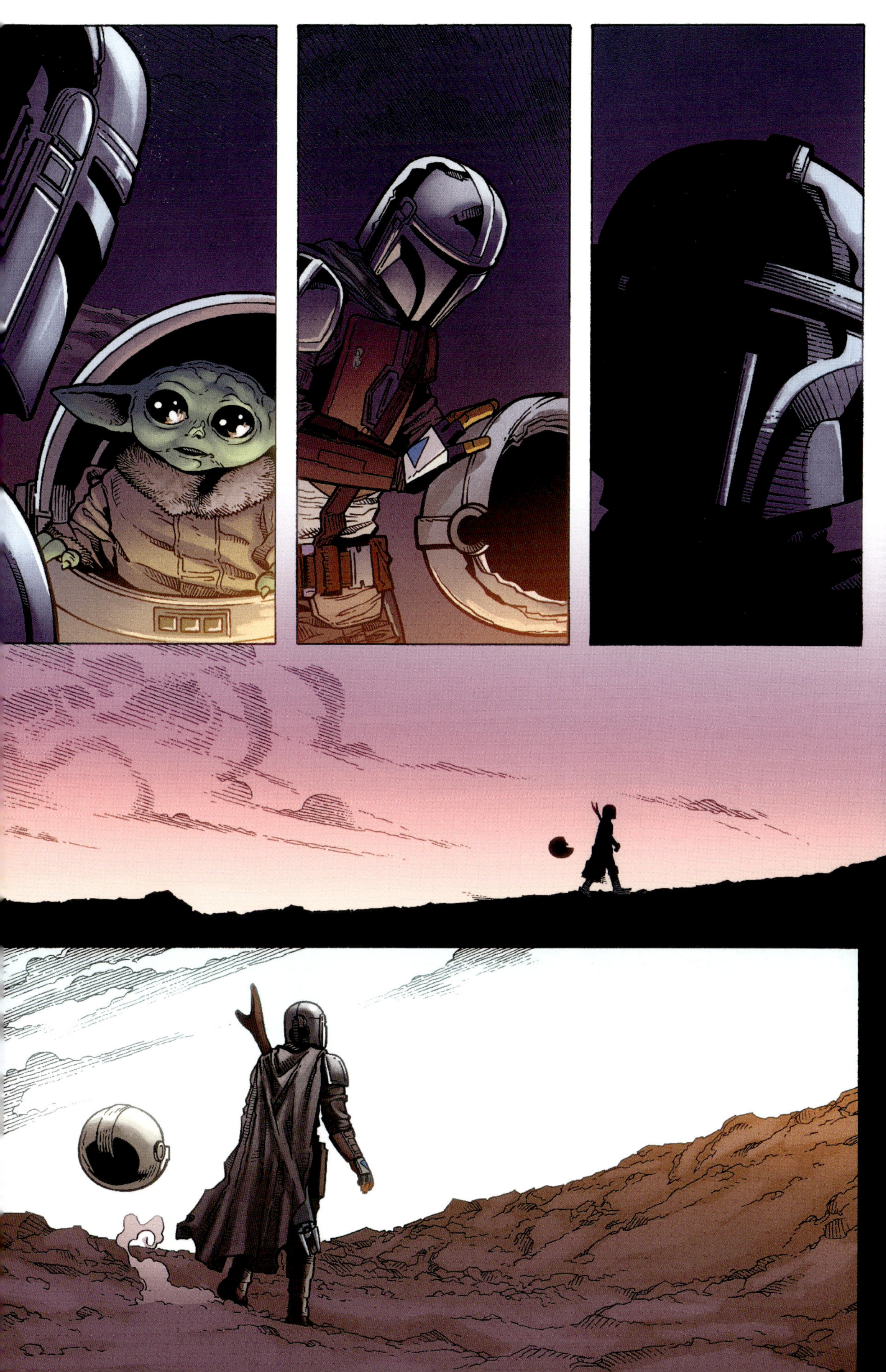

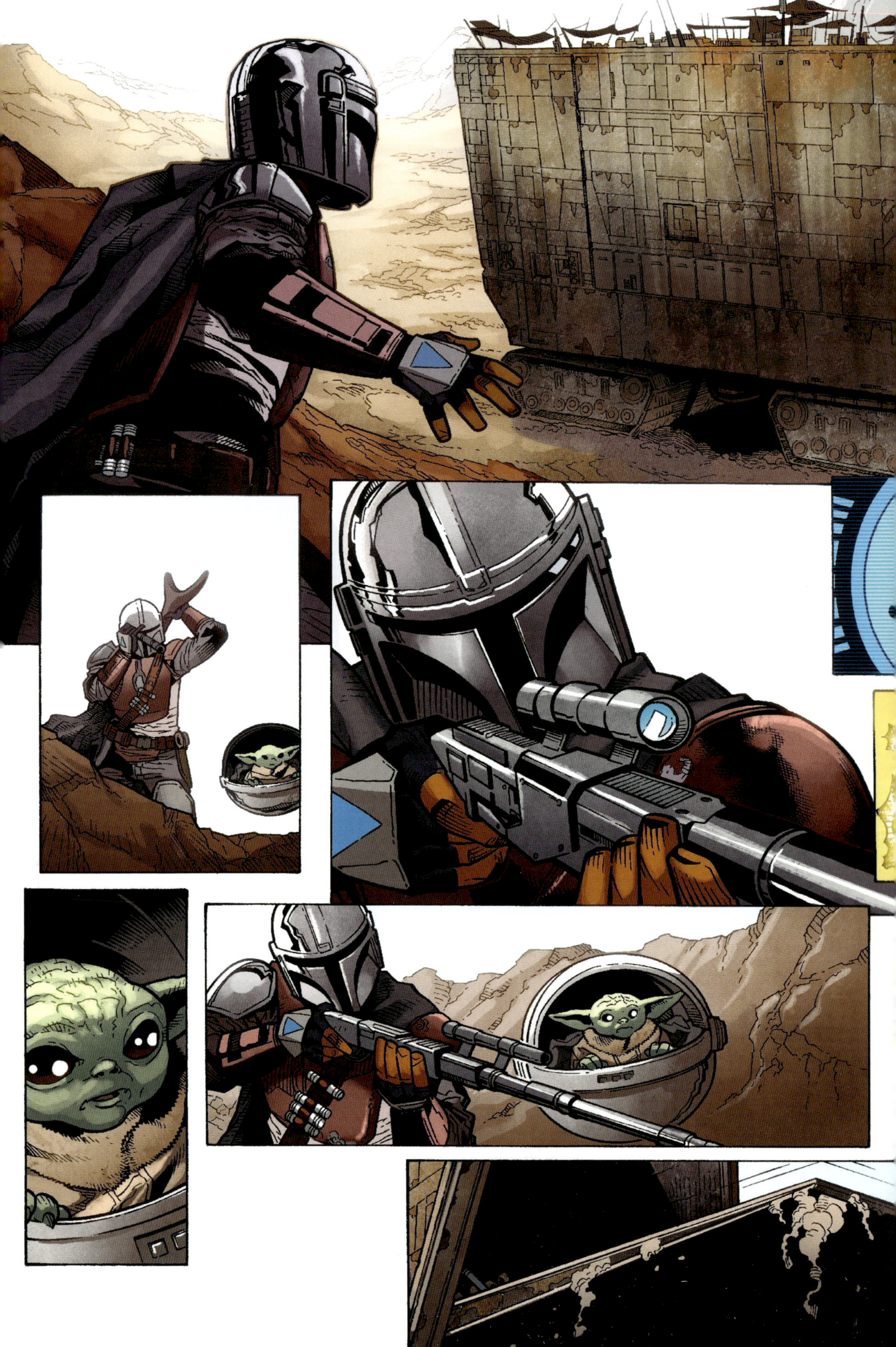

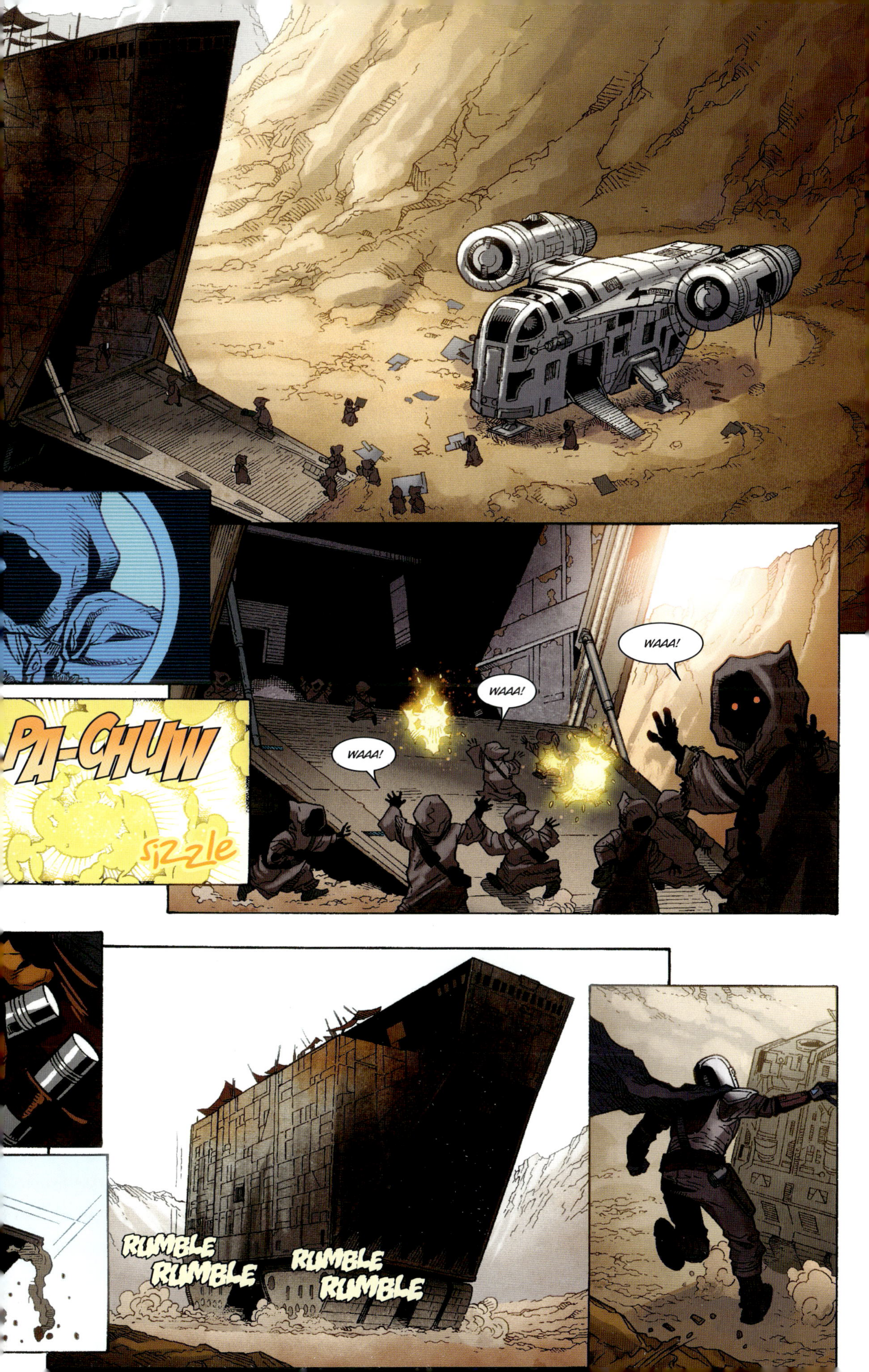

PA-CHUW
sizzle
WAAA!
WAAA!
WAAA!

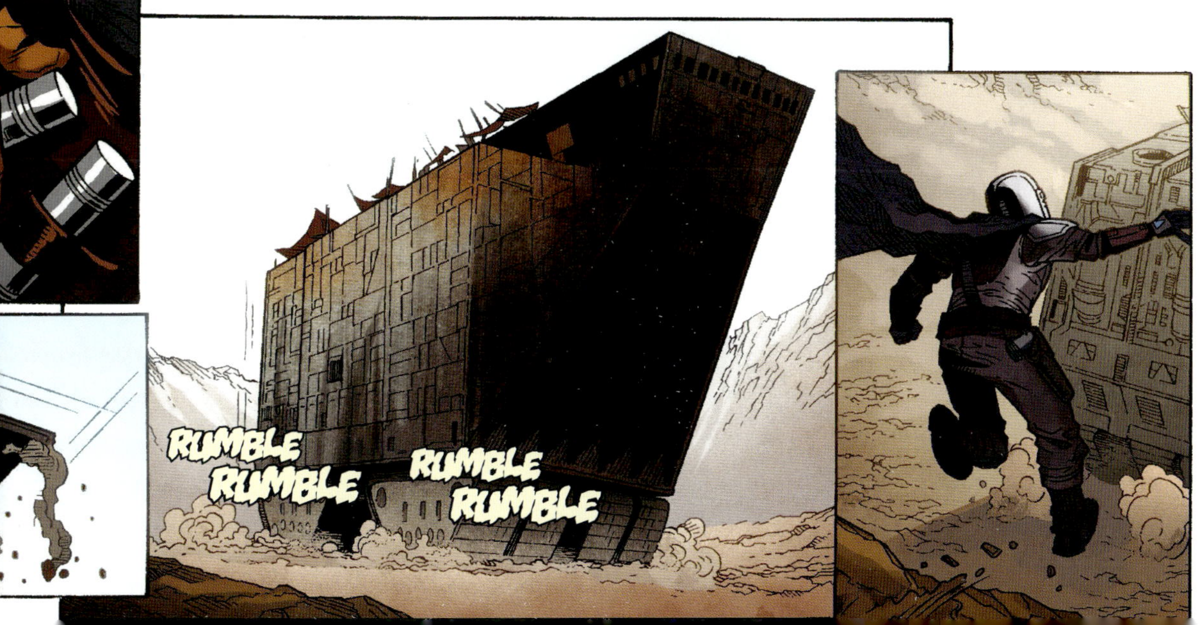

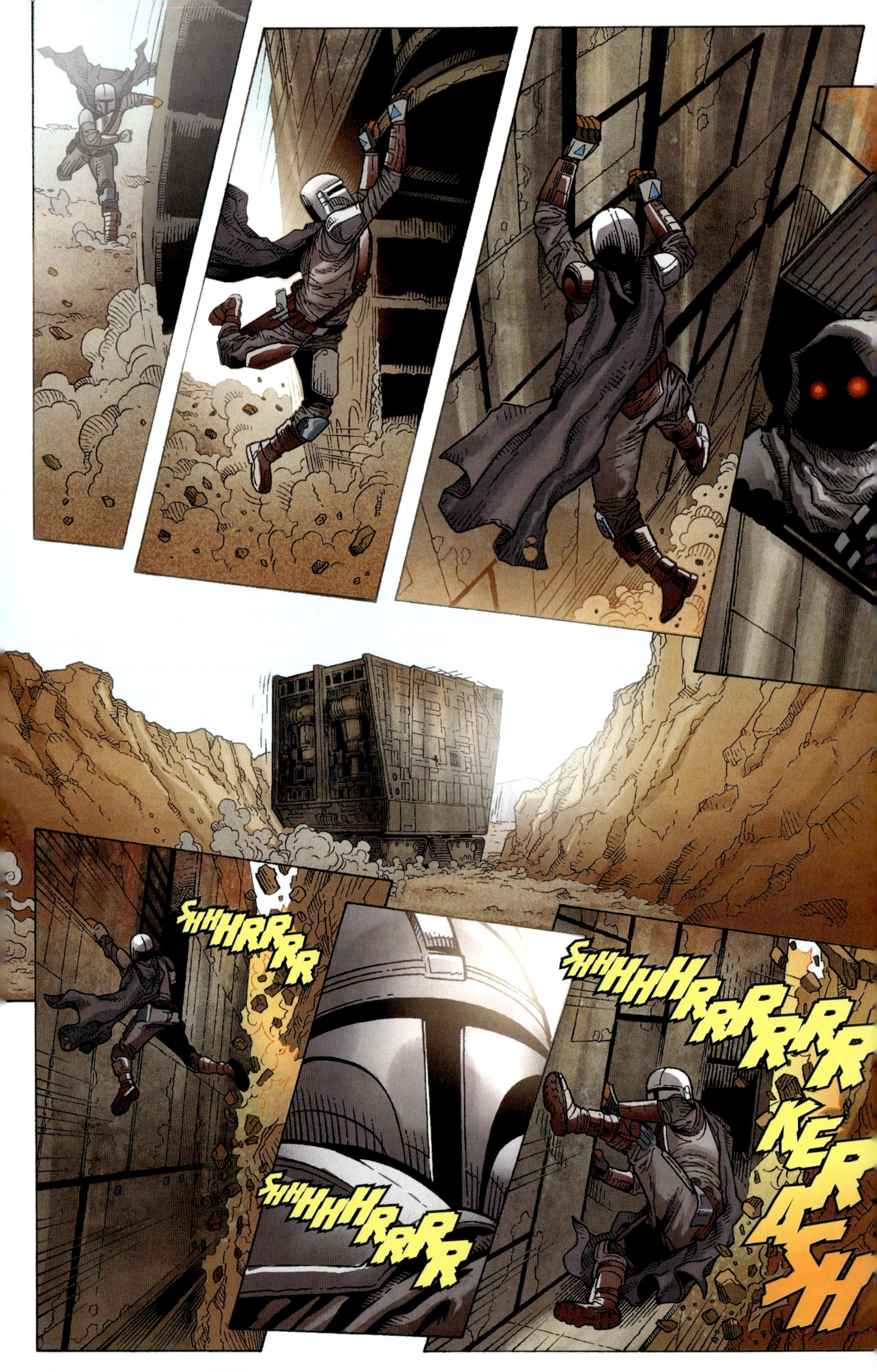
SHHHRRRR
SHHHHHRRRR
SHHHHHHRRRRRRRR
KERASH

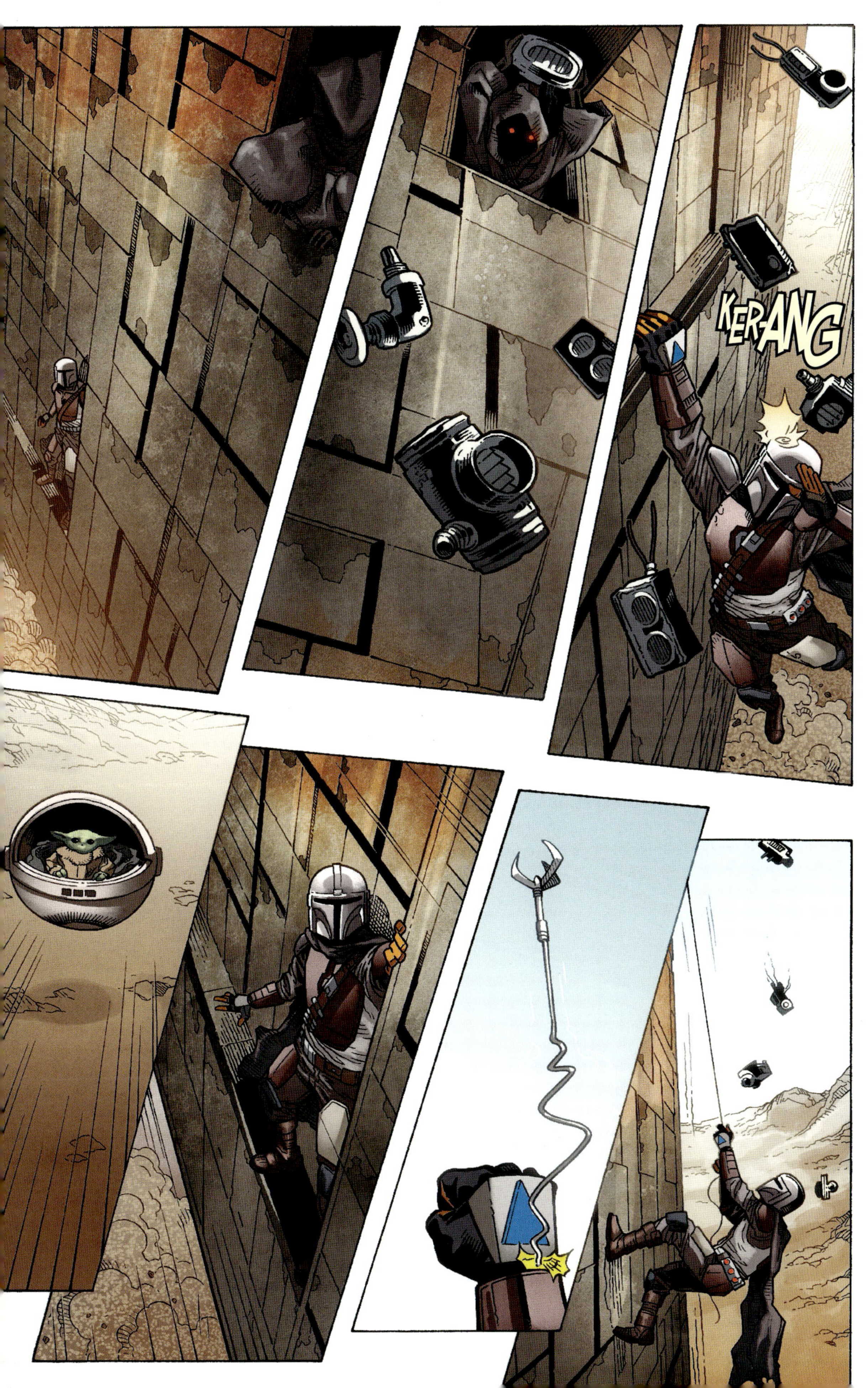
KER-ANG

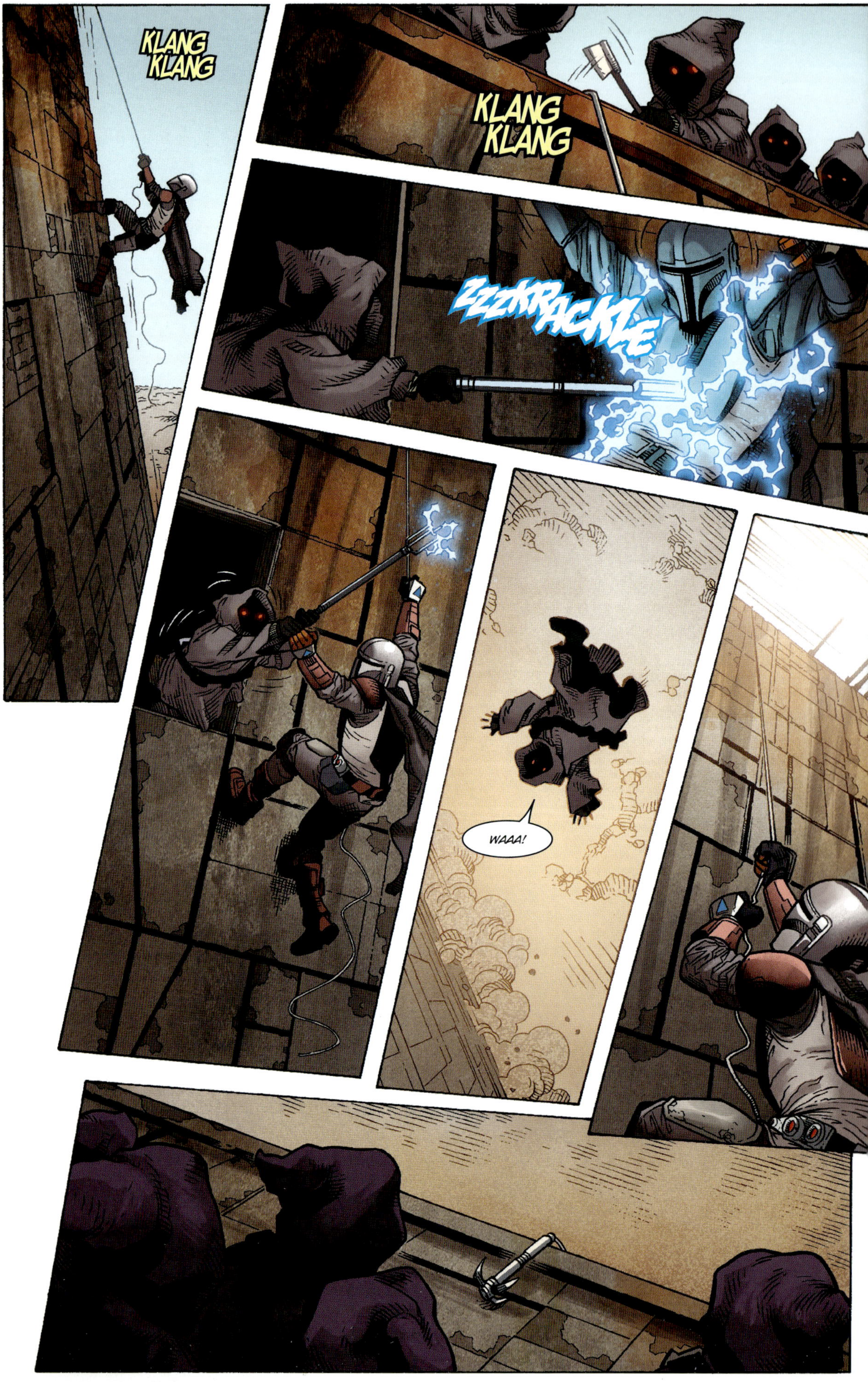
KLANG
KLANG
KLANG
KLANG
ZZZKRACKLE
WAAA!

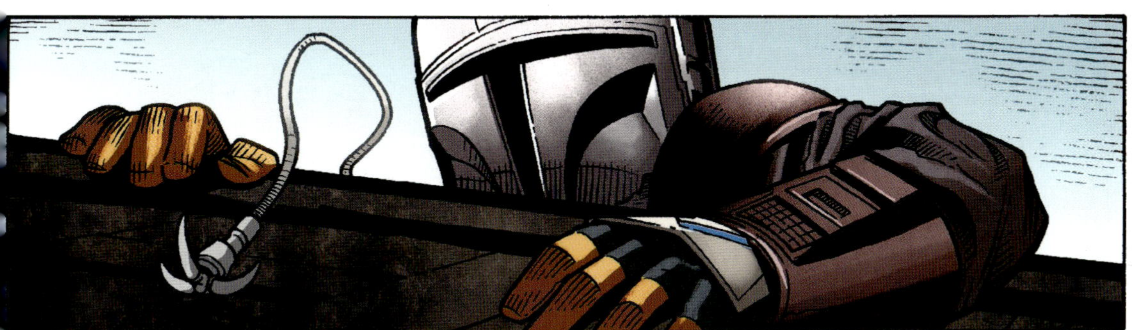
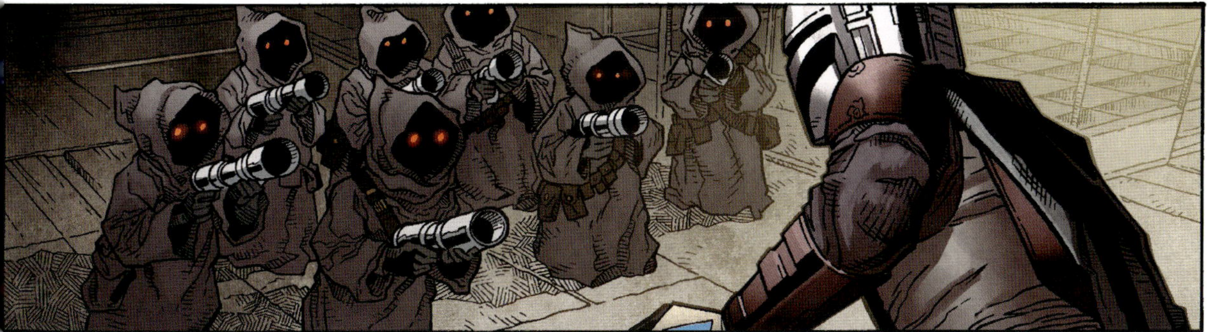
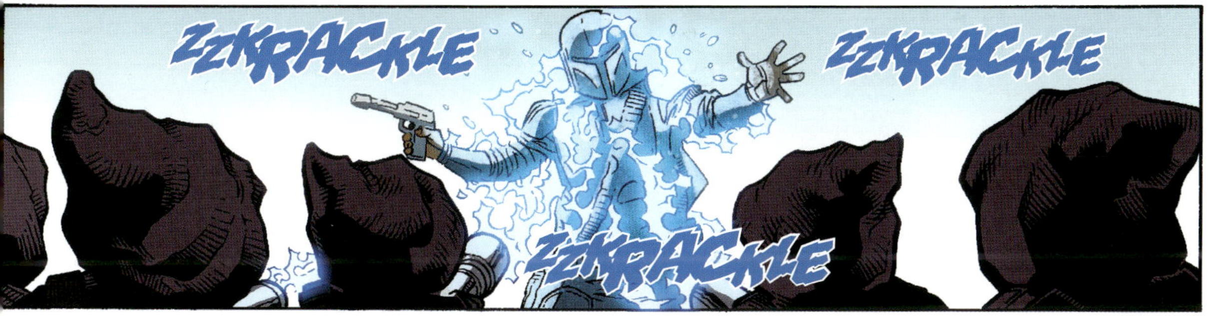
ZZKRACKLE
ZZKRACKLE
ZZKRACKLE
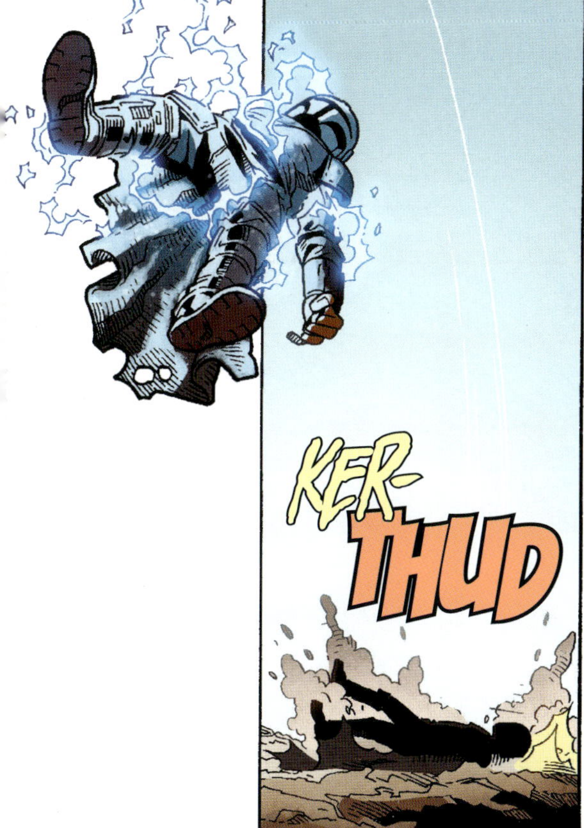
KER-
THUD
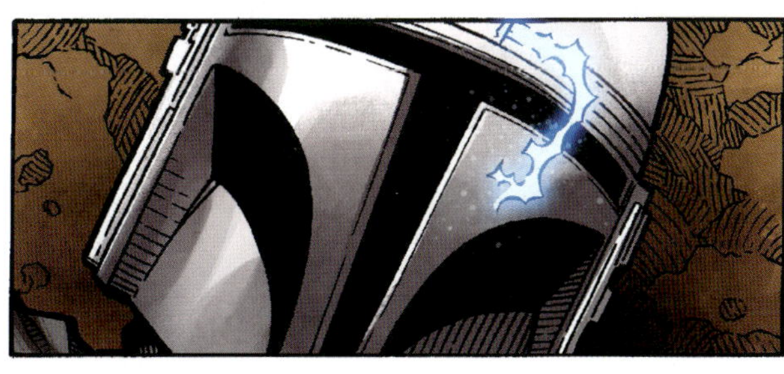
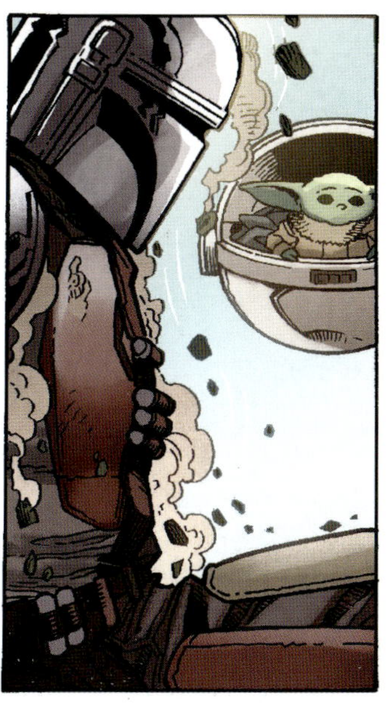
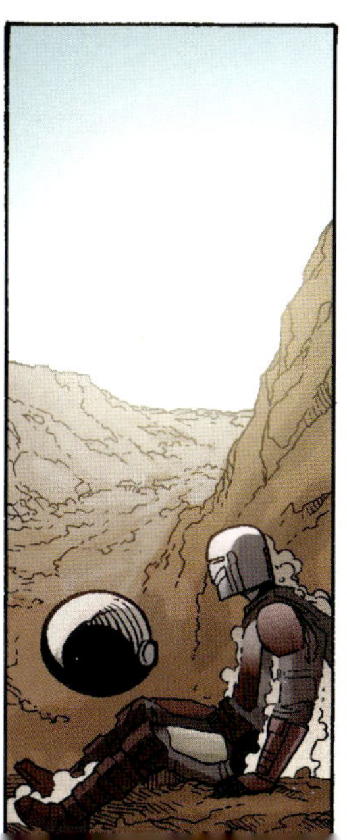

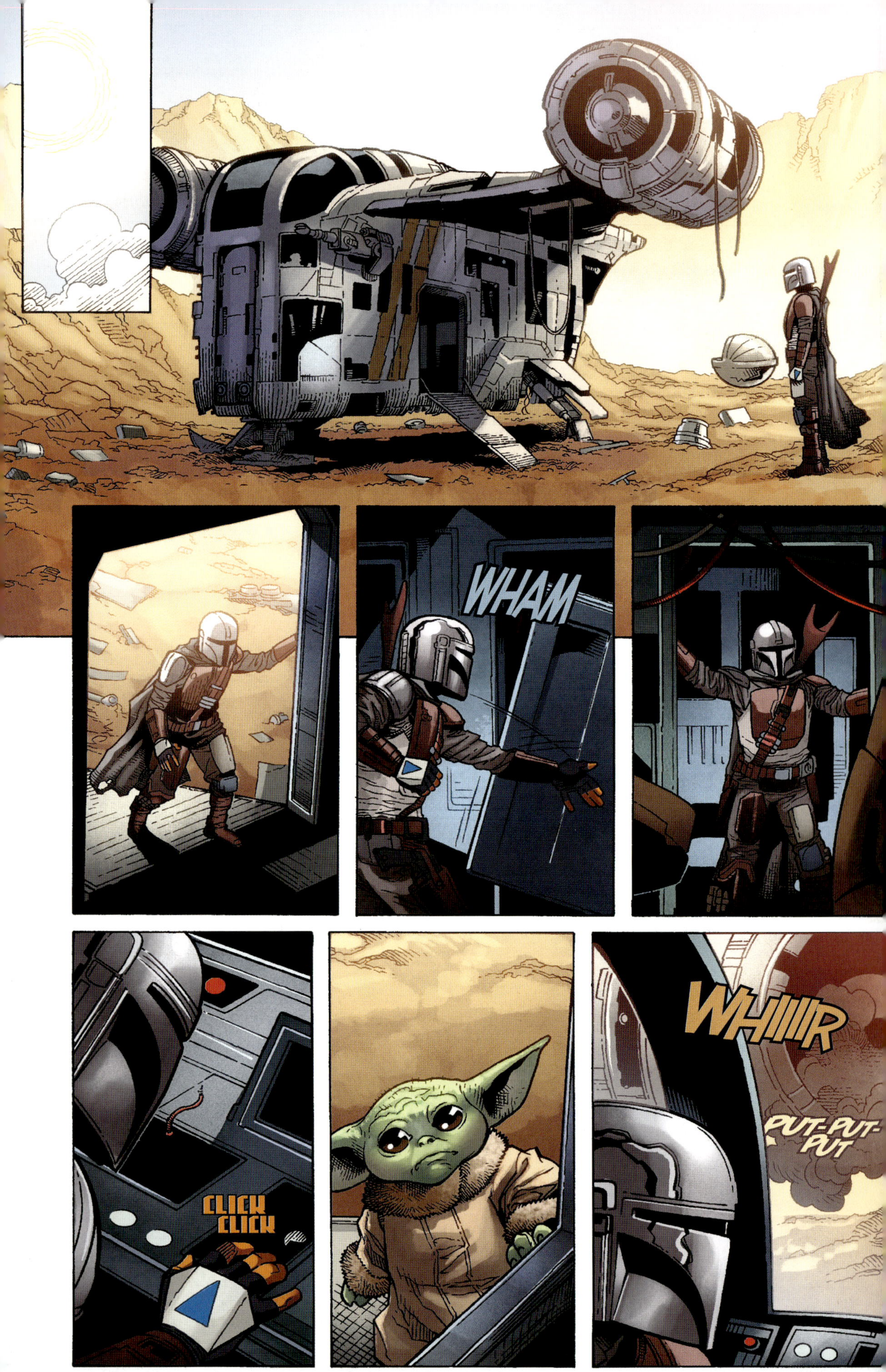

WHAM

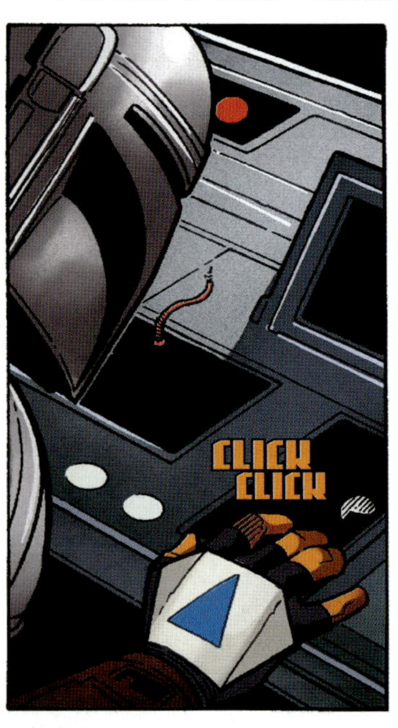

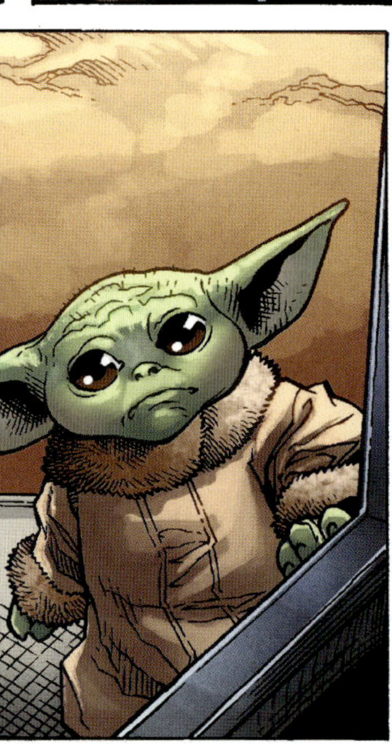

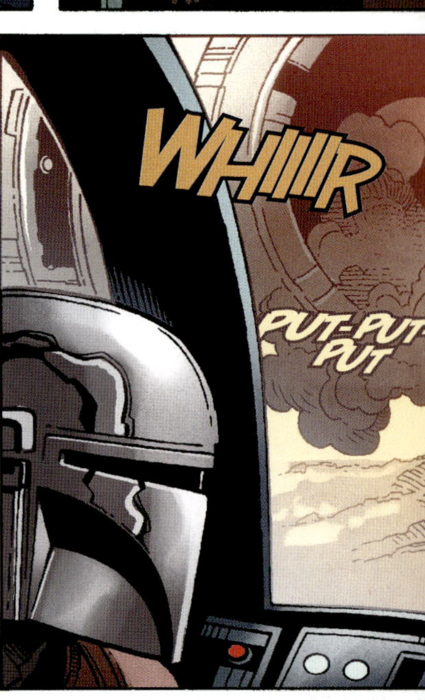

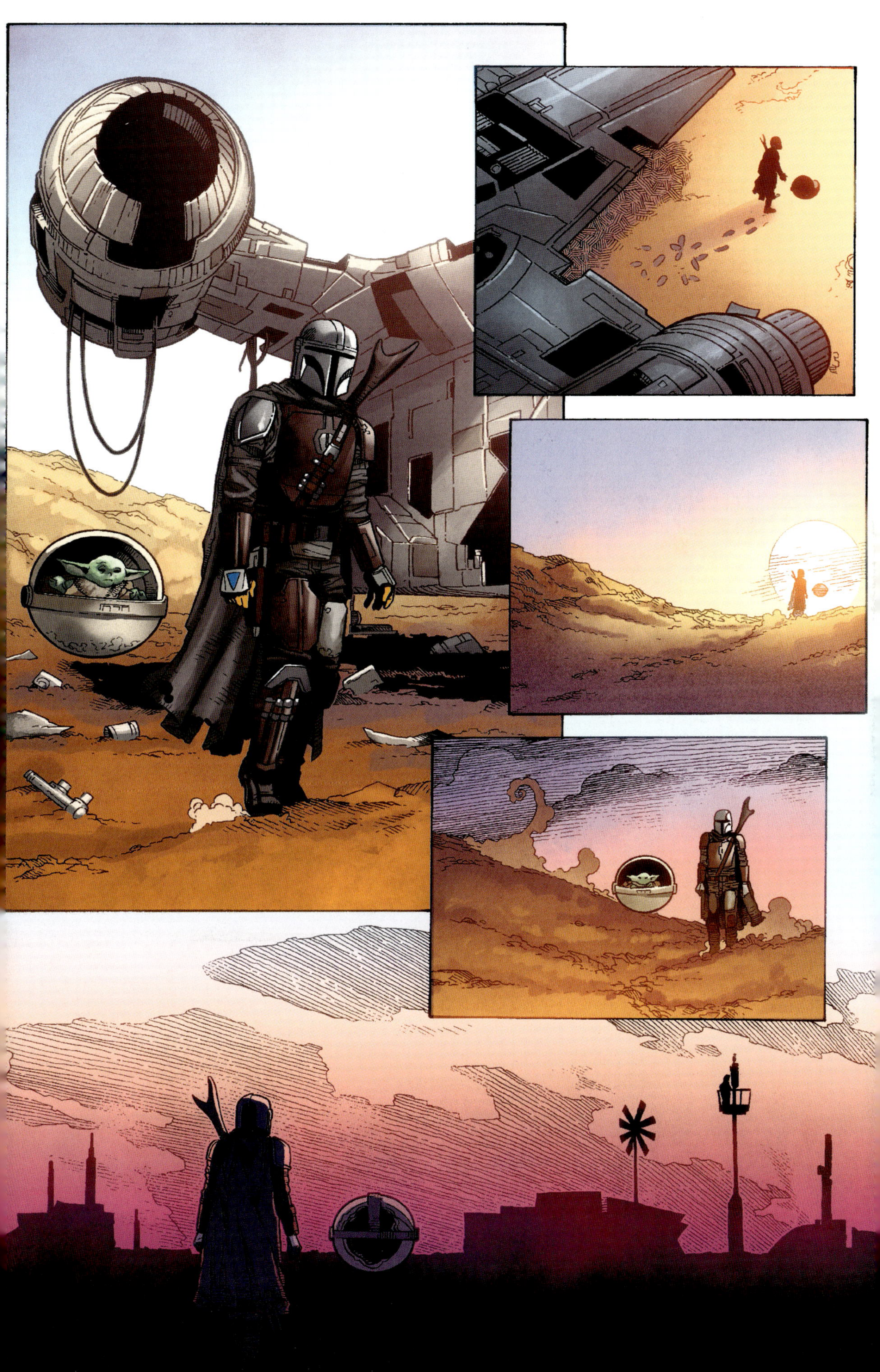

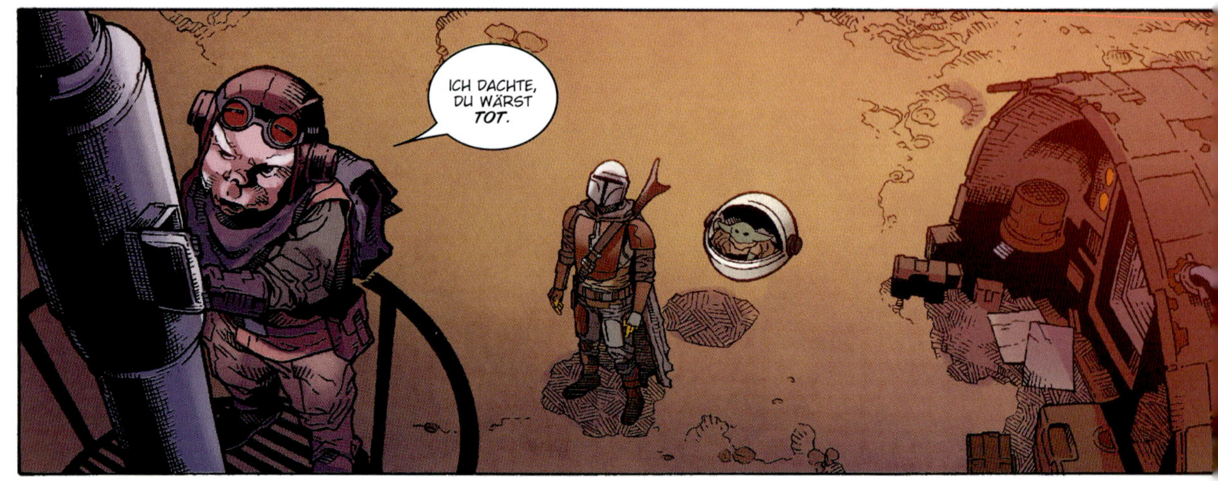
ICH DACHTE, DU WÄRST TOT.

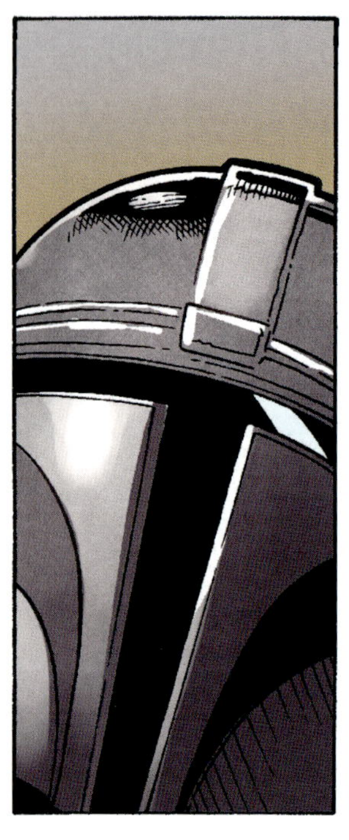

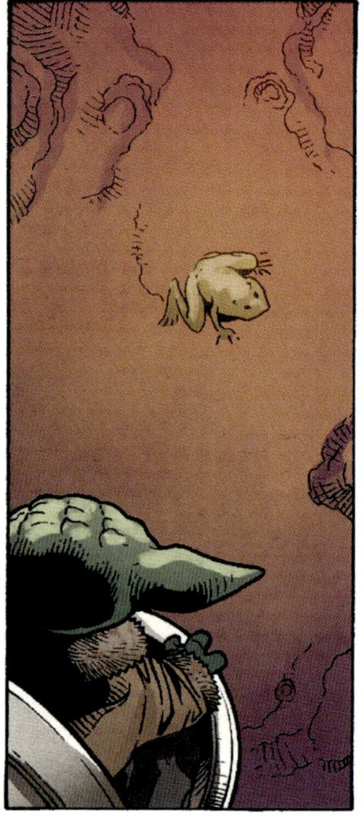

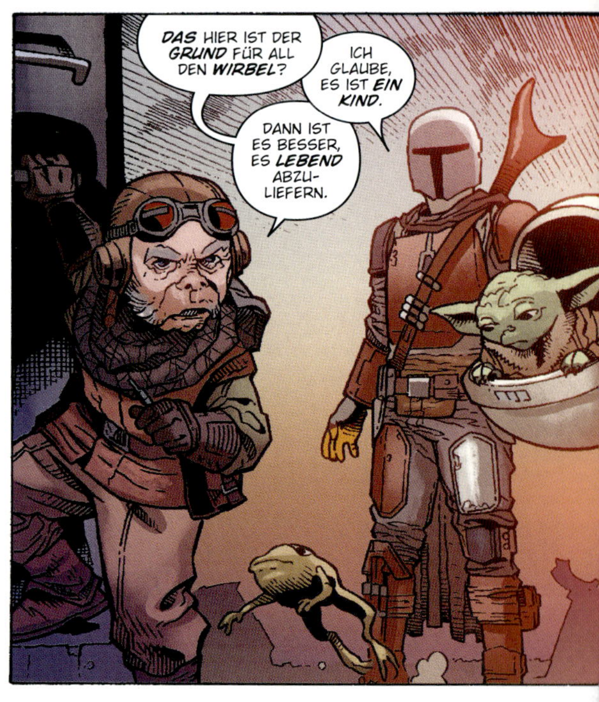
DAS HIER IST DER GRUND FÜR ALL DEN WIRBEL?
ICH GLAUBE, ES IST EIN KIND.
DANN IST ES BESSER, ES LEBEND ABZU-LIEFERN.

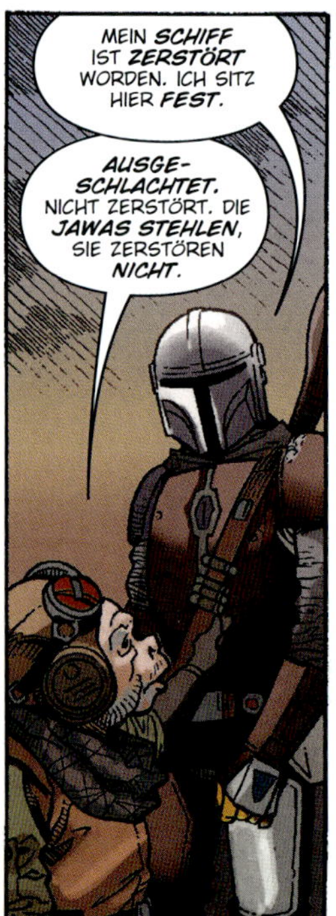
MEIN SCHIFF IST ZERSTÖRT WORDEN. ICH SITZ HIER FEST.
AUSGE-SCHLACHTET. NICHT ZERSTÖRT. DIE JAWAS STEHLEN, SIE ZERSTÖREN NICHT.

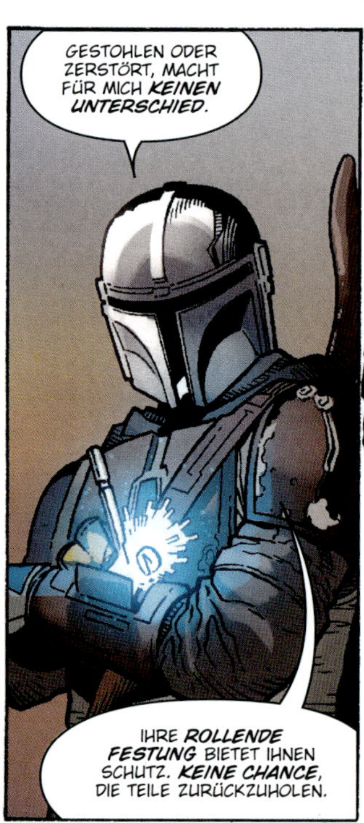
GESTOHLEN ODER ZERSTÖRT, MACHT FÜR MICH KEINEN UNTERSCHIED.
IHRE ROLLENDE FESTUNG BIETET IHNEN SCHUTZ. KEINE CHANCE, DIE TEILE ZURÜCKZUHOLEN.

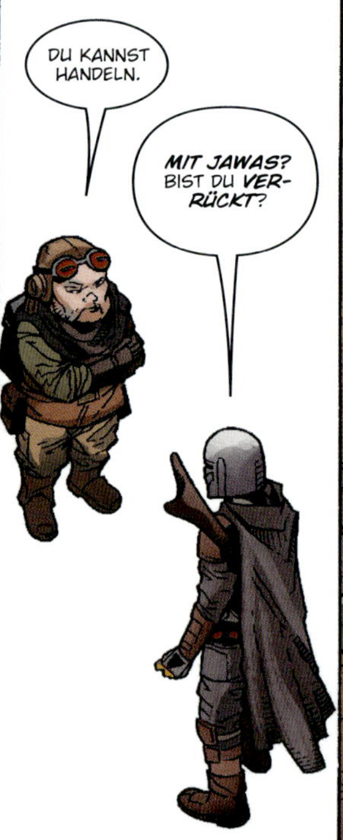
DU KANNST HANDELN.
MIT JAWAS? BIST DU VER-RÜCKT?

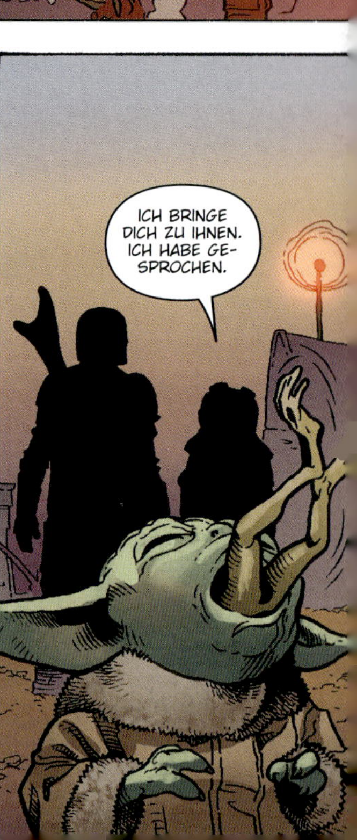
ICH BRINGE DICH ZU IHNEN. ICH HABE GE-SPROCHEN.

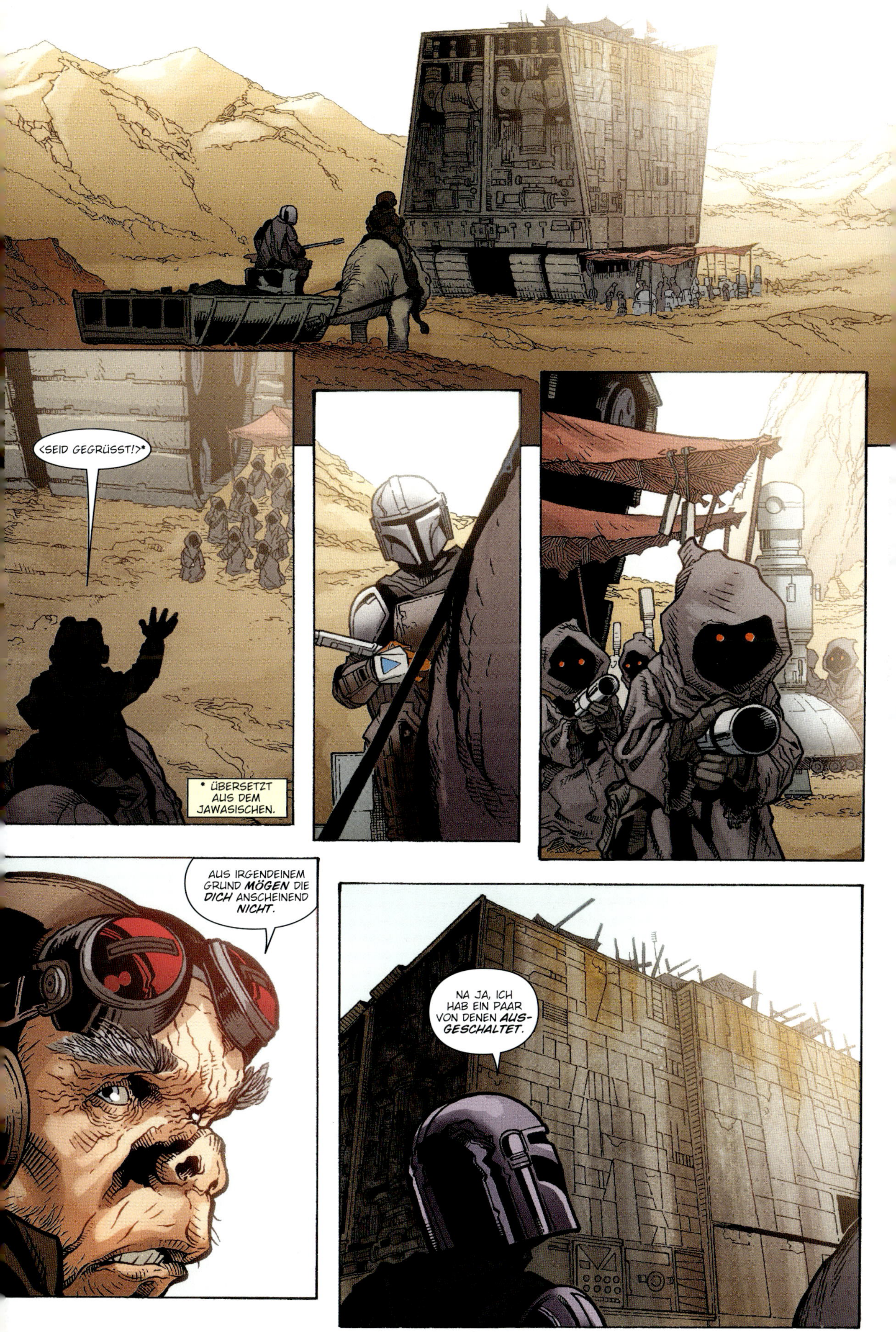

<SEID GEGRÜSST!>*

* ÜBERSETZT AUS DEM JAWASISCHEN.

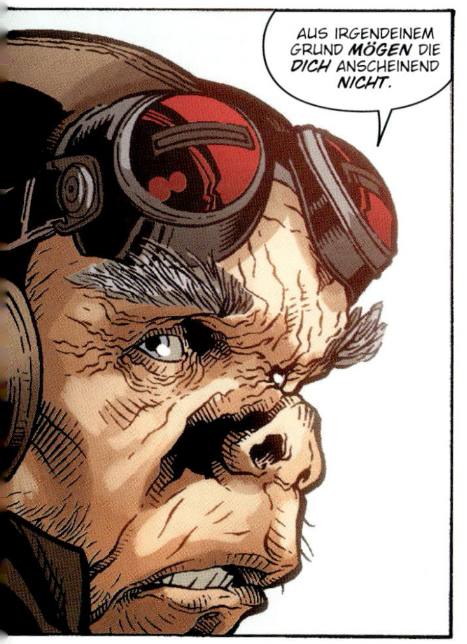

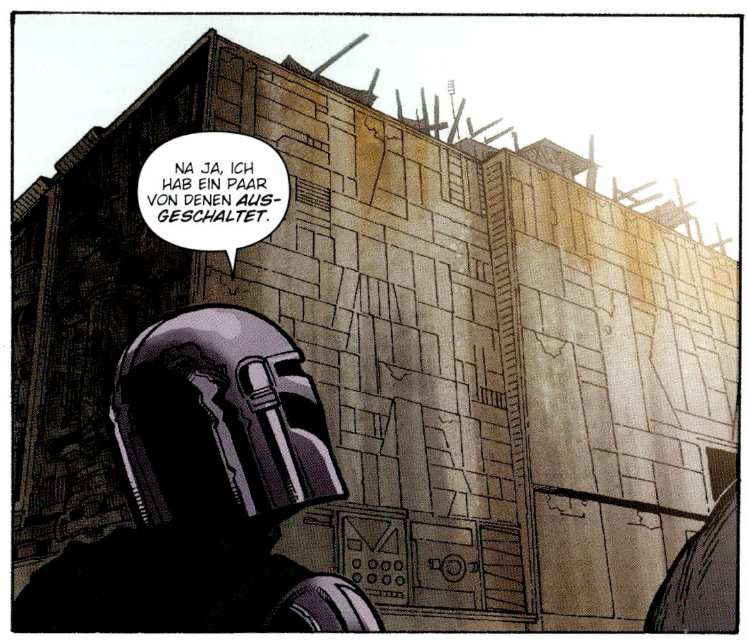

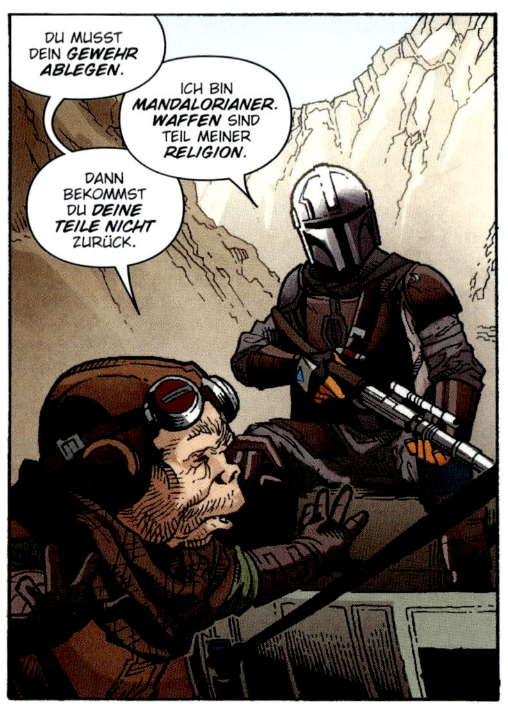
DU MUSST DEIN **GEWEHR ABLEGEN**.
ICH BIN **MANDALORIANER. WAFFEN** SIND TEIL MEINER **RELIGION**.
DANN BEKOMMST DU **DEINE TEILE NICHT** ZURÜCK.

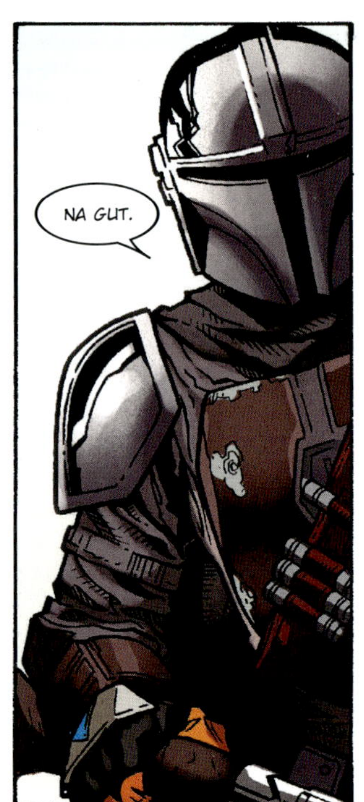
NA GUT.

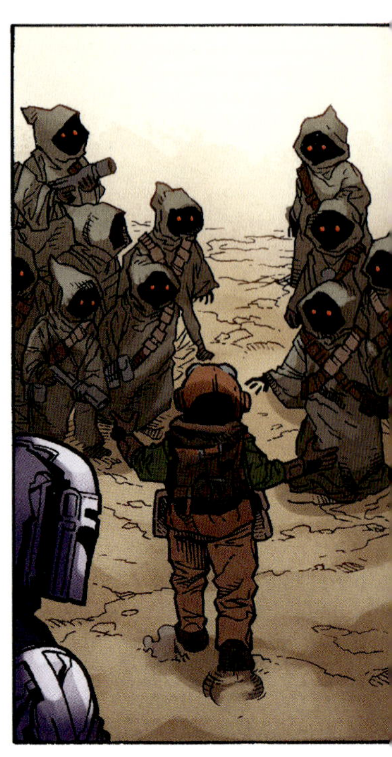

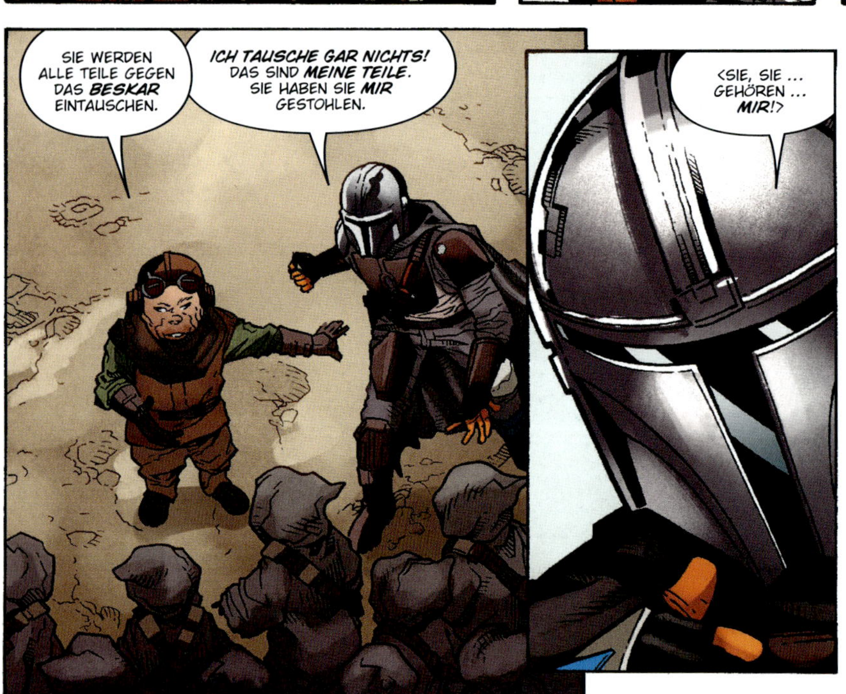
SIE WERDEN ALLE TEILE GEGEN DAS **BESKAR** EINTAUSCHEN.
ICH TAUSCHE GAR NICHTS! DAS SIND **MEINE TEILE**. SIE HABEN SIE **MIR** GESTOHLEN.
<SIE, SIE ... GEHÖREN ... **MIR!**>

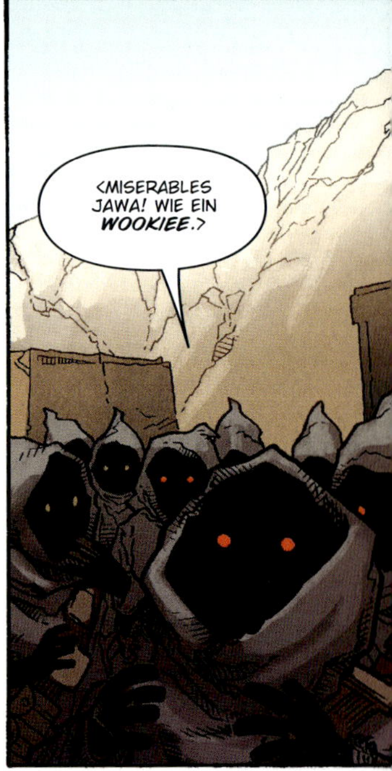
<MISERABLES JAWA! WIE EIN **WOOKIEE**.>

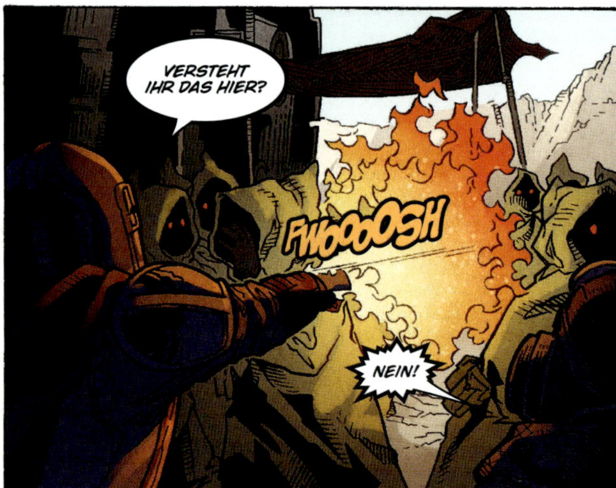
VERSTEHT IHR DAS HIER?
FWOOOOSH
NEIN!

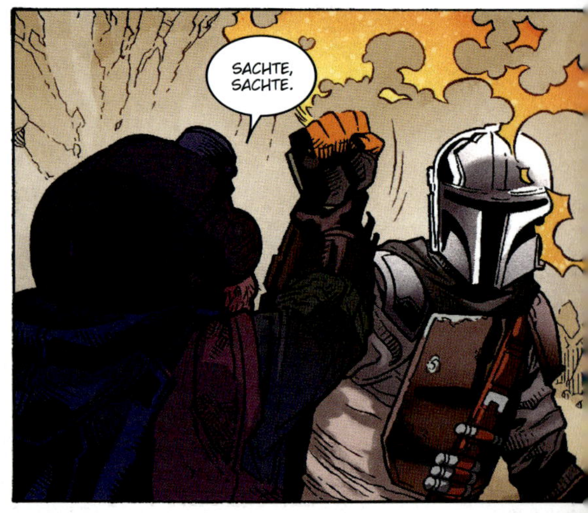
SACHTE, SACHTE.

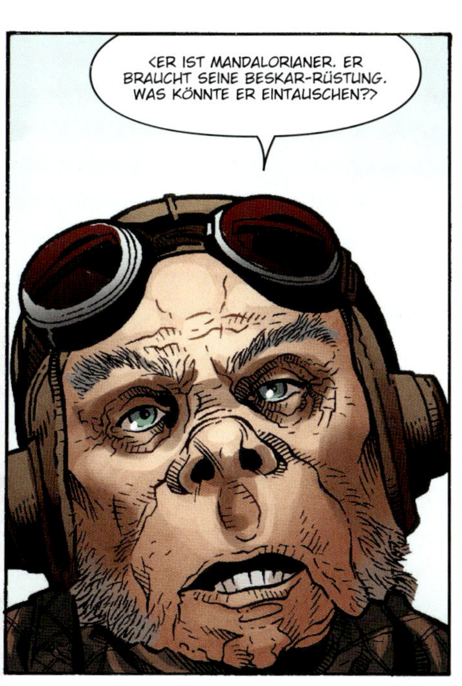
<ER IST MANDALORIANER. ER BRAUCHT SEINE BESKAR-RÜSTUNG. WAS KÖNNTE ER EINTAUSCHEN?>

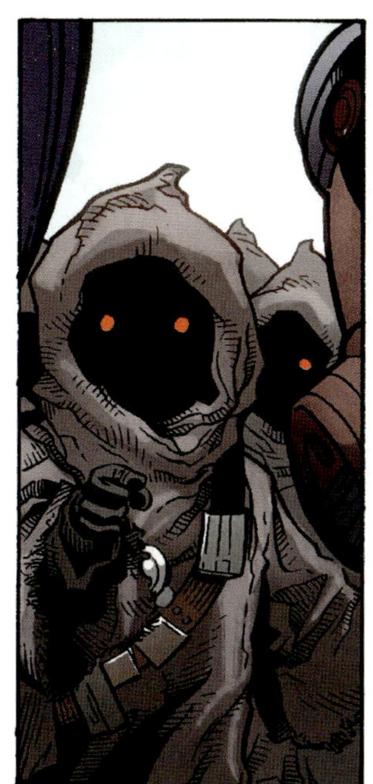

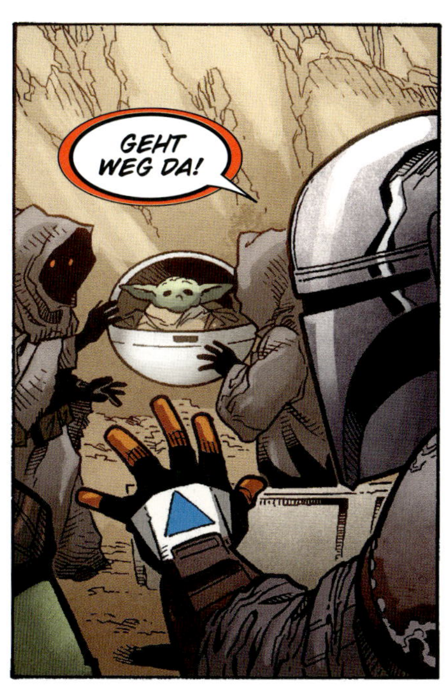
GEHT WEG DA!

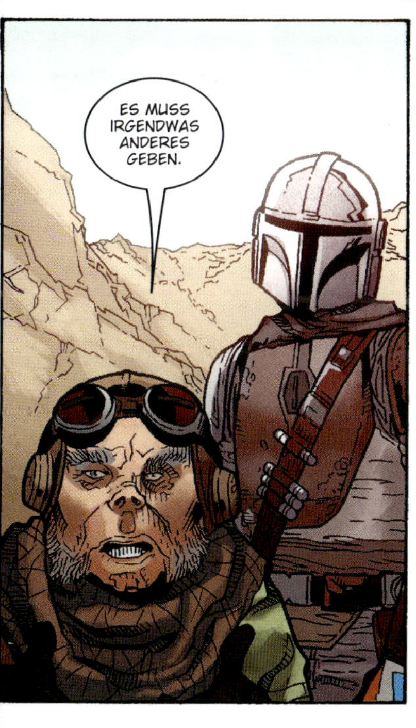
ES MUSS IRGENDWAS ANDERES GEBEN.

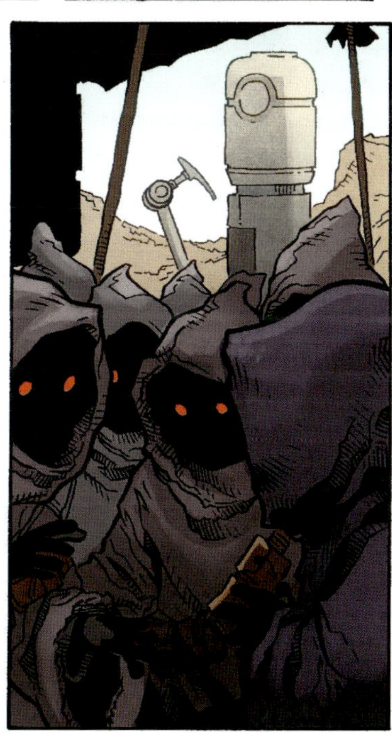

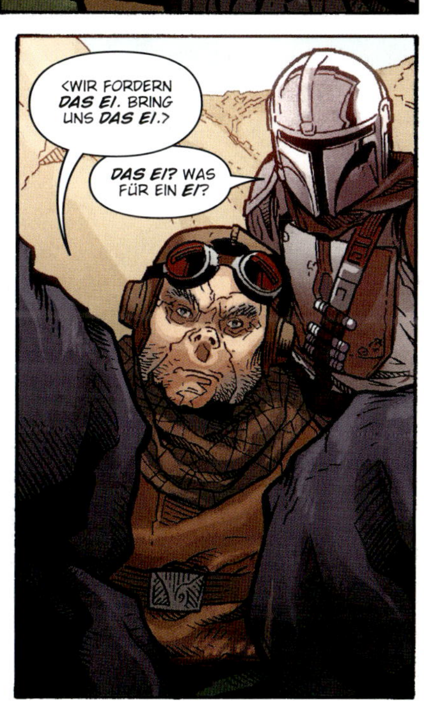
<WIR FORDERN *DAS EI*. BRING UNS *DAS EI*.>
DAS EI? WAS FÜR EIN *EI*?

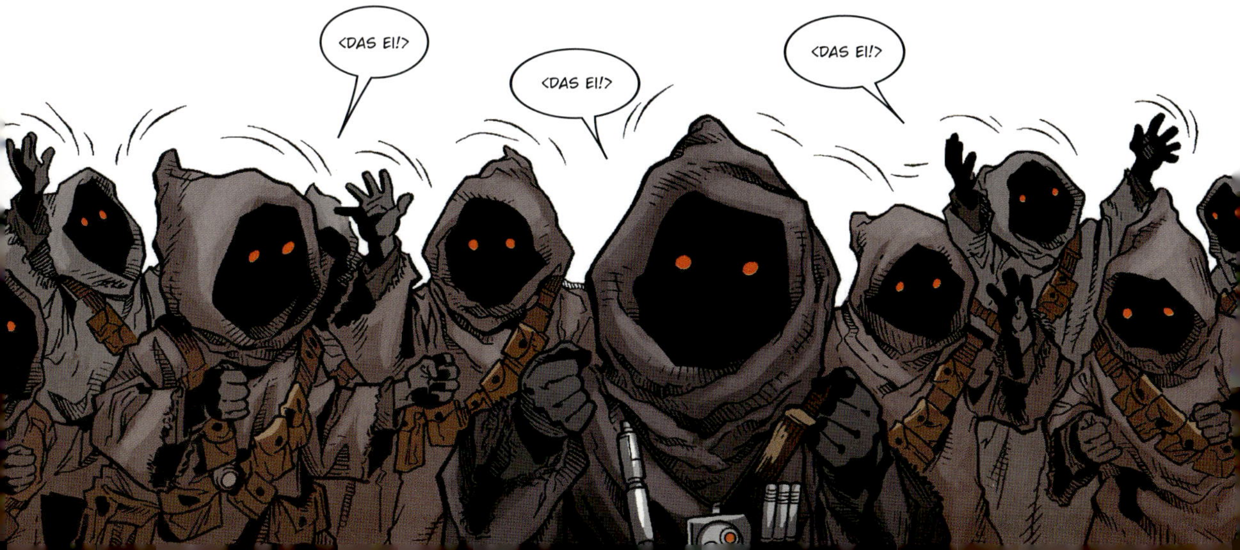
<DAS EI!>
<DAS EI!>
<DAS EI!>

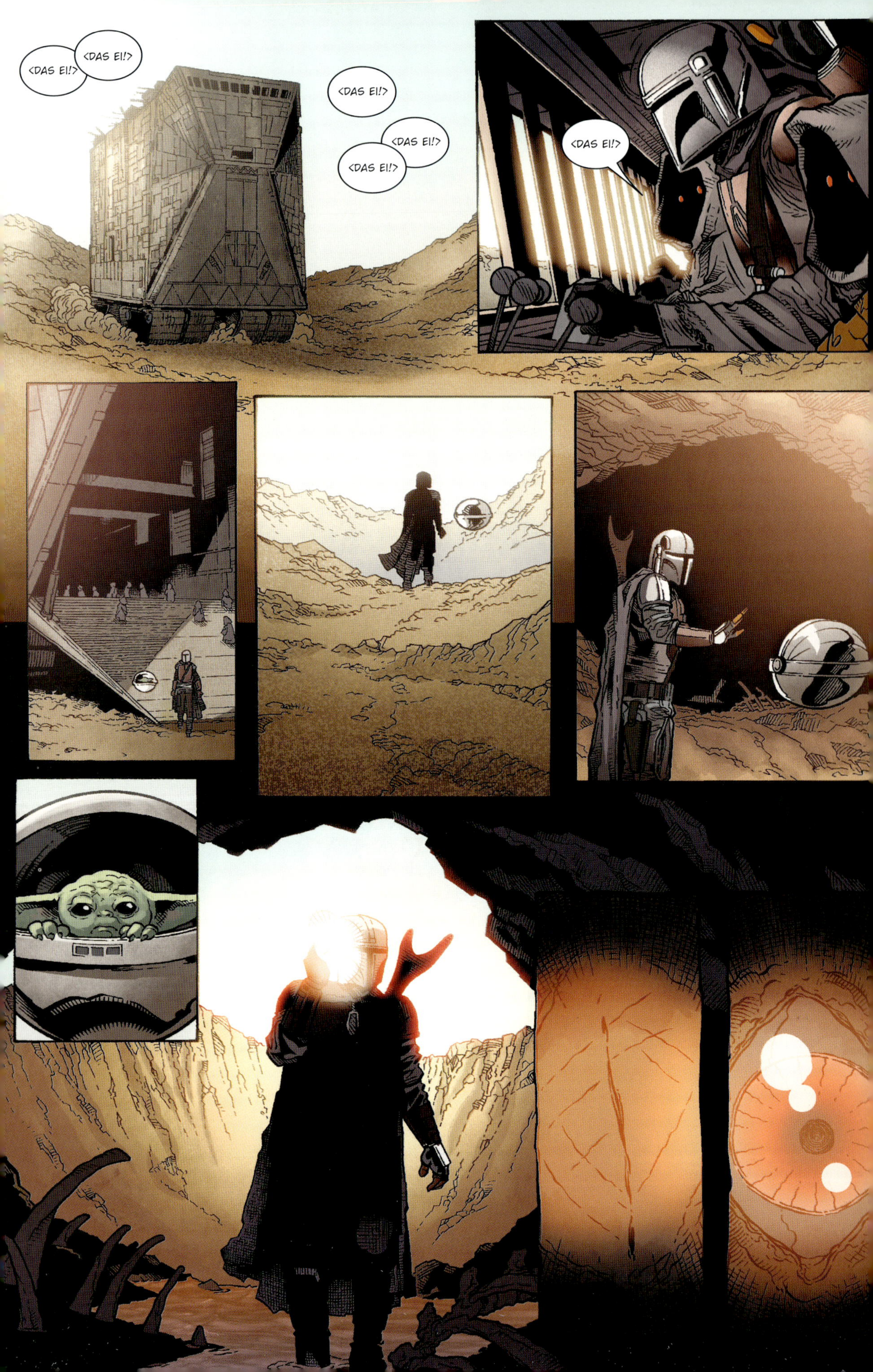
<DAS EI!>
<DAS EI!>
<DAS EI!>
<DAS EI!>
<DAS EI!>
<DAS EI!>

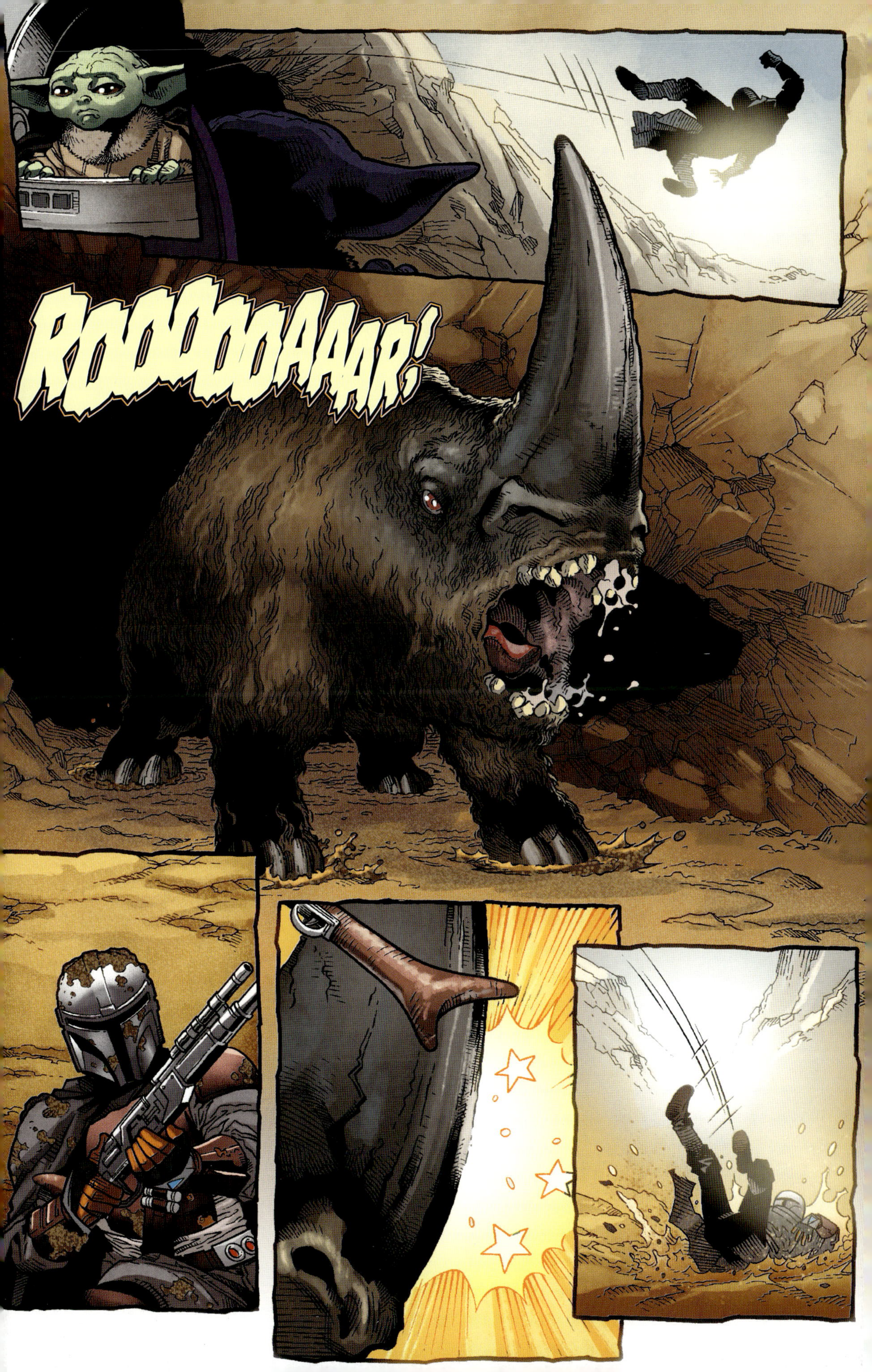
ROOOOOAAAR!

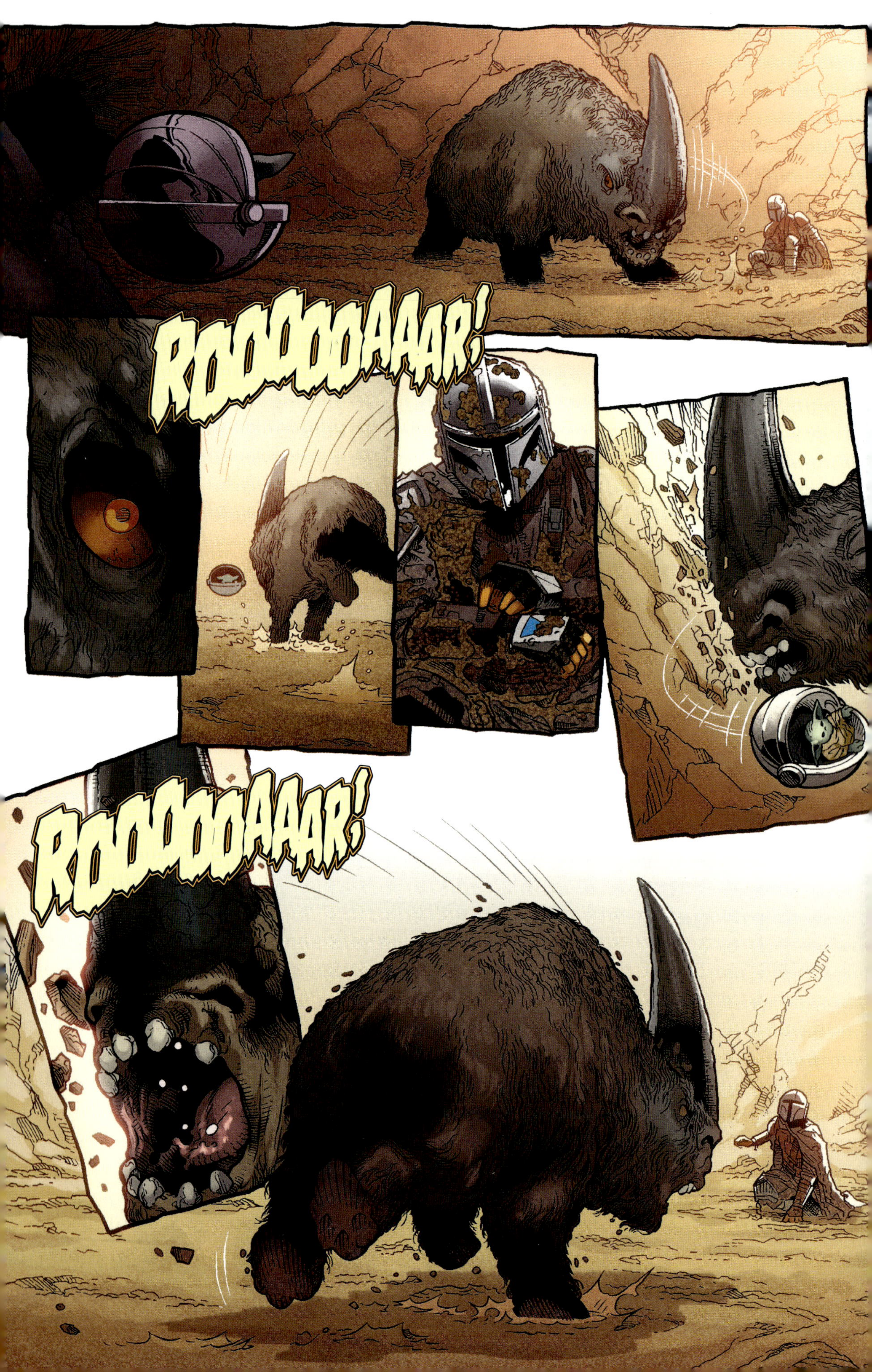
ROOOOOAAAR!
ROOOOOAAAR!

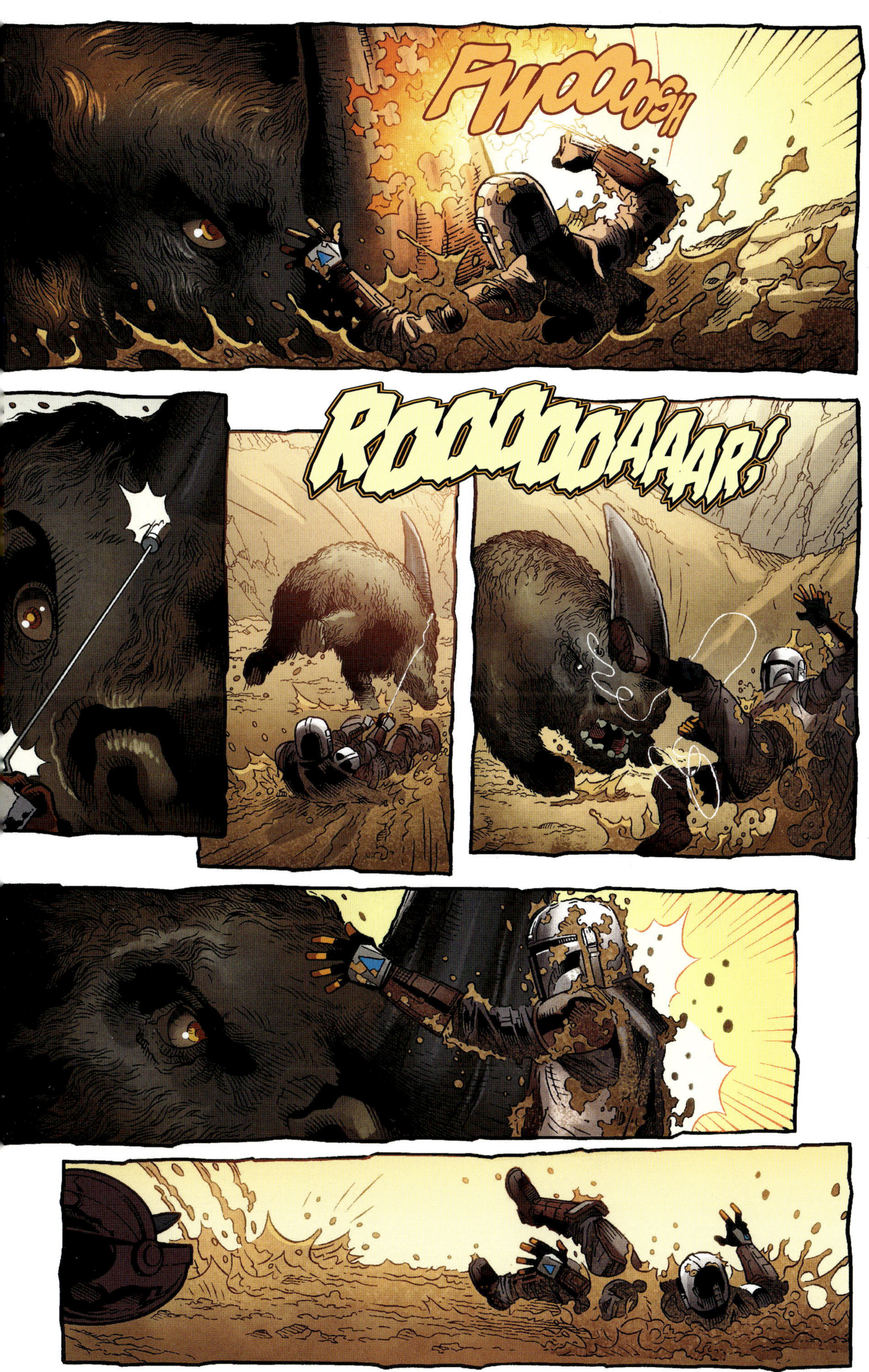
FWOOOOSH
ROOOOOAAAR!

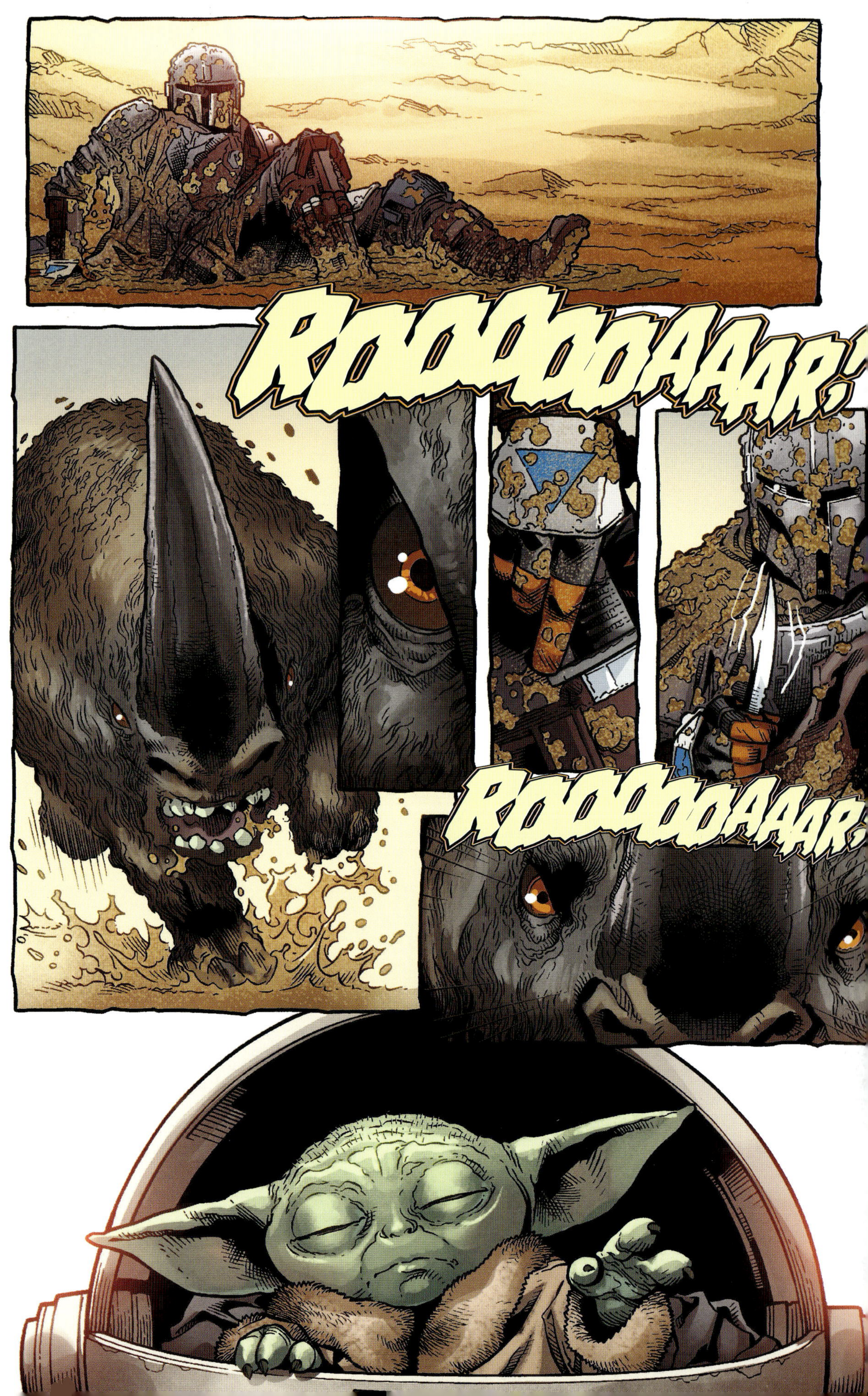
ROOOOOAAAR!
ROOOOOAAAR!

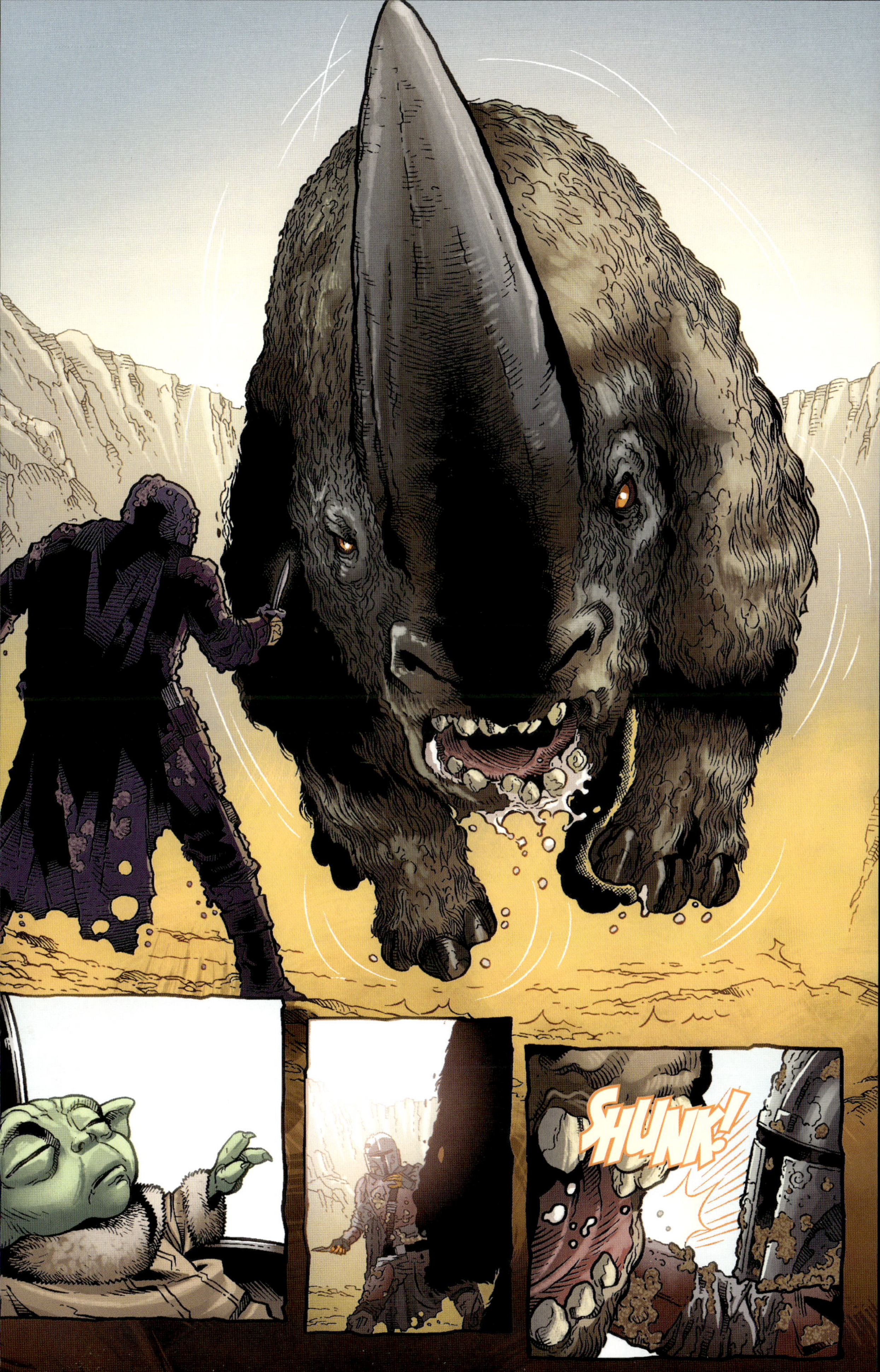
SHUNK!

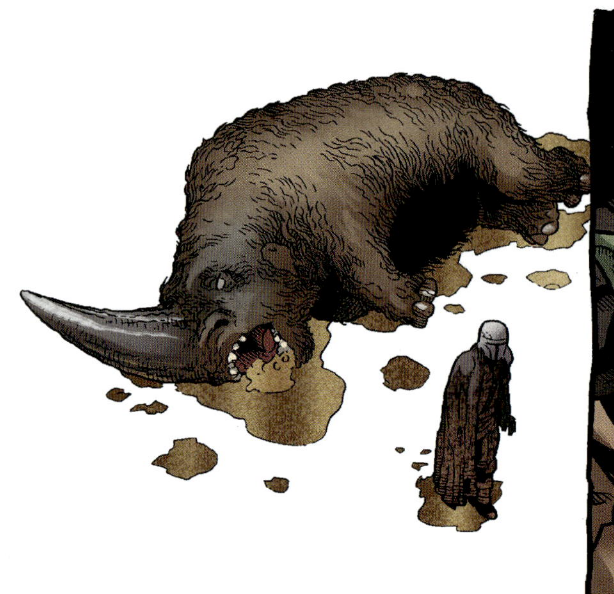

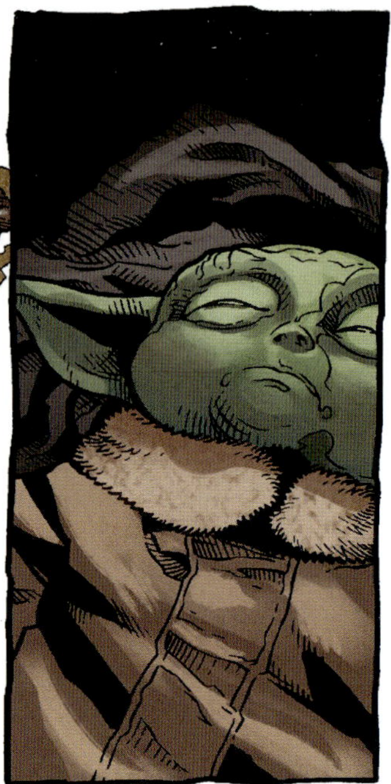

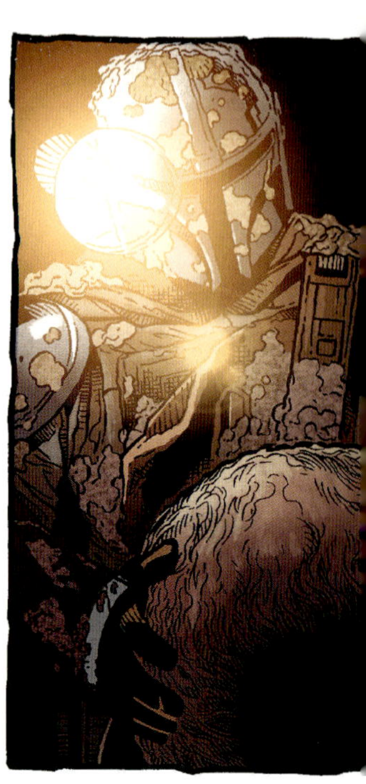

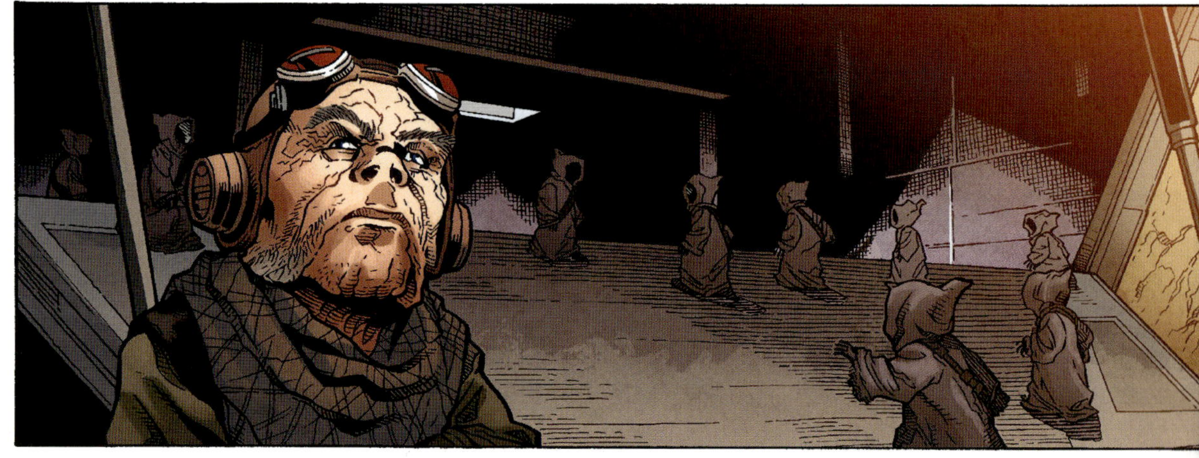

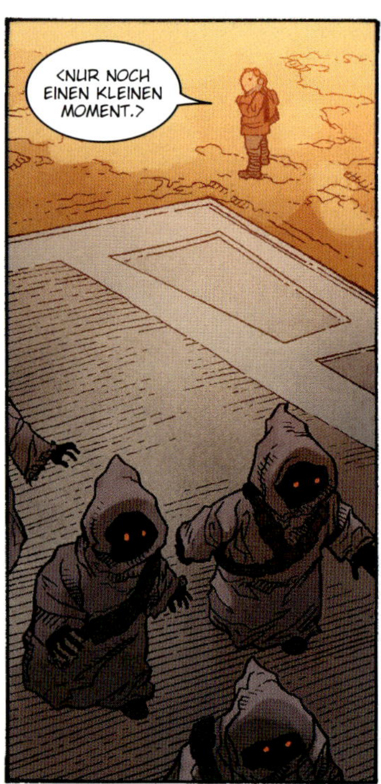

<NUR NOCH EINEN KLEINEN MOMENT.>

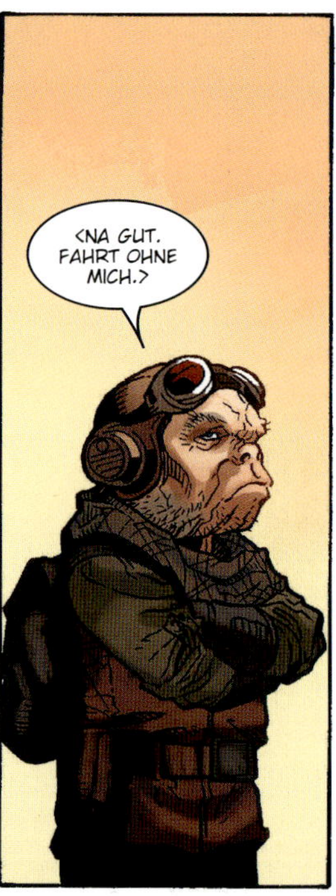

<NA GUT. FAHRT OHNE MICH.>

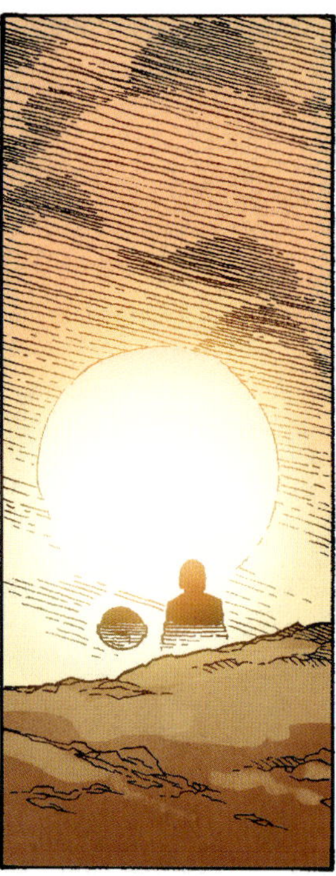

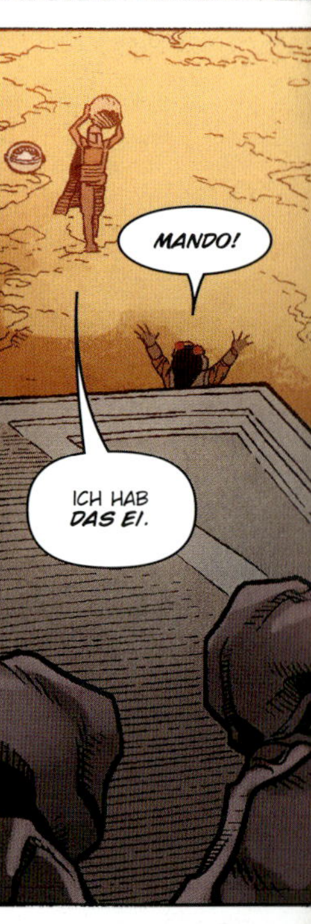

MANDO!
ICH HAB DAS EI.

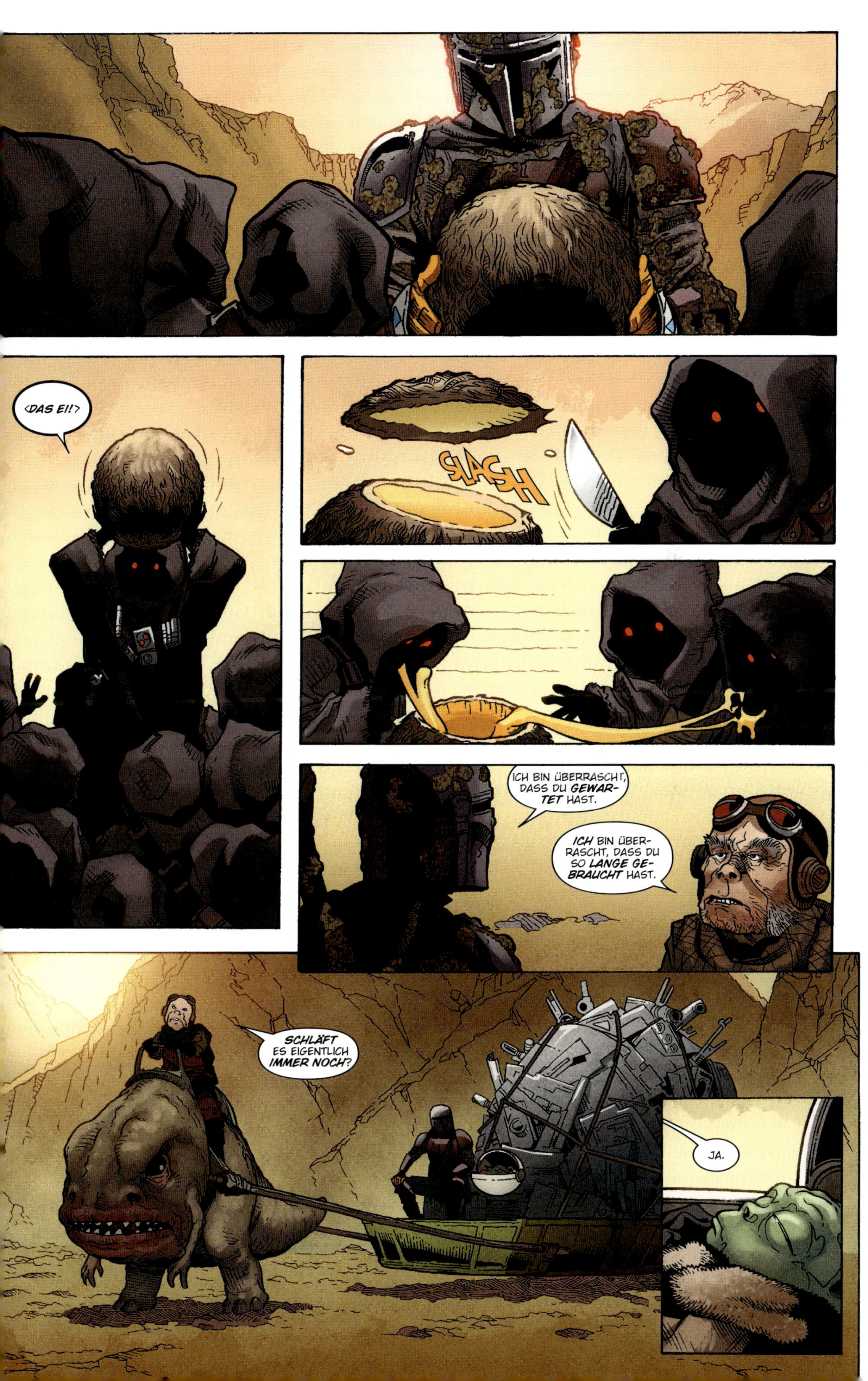
‹DAS EI!›
SLASH
ICH BIN ÜBERRASCHT, DASS DU GEWARTET HAST.
ICH BIN ÜBERRASCHT, DASS DU SO LANGE GEBRAUCHT HAST.
SCHLÄFT ES EIGENTLICH IMMER NOCH?
JA.

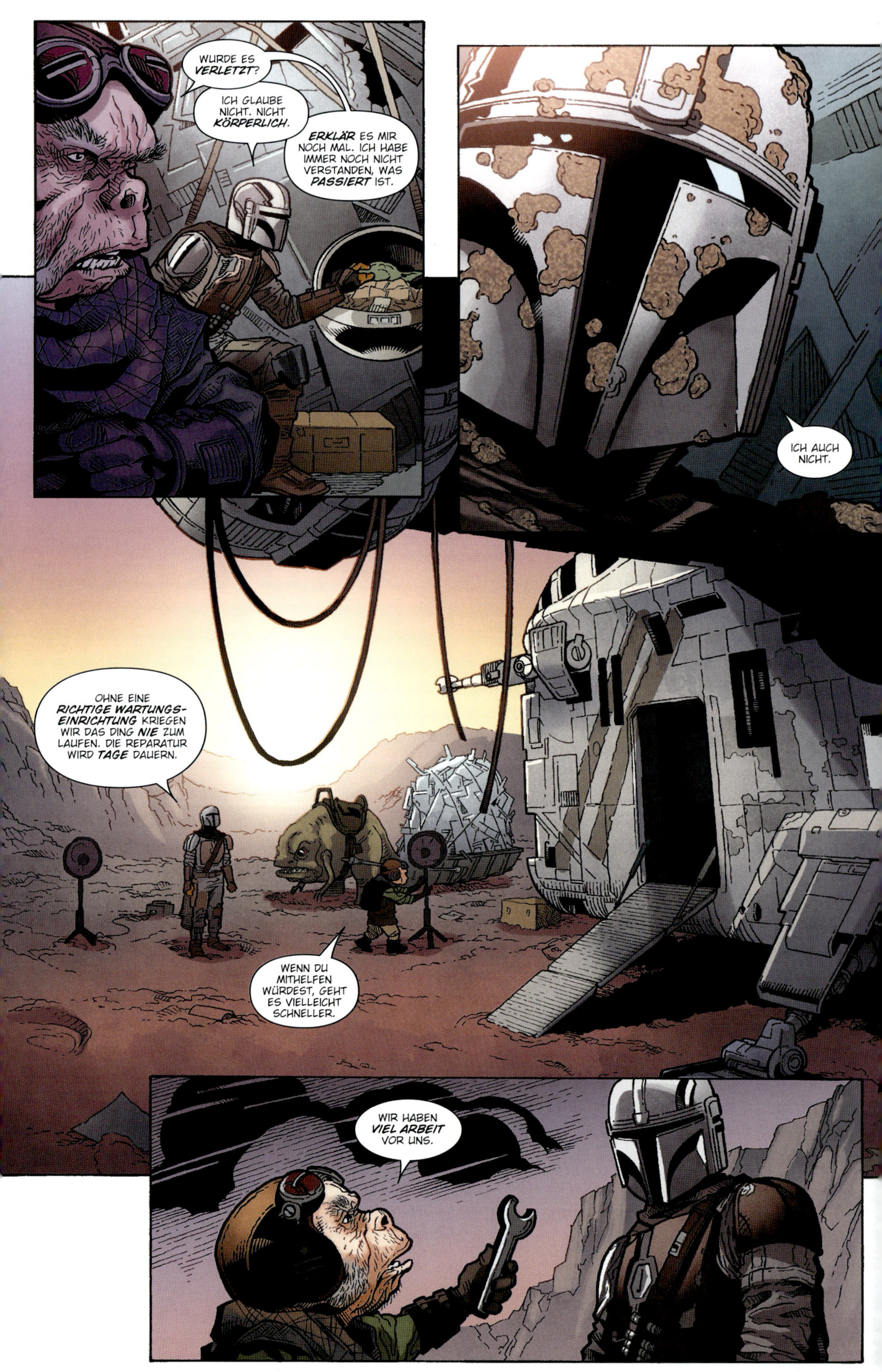
WURDE ES VERLETZT?
ICH GLAUBE NICHT. NICHT KÖRPERLICH.
ERKLÄR ES MIR NOCH MAL. ICH HABE IMMER NOCH NICHT VERSTANDEN, WAS PASSIERT IST.
ICH AUCH NICHT.
OHNE EINE RICHTIGE WARTUNGS-EINRICHTUNG KRIEGEN WIR DAS DING NIE ZUM LAUFEN. DIE REPARATUR WIRD TAGE DAUERN.
WENN DU MITHELFEN WÜRDEST, GEHT ES VIELLEICHT SCHNELLER.
WIR HABEN VIEL ARBEIT VOR UNS.

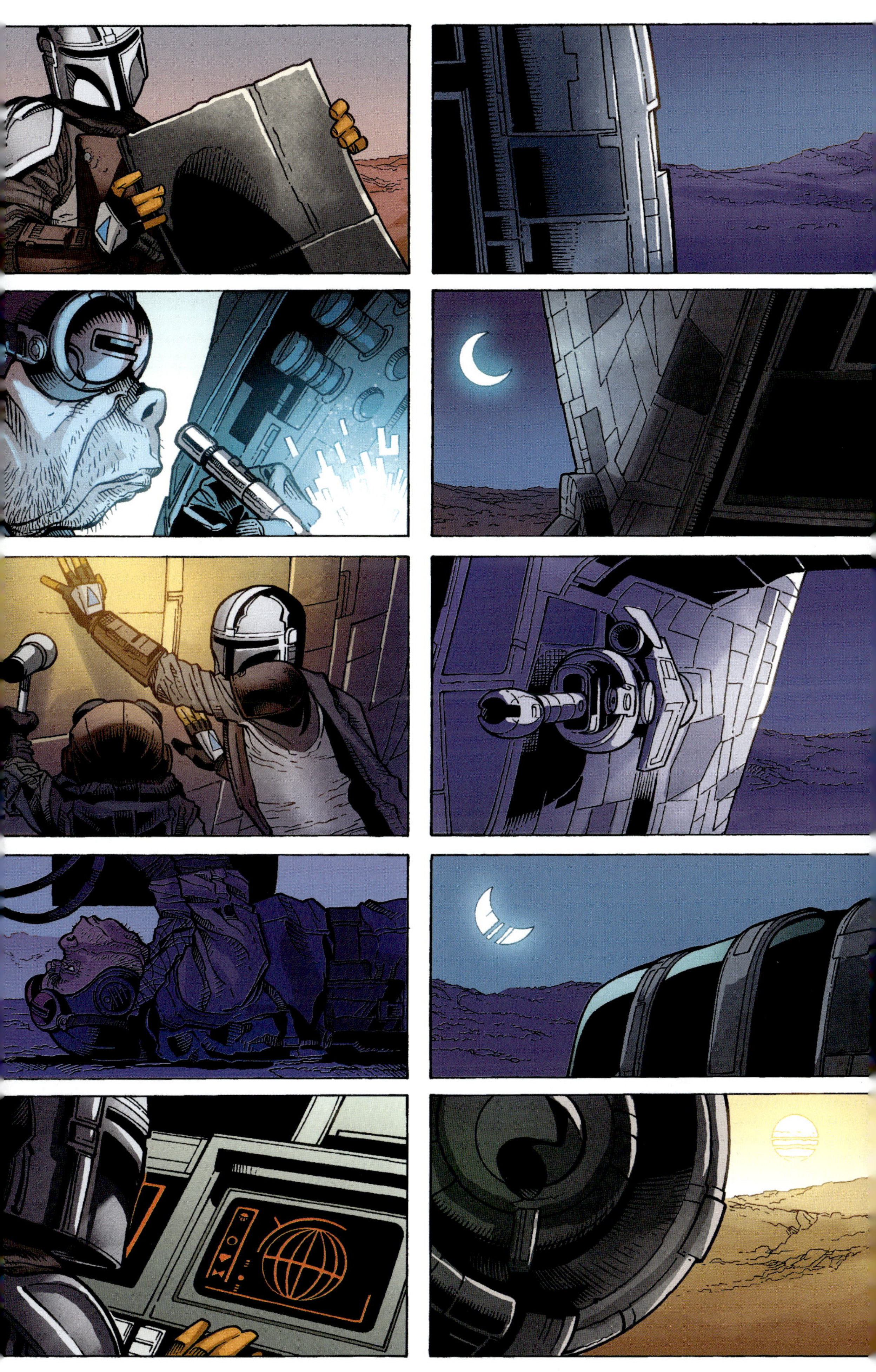

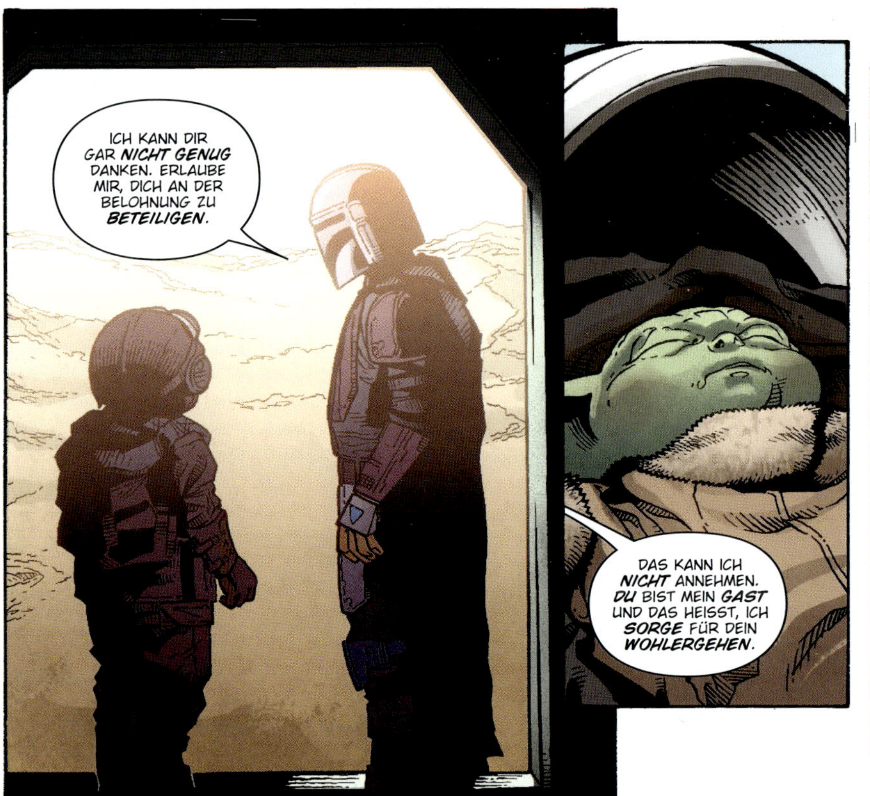

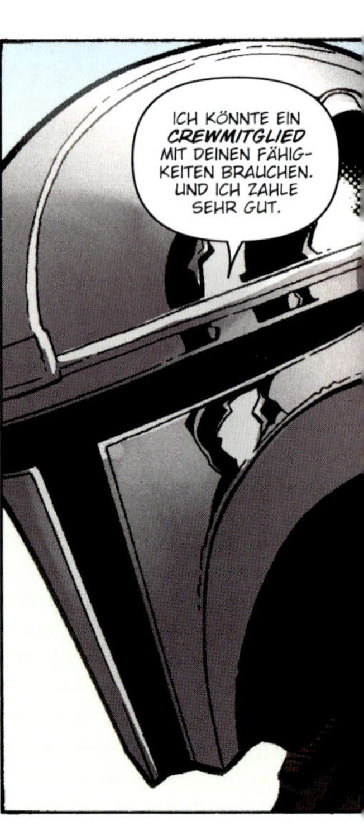

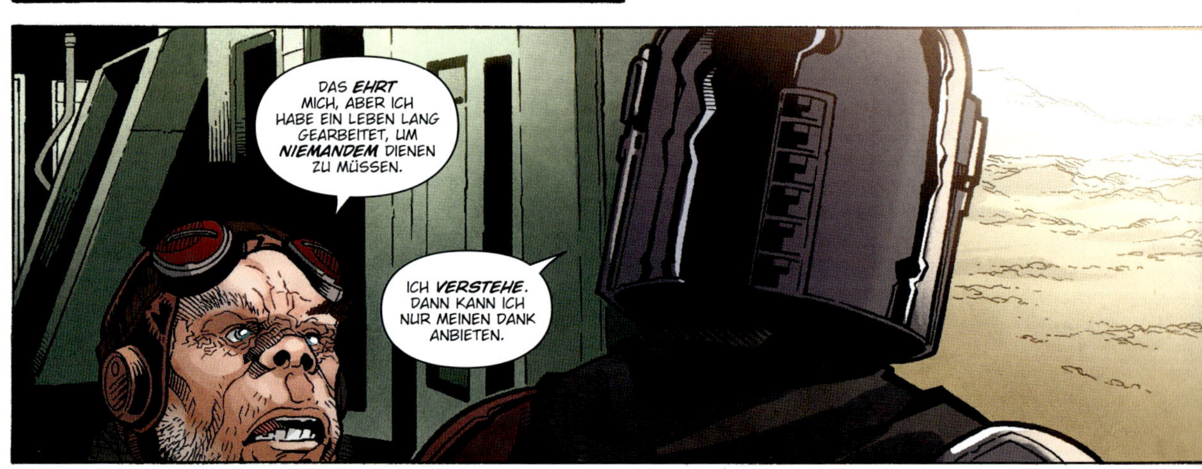

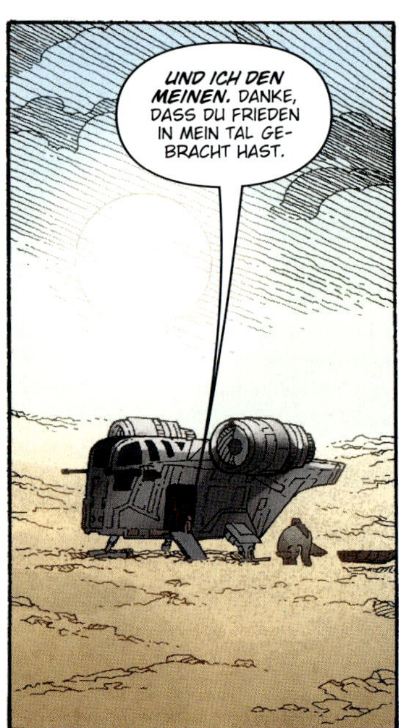

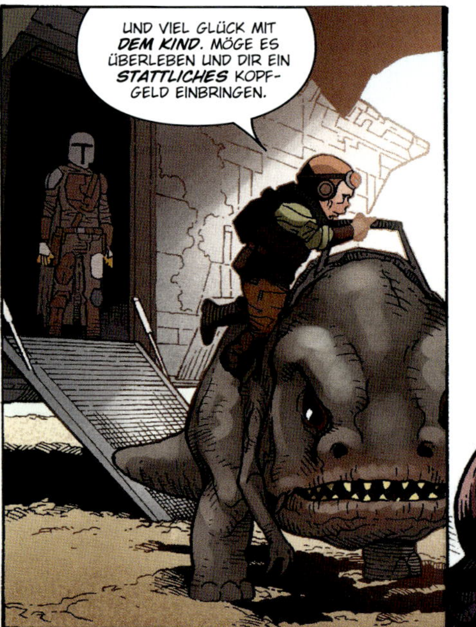

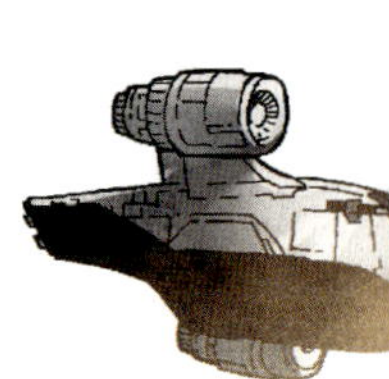

„ICH HABE GESPROCHEN.“

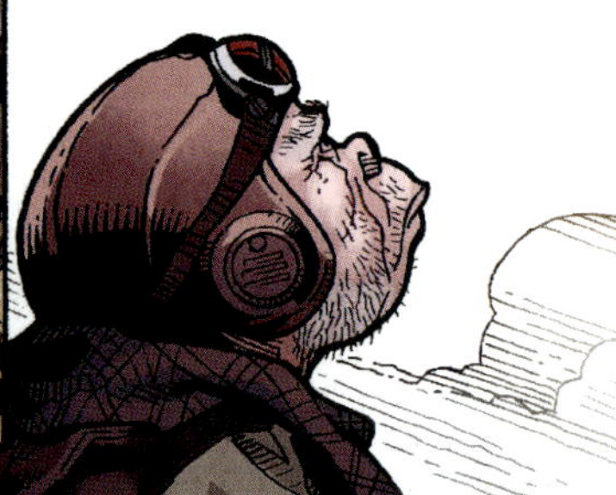

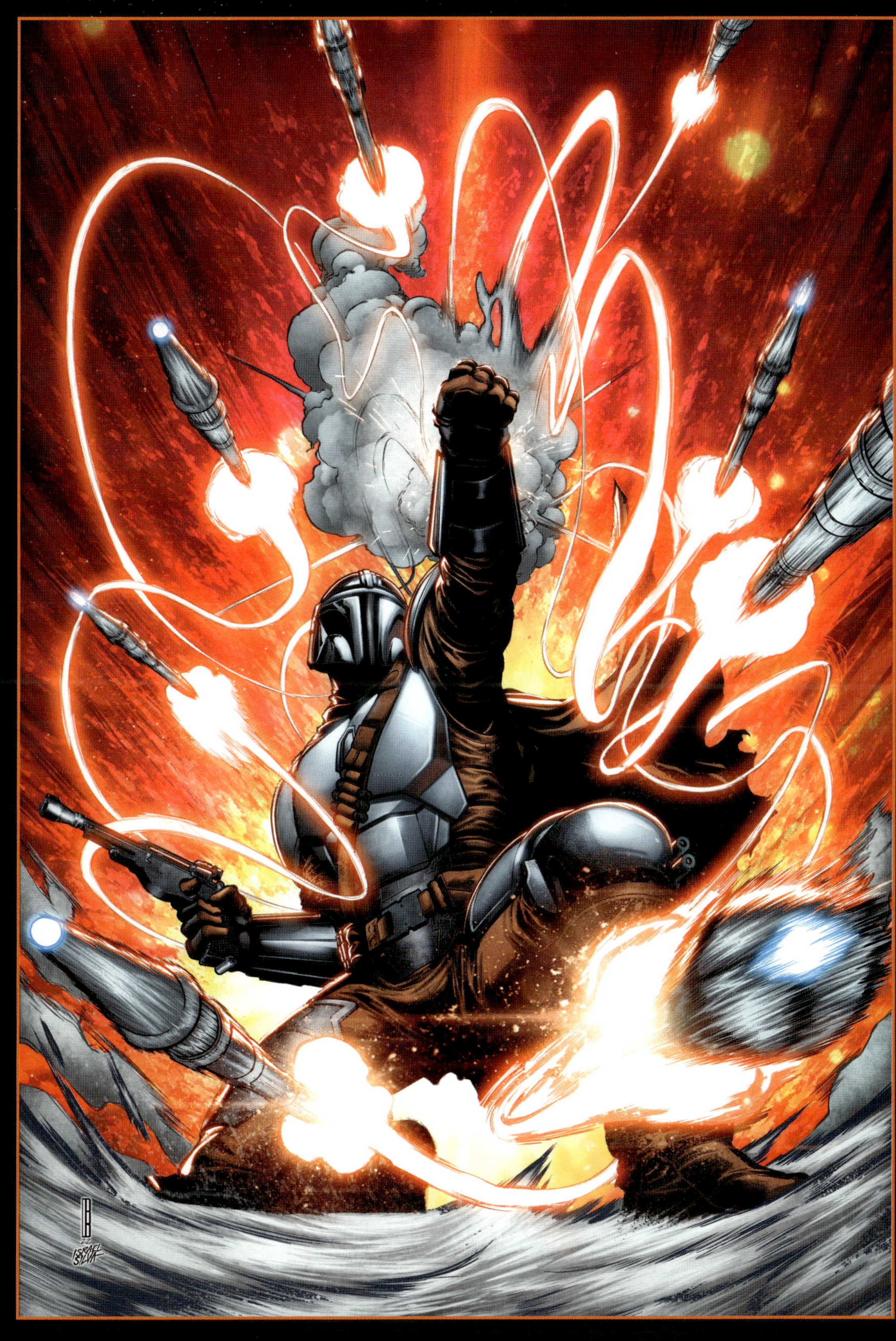

US-STAR WARS: The Mandalorian #3
Cover: **DAVID BALDEÓN** und **ISRAEL SILVA**

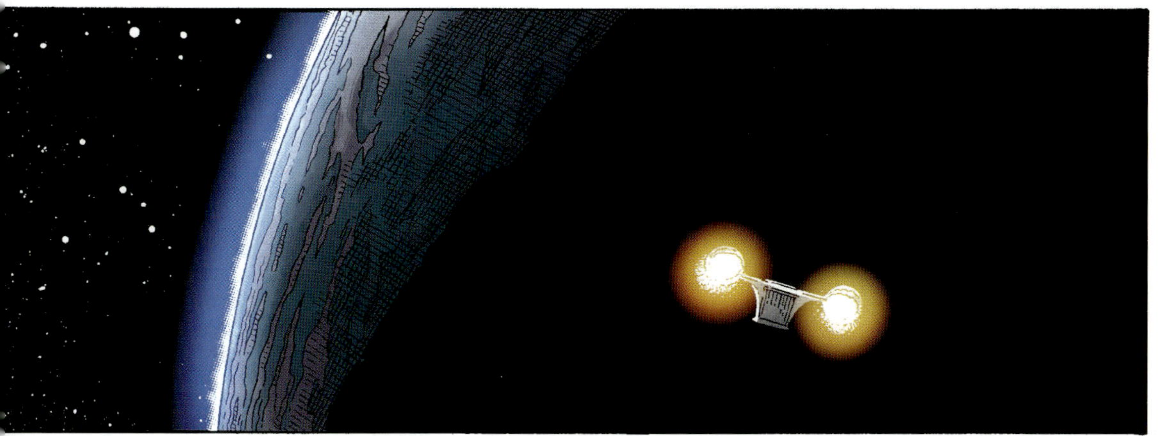

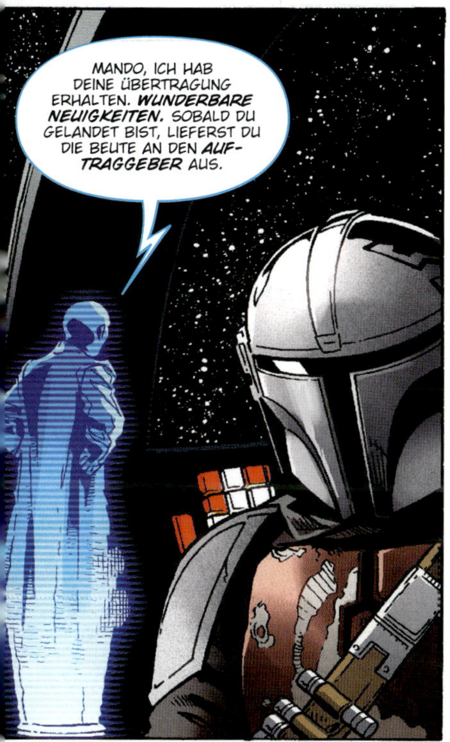
MANDO, ICH HAB DEINE ÜBERTRAGUNG ERHALTEN. **WUNDERBARE NEUIGKEITEN.** SOBALD DU GELANDET BIST, LIEFERST DU DIE BEUTE AN DEN **AUFTRAGGEBER** AUS.

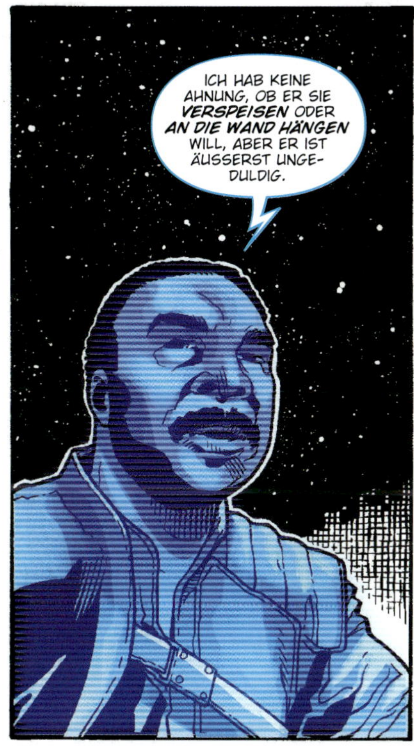
ICH HAB KEINE AHNUNG, OB ER SIE **VERSPEISEN** ODER **AN DIE WAND HÄNGEN** WILL, ABER ER IST ÄUSSERST UNGEDULDIG.

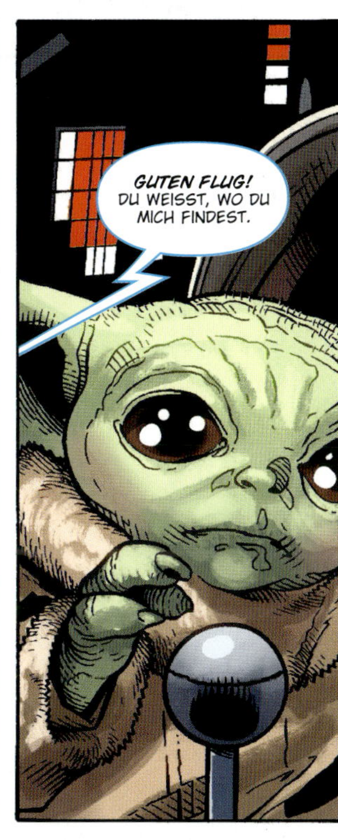
GUTEN FLUG! DU WEISST, WO DU MICH FINDEST.

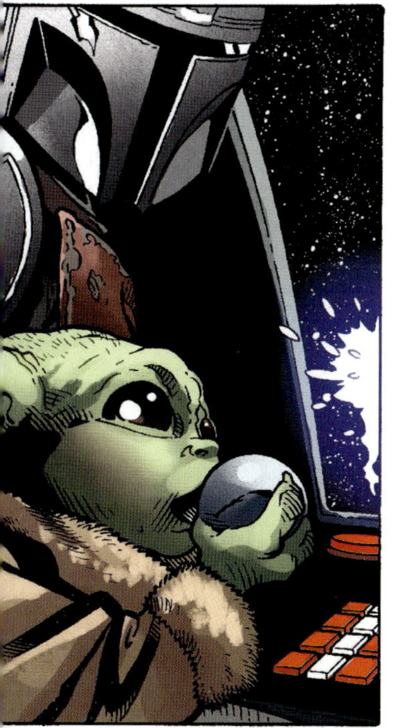

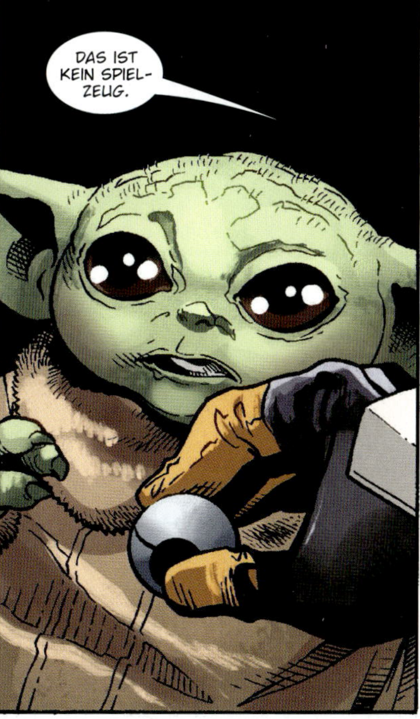
DAS IST KEIN SPIELZEUG.

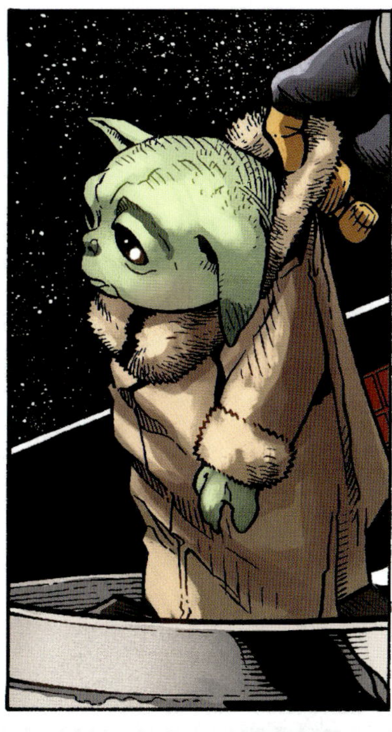

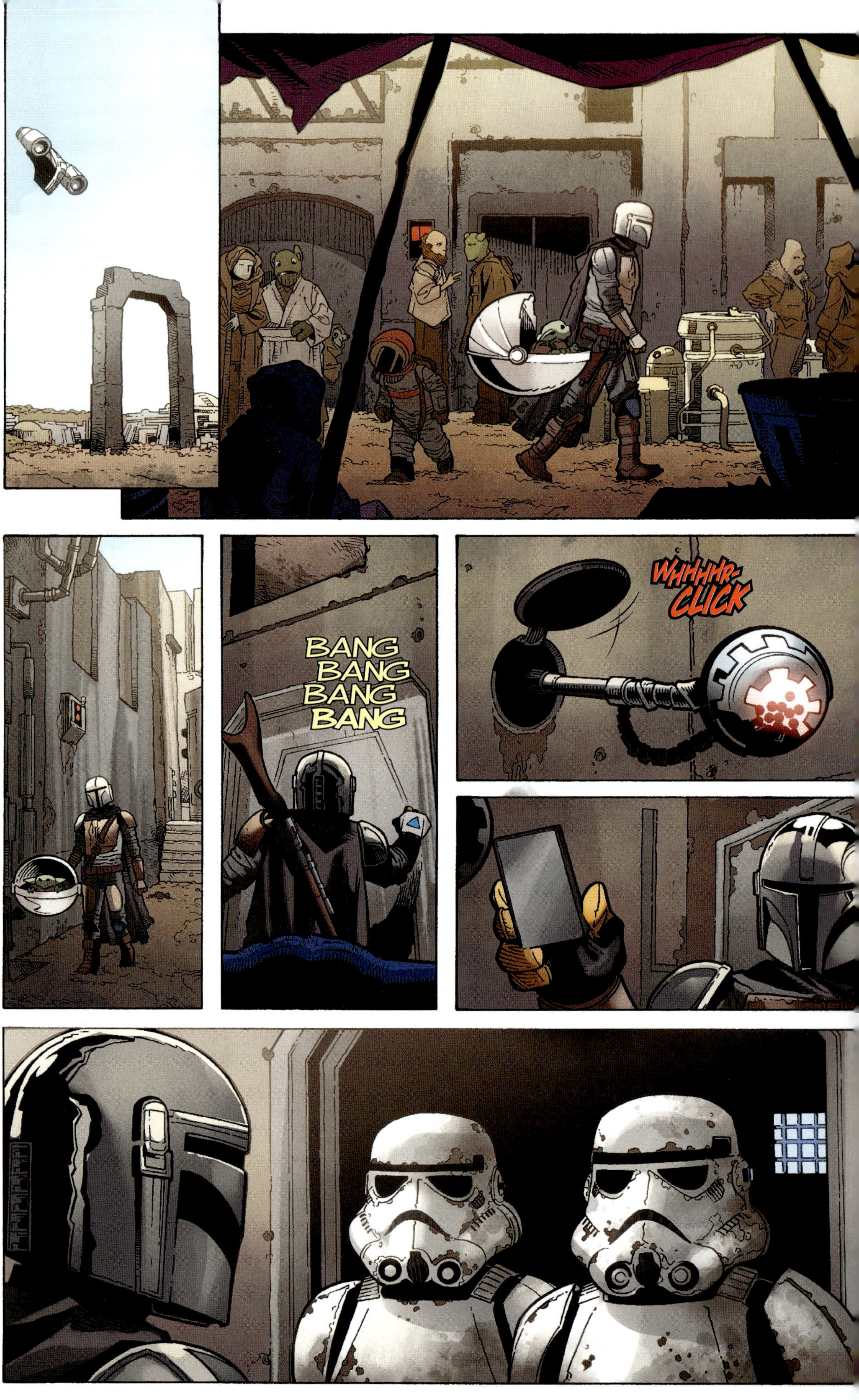

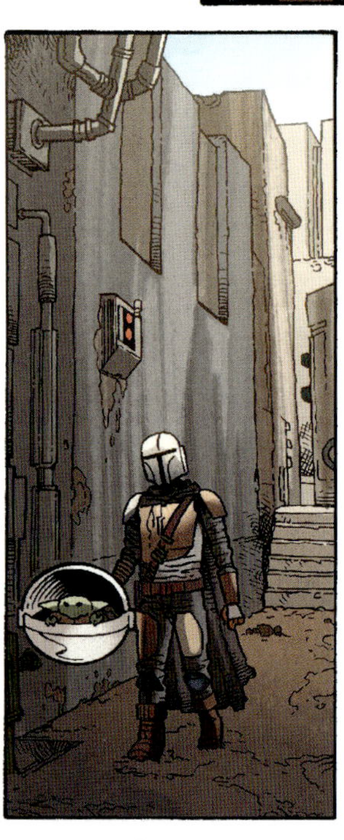

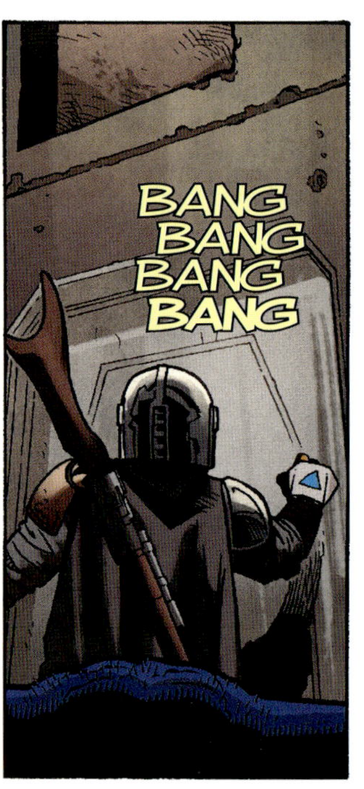

BANG
BANG
BANG
BANG

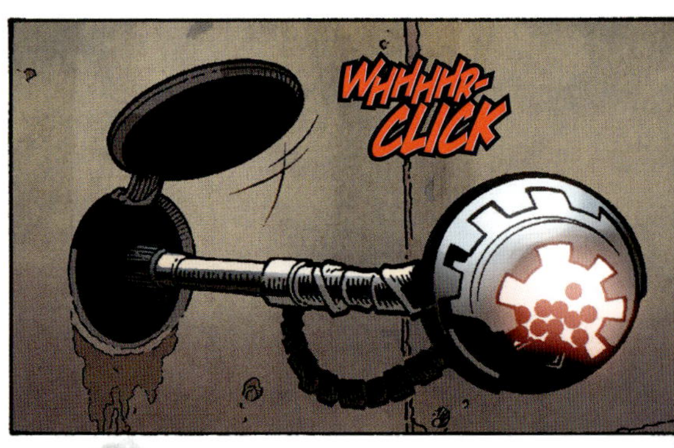

WHHHHR-
CLICK

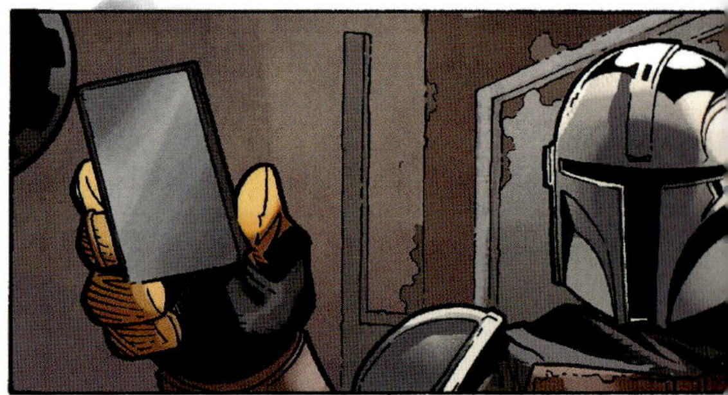

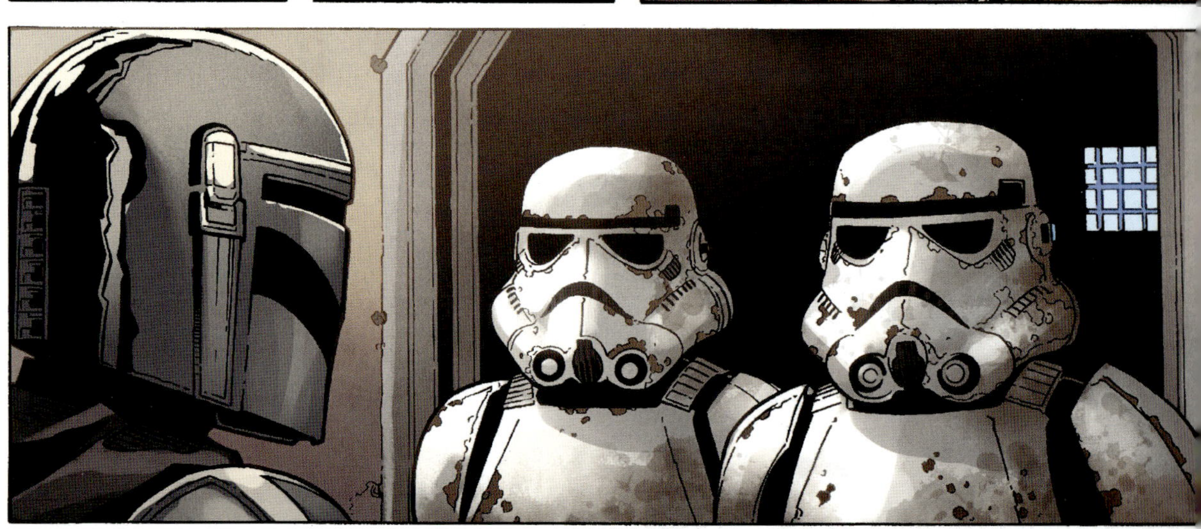

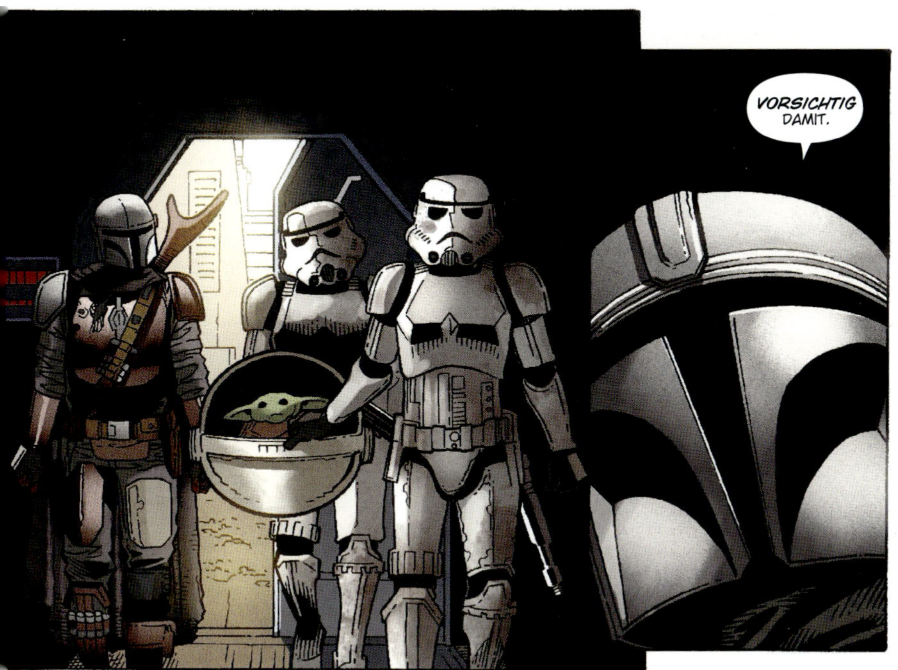
VORSICHTIG DAMIT.
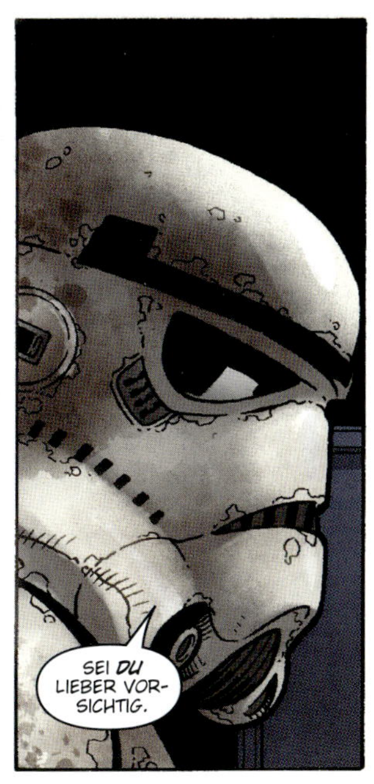
SEI DU LIEBER VOR-SICHTIG.
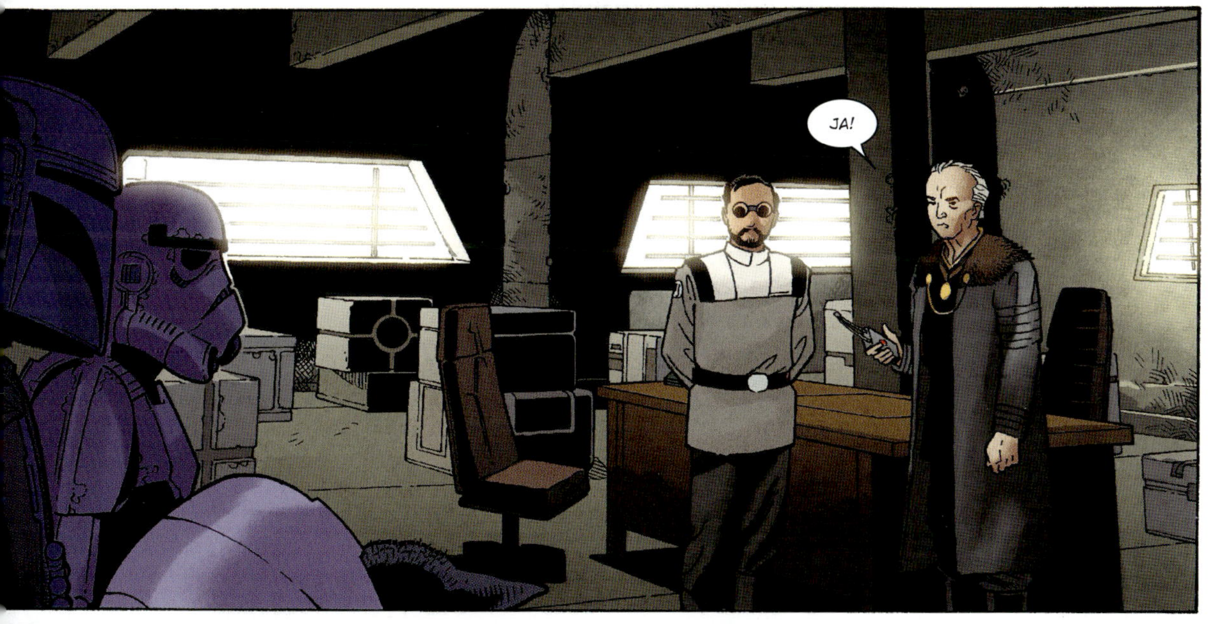
JA!
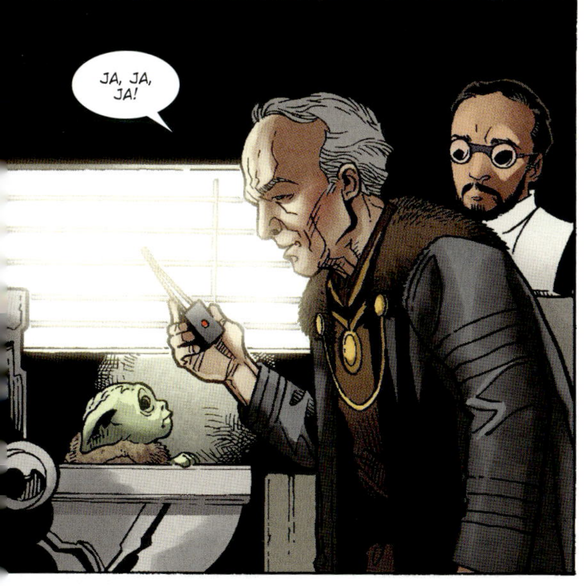
JA, JA, JA!
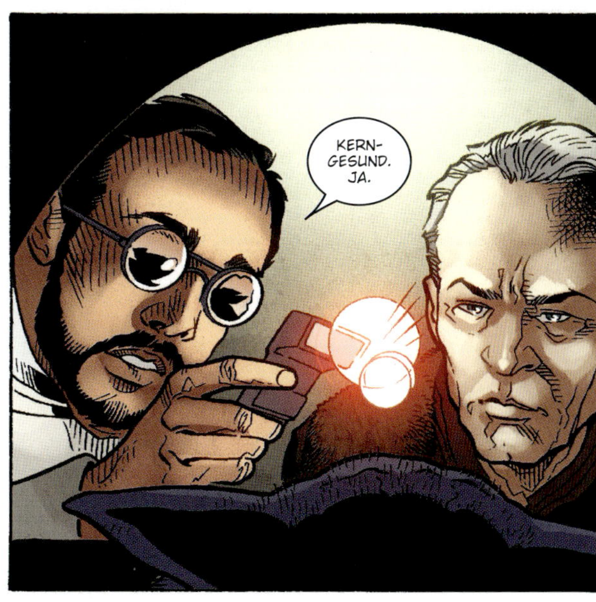
KERN-GESUND. JA.

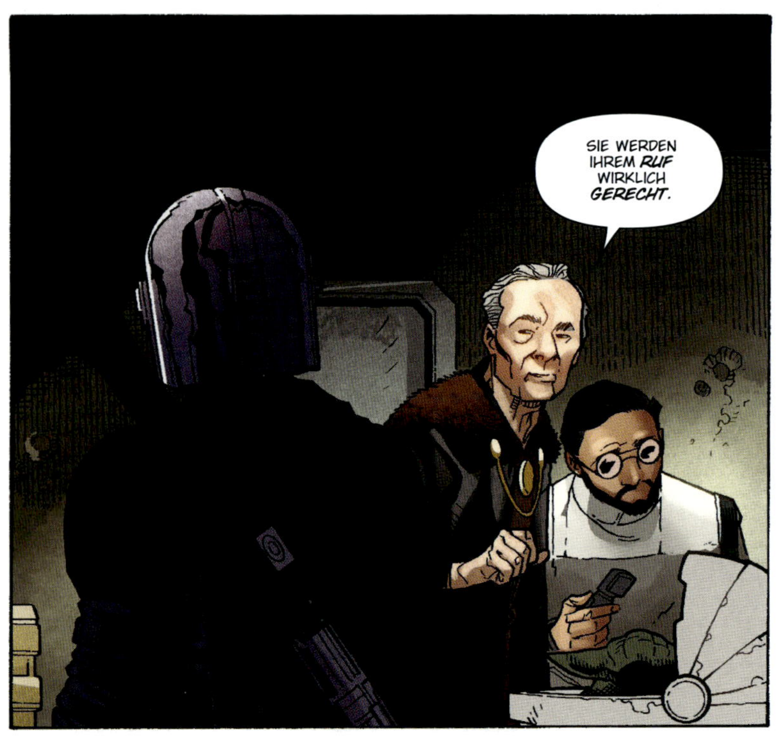
SIE WERDEN IHREM RUF WIRKLICH GERECHT.

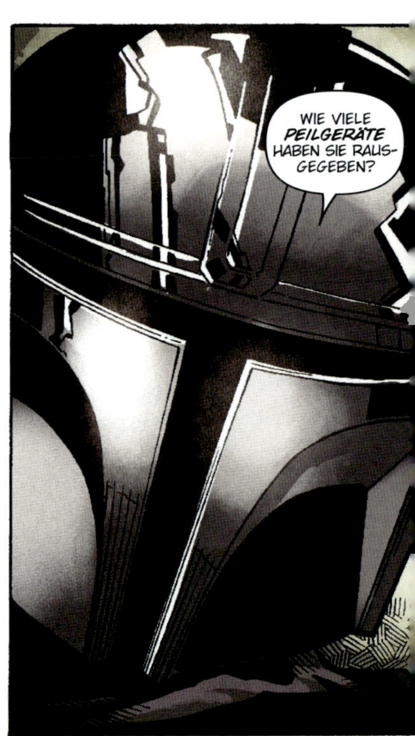
WIE VIELE PEILGERÄTE HABEN SIE RAUS-GEGEBEN?

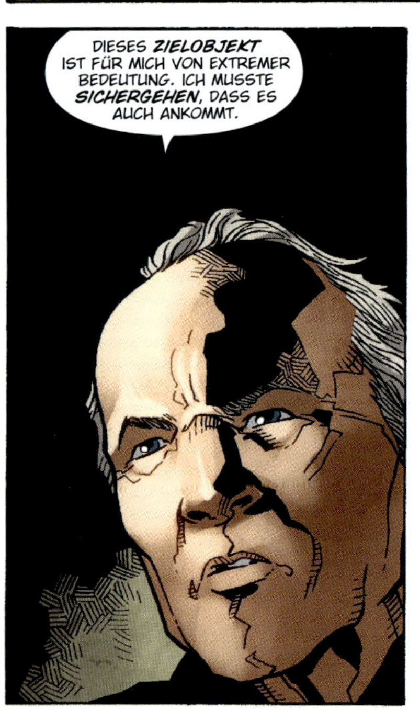
DIESES ZIELOBJEKT IST FÜR MICH VON EXTREMER BEDEUTUNG. ICH MUSSTE SICHERGEHEN, DASS ES AUCH ANKOMMT.

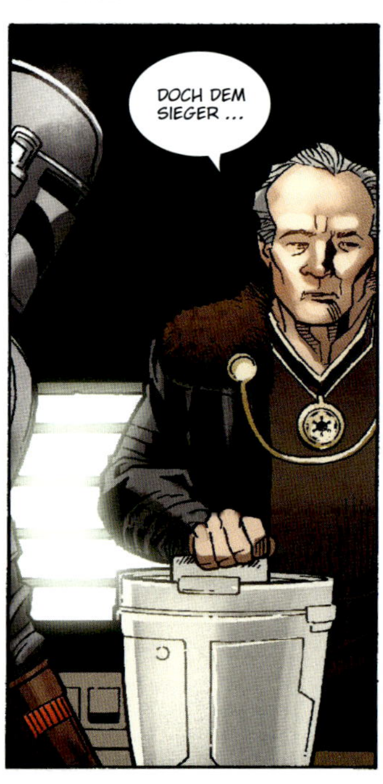
DOCH DEM SIEGER ...

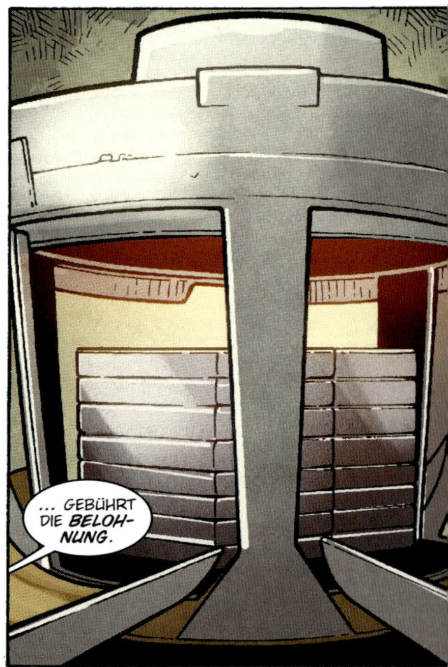
... GEBÜHRT DIE BELOH-NUNG.

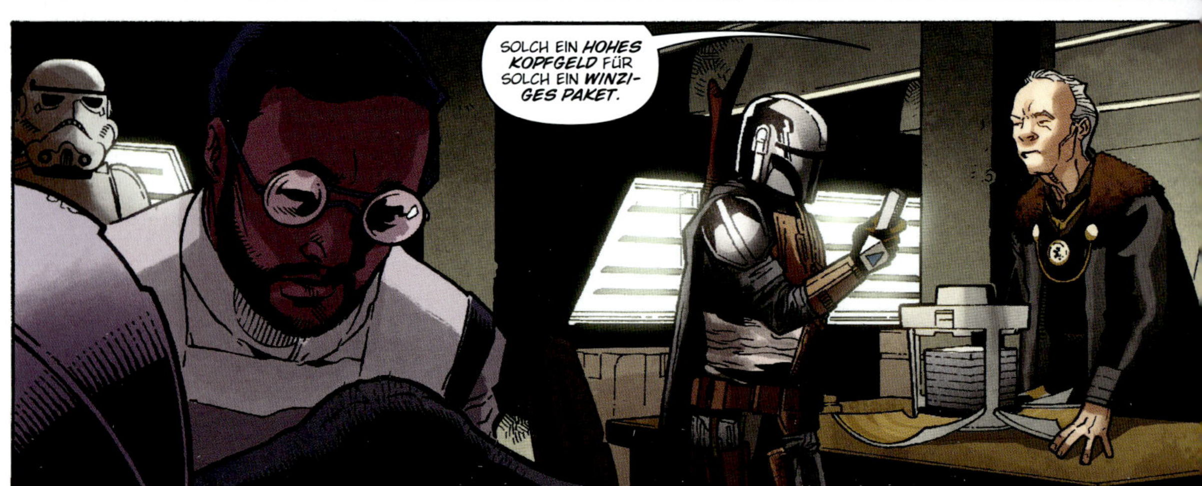
SOLCH EIN HOHES KOPFGELD FÜR SOLCH EIN WINZI-GES PAKET.

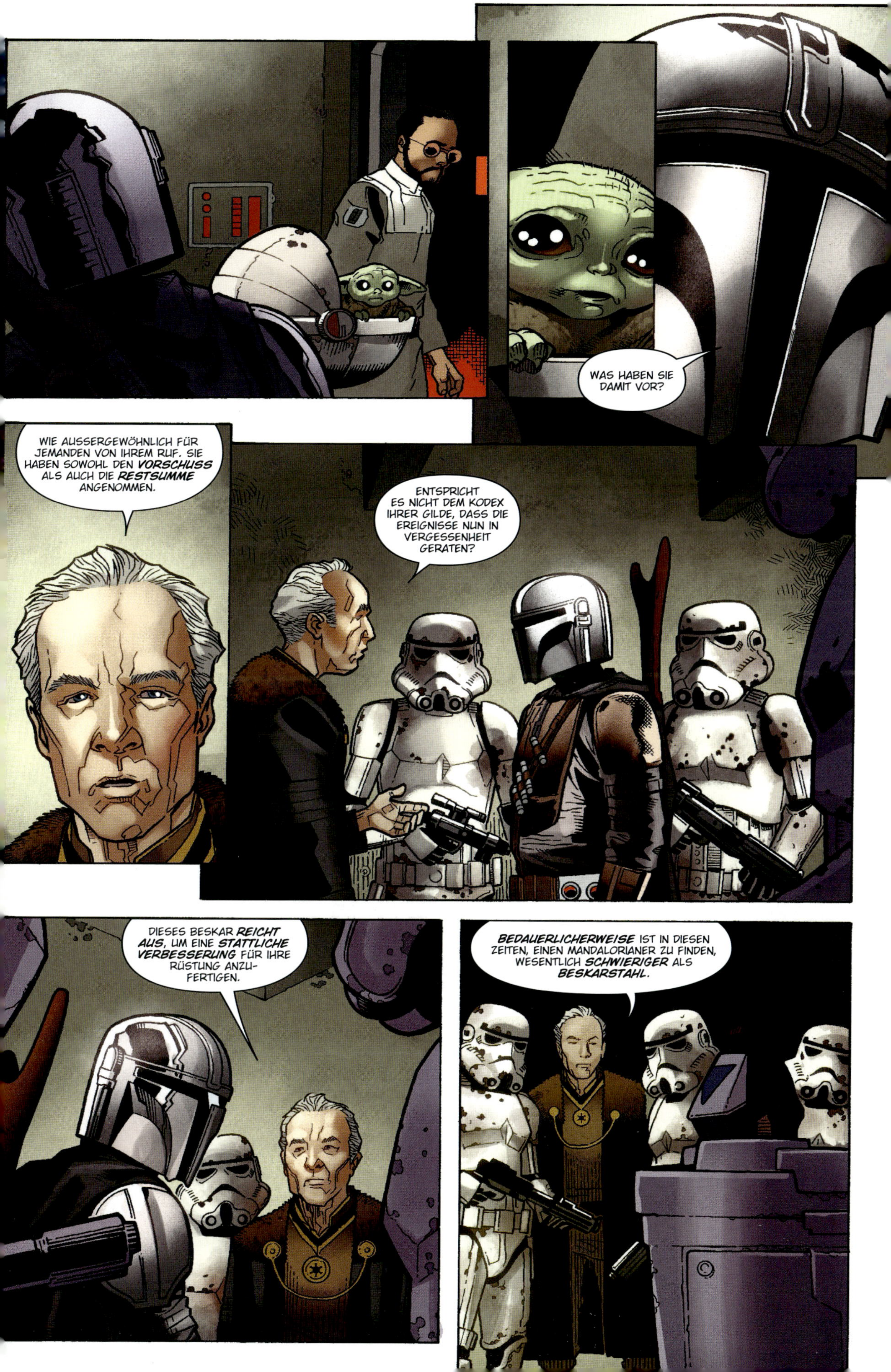

WAS HABEN SIE DAMIT VOR?
WIE AUSSERGEWÖHNLICH FÜR JEMANDEN VON IHREM RUF. SIE HABEN SOWOHL DEN **VORSCHUSS** ALS AUCH DIE **RESTSUMME** ANGENOMMEN.
ENTSPRICHT ES NICHT DEM KODEX IHRER GILDE, DASS DIE EREIGNISSE NUN IN VERGESSENHEIT GERATEN?

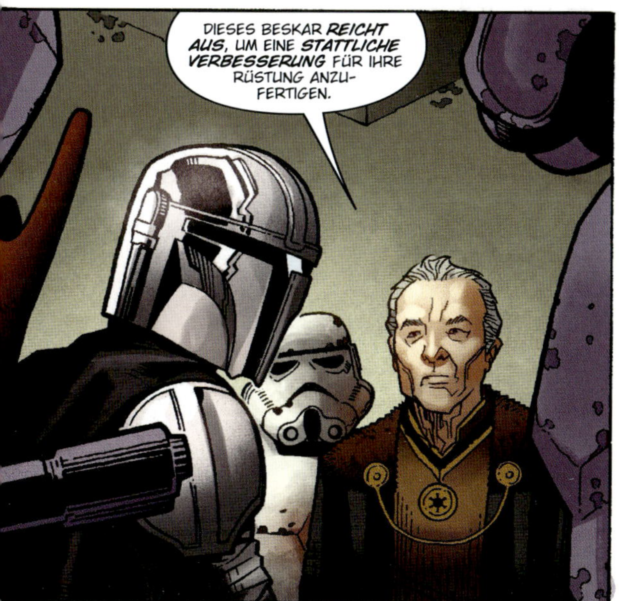
DIESES BESKAR **REICHT AUS**, UM EINE **STATTLICHE VERBESSERUNG** FÜR IHRE RÜSTUNG ANZU-FERTIGEN.

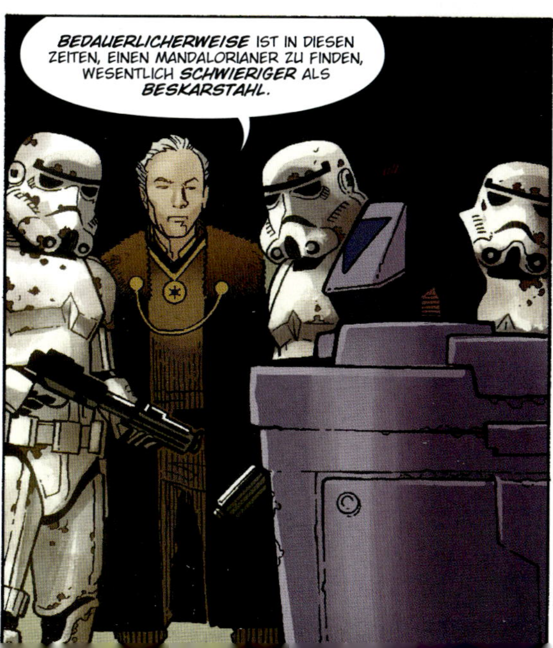
BEDAUERLICHERWEISE IST IN DIESEN ZEITEN, EINEN MANDALORIANER ZU FINDEN, WESENTLICH **SCHWIERIGER** ALS **BESKARSTAHL**.

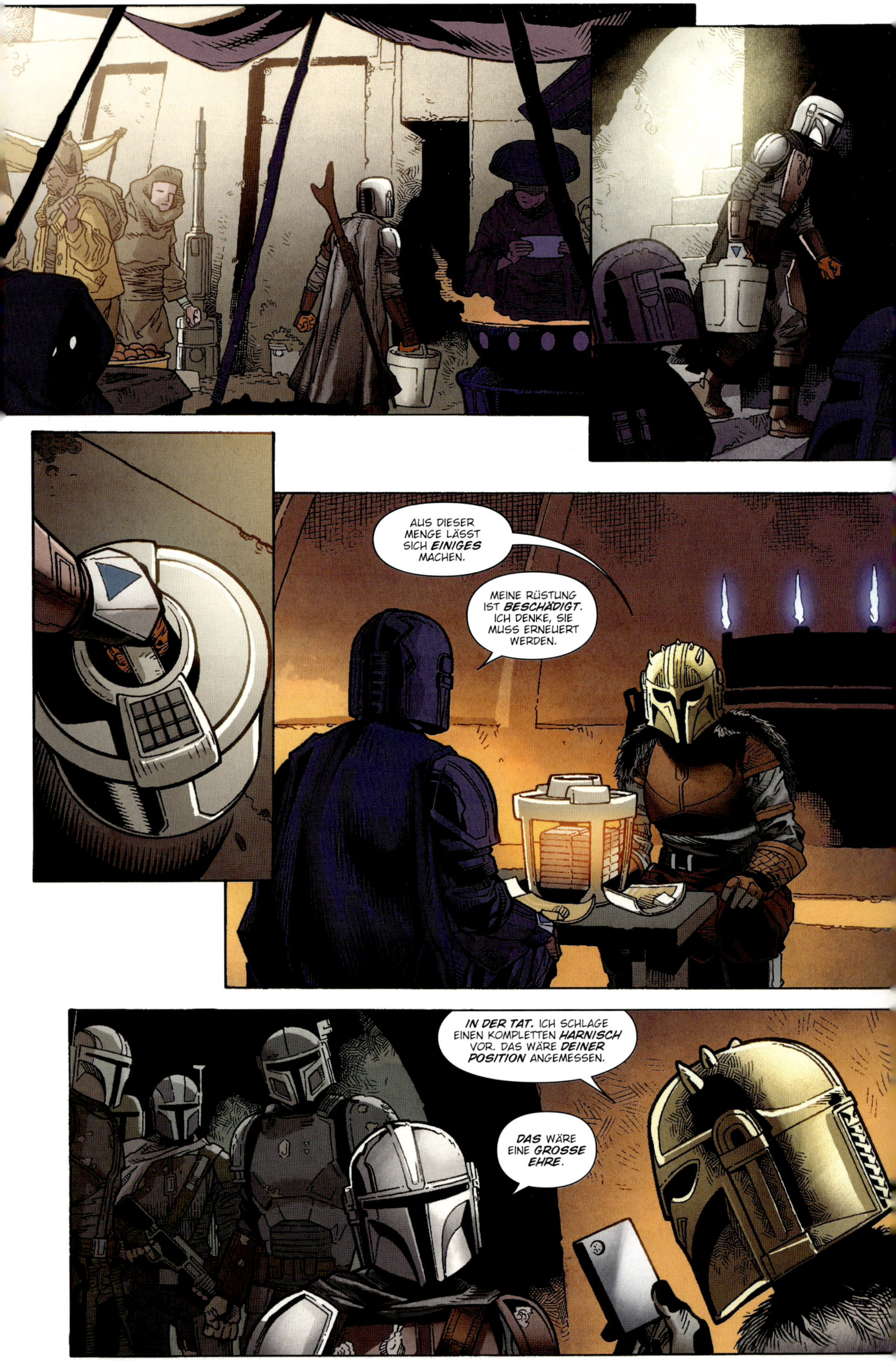

AUS DIESER MENGE LÄSST SICH **EINIGES** MACHEN.

MEINE RÜSTUNG IST **BESCHÄDIGT**. ICH DENKE, SIE MUSS ERNEUERT WERDEN.

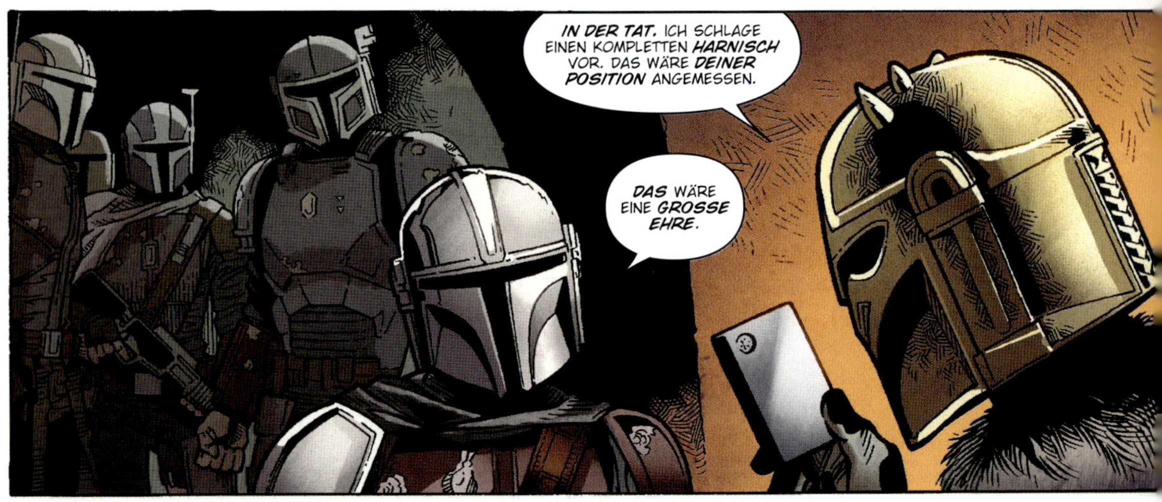

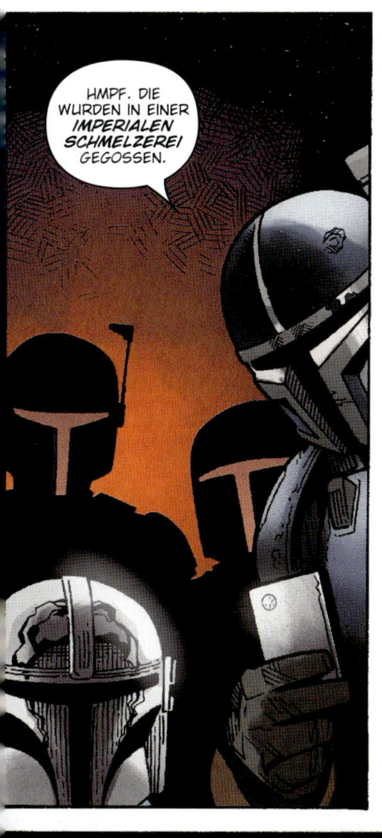
HMPF. DIE WURDEN IN EINER IMPERIALEN SCHMELZEREI GEGOSSEN.

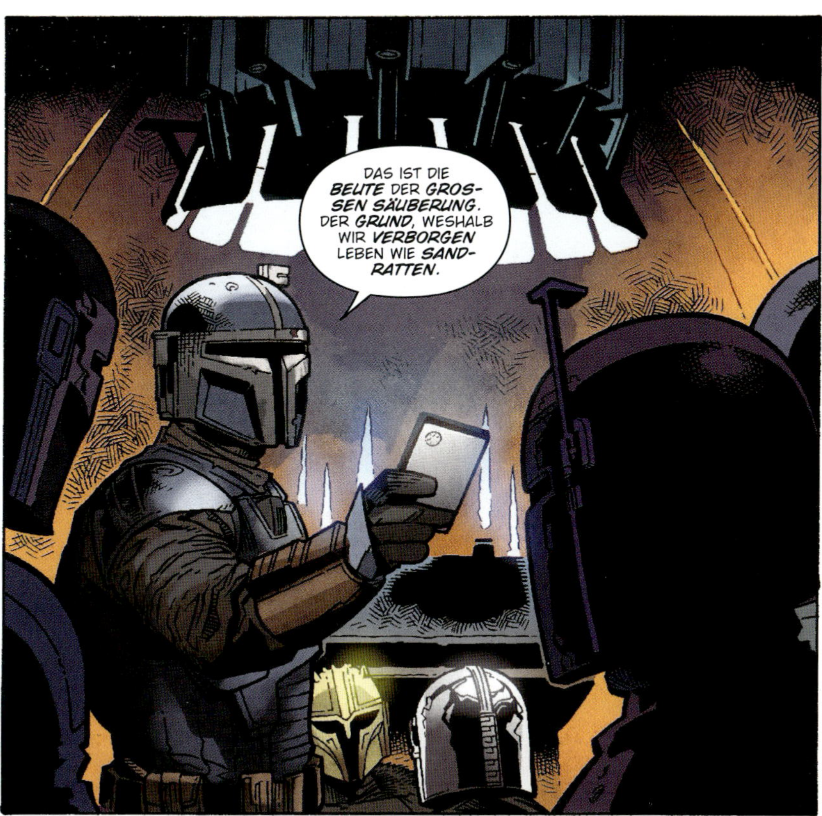
DAS IST DIE BEUTE DER GROSSEN SÄUBERUNG. DER GRUND, WESHALB WIR VERBORGEN LEBEN WIE SANDRATTEN.

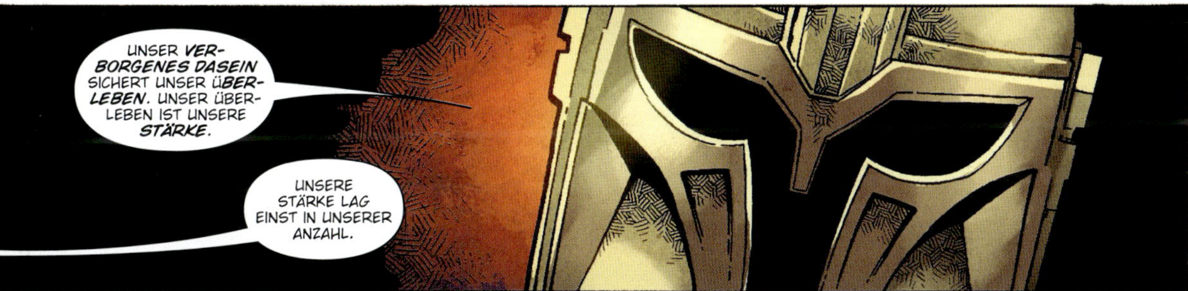
UNSER VERBORGENES DASEIN SICHERT UNSER ÜBERLEBEN. UNSER ÜBERLEBEN IST UNSERE STÄRKE.
UNSERE STÄRKE LAG EINST IN UNSERER ANZAHL.

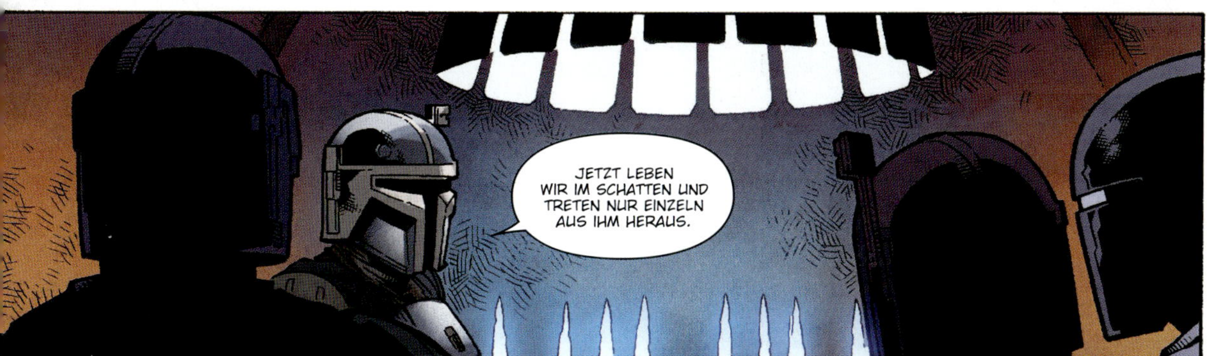
JETZT LEBEN WIR IM SCHATTEN UND TRETEN NUR EINZELN AUS IHM HERAUS.

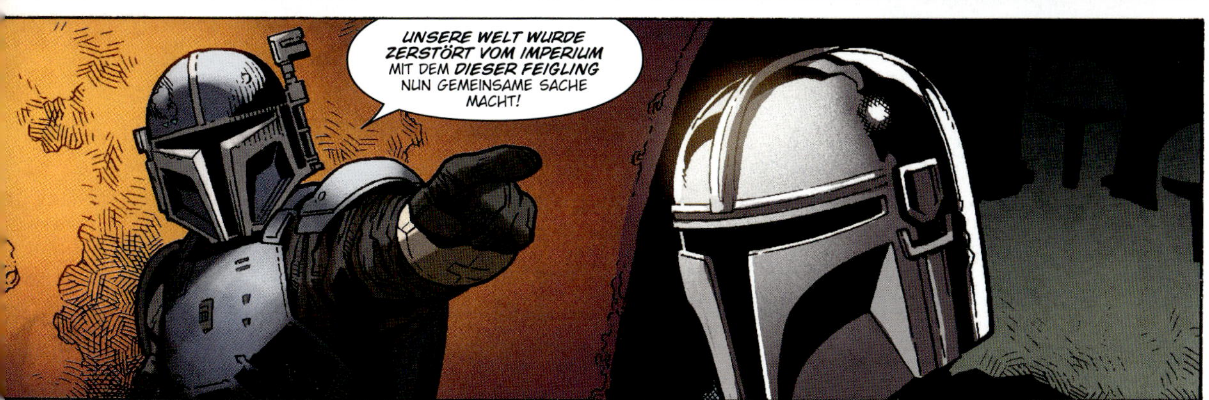
UNSERE WELT WURDE ZERSTÖRT VOM IMPERIUM MIT DEM DIESER FEIGLING NUN GEMEINSAME SACHE MACHT!

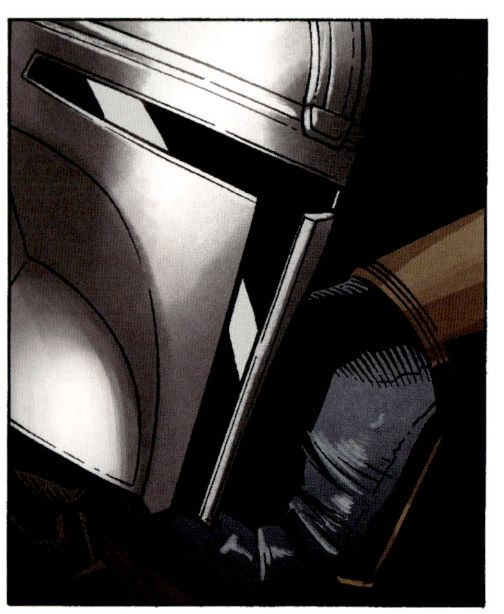

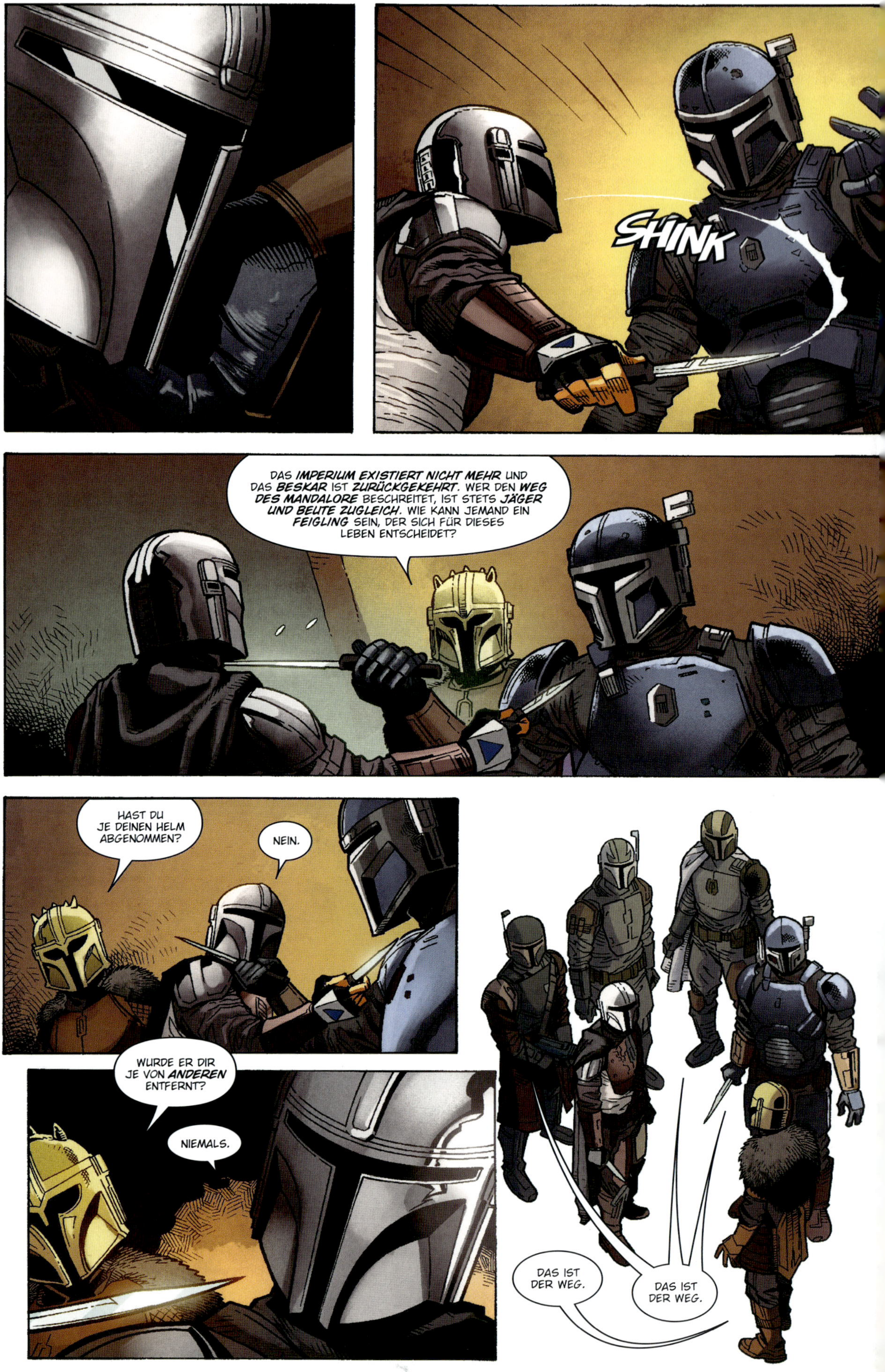

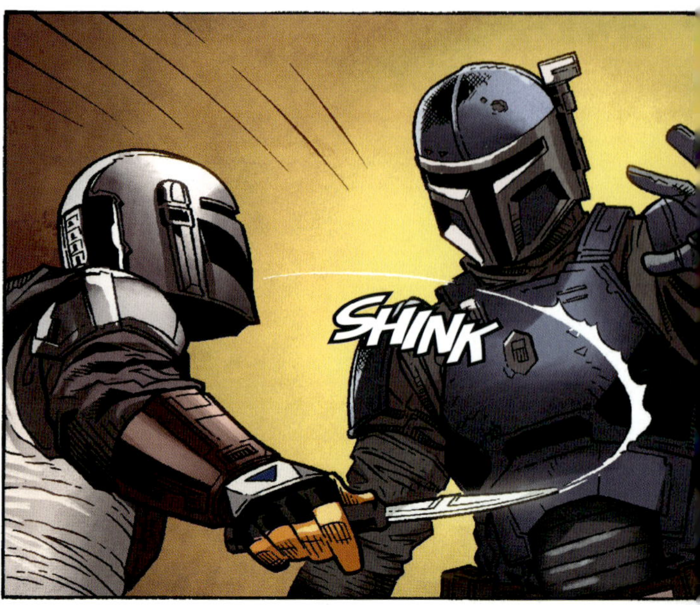

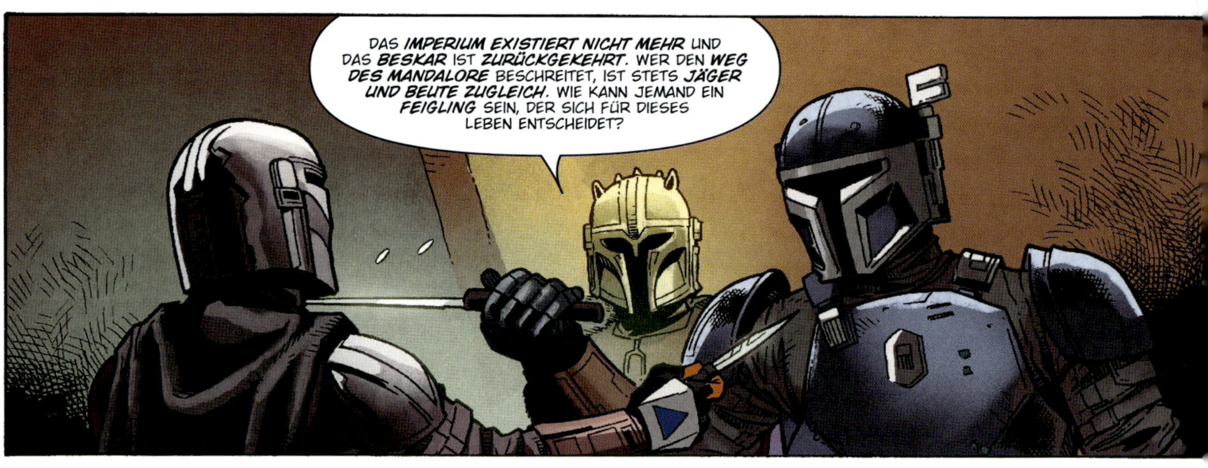

HAST DU JE DEINEN HELM ABGENOMMEN?

NEIN.

WURDE ER DIR JE VON **ANDEREN** ENTFERNT?

NIEMALS.

DAS IST DER WEG.

DAS IST DER WEG.

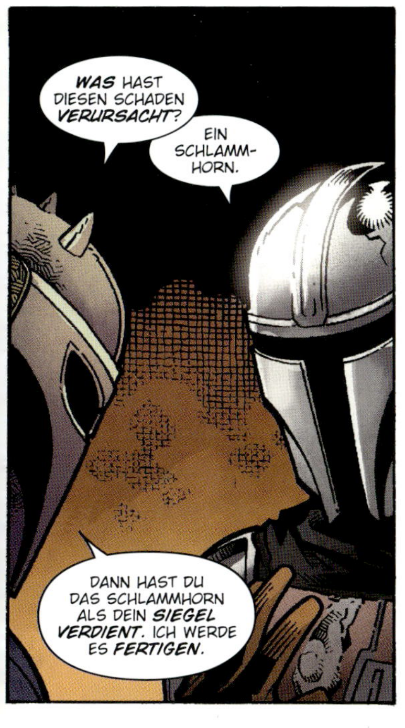
WAS HAST DIESEN SCHADEN VERURSACHT?
EIN SCHLAMM-HORN.
DANN HAST DU DAS SCHLAMMHORN ALS DEIN SIEGEL VERDIENT. ICH WERDE ES FERTIGEN.

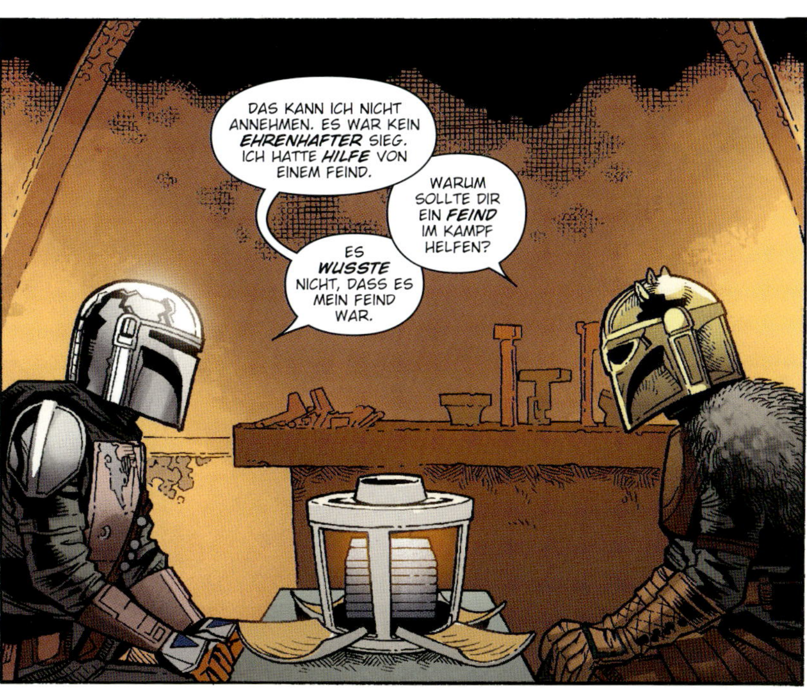
DAS KANN ICH NICHT ANNEHMEN. ES WAR KEIN EHRENHAFTER SIEG. ICH HATTE HILFE VON EINEM FEIND.
WARUM SOLLTE DIR EIN FEIND IM KAMPF HELFEN?
ES WUSSTE NICHT, DASS ES MEIN FEIND WAR.

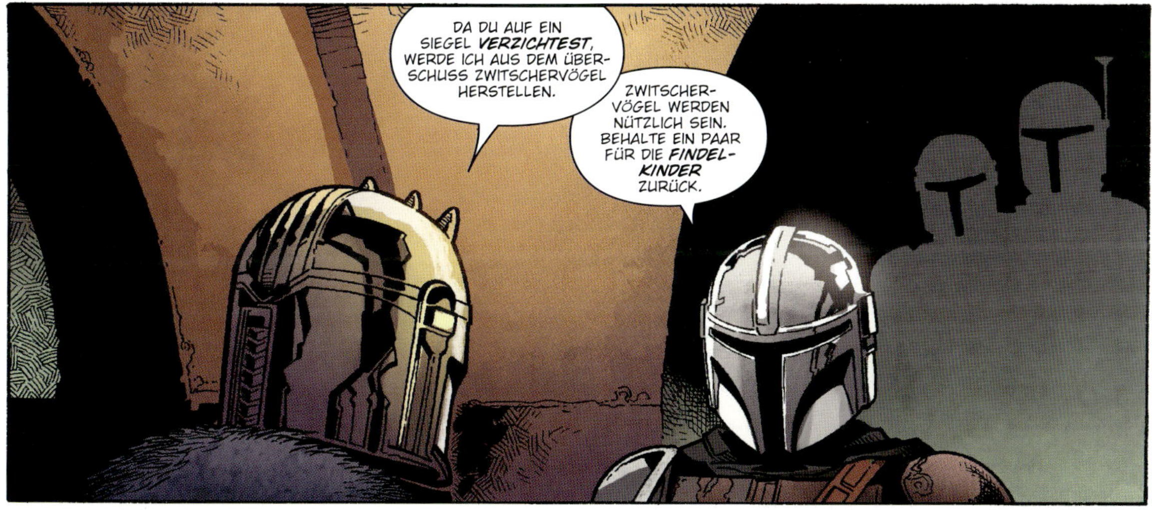
DA DU AUF EIN SIEGEL VERZICHTEST, WERDE ICH AUS DEM ÜBER-SCHUSS ZWITSCHERVÖGEL HERSTELLEN.
ZWITSCHER-VÖGEL WERDEN NÜTZLICH SEIN. BEHALTE EIN PAAR FÜR DIE FINDEL-KINDER ZURÜCK.

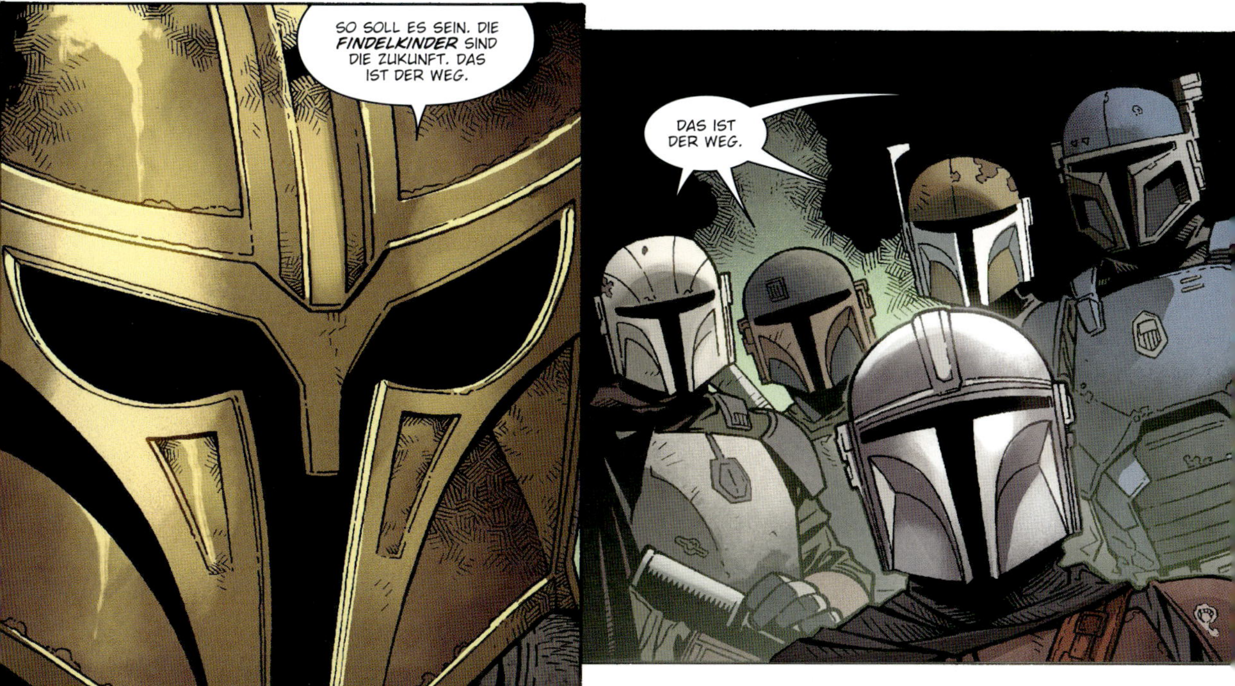
SO SOLL ES SEIN. DIE FINDELKINDER SIND DIE ZUKUNFT. DAS IST DER WEG.
DAS IST DER WEG.

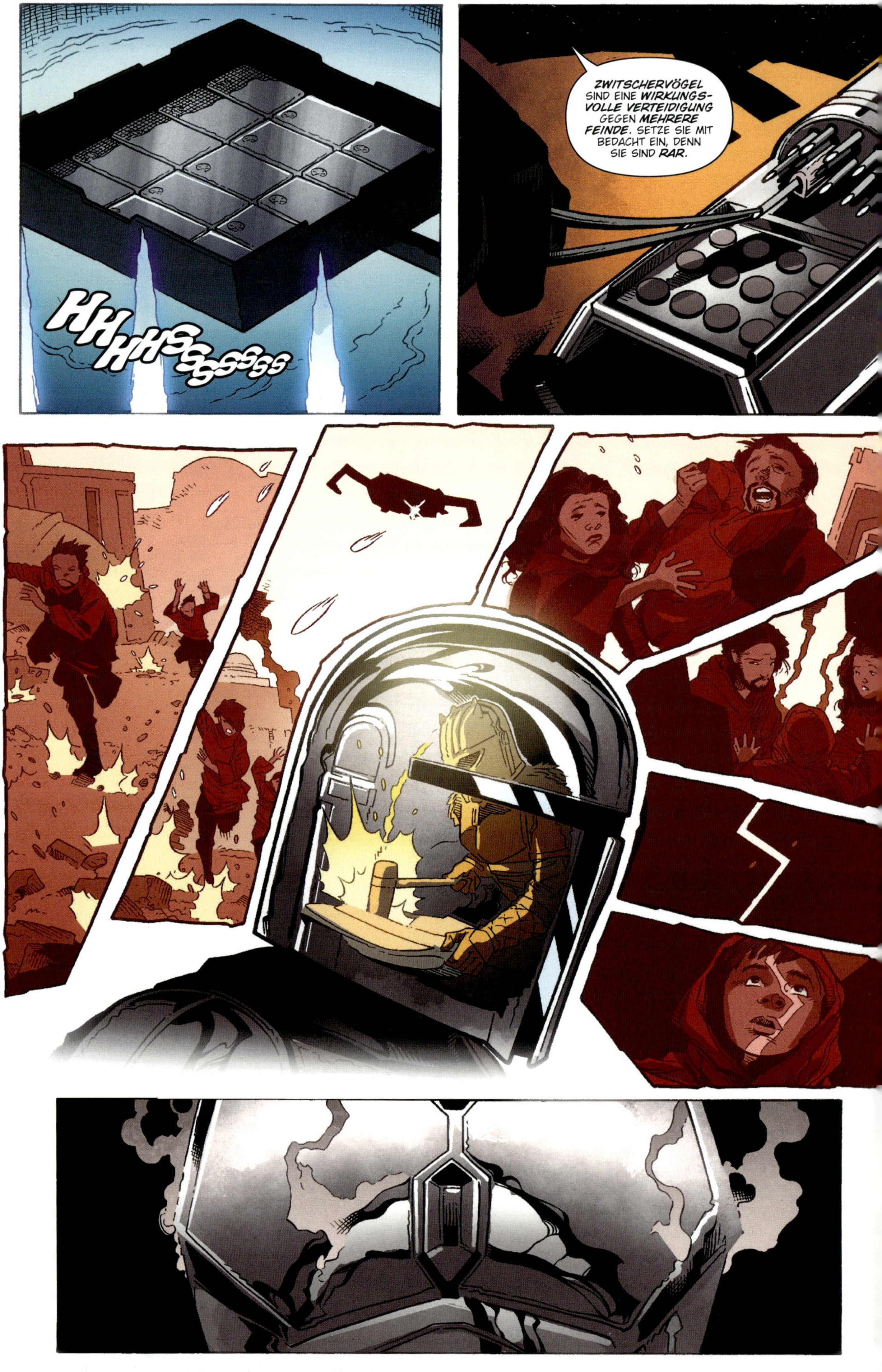

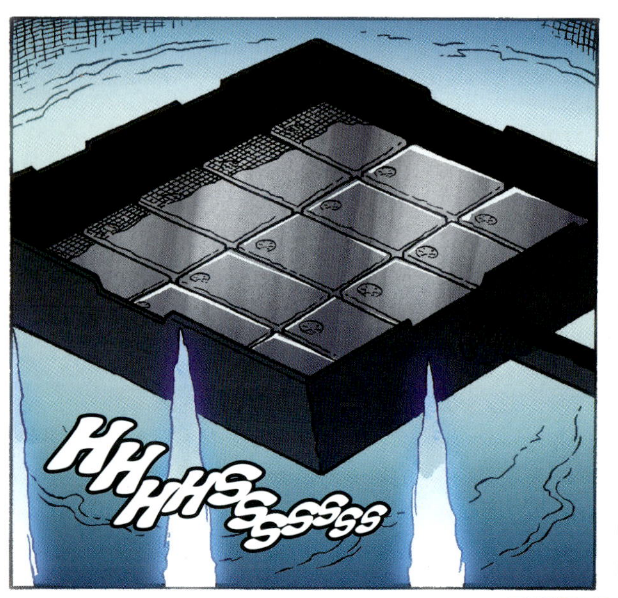
HHHHSSSSSSS

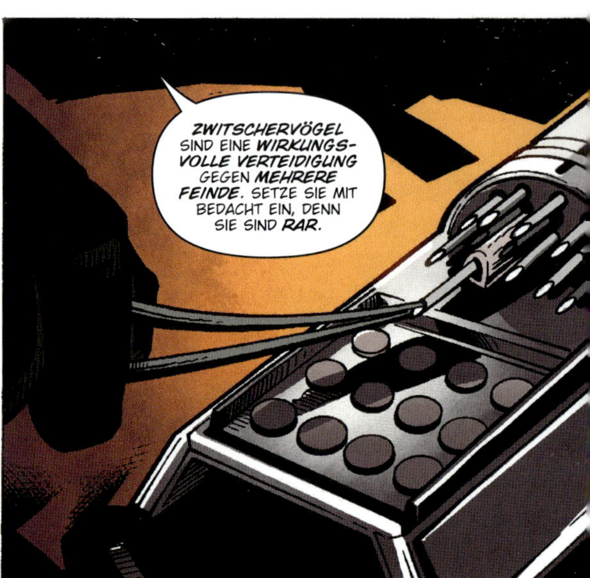
ZWITSCHERVÖGEL SIND EINE WIRKUNGSVOLLE VERTEIDIGUNG GEGEN MEHRERE FEINDE. SETZE SIE MIT BEDACHT EIN, DENN SIE SIND RAR.

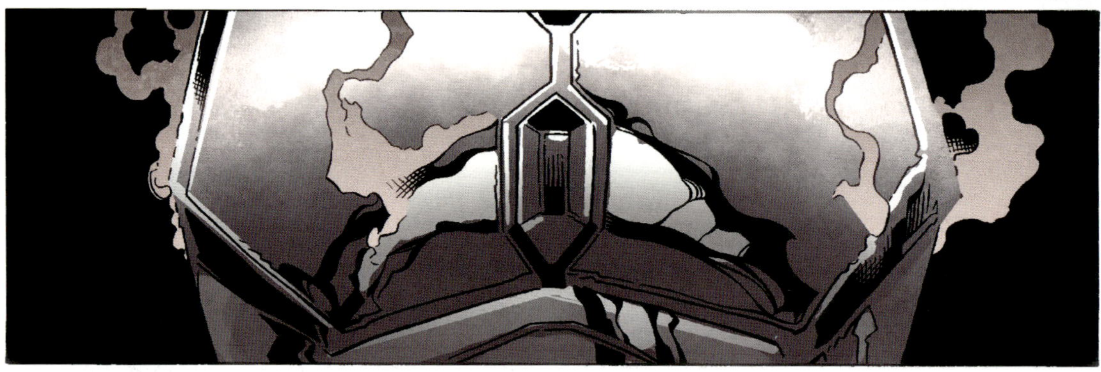

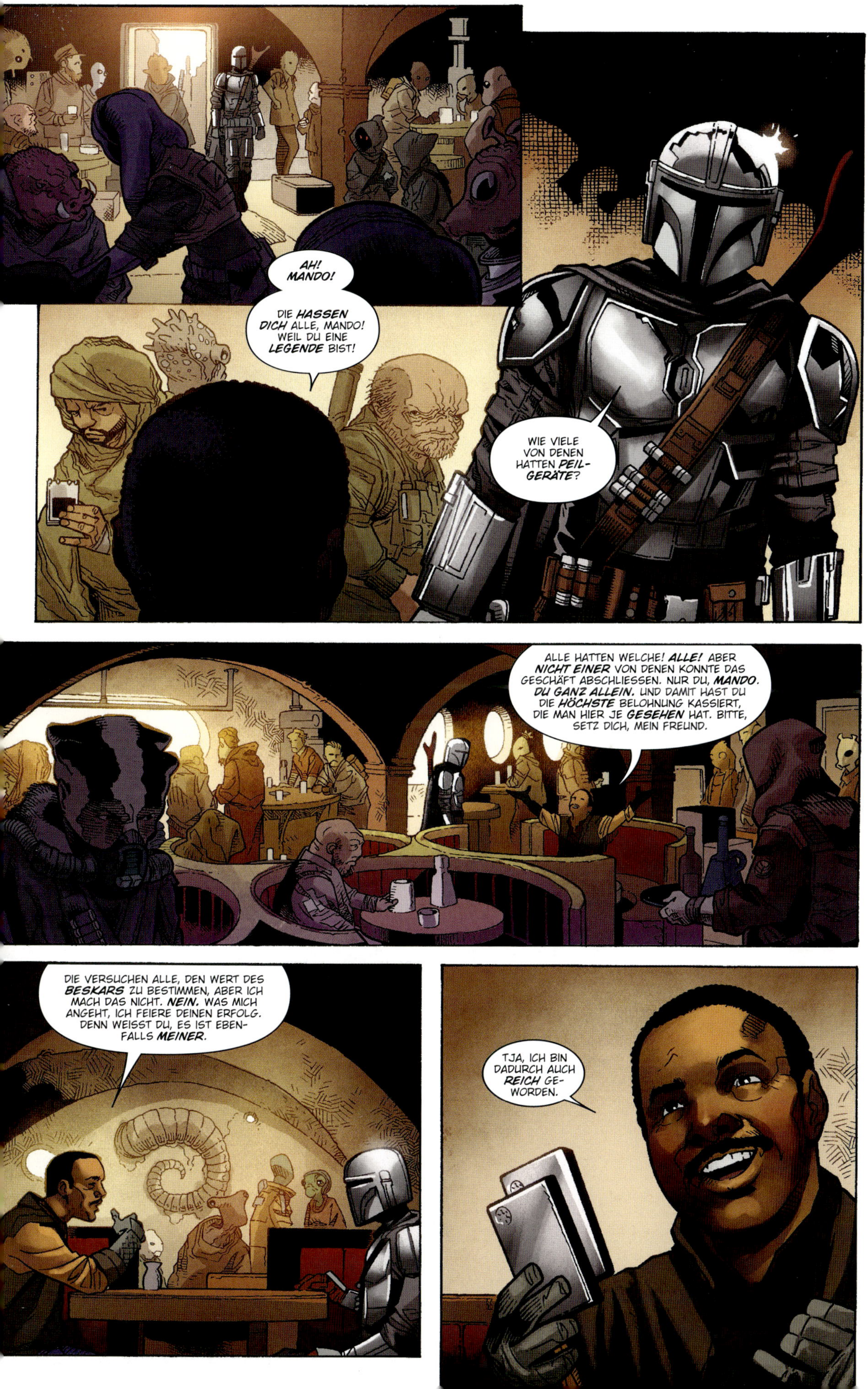

AH! MANDO!
DIE **HASSEN DICH** ALLE, MANDO! WEIL DU EINE **LEGENDE** BIST!
WIE VIELE VON DENEN HATTEN **PEIL-GERÄTE**?

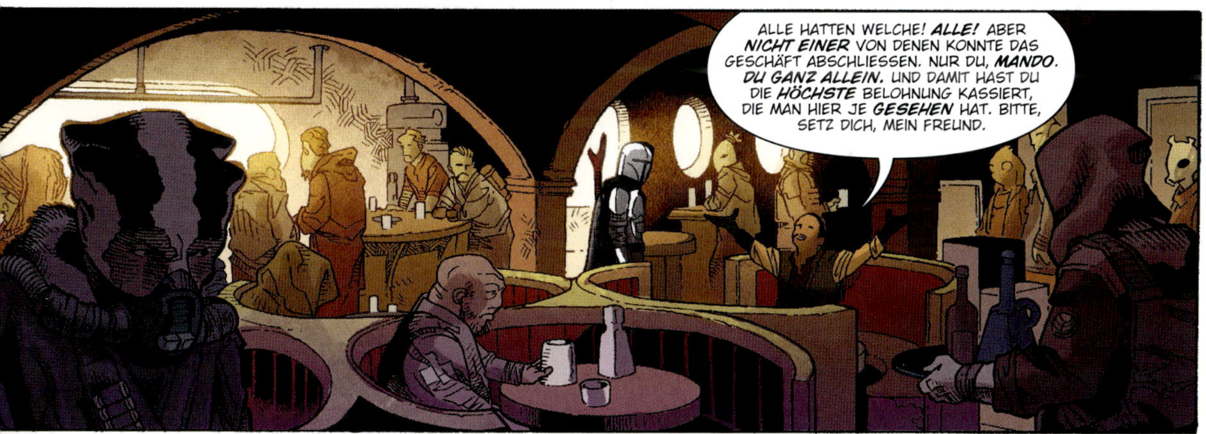
ALLE HATTEN WELCHE! **ALLE!** ABER **NICHT EINER** VON DENEN KONNTE DAS GESCHÄFT ABSCHLIESSEN. NUR DU, **MANDO. DU GANZ ALLEIN.** UND DAMIT HAST DU DIE **HÖCHSTE** BELOHNUNG KASSIERT, DIE MAN HIER JE **GESEHEN** HAT. BITTE, SETZ DICH, MEIN FREUND.

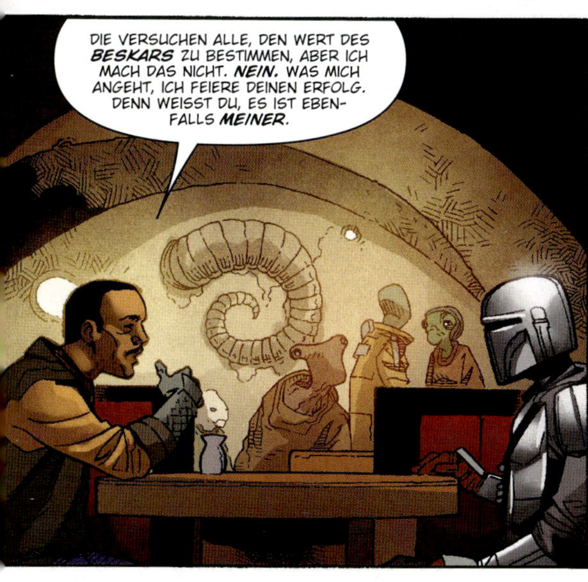
DIE VERSUCHEN ALLE, DEN WERT DES **BESKARS** ZU BESTIMMEN, ABER ICH MACH DAS NICHT. **NEIN.** WAS MICH ANGEHT, ICH FEIERE DEINEN ERFOLG. DENN WEISST DU, ES IST EBEN-FALLS **MEINER**.

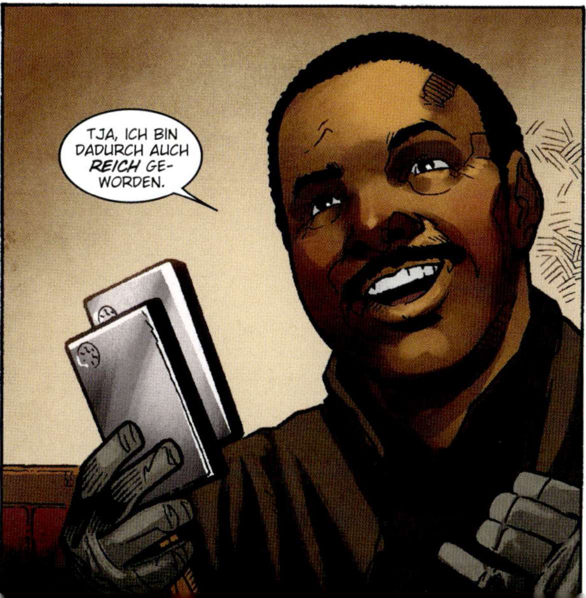
TJA, ICH BIN DADURCH AUCH **REICH** GE-WORDEN.

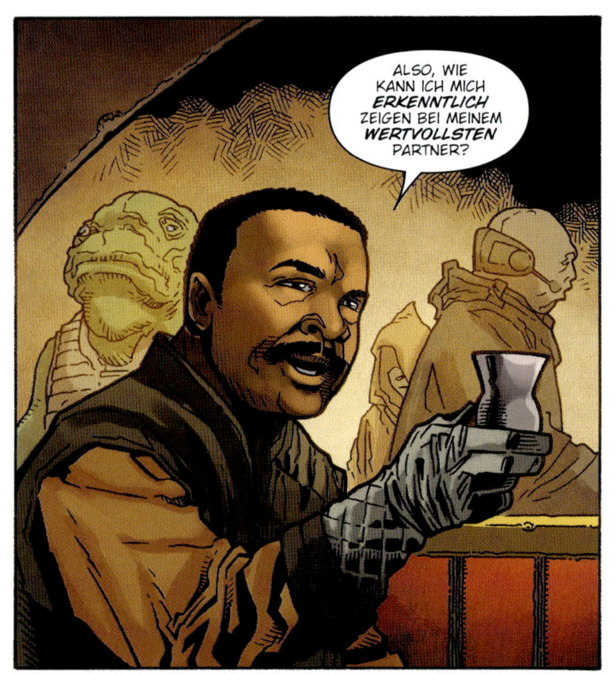
ALSO, WIE KANN ICH MICH ERKENNTLICH ZEIGEN BEI MEINEM WERTVOLLSTEN PARTNER?

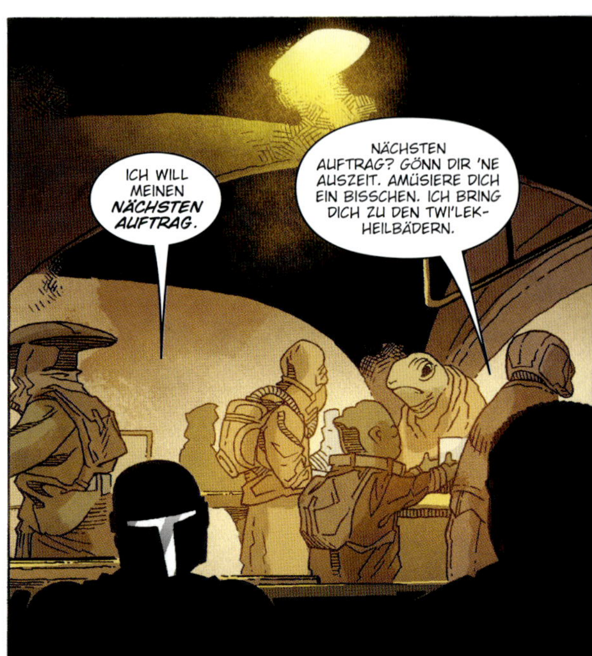
ICH WILL MEINEN NÄCHSTEN AUFTRAG.
NÄCHSTEN AUFTRAG? GÖNN DIR 'NE AUSZEIT. AMÜSIERE DICH EIN BISSCHEN. ICH BRING DICH ZU DEN TWI'LEK-HEILBÄDERN.

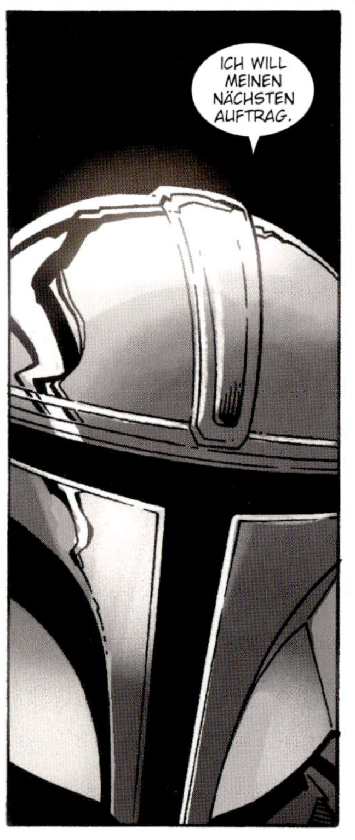
ICH WILL MEINEN NÄCHSTEN AUFTRAG.

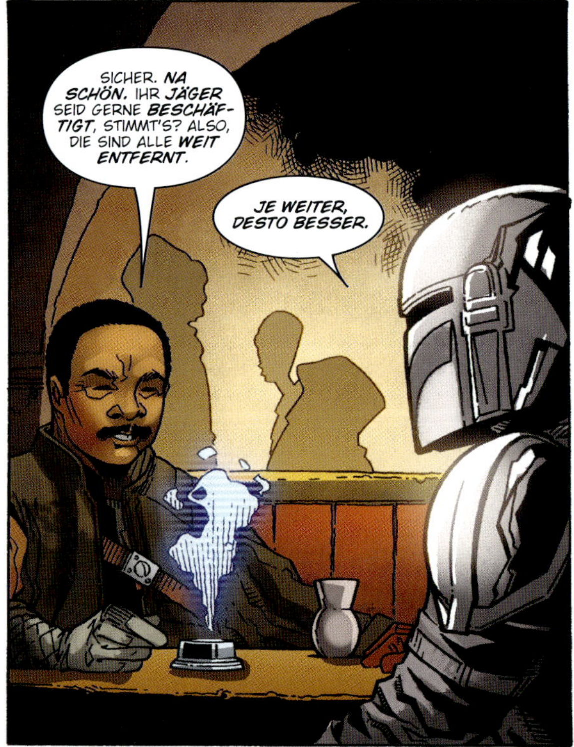
SICHER. NA SCHÖN. IHR JÄGER SEID GERNE BESCHÄFTIGT, STIMMT'S? ALSO, DIE SIND ALLE WEIT ENTFERNT.
JE WEITER, DESTO BESSER.

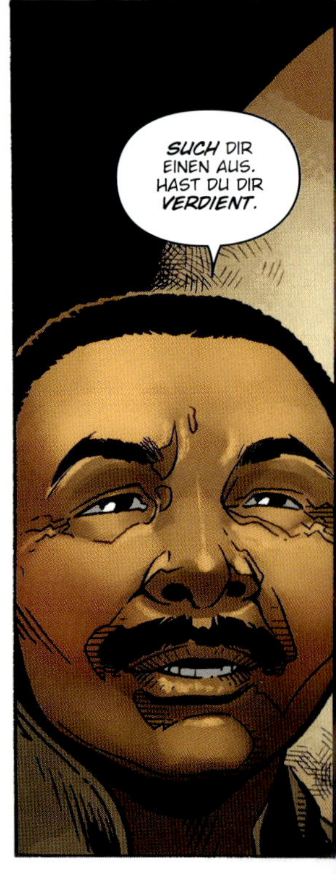
SUCH DIR EINEN AUS. HAST DU DIR VERDIENT.

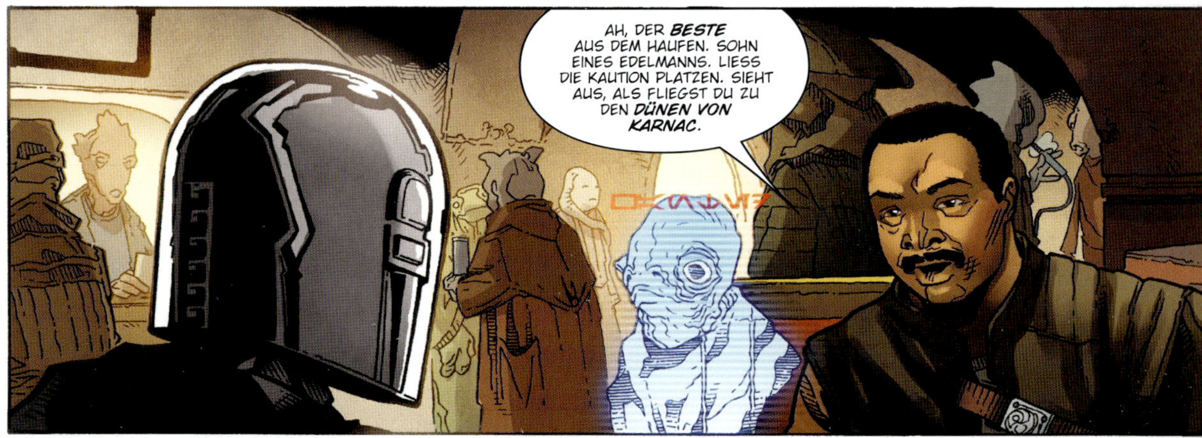
AH, DER BESTE AUS DEM HAUFEN. SOHN EINES EDELMANNS. LIESS DIE KAUTION PLATZEN. SIEHT AUS, ALS FLIEGST DU ZU DEN DÜNEN VON KARNAC.

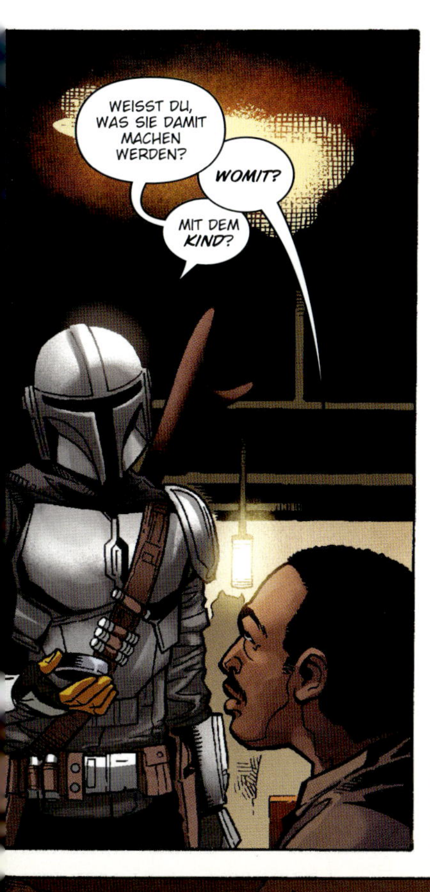
WEISST DU, WAS SIE DAMIT MACHEN WERDEN?
WOMIT?
MIT DEM KIND?

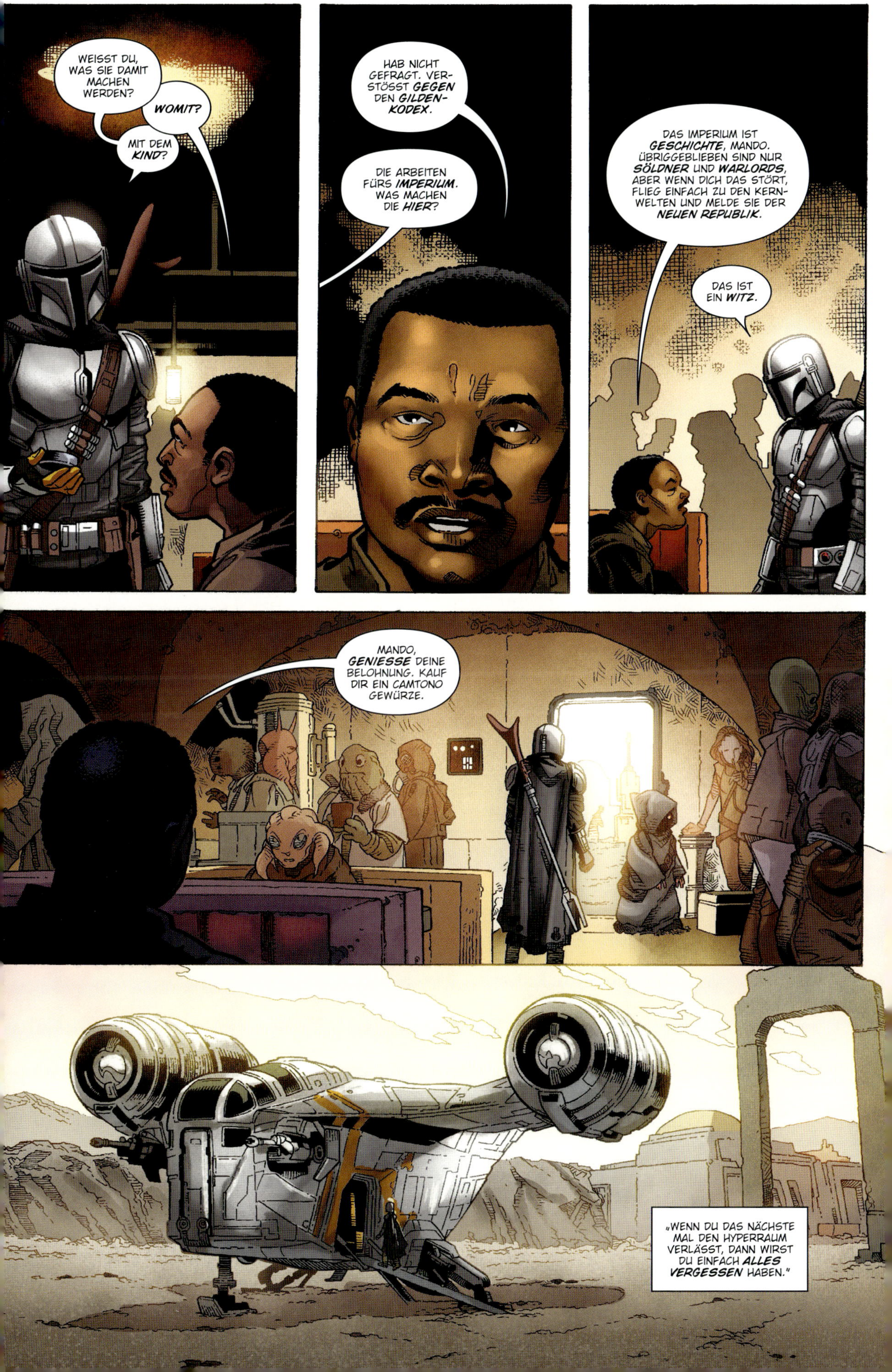

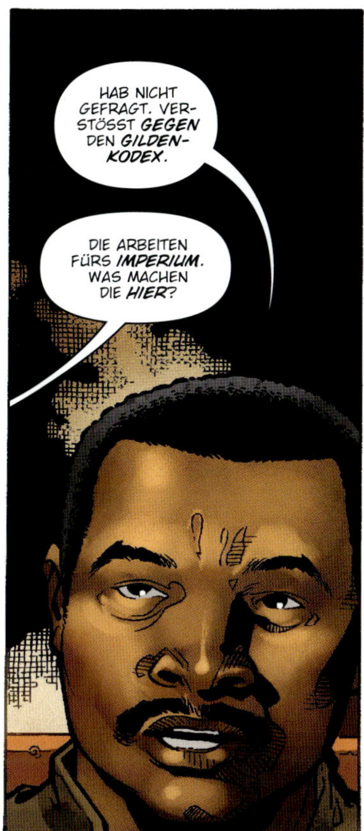
HAB NICHT GEFRAGT. VERSTÖSST GEGEN DEN GILDENKODEX.
DIE ARBEITEN FÜRS IMPERIUM. WAS MACHEN DIE HIER?

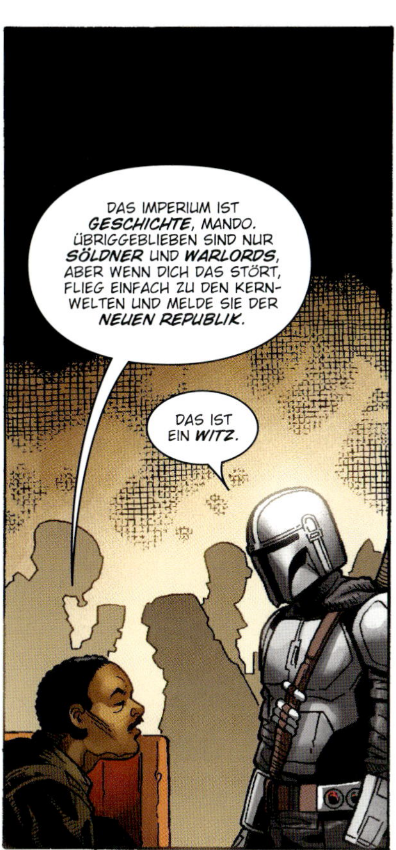
DAS IMPERIUM IST GESCHICHTE, MANDO. ÜBRIGGEBLIEBEN SIND NUR SÖLDNER UND WARLORDS, ABER WENN DICH DAS STÖRT, FLIEG EINFACH ZU DEN KERNWELTEN UND MELDE SIE DER NEUEN REPUBLIK.
DAS IST EIN WITZ.

MANDO, GENIESSE DEINE BELOHNUNG. KAUF DIR EIN CAMTONO GEWÜRZE.

„WENN DU DAS NÄCHSTE MAL DEN HYPERRAUM VERLÄSST, DANN WIRST DU EINFACH ALLES VERGESSEN HABEN."

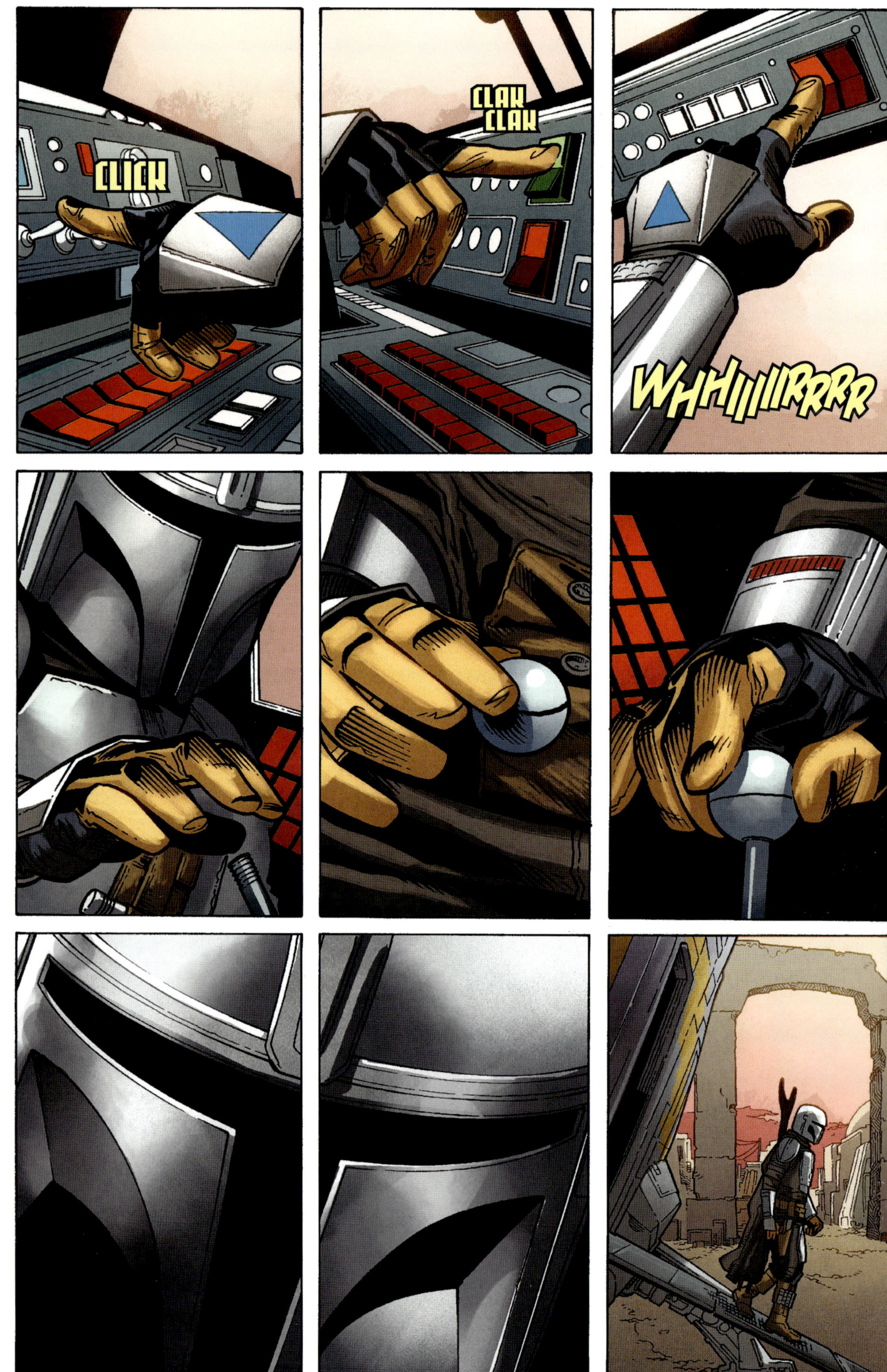
CLICK
CLAK
CLAK
WHHIIIIIRRRR

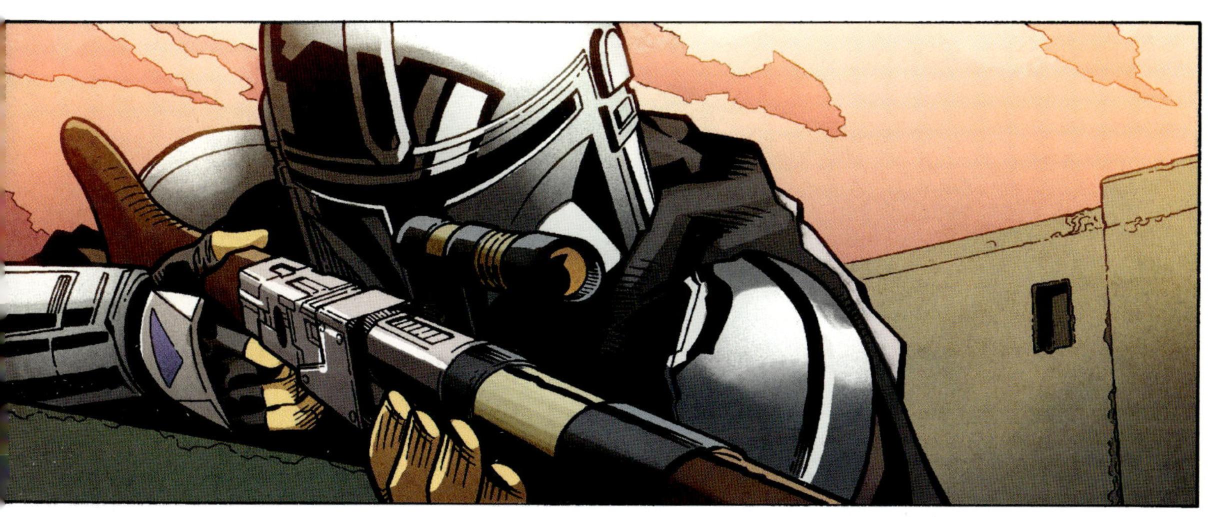

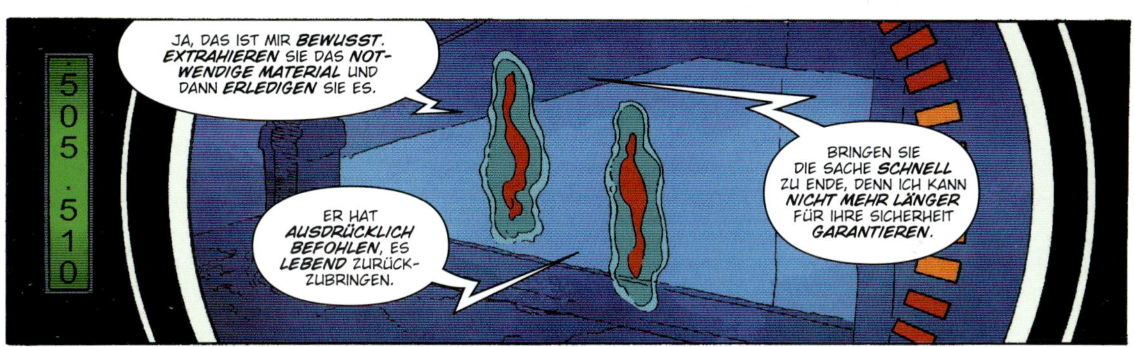
505 .510
JA, DAS IST MIR **BEWUSST.** **EXTRAHIEREN** SIE DAS **NOT-WENDIGE MATERIAL** UND DANN **ERLEDIGEN** SIE ES.
BRINGEN SIE DIE SACHE **SCHNELL** ZU ENDE, DENN ICH KANN **NICHT MEHR LÄNGER** FÜR IHRE SICHERHEIT **GARANTIEREN.**
ER HAT **AUSDRÜCKLICH BEFOHLEN,** ES **LEBEND** ZURÜCK-ZUBRINGEN.

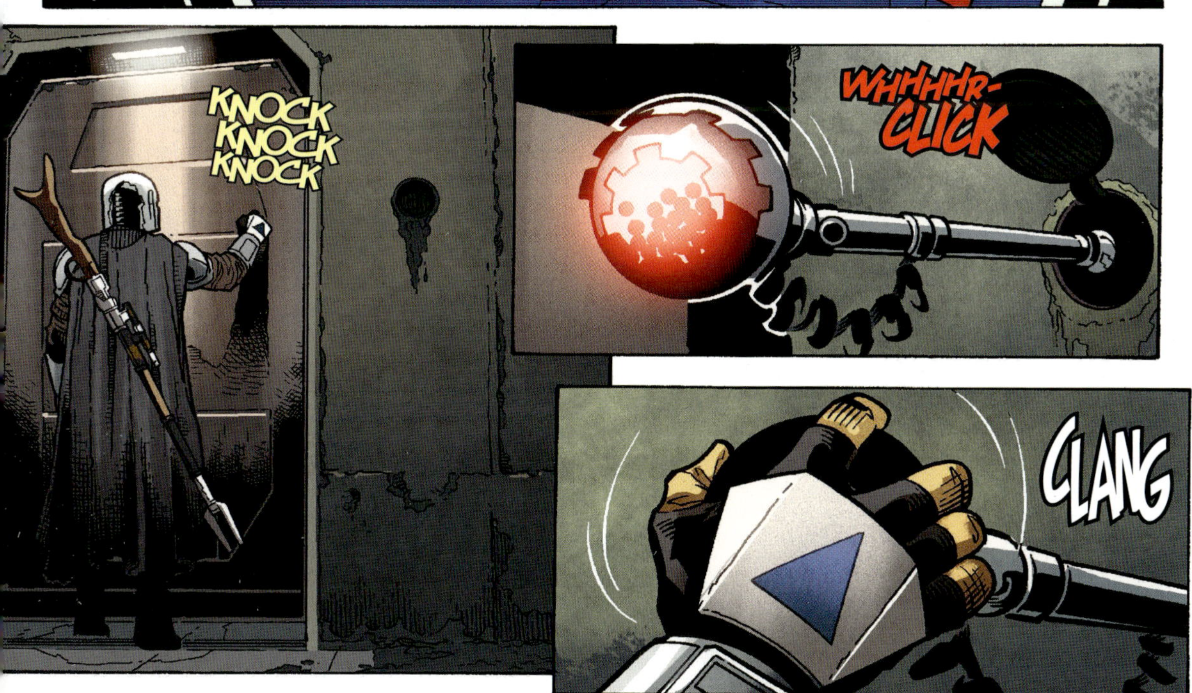
KNOCK KNOCK KNOCK
WHHHHR-CLICK
CLANG

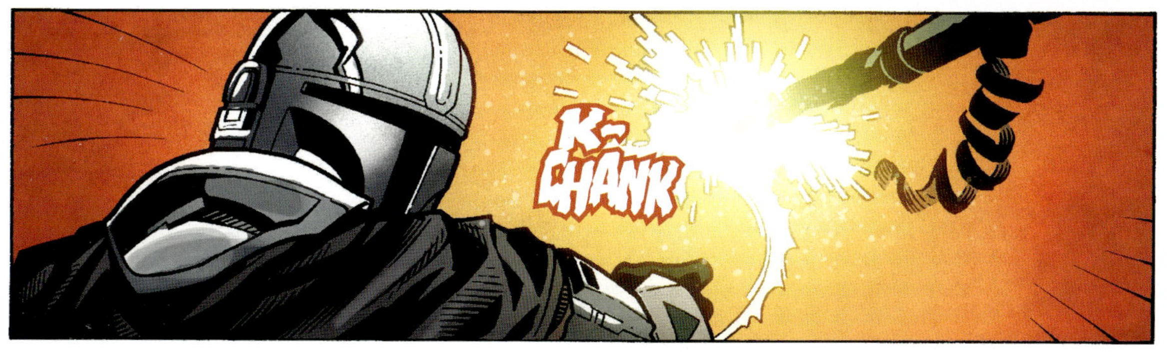
K-CHANK

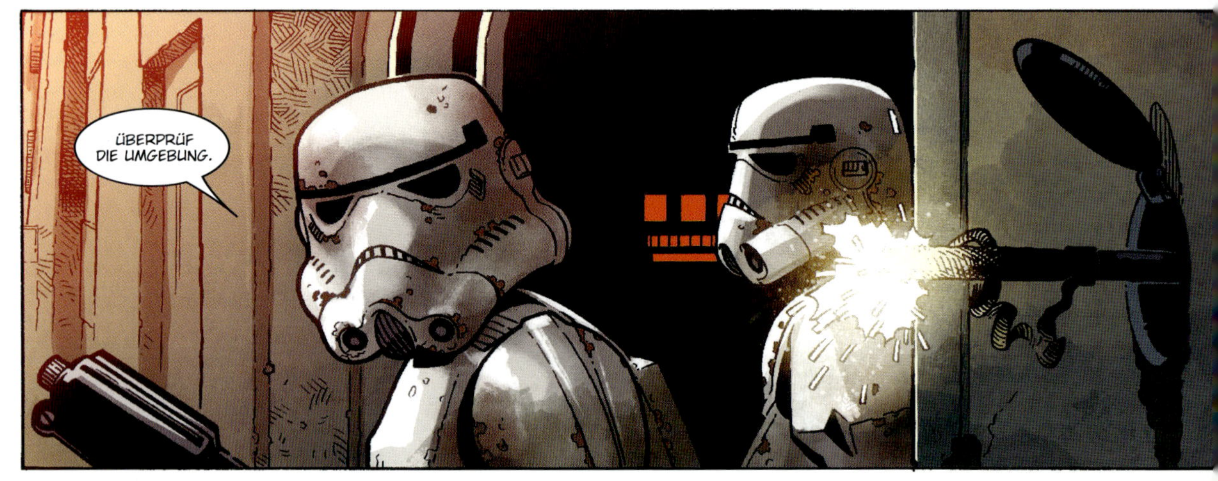

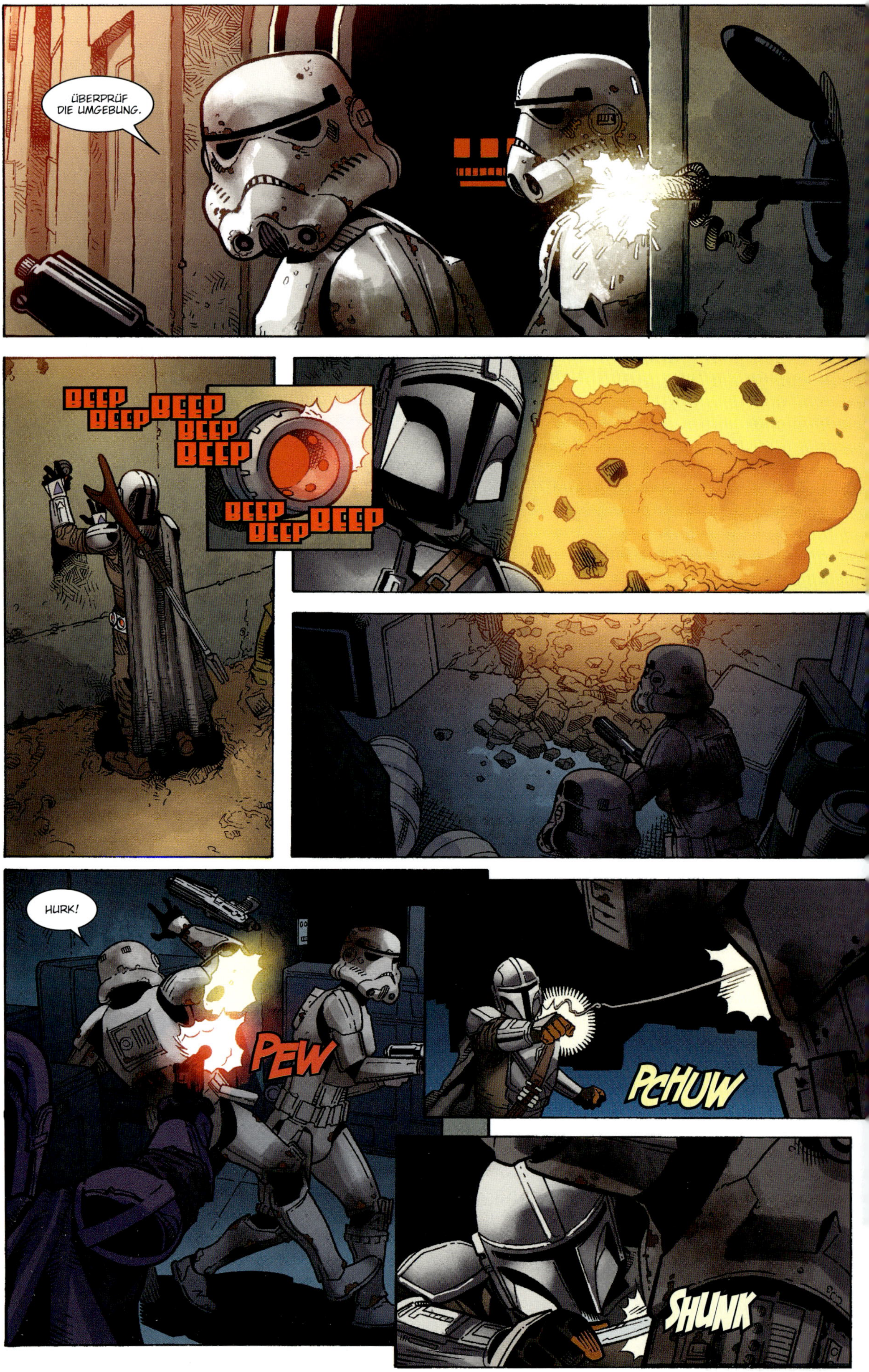

BEEP BEEP BEEP BEEP BEEP
BEEP BEEP BEEP

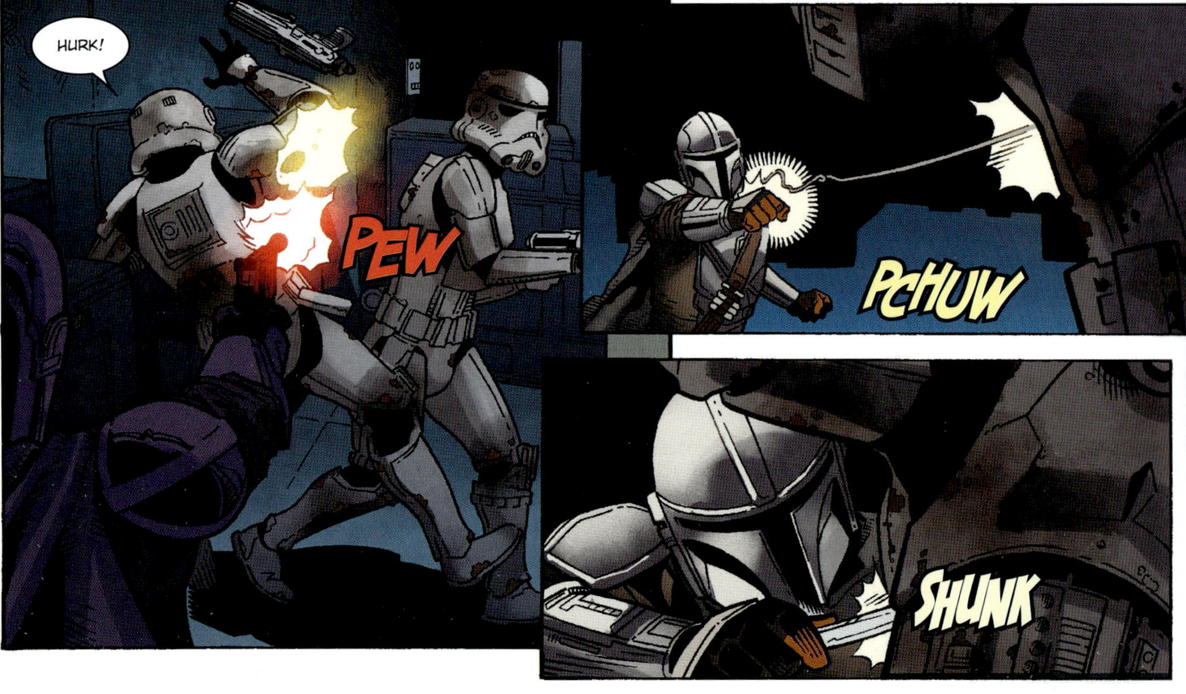

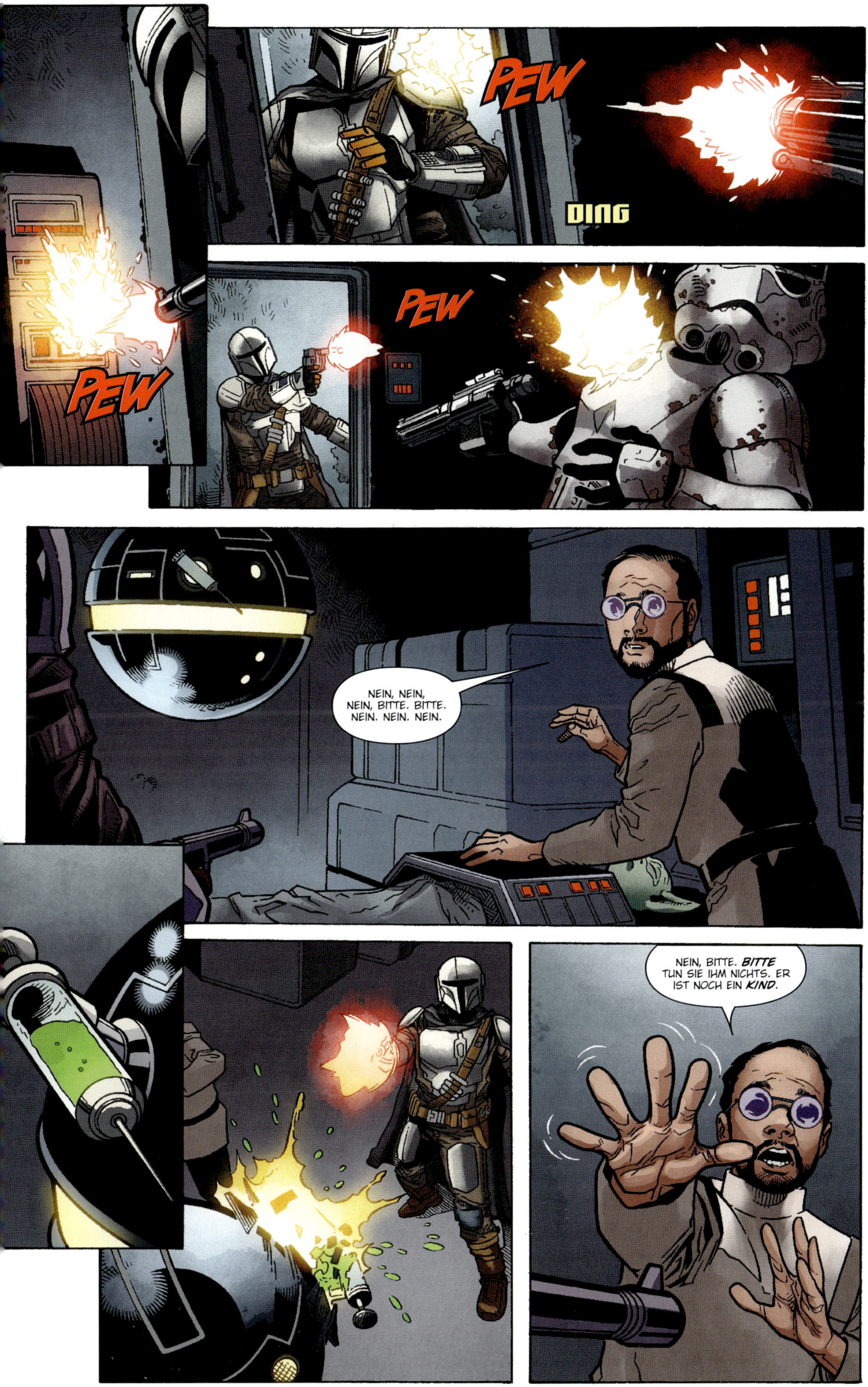

PEW
DING
PEW
PEW

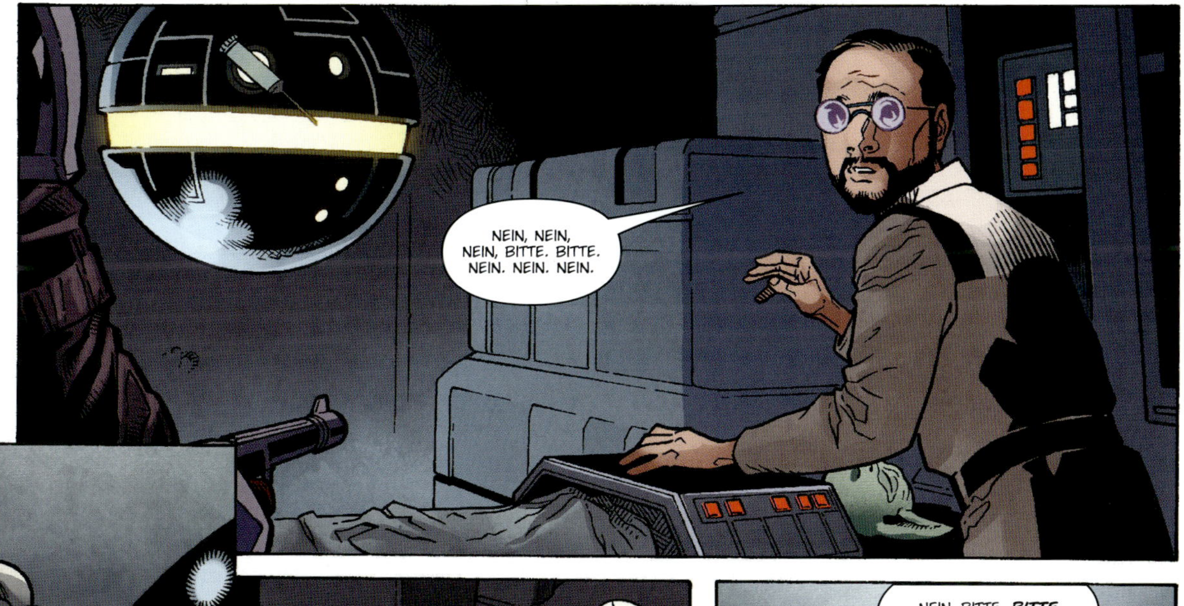
NEIN, NEIN, NEIN, BITTE. BITTE. NEIN. NEIN. NEIN.

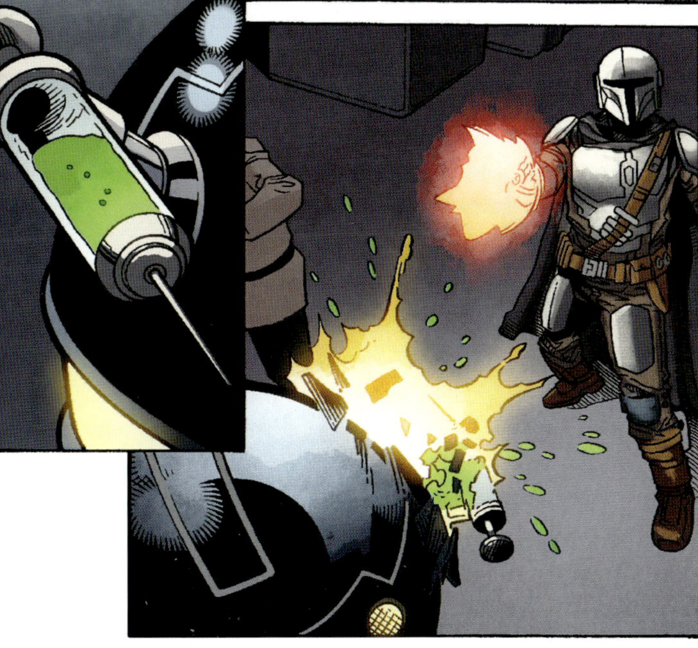

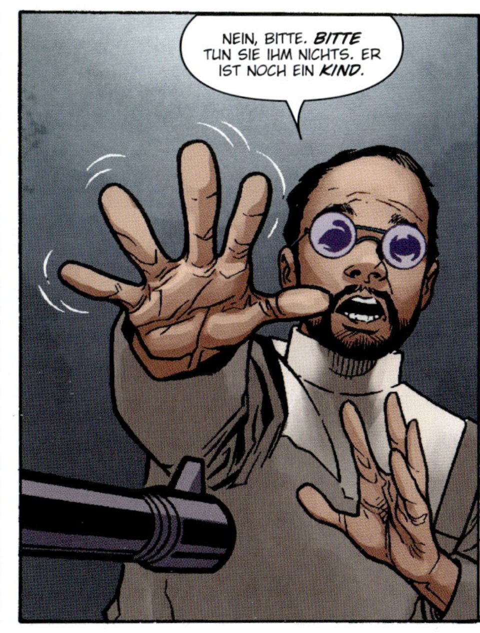
NEIN, BITTE. ***BITTE*** TUN SIE IHM NICHTS. ER IST NOCH EIN ***KIND***.

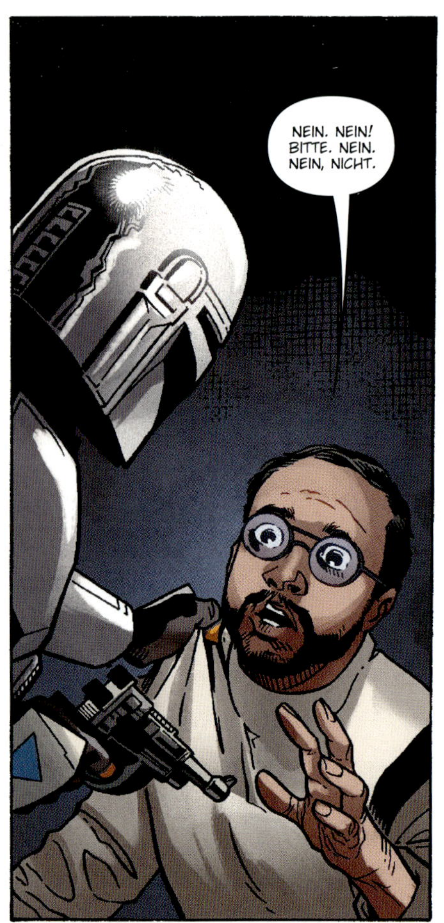
NEIN. NEIN!
BITTE. NEIN.
NEIN, NICHT.

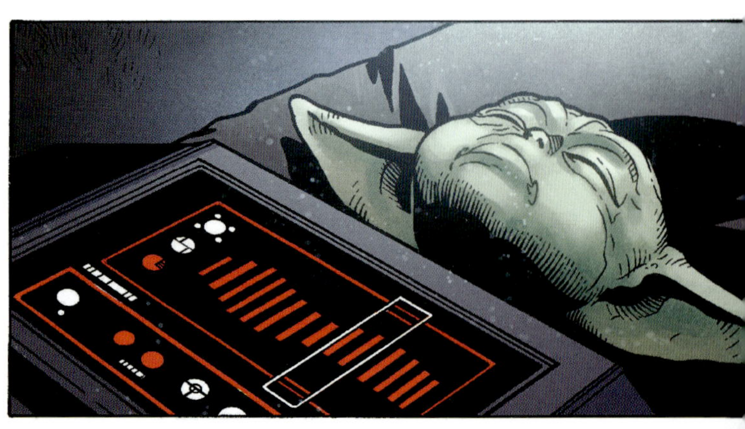

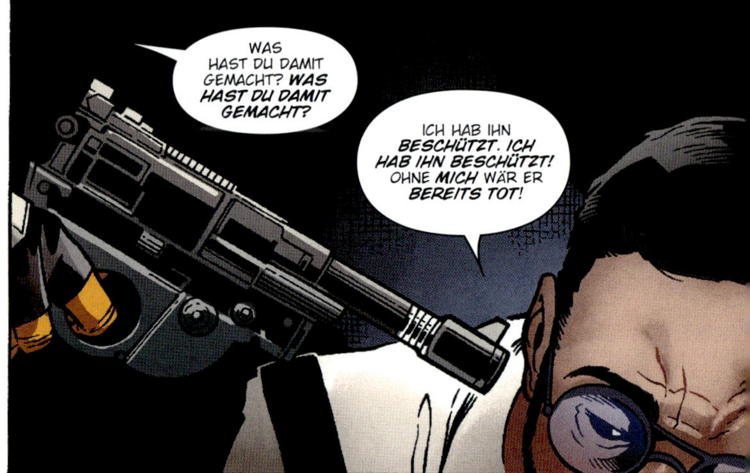
WAS HAST DU DAMIT GEMACHT? WAS HAST DU DAMIT GEMACHT?
ICH HAB IHN BESCHÜTZT. ICH HAB IHN BESCHÜTZT! OHNE MICH WÄR ER BEREITS TOT!

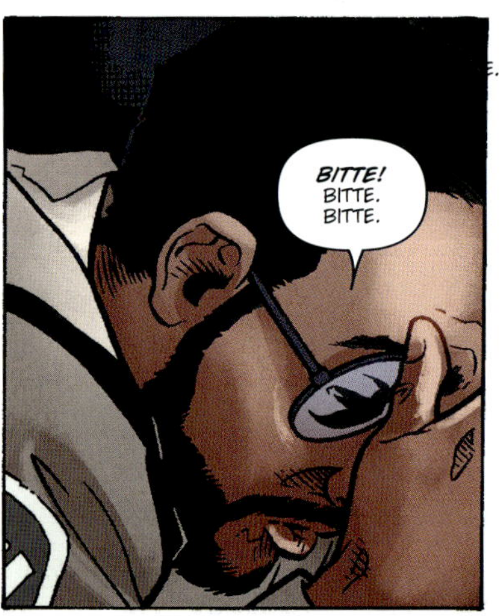
BITTE!
BITTE.
BITTE.

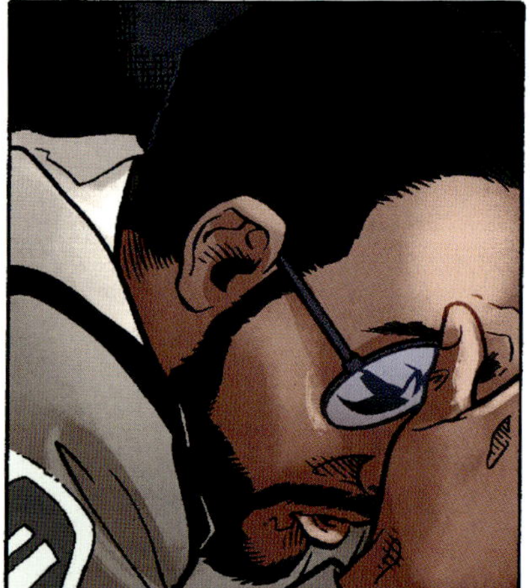

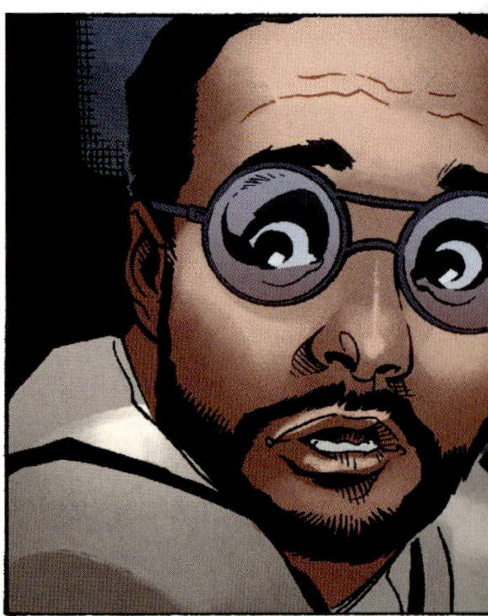

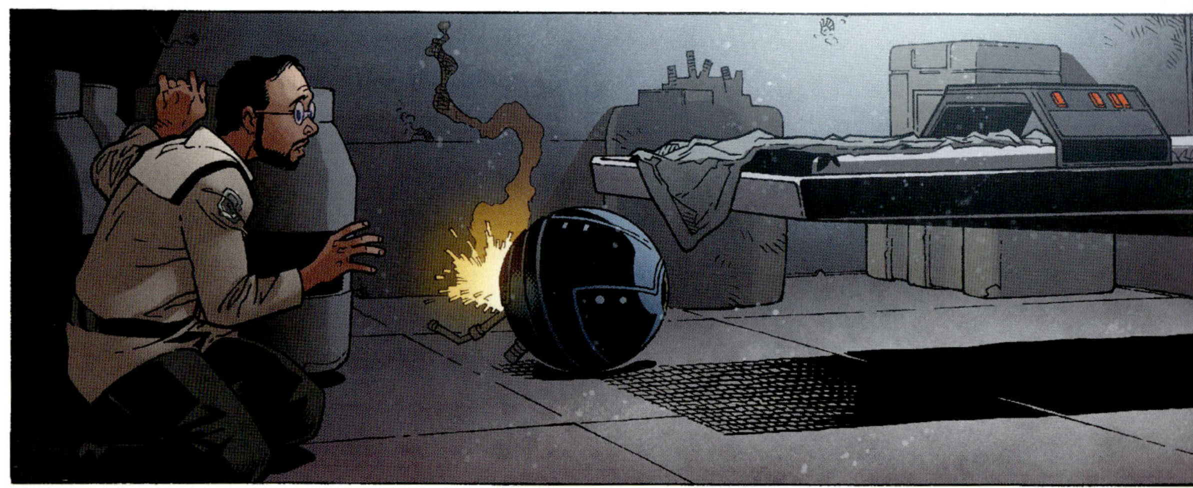

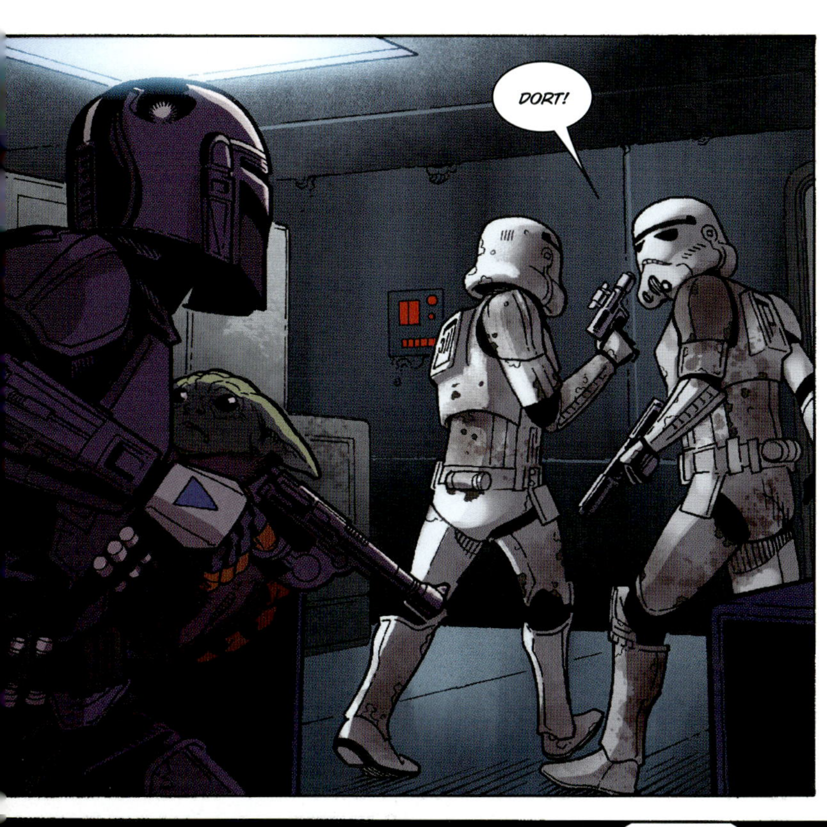
DORT!

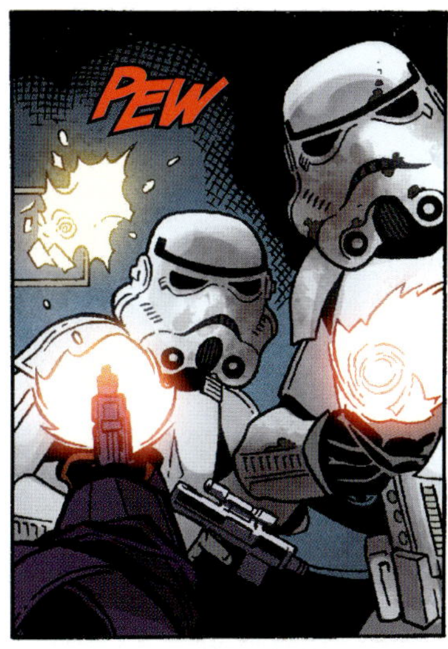
PEW

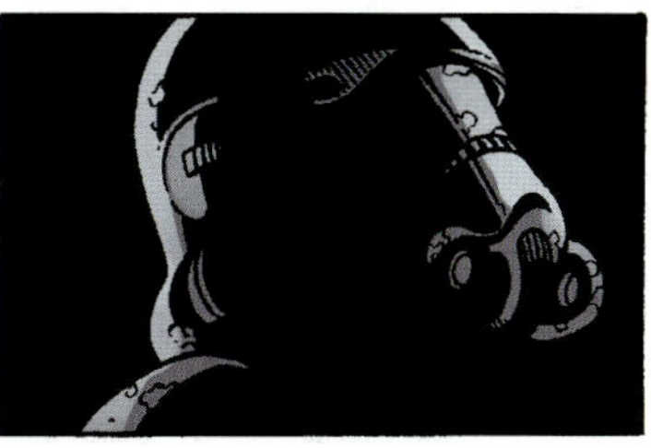

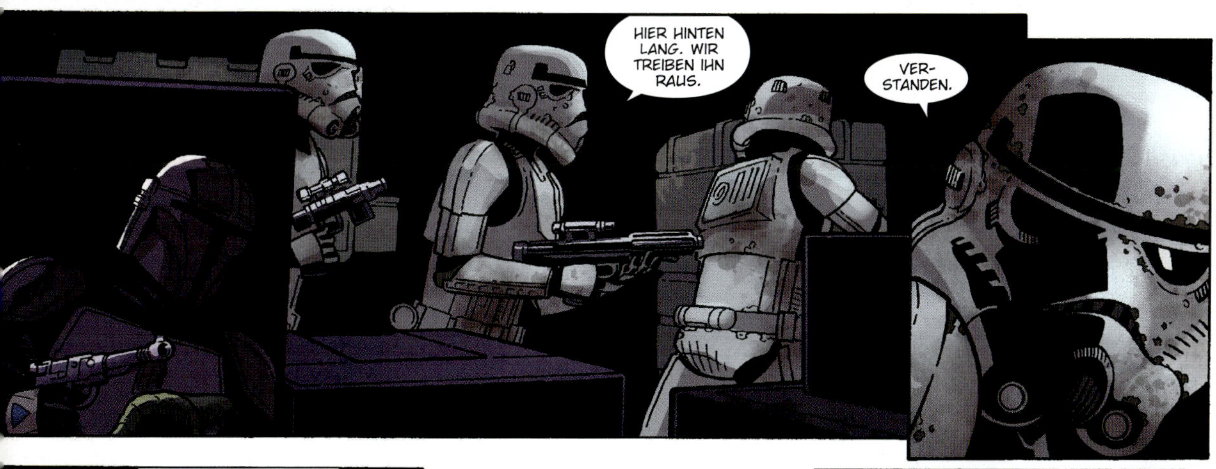
HIER HINTEN LANG. WIR TREIBEN IHN RAUS.
VER-STANDEN.

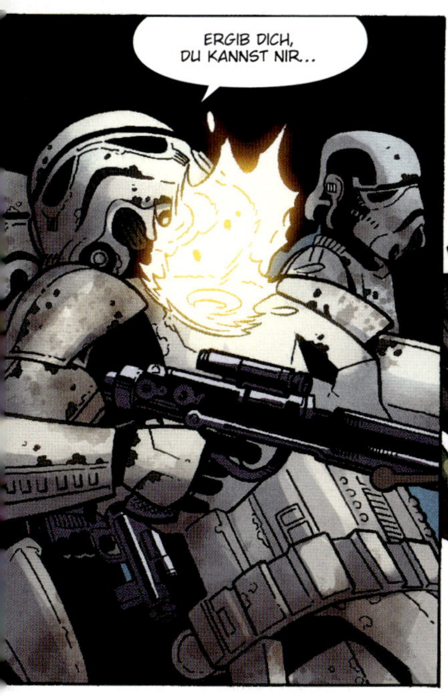
ERGIB DICH, DU KANNST NIR...

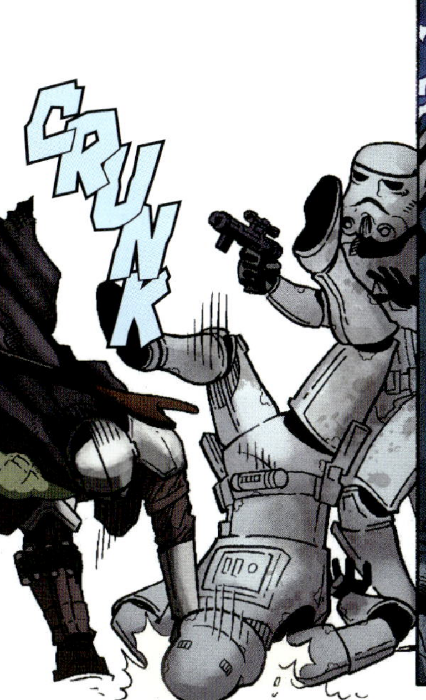
CRUNK

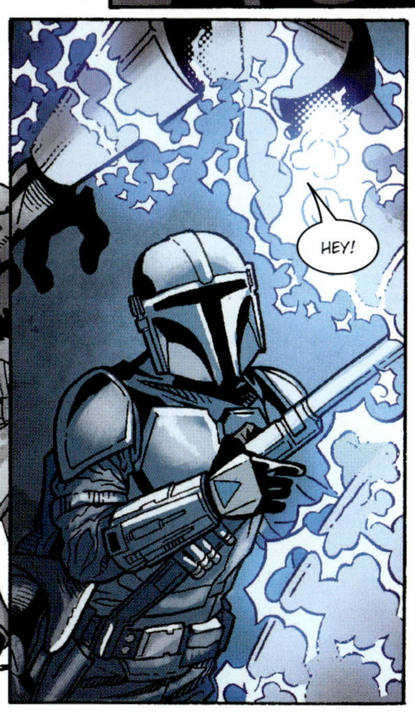
HEY!

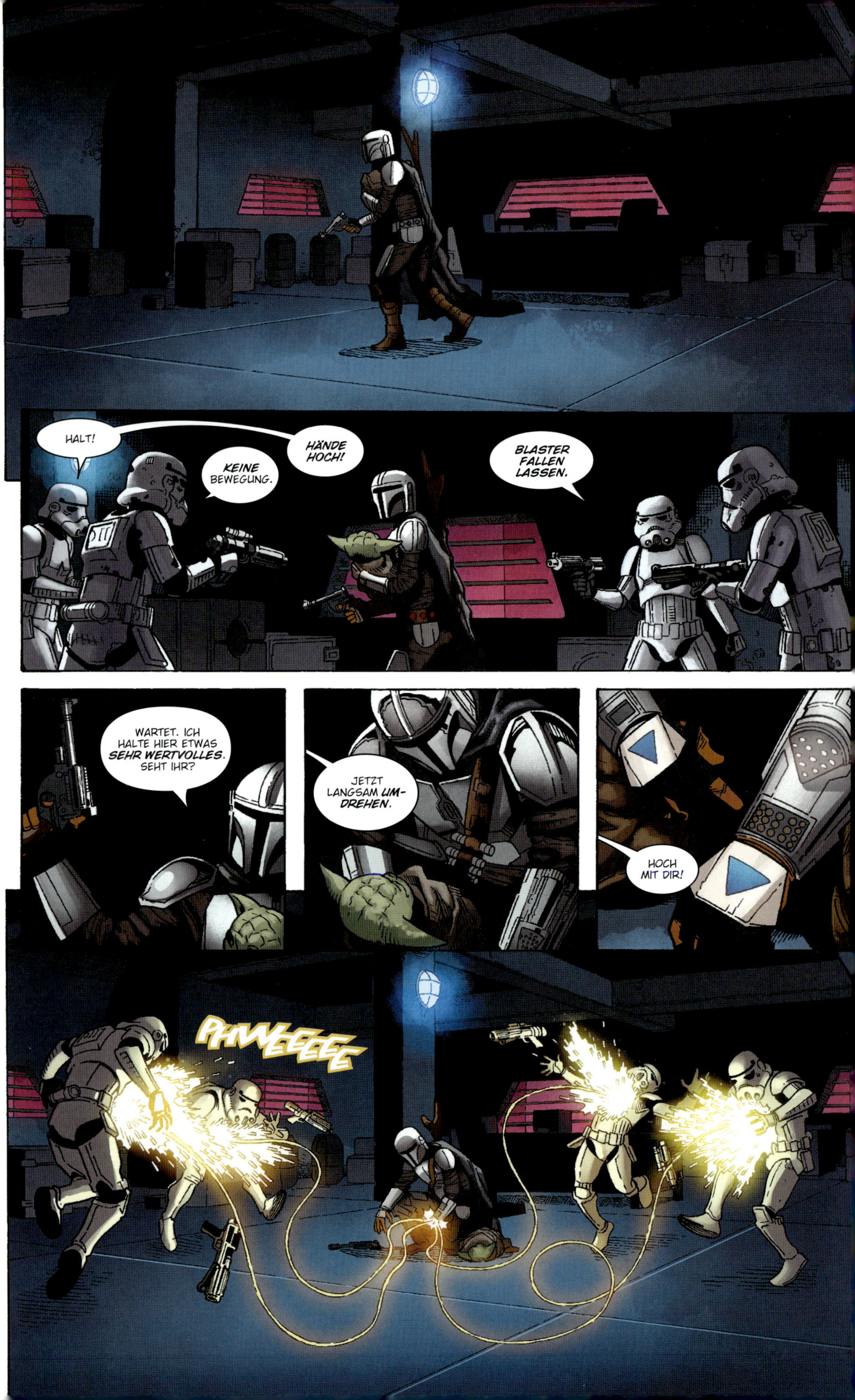

HALT!
KEINE BEWEGUNG.
HÄNDE HOCH!
BLASTER FALLEN LASSEN.
WARTET. ICH HALTE HIER ETWAS ***SEHR WERTVOLLES***. SEHT IHR?
JETZT LANGSAM ***UMDREHEN***.
HOCH MIT DIR!
PHWEEEEE

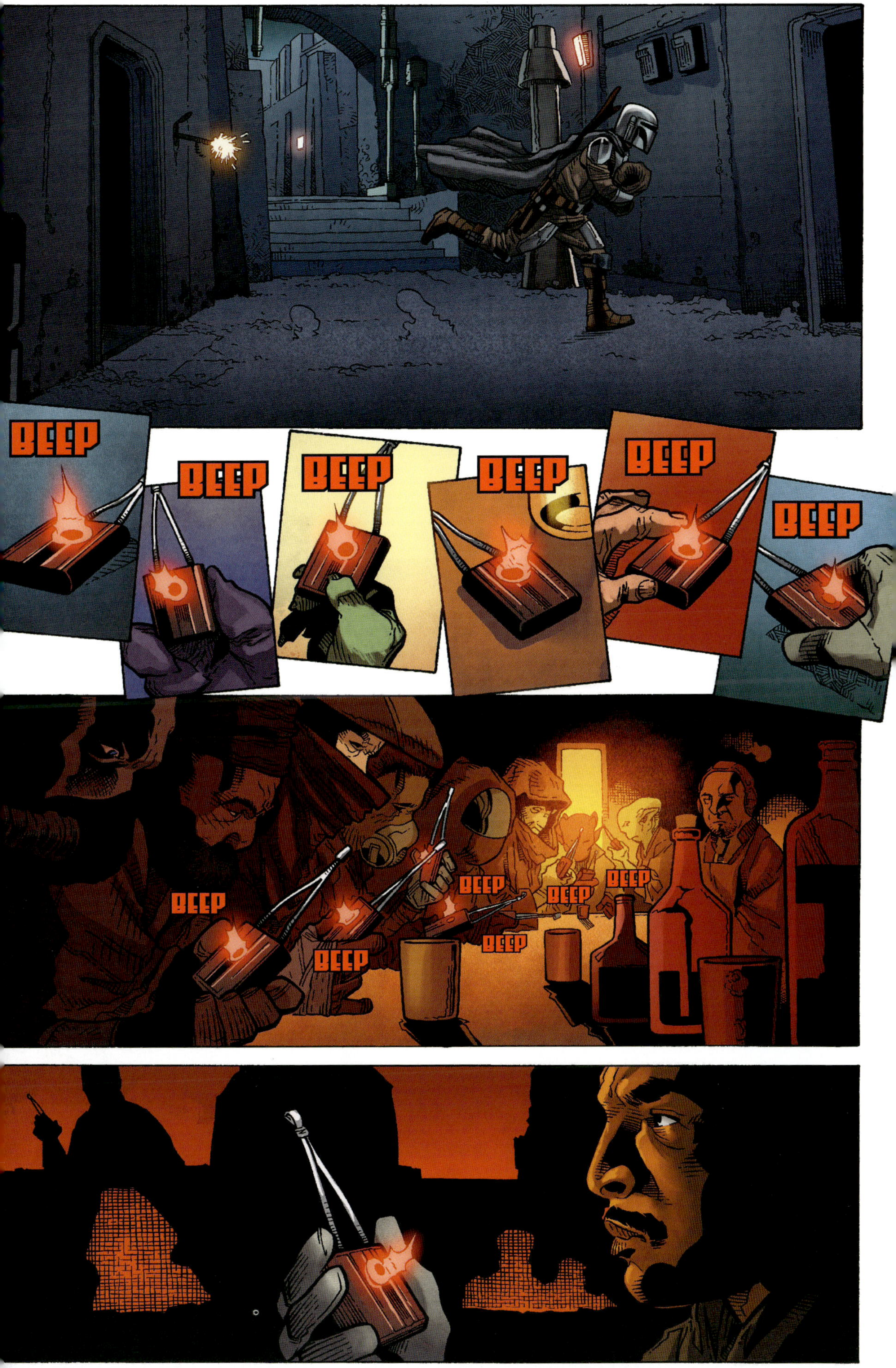

BEEP
BEEP
BEEP
BEEP
BEEP
BEEP
BEEP
BEEP
BEEP
BEEP
BEEP
BEEP

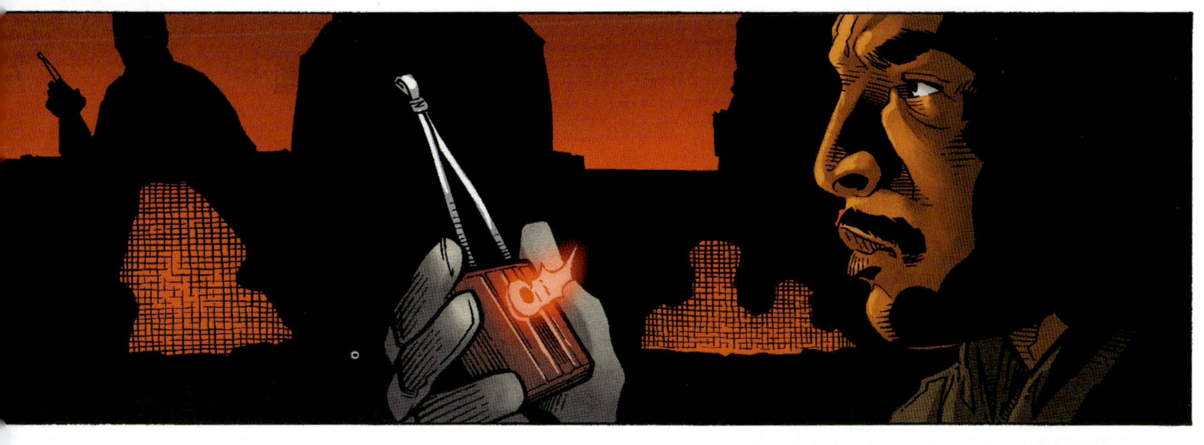

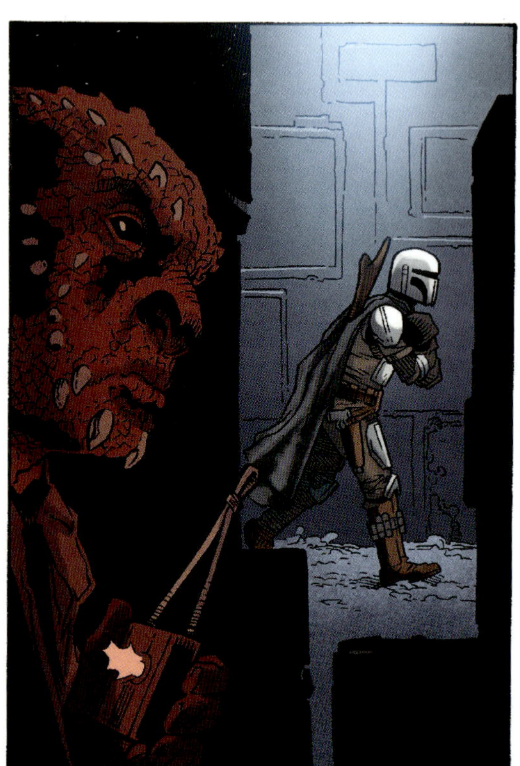
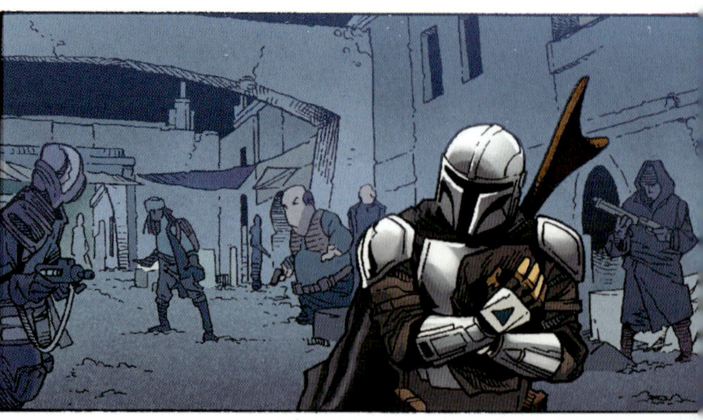
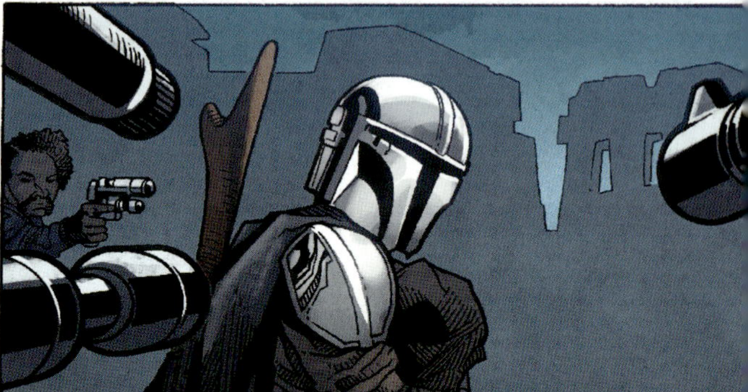
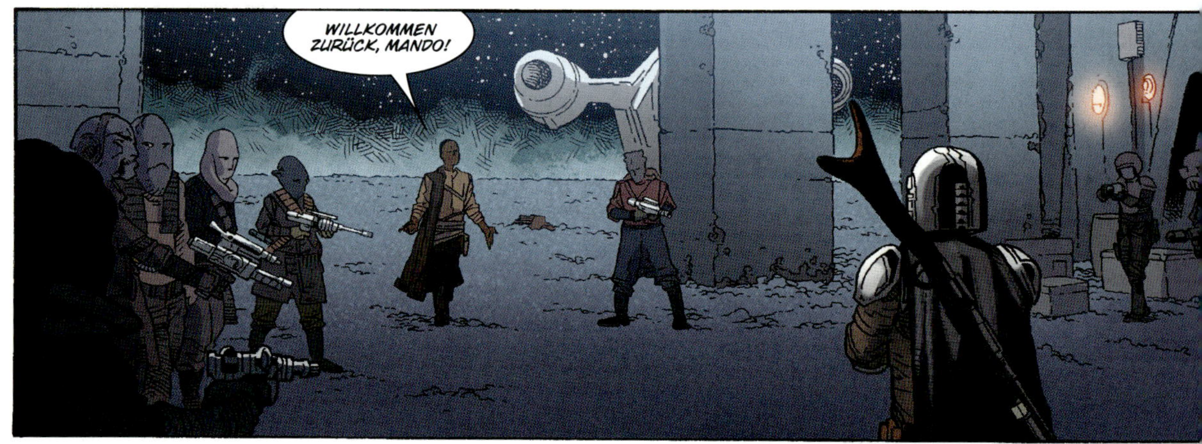
WILLKOMMEN ZURÜCK, MANDO!
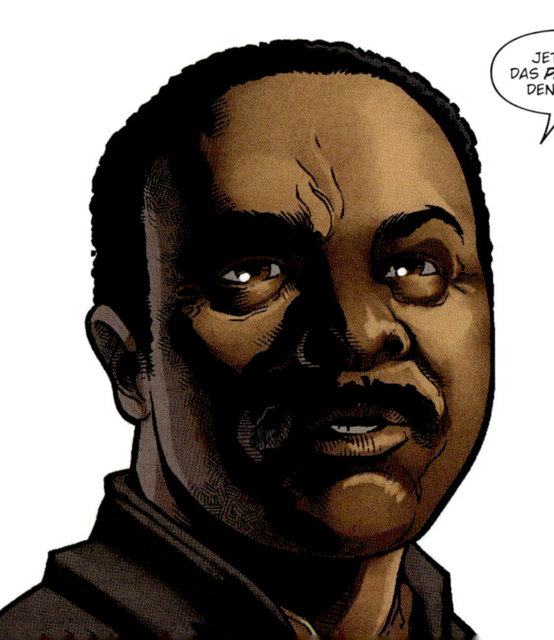
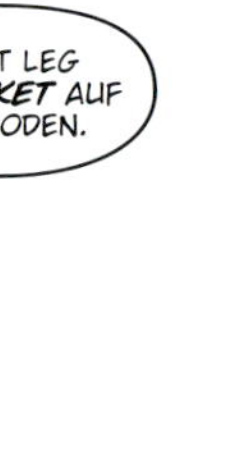
JETZT LEG DAS PAKET AUF DEN BODEN.
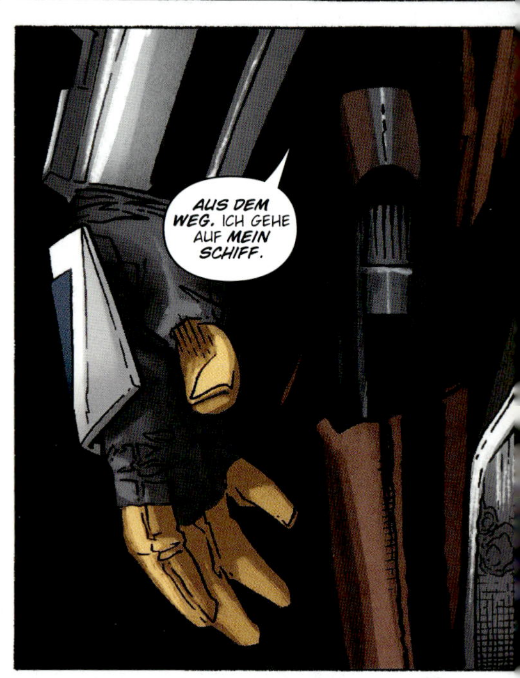
AUS DEM WEG. ICH GEHE AUF MEIN SCHIFF.

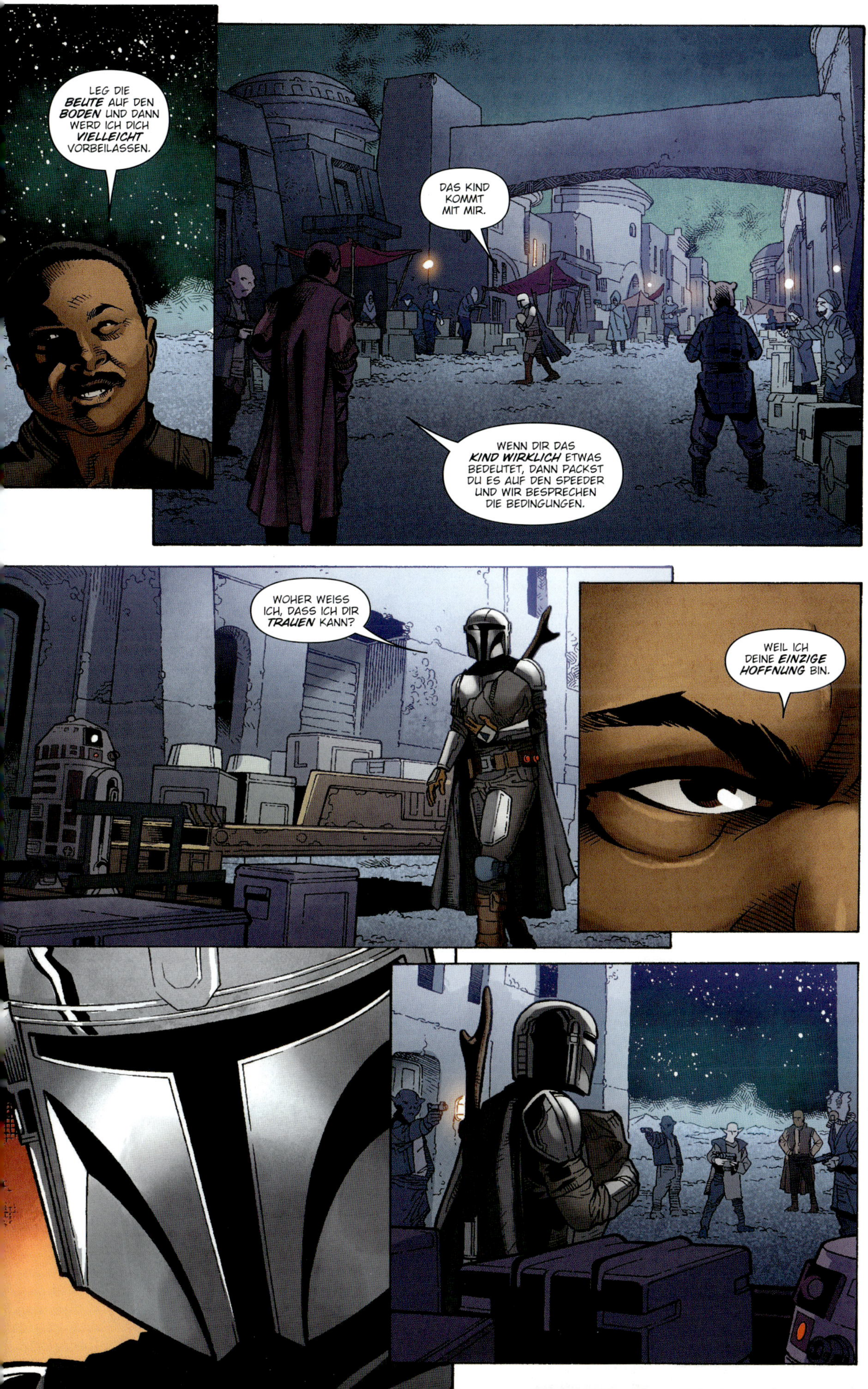

LEG DIE **BEUTE** AUF DEN **BODEN** UND DANN WERD ICH DICH **VIELLEICHT** VORBEILASSEN.

DAS KIND KOMMT MIT MIR.

WENN DIR DAS **KIND WIRKLICH** ETWAS BEDEUTET, DANN PACKST DU ES AUF DEN SPEEDER UND WIR BESPRECHEN DIE BEDINGUNGEN.

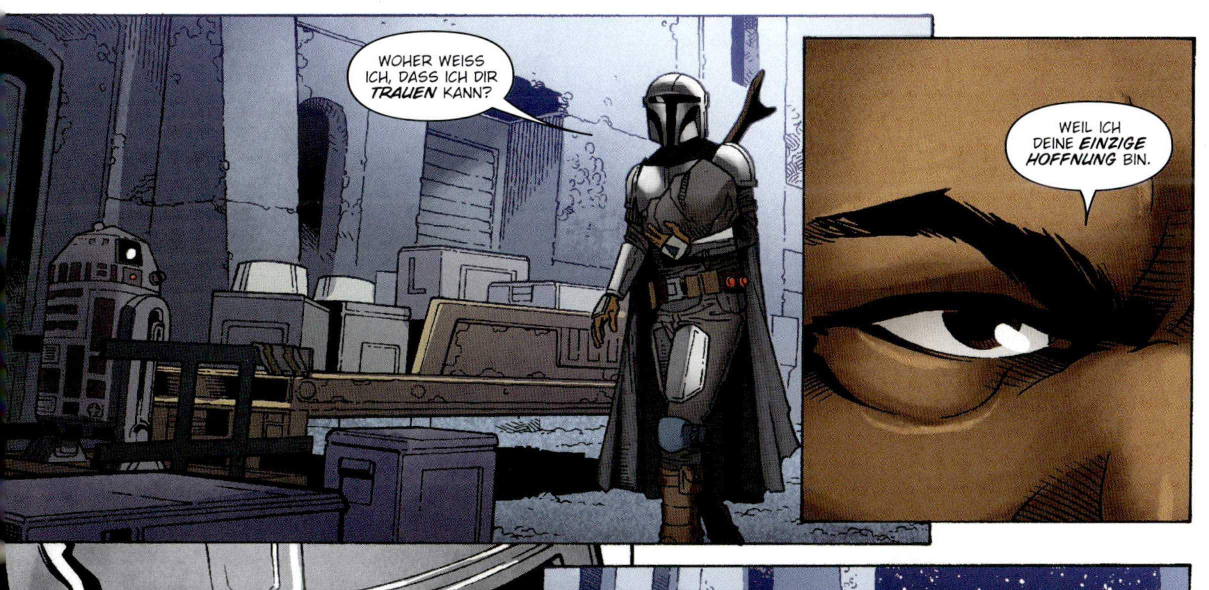

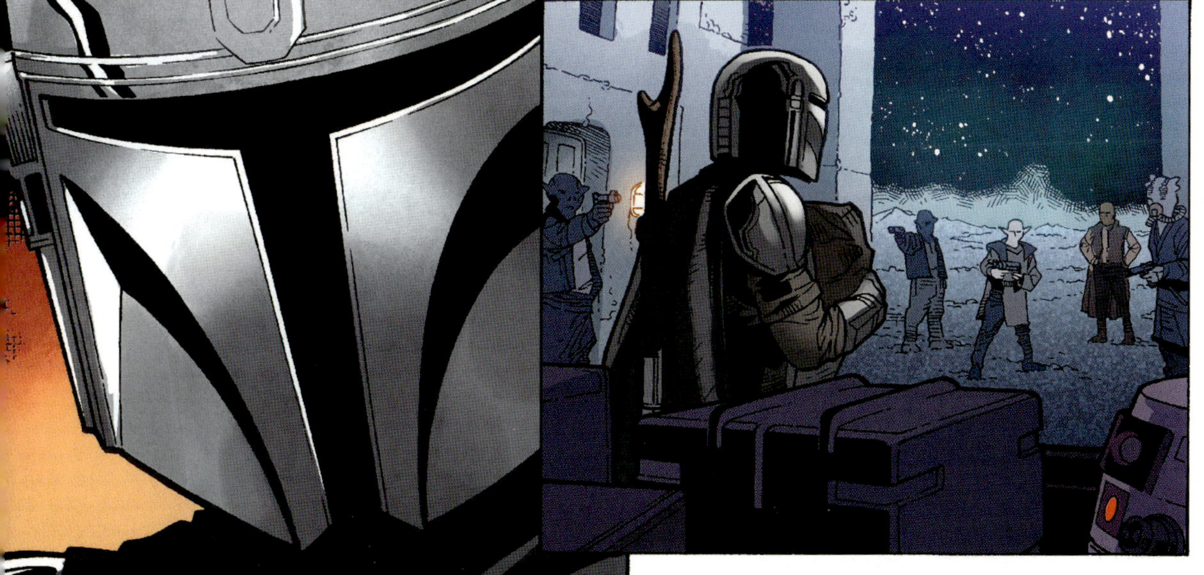

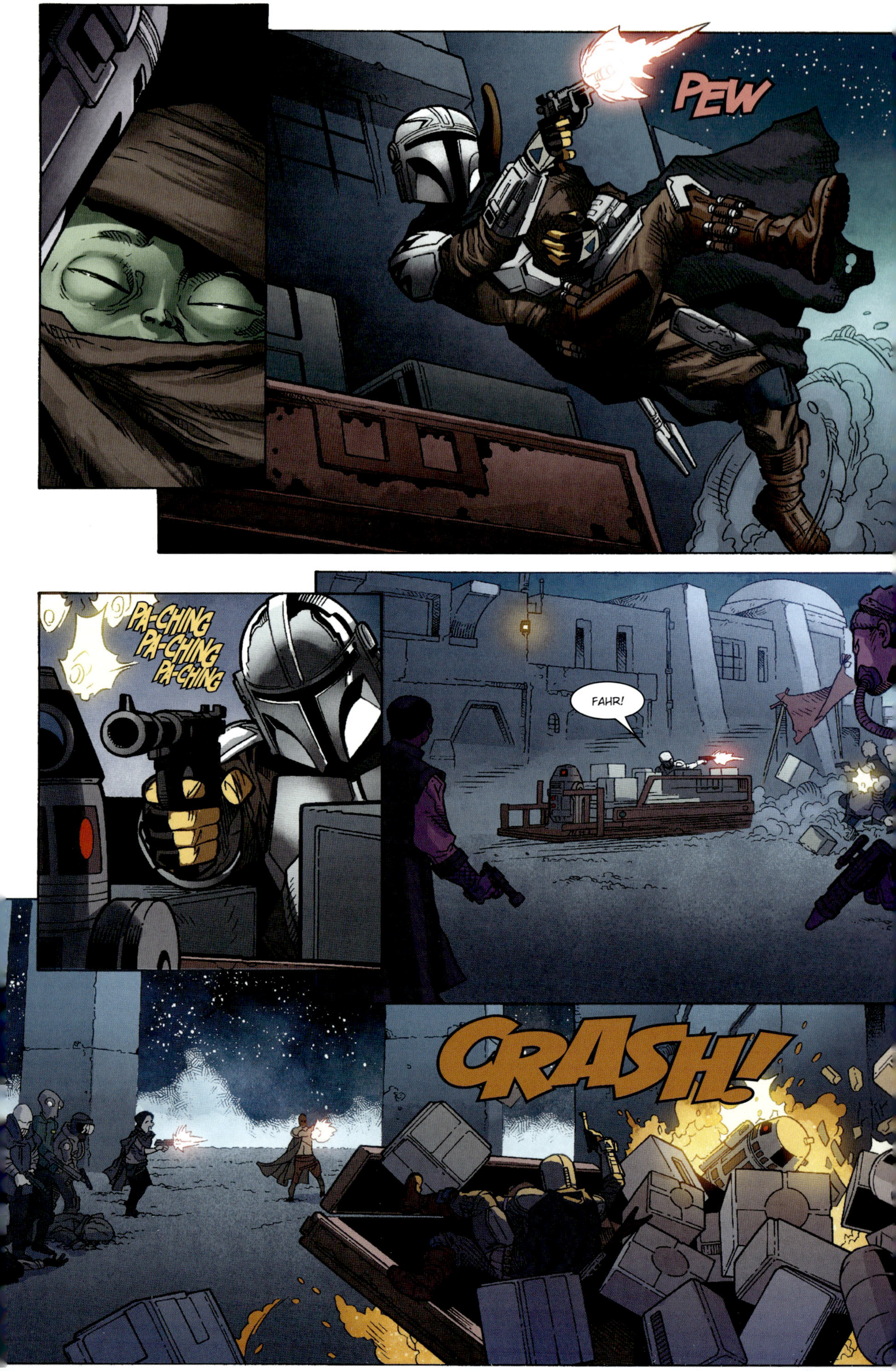

PEW
PA-CHING
PA-CHING
PA-CHING
FAHR!
CRASH!

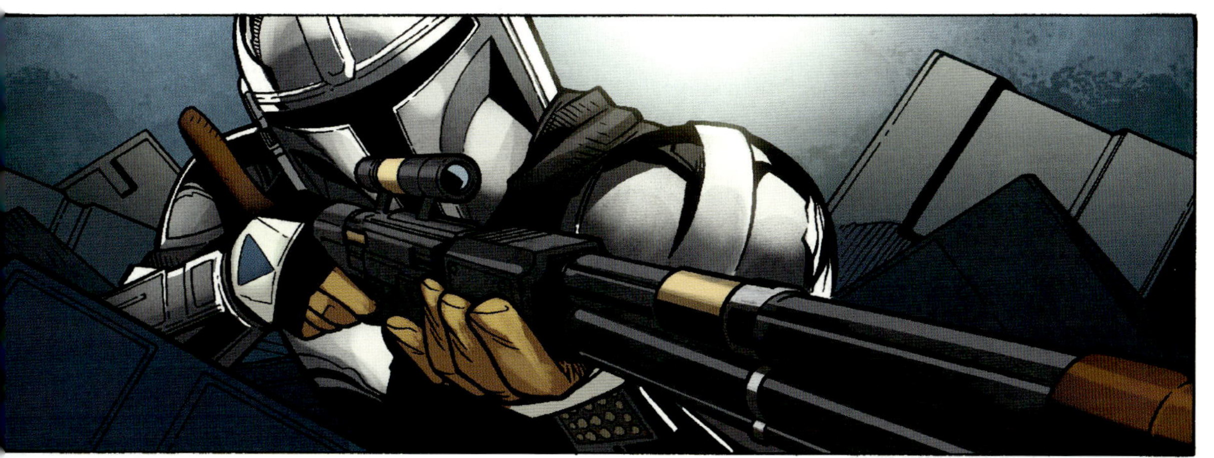

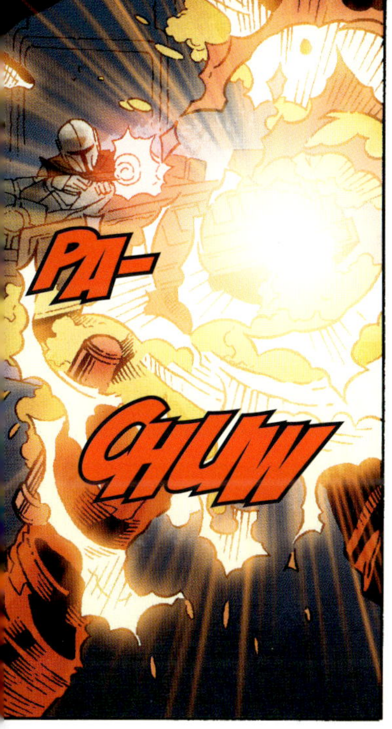
PA-
CHUW

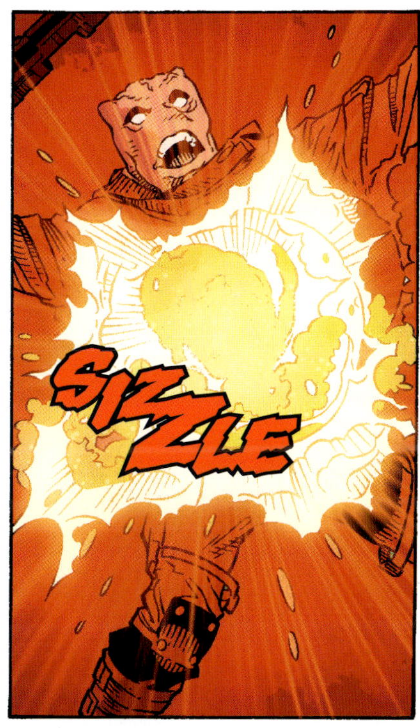
SIZZLE

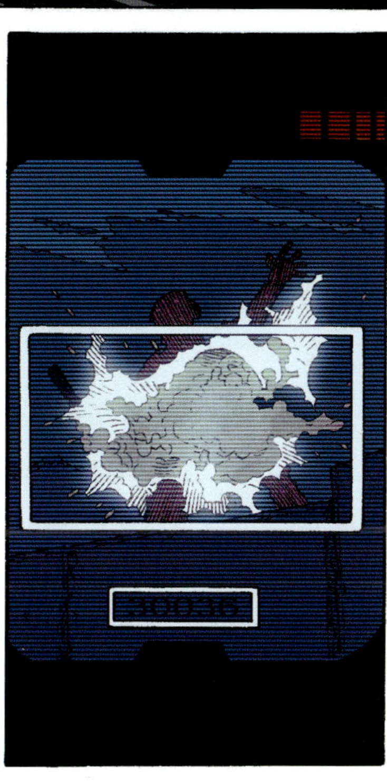

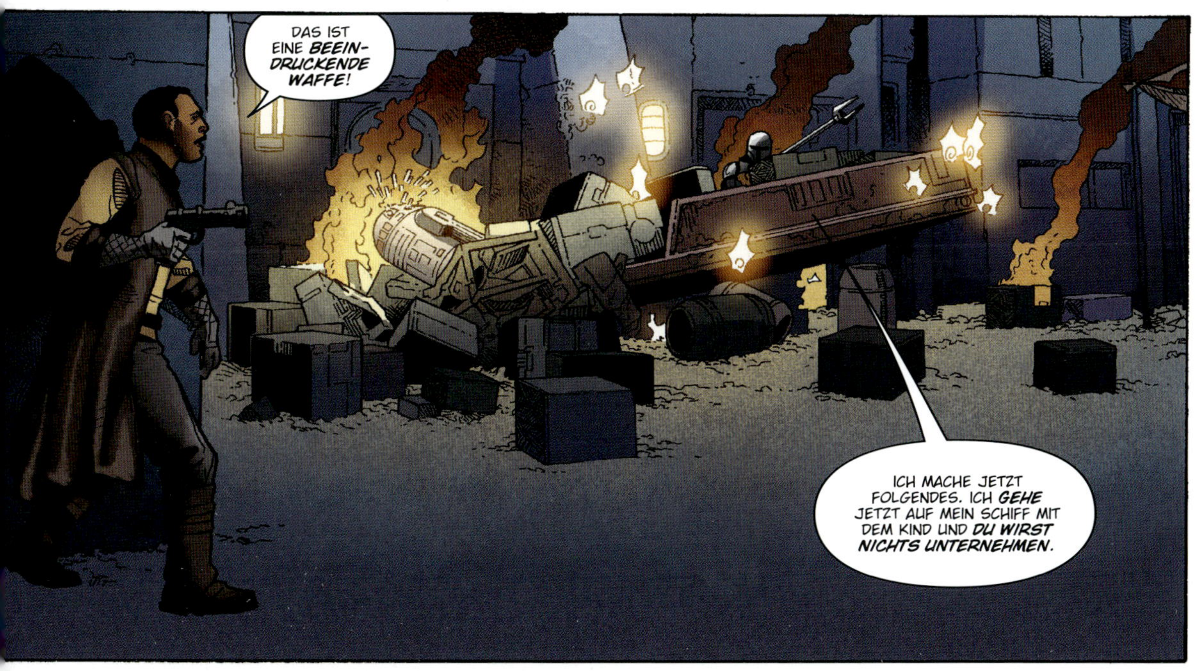
DAS IST EINE BEEIN-DRUCKENDE WAFFE!
ICH MACHE JETZT FOLGENDES. ICH GEHE JETZT AUF MEIN SCHIFF MIT DEM KIND UND DU WIRST NICHTS UNTERNEHMEN.

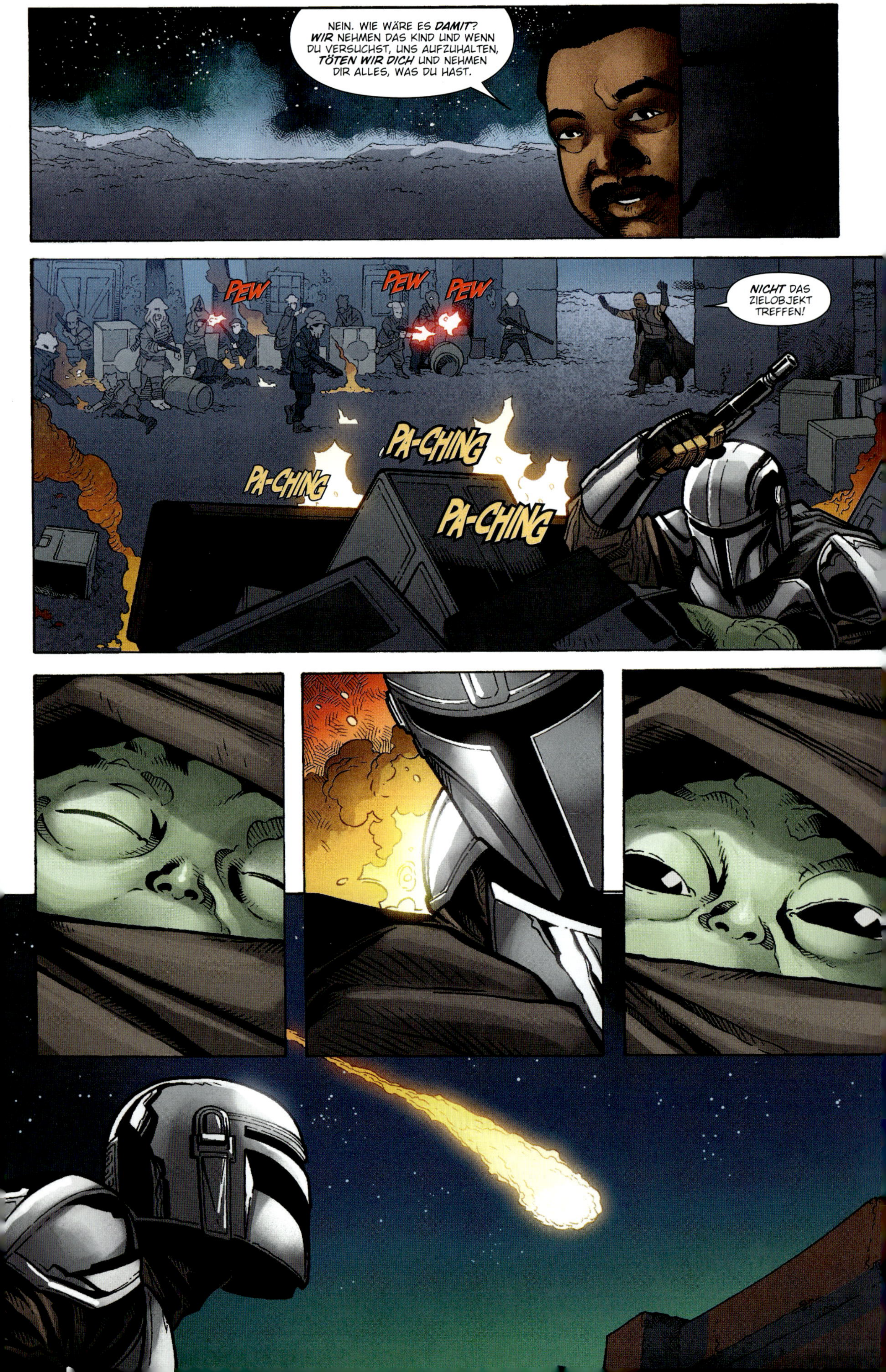

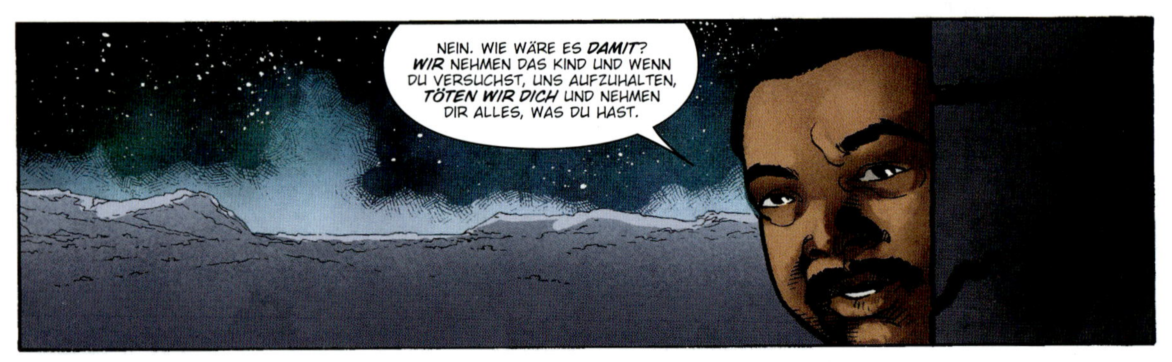
NEIN. WIE WÄRE ES DAMIT? WIR NEHMEN DAS KIND UND WENN DU VERSUCHST, UNS AUFZUHALTEN, TÖTEN WIR DICH UND NEHMEN DIR ALLES, WAS DU HAST.

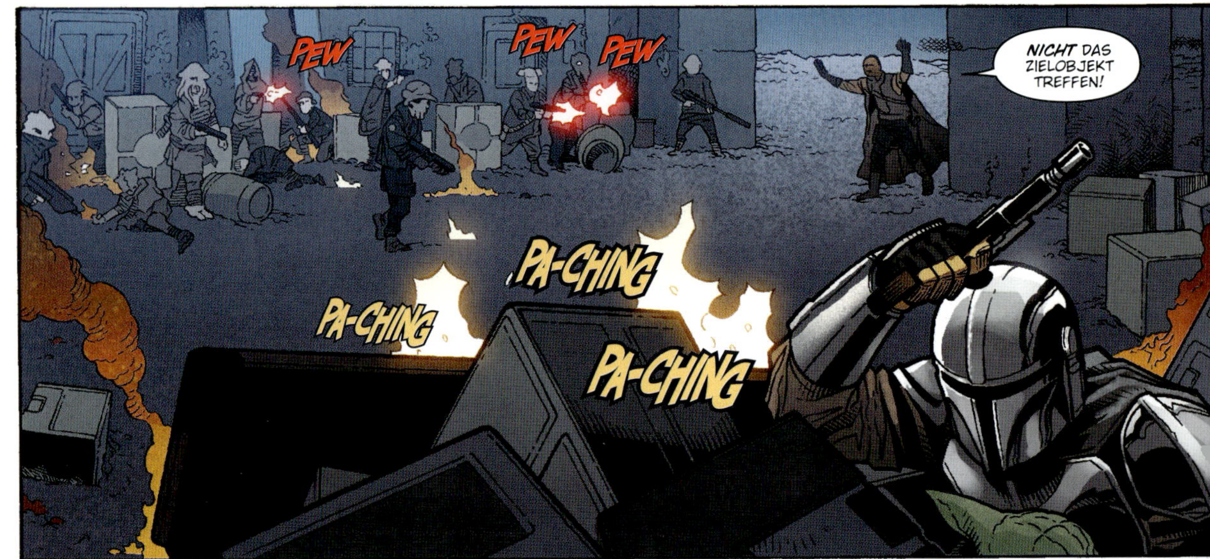
PEW
PEW
PEW
NICHT DAS ZIELOBJEKT TREFFEN!
PA-CHING
PA-CHING
PA-CHING

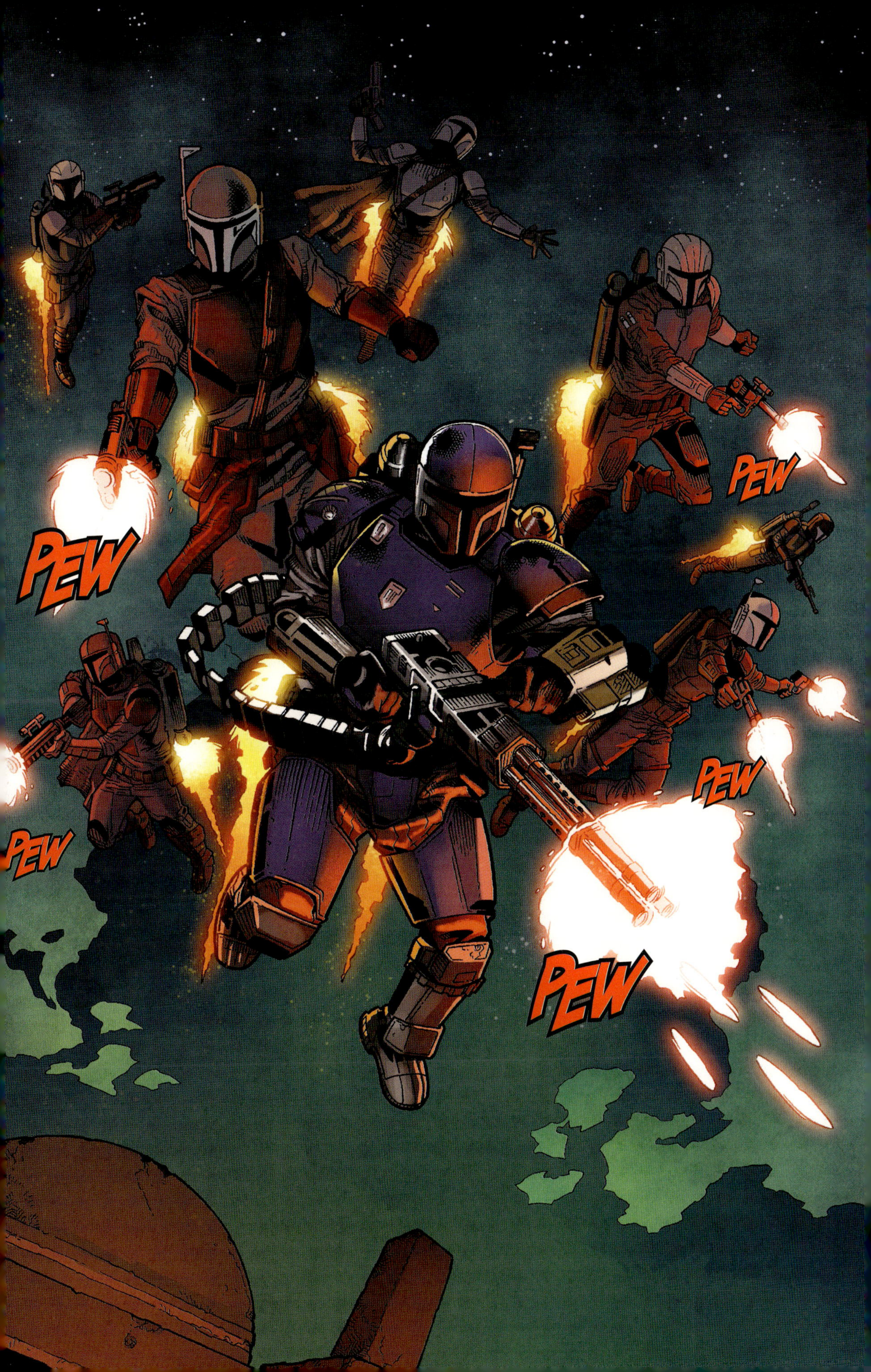
PEW
PEW
PEW
PEW
PEW

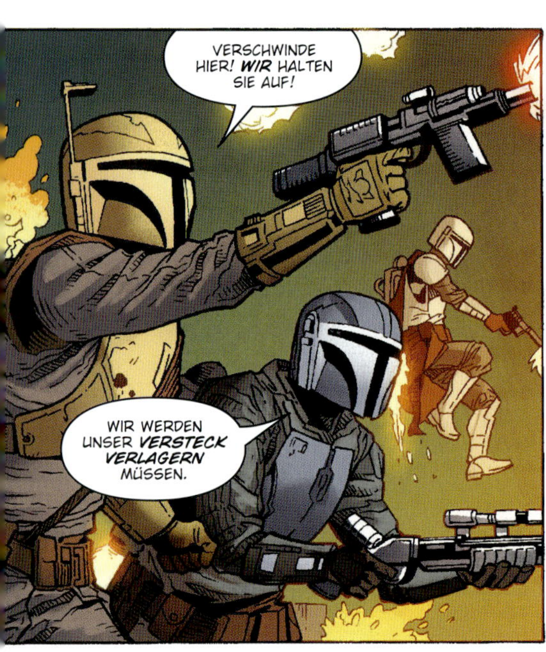
VERSCHWINDE HIER! **WIR** HALTEN SIE AUF!
WIR WERDEN UNSER ***VERSTECK VERLAGERN*** MÜSSEN.
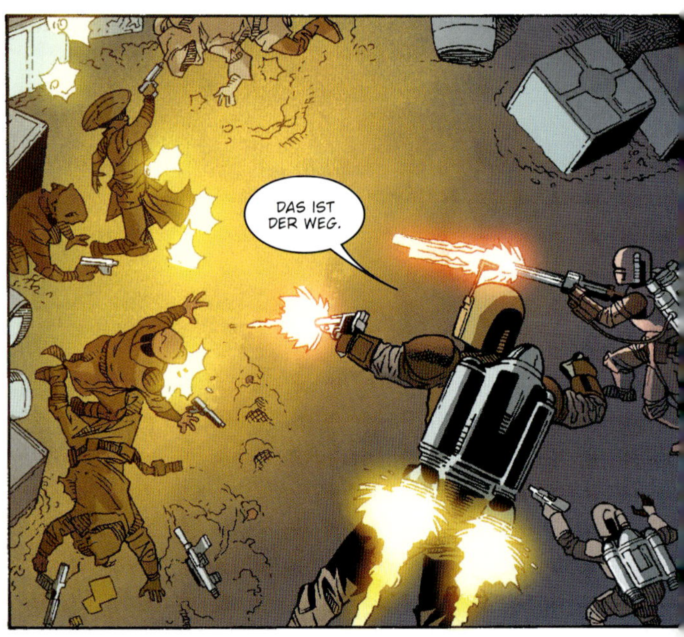
DAS IST DER WEG.
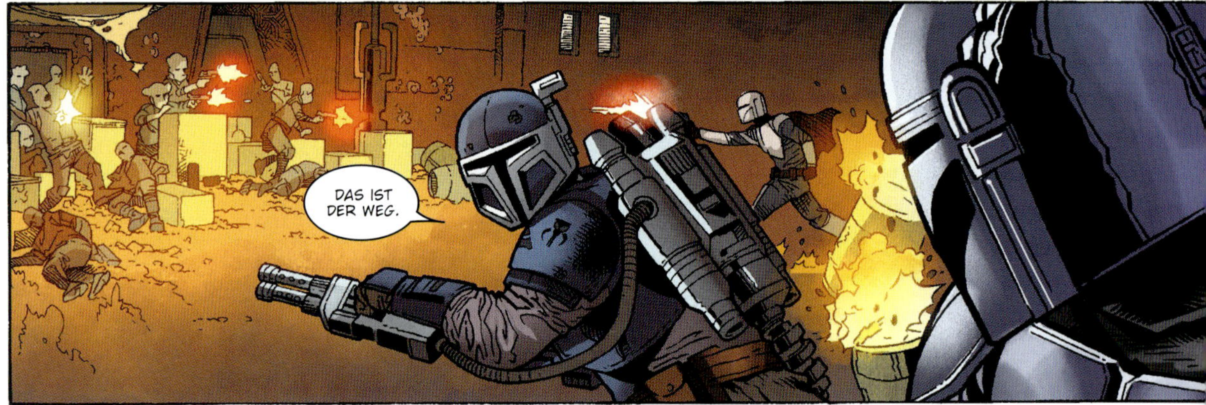
DAS IST DER WEG.
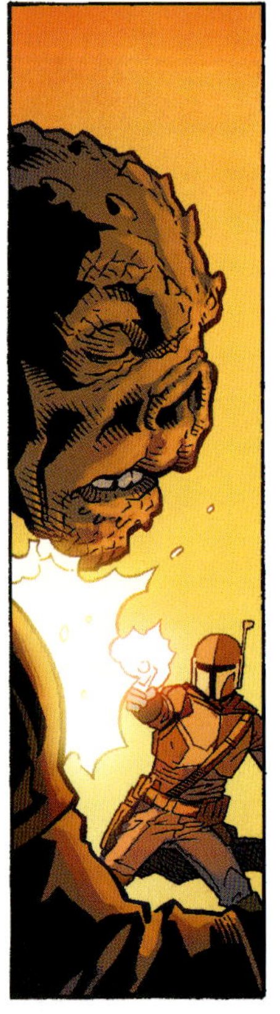
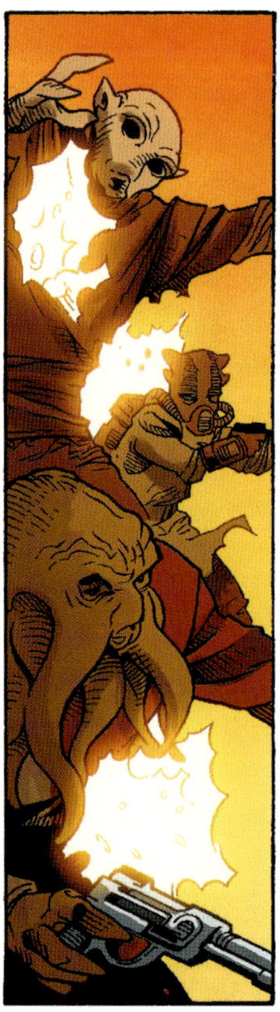
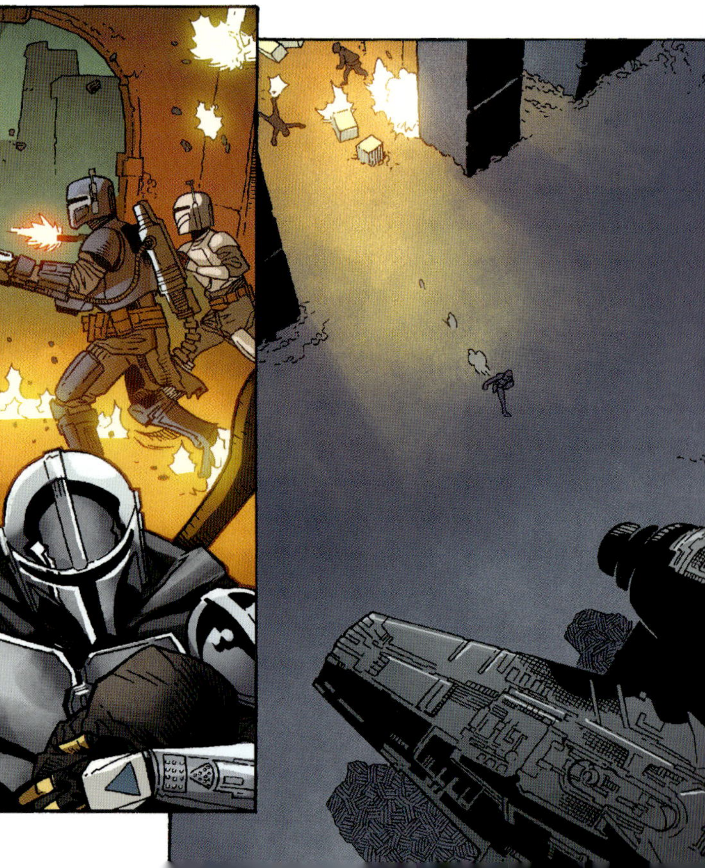

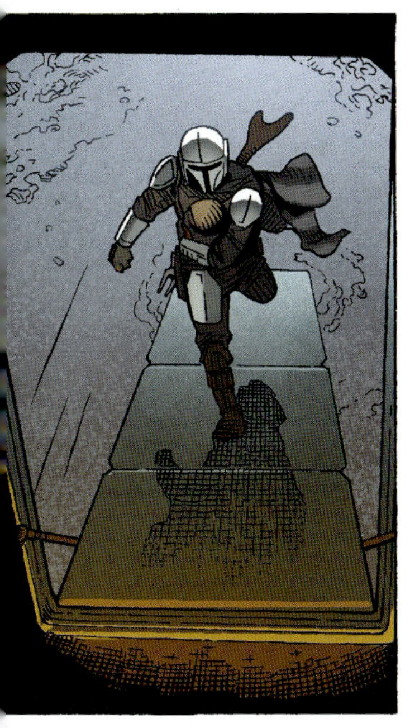

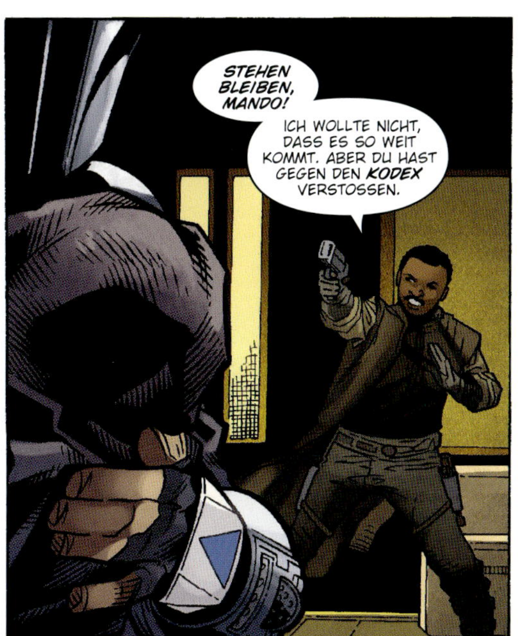
STEHEN BLEIBEN, MANDO!
ICH WOLLTE NICHT, DASS ES SO WEIT KOMMT. ABER DU HAST GEGEN DEN KODEX VERSTOSSEN.

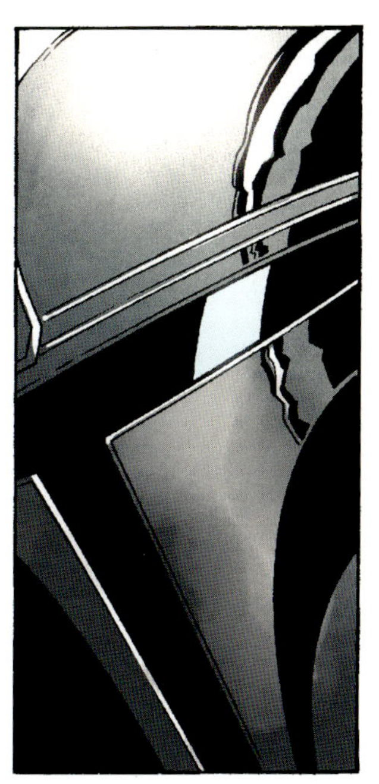

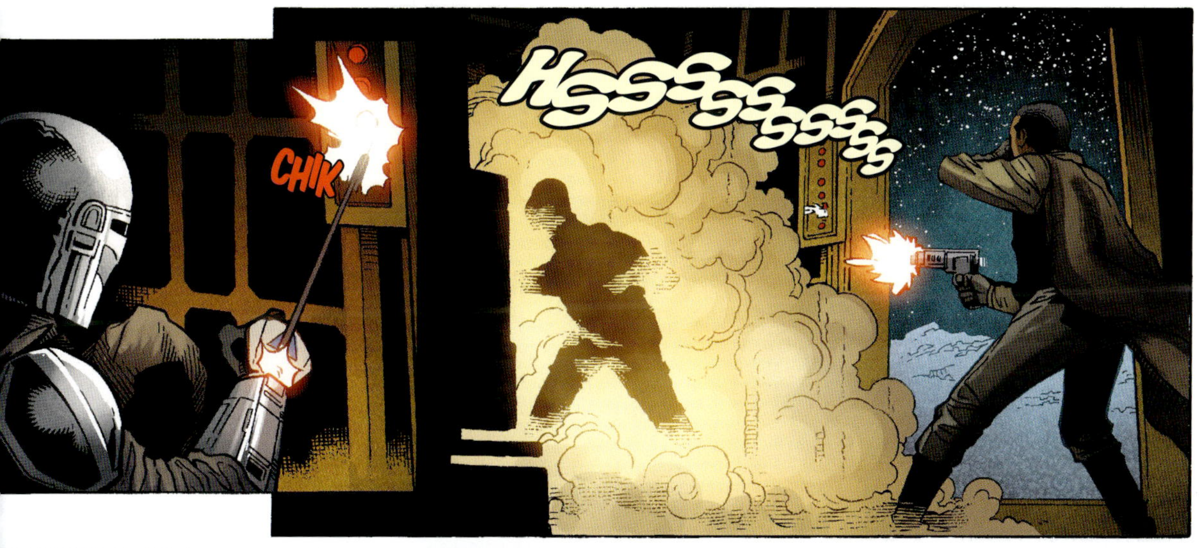
CHIK
HSSSSSSSSSS

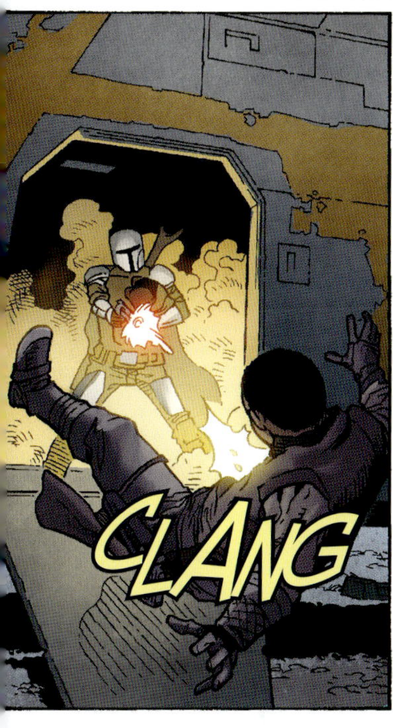
CLANG

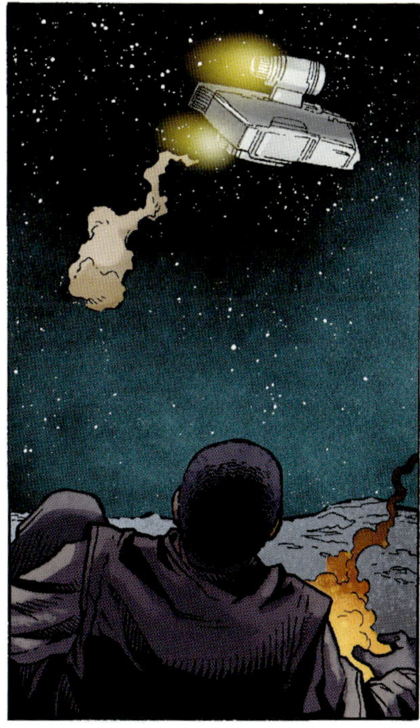

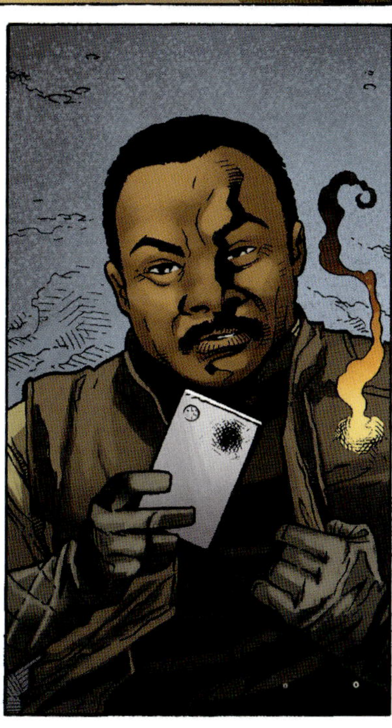

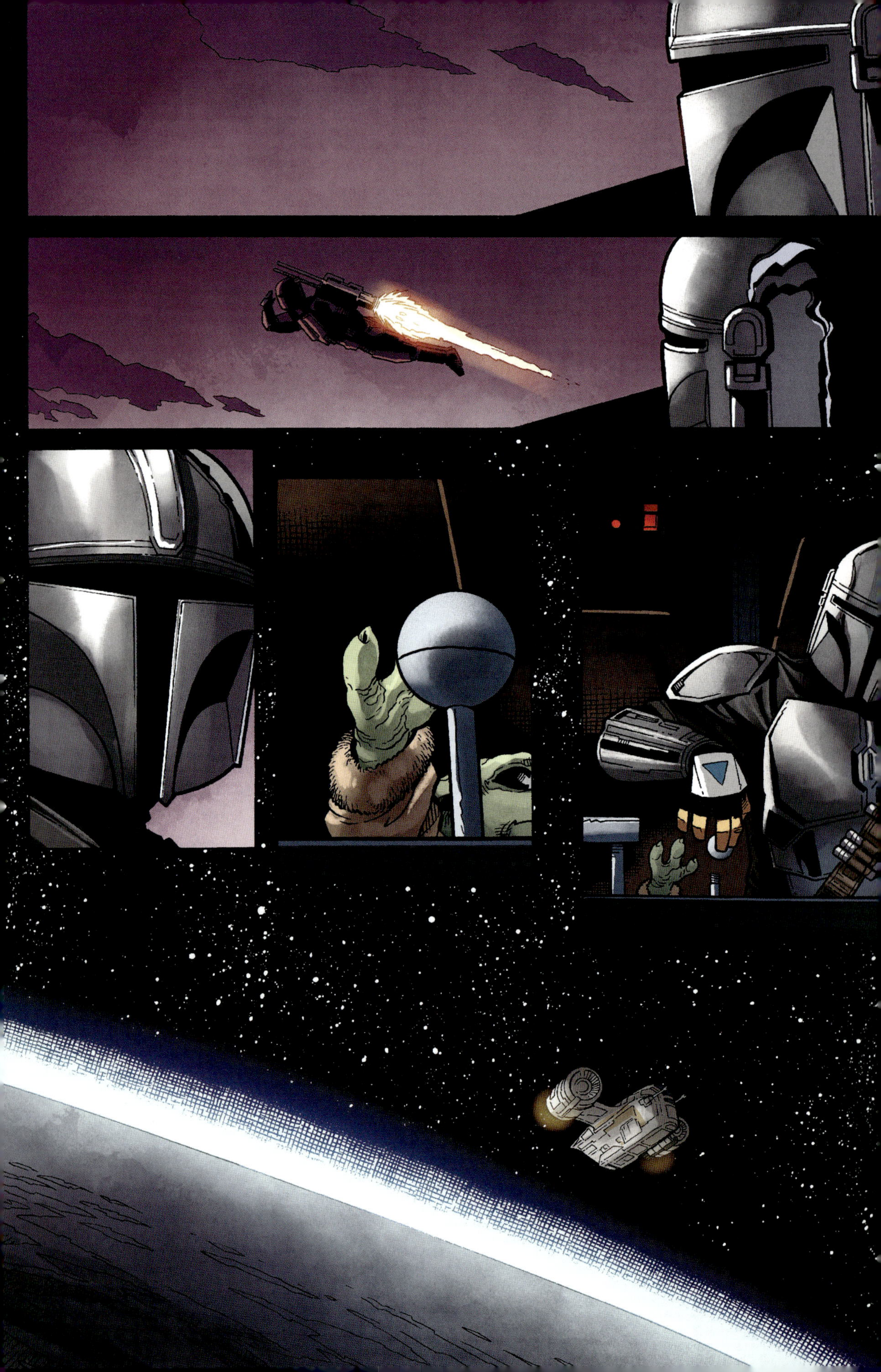

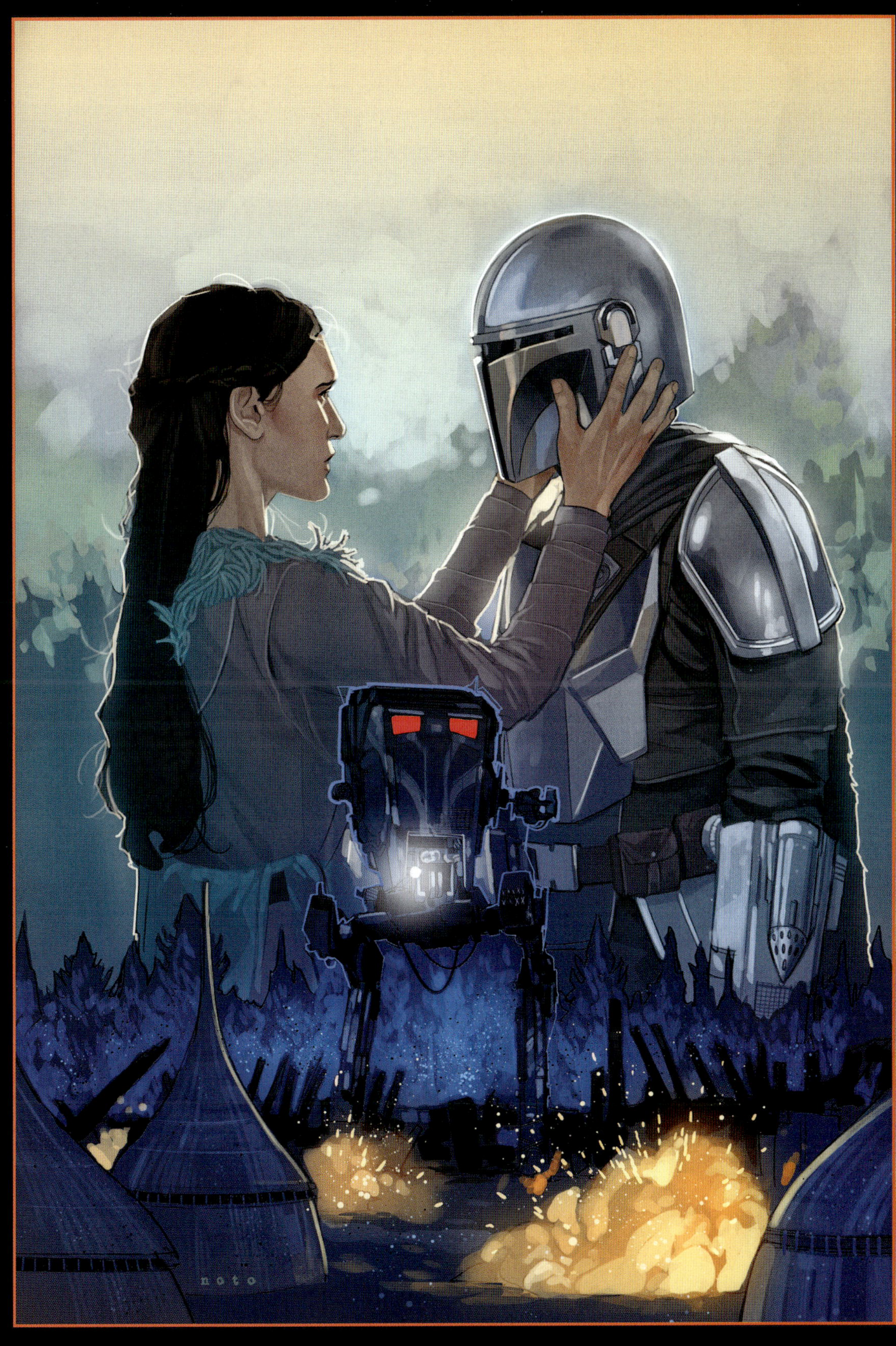

US-STAR WARS: The Mandalorian #4
Cover: **PHIL NOTO**

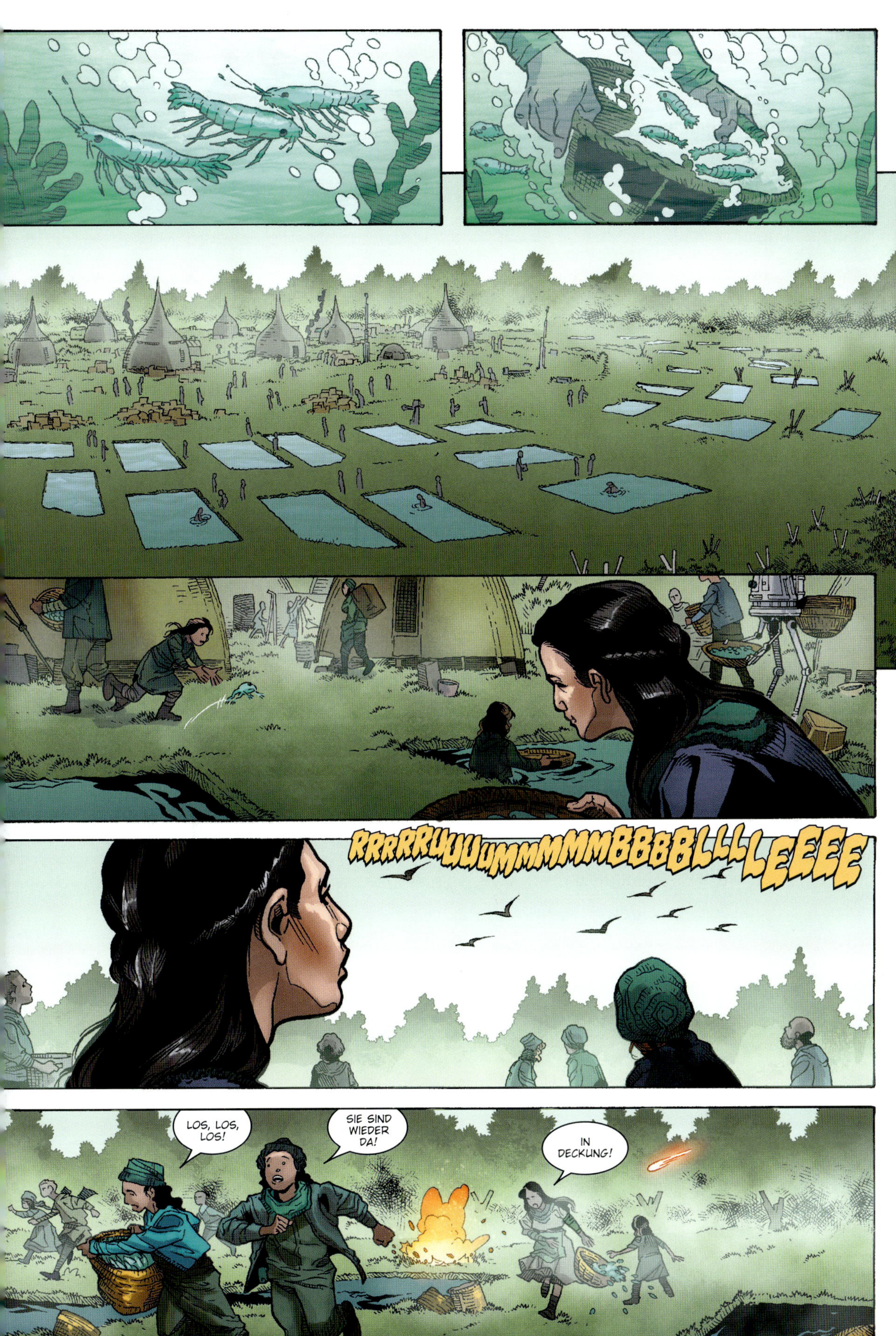
RRRRRUUUUMMMMMMBBBBLLLLEEEE
LOS, LOS, LOS!
SIE SIND WIEDER DA!
IN DECKUNG!

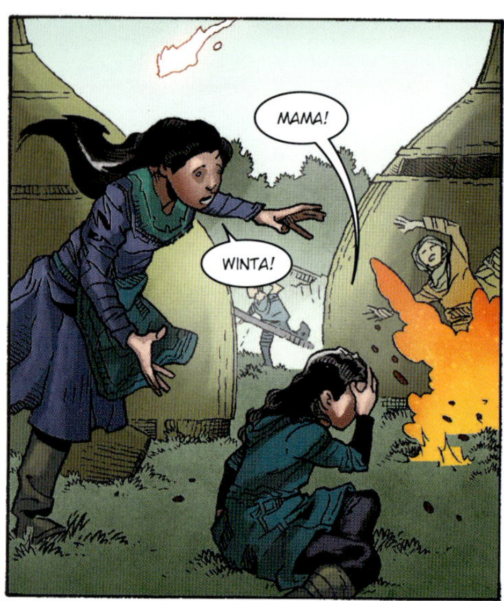
MAMA!
WINTA!
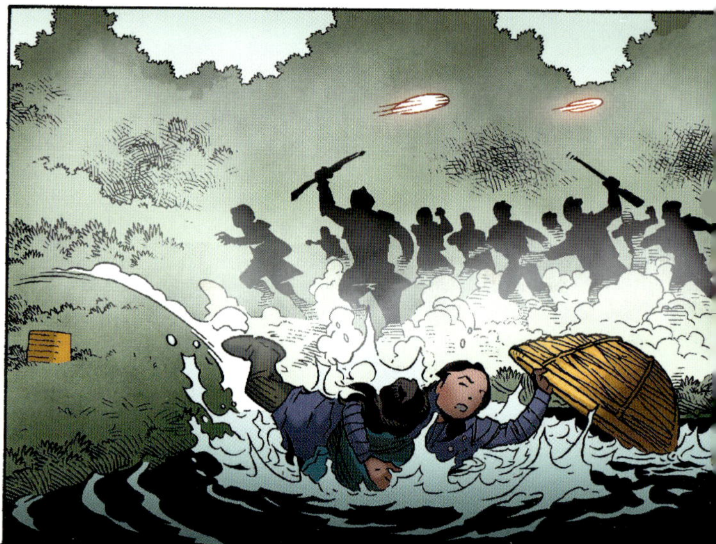
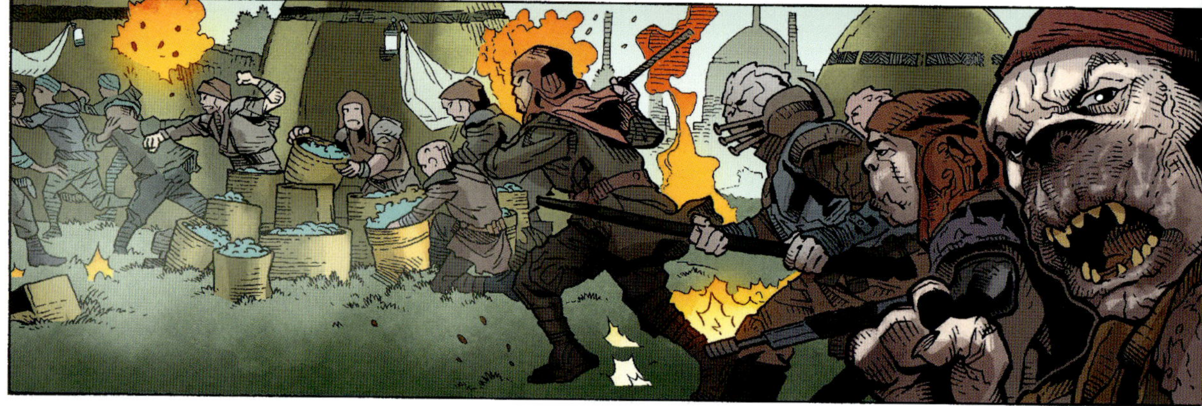
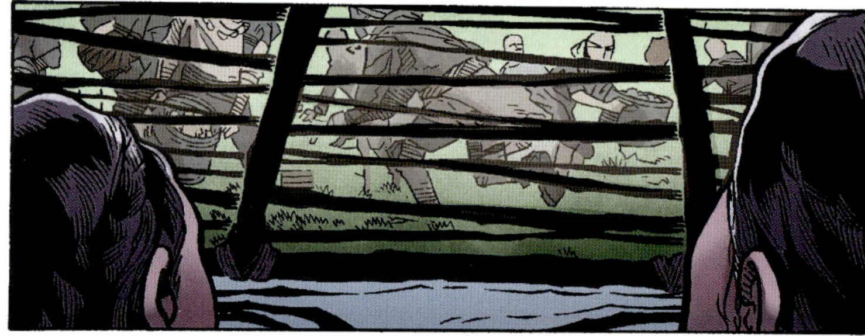
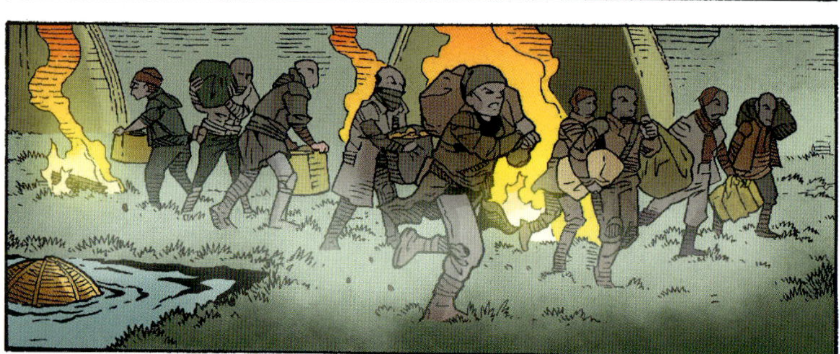
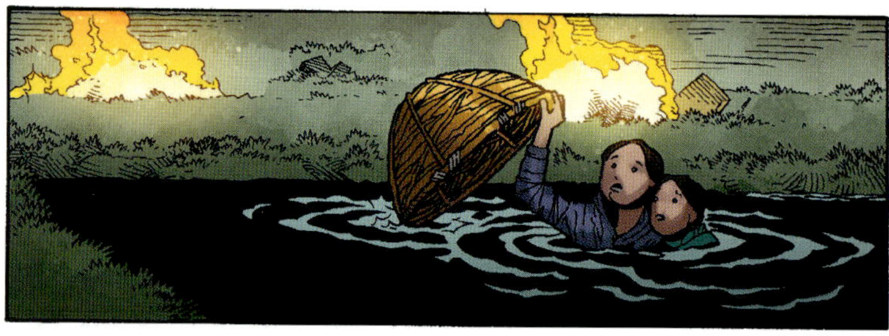
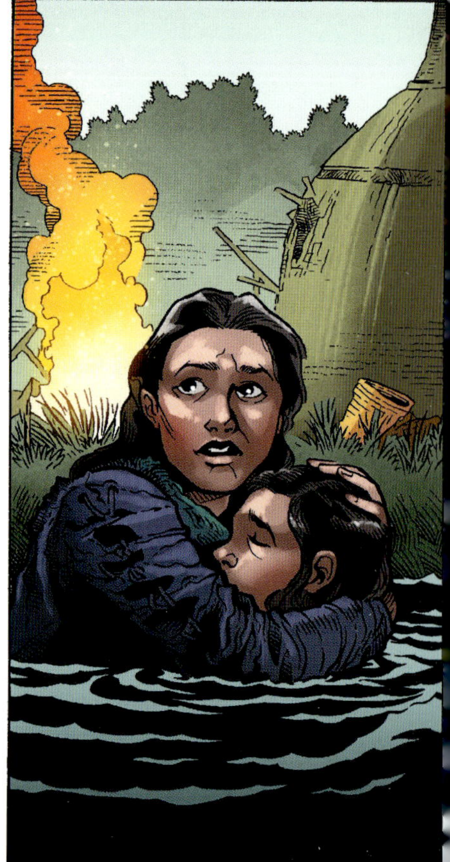

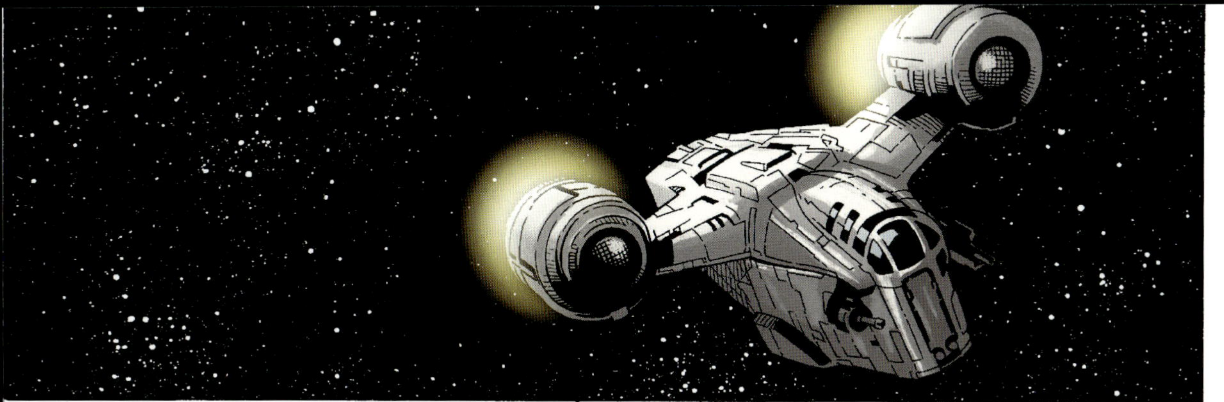

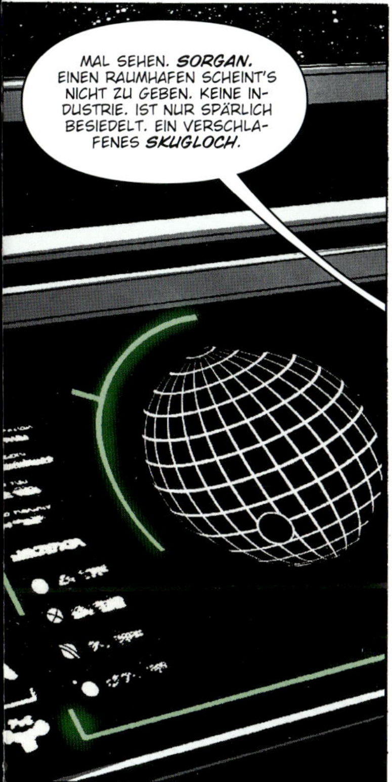
MAL SEHEN. SORGAN. EINEN RAUMHAFEN SCHEINT'S NICHT ZU GEBEN. KEINE INDUSTRIE. IST NUR SPÄRLICH BESIEDELT. EIN VERSCHLAFENES SKUGLOCH.

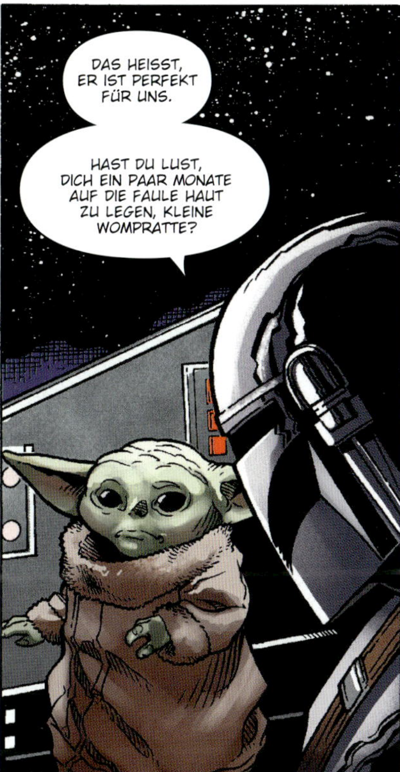
DAS HEISST, ER IST PERFEKT FÜR UNS.
HAST DU LUST, DICH EIN PAAR MONATE AUF DIE FAULE HAUT ZU LEGEN, KLEINE WOMPRATTE?

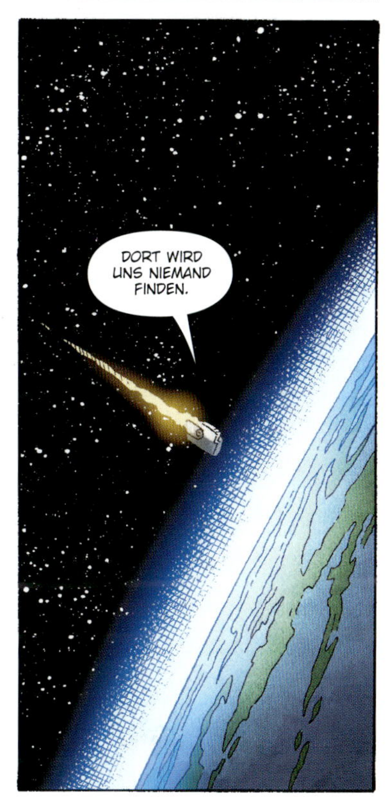
DORT WIRD UNS NIEMAND FINDEN.

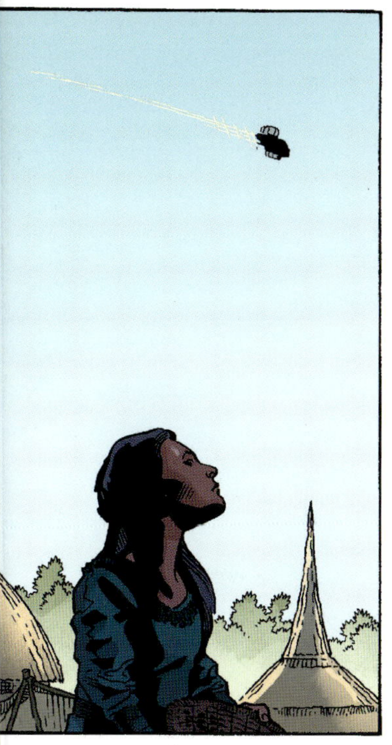

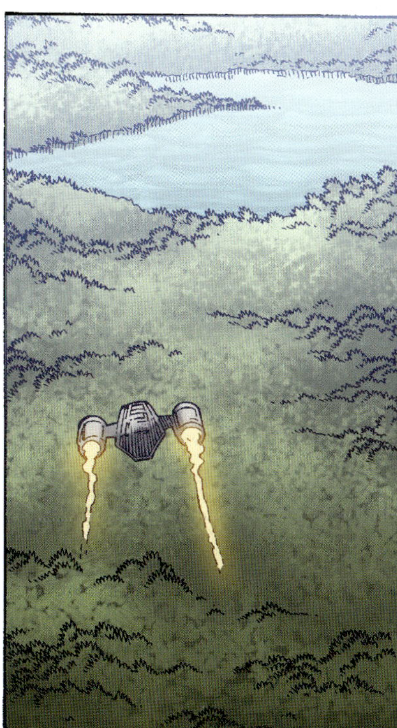

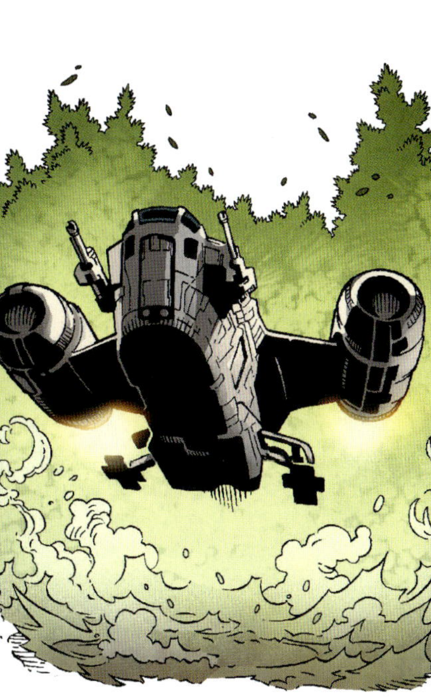

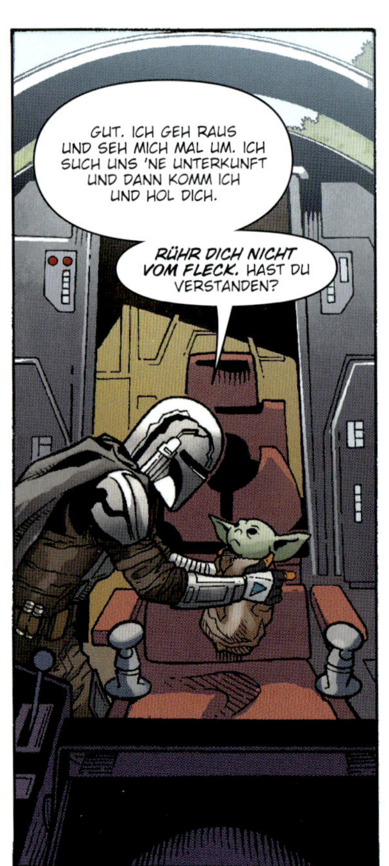
GUT. ICH GEH RAUS UND SEH MICH MAL UM. ICH SUCH UNS 'NE UNTERKUNFT UND DANN KOMM ICH UND HOL DICH.
RÜHR DICH NICHT VOM FLECK. HAST DU VERSTANDEN?

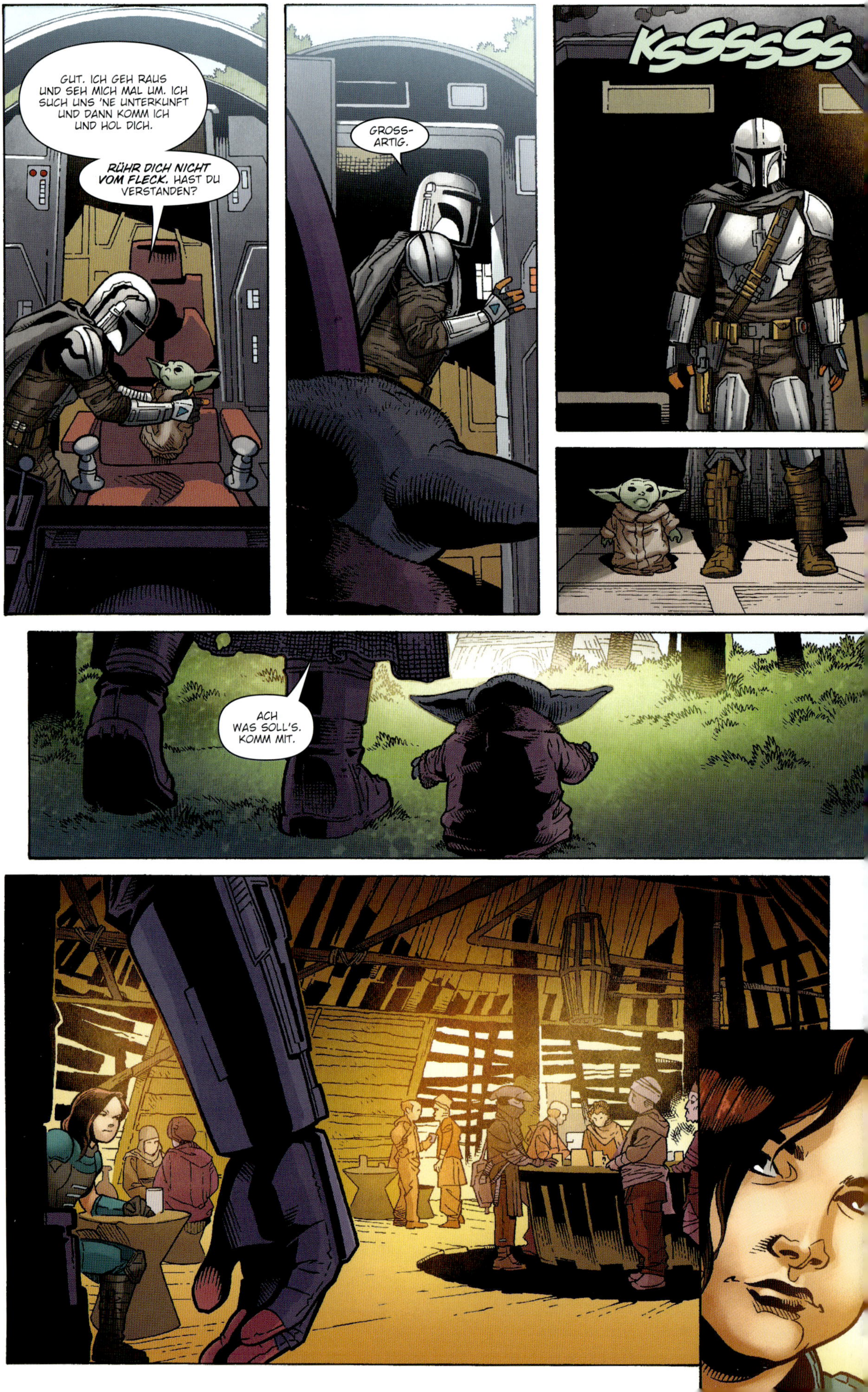

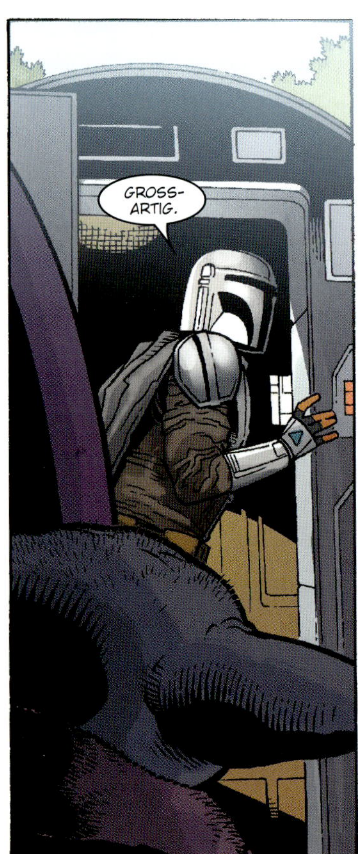
GROSS-ARTIG.

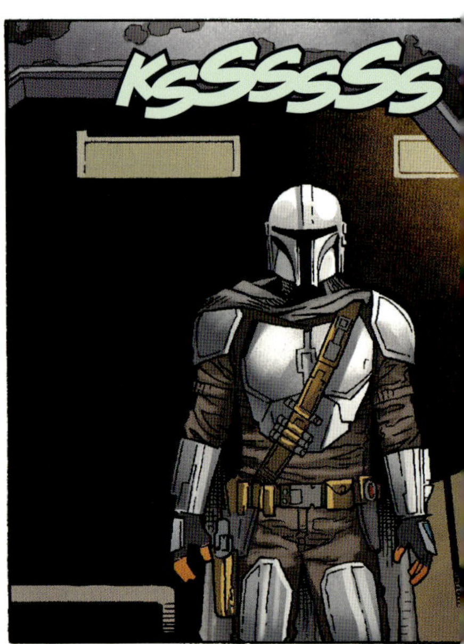
KSSSSSS

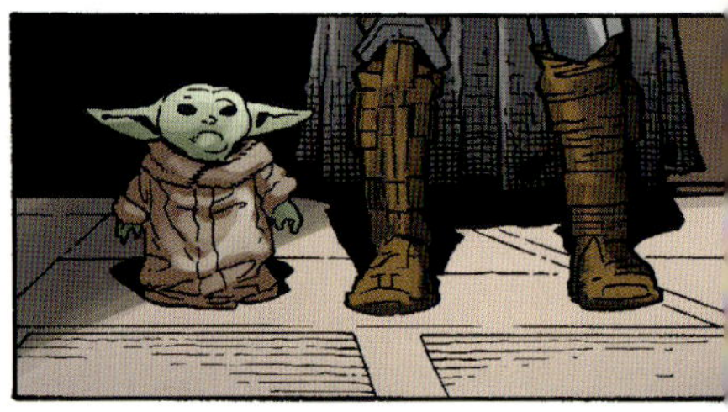

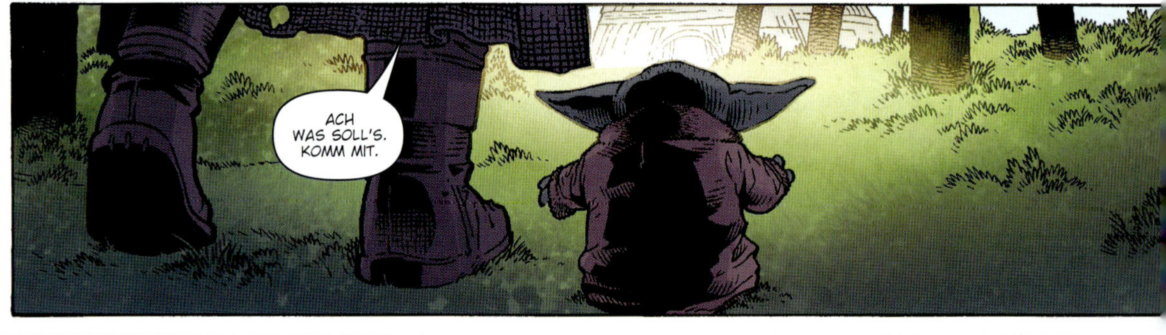
ACH WAS SOLL'S. KOMM MIT.

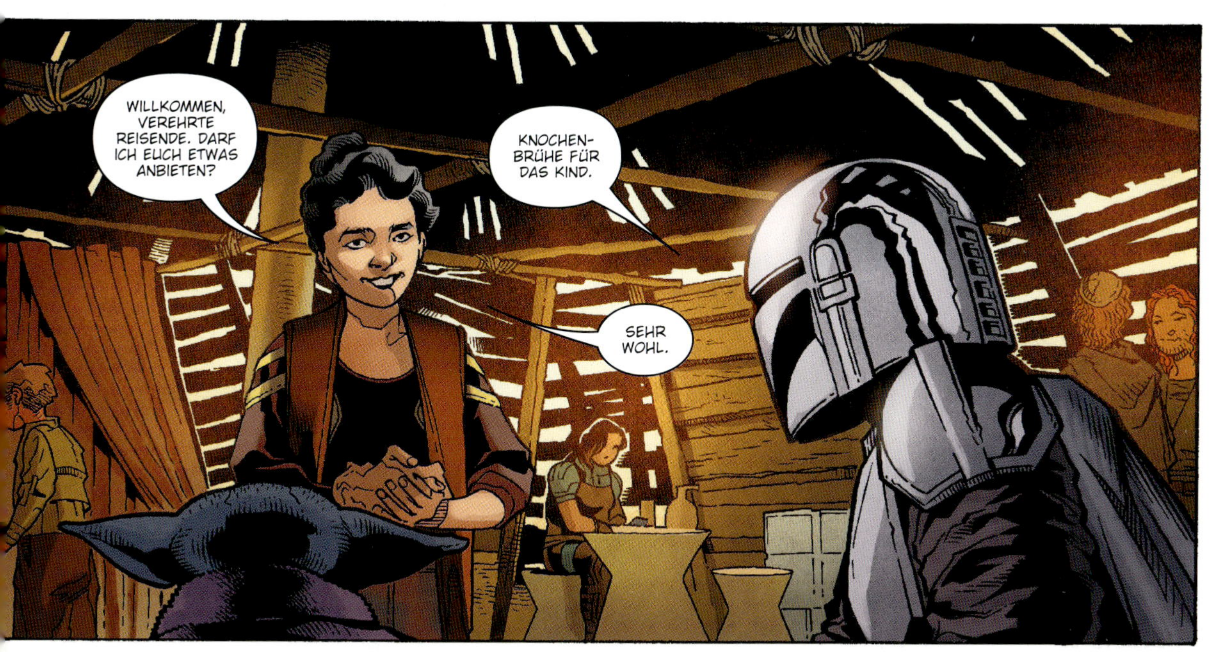

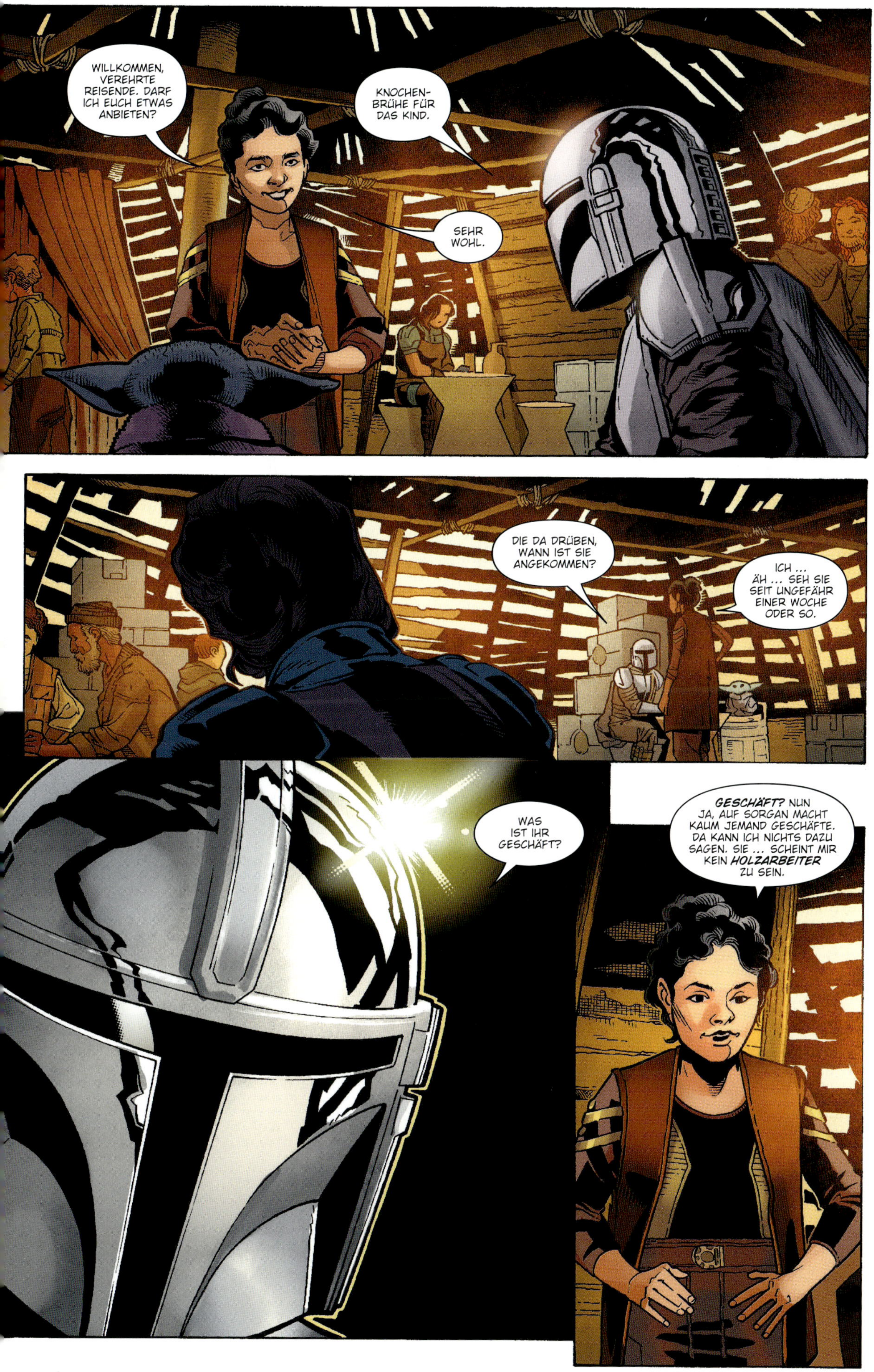

DIE DA DRÜBEN, WANN IST SIE ANGEKOMMEN?

ICH ... ÄH ... SEH SIE SEIT UNGEFÄHR EINER WOCHE ODER SO.

WAS IST IHR GESCHÄFT?

GESCHÄFT? NUN JA, AUF SORGAN MACHT KAUM JEMAND GESCHÄFTE. DA KANN ICH NICHTS DAZU SAGEN. SIE ... SCHEINT MIR KEIN ***HOLZARBEITER*** ZU SEIN.

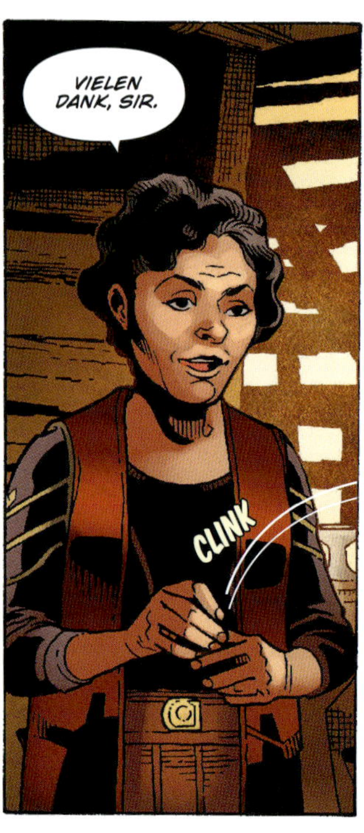
VIELEN DANK, SIR.
CLINK

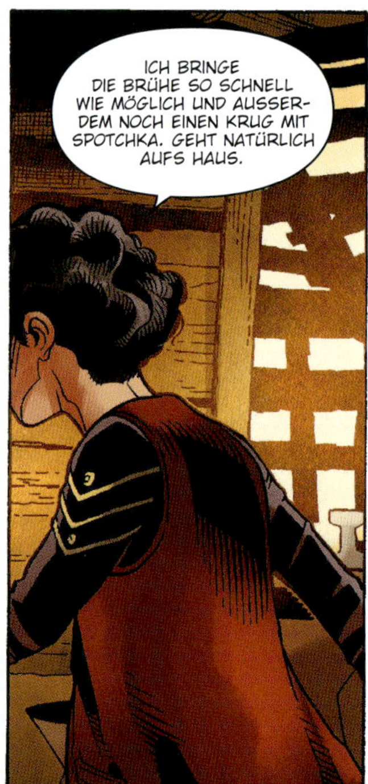
ICH BRINGE DIE BRÜHE SO SCHNELL WIE MÖGLICH UND AUSSER-DEM NOCH EINEN KRUG MIT SPOTCHKA. GEHT NATÜRLICH AUFS HAUS.

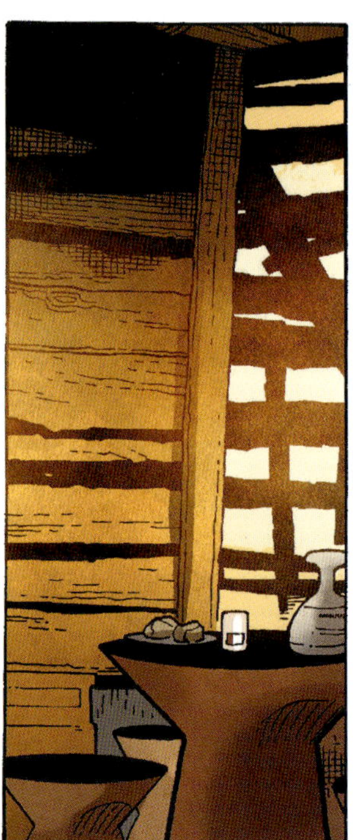

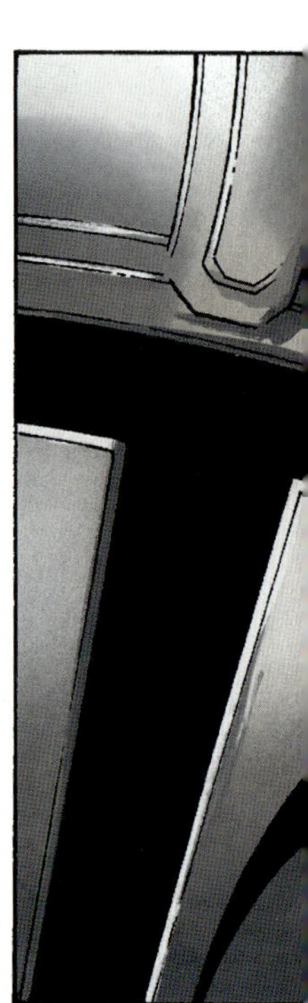

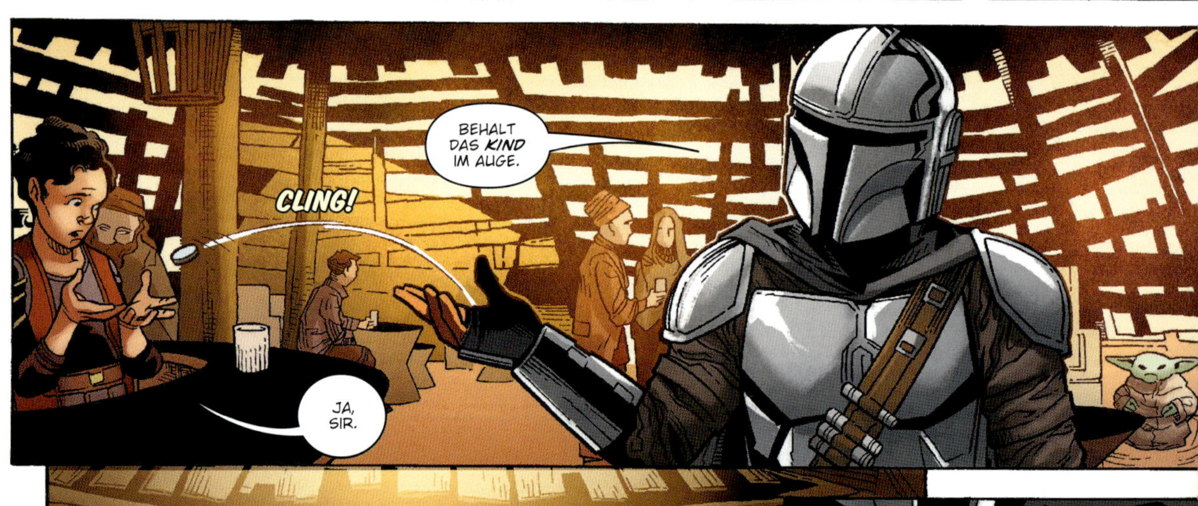
BEHALT DAS *KIND* IM AUGE.
CLING!
JA, SIR.

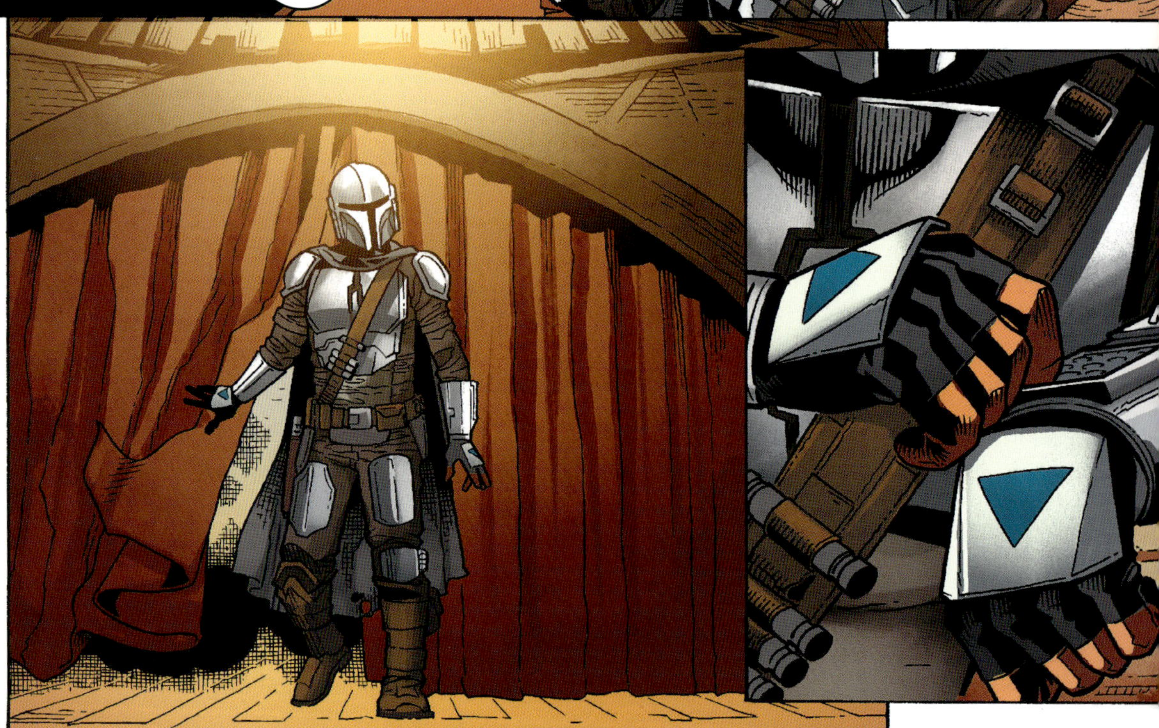

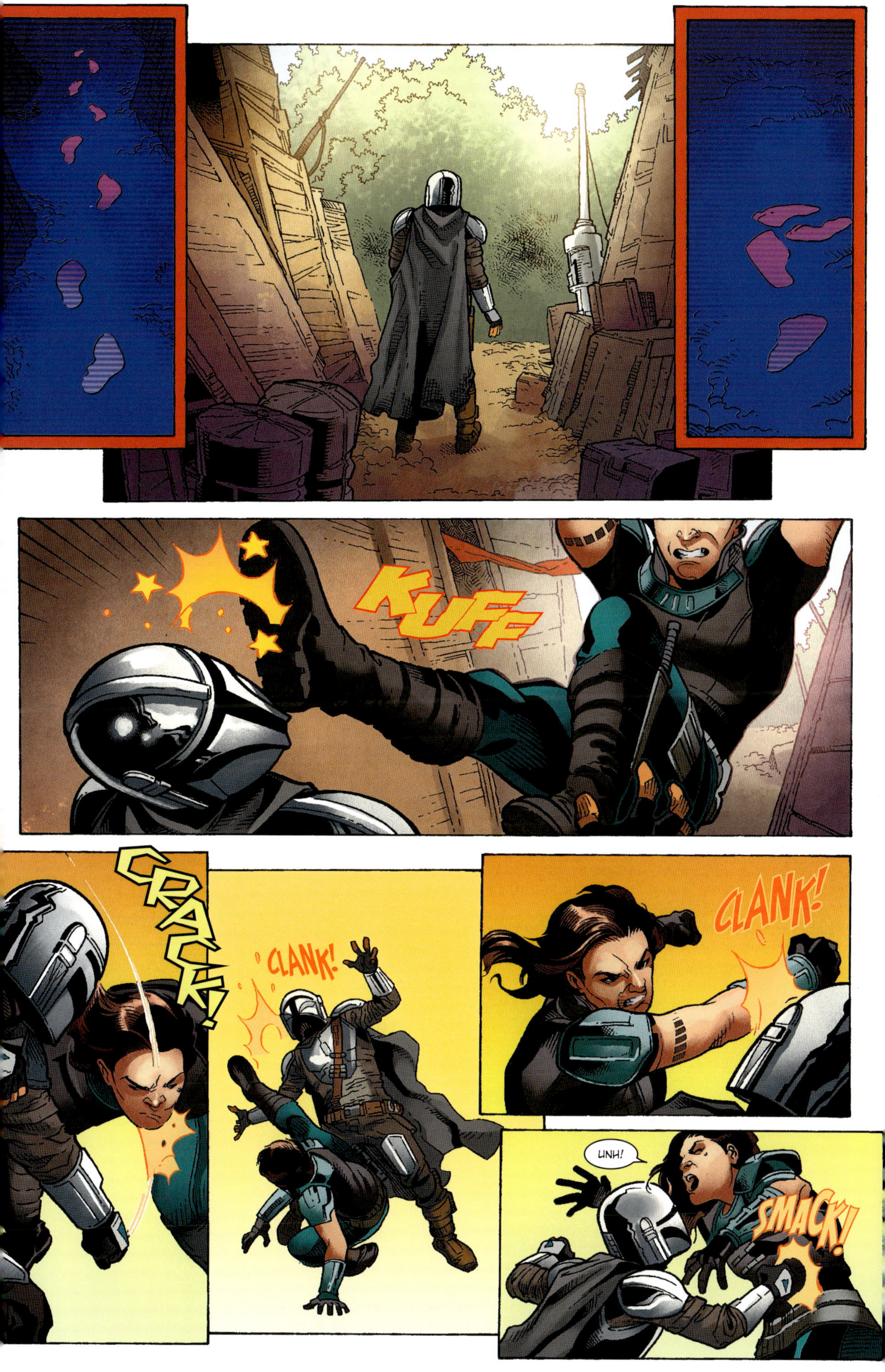

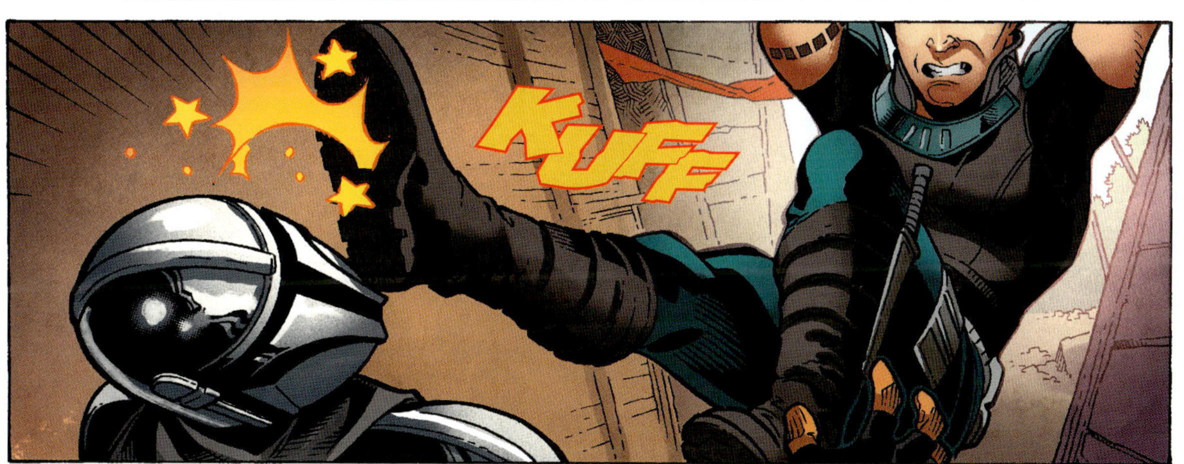
KUFF
CRACK!
CLANK!
CLANK!
UNH!
SMACK!

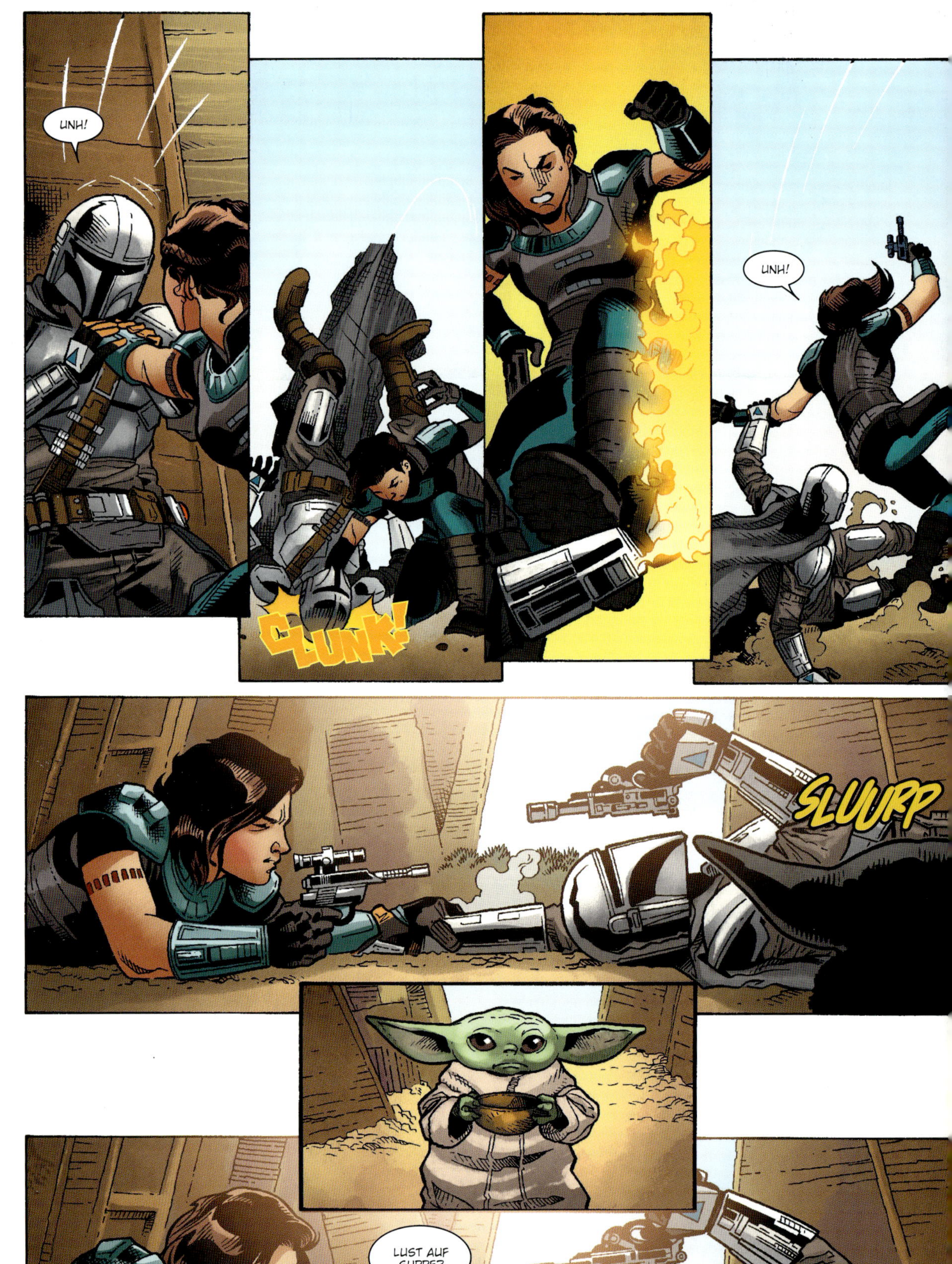
UNH!
CLUNK!
UNH!
SLUURP
LUST AUF SUPPE?

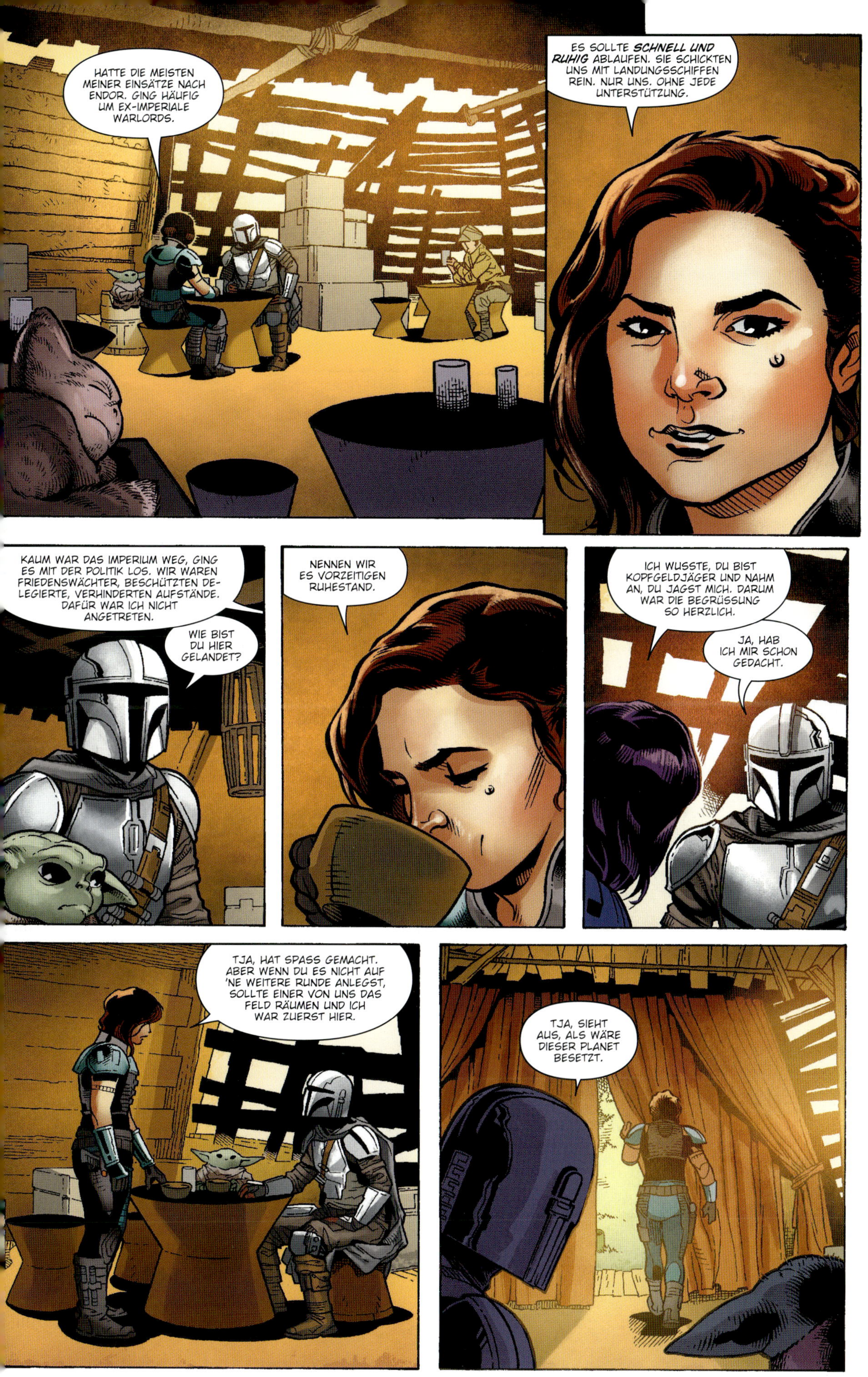

HATTE DIE MEISTEN MEINER EINSÄTZE NACH ENDOR. GING HÄUFIG UM EX-IMPERIALE WARLORDS.

ES SOLLTE ***SCHNELL UND RUHIG*** ABLAUFEN. SIE SCHICKTEN UNS MIT LANDUNGSSCHIFFEN REIN. NUR UNS. OHNE JEDE UNTERSTÜTZUNG.

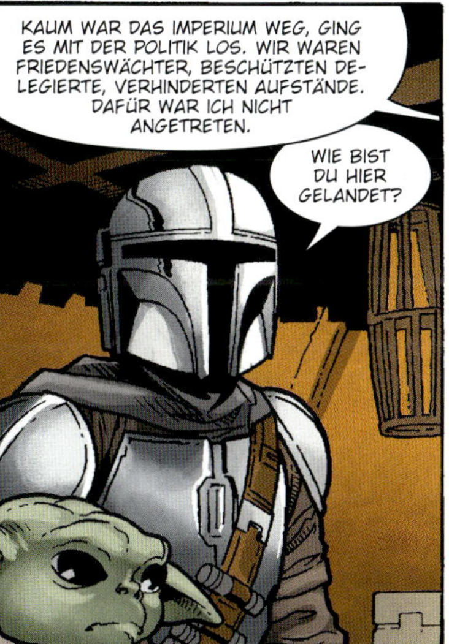

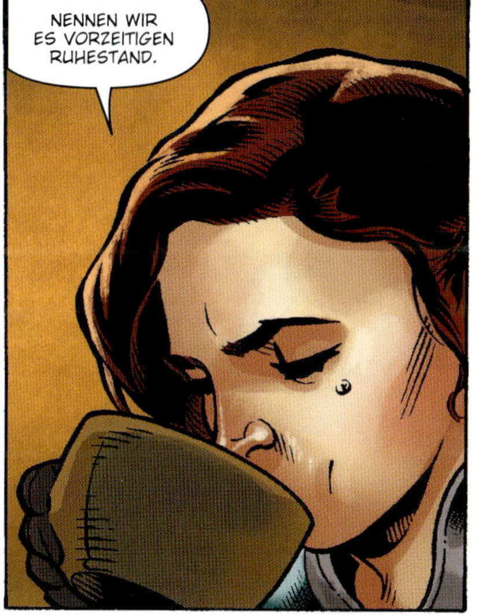

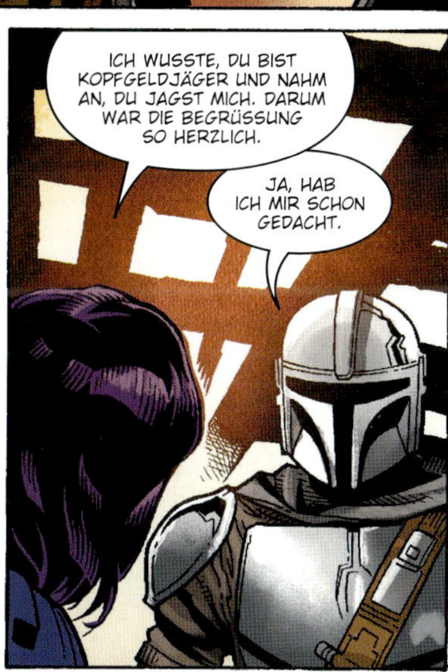

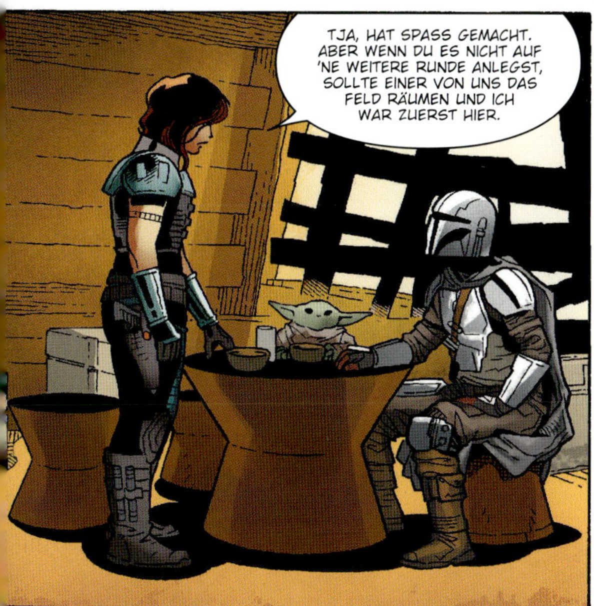

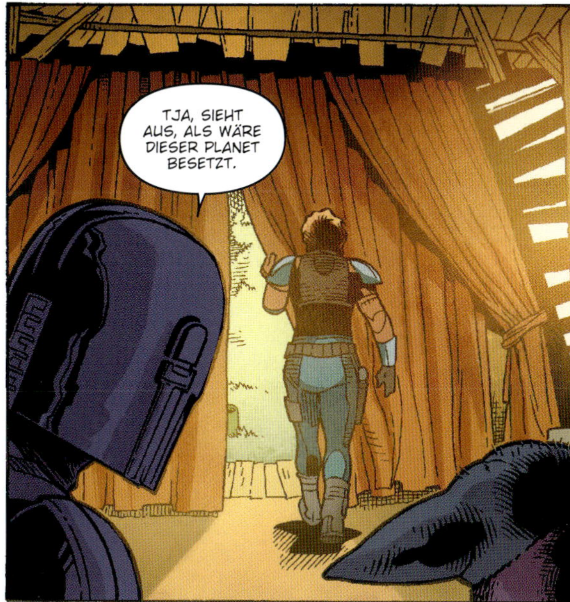

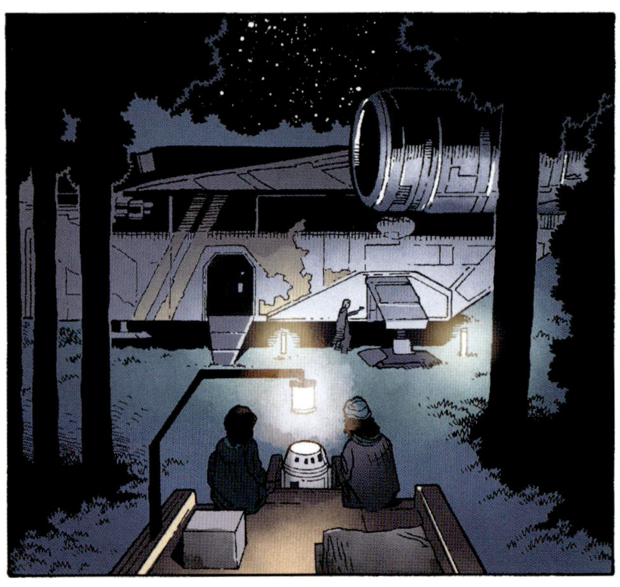
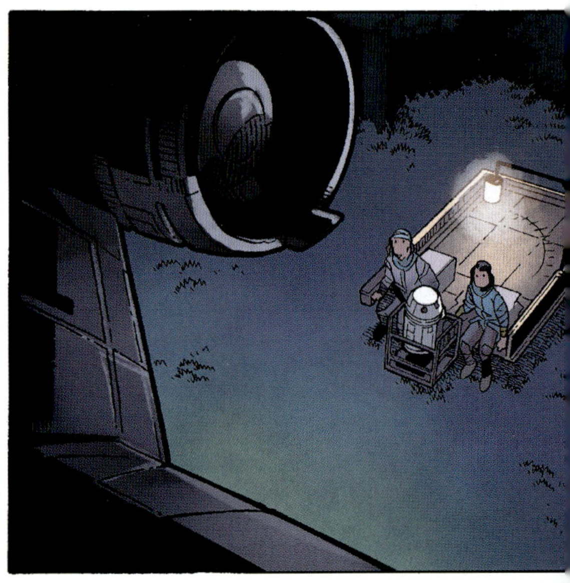
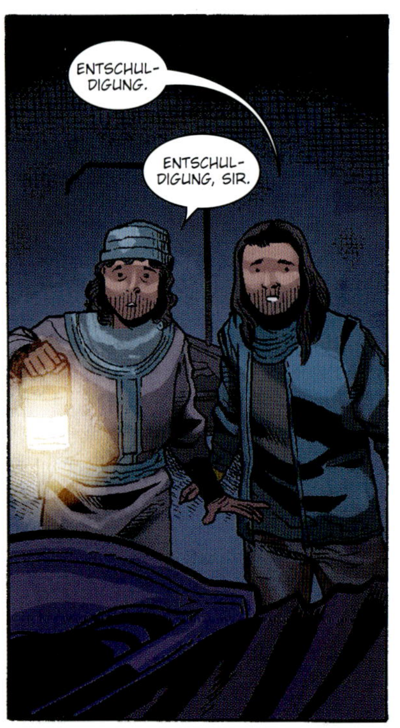
ENTSCHUL-DIGUNG.
ENTSCHUL-DIGUNG, SIR.
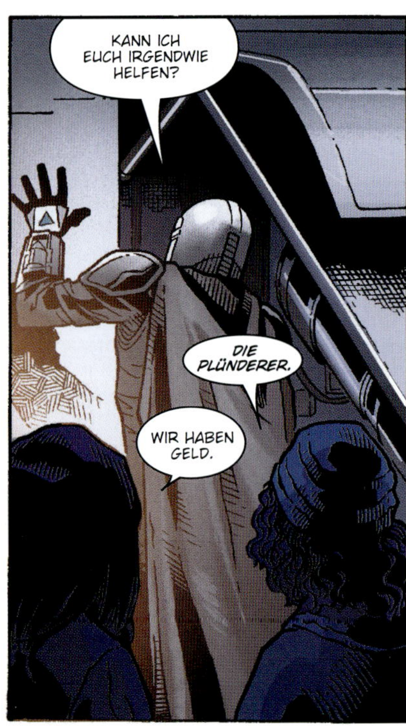
KANN ICH EUCH IRGENDWIE HELFEN?
DIE PLÜNDERER.
WIR HABEN GELD.
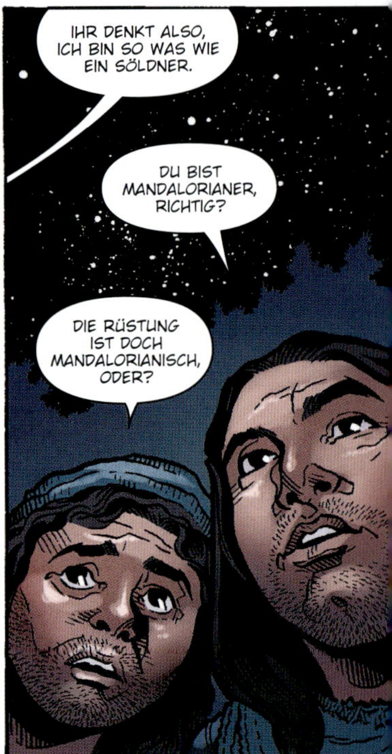
IHR DENKT ALSO, ICH BIN SO WAS WIE EIN SÖLDNER.
DU BIST MANDALORIANER, RICHTIG?
DIE RÜSTUNG IST DOCH MANDALORIANISCH, ODER?
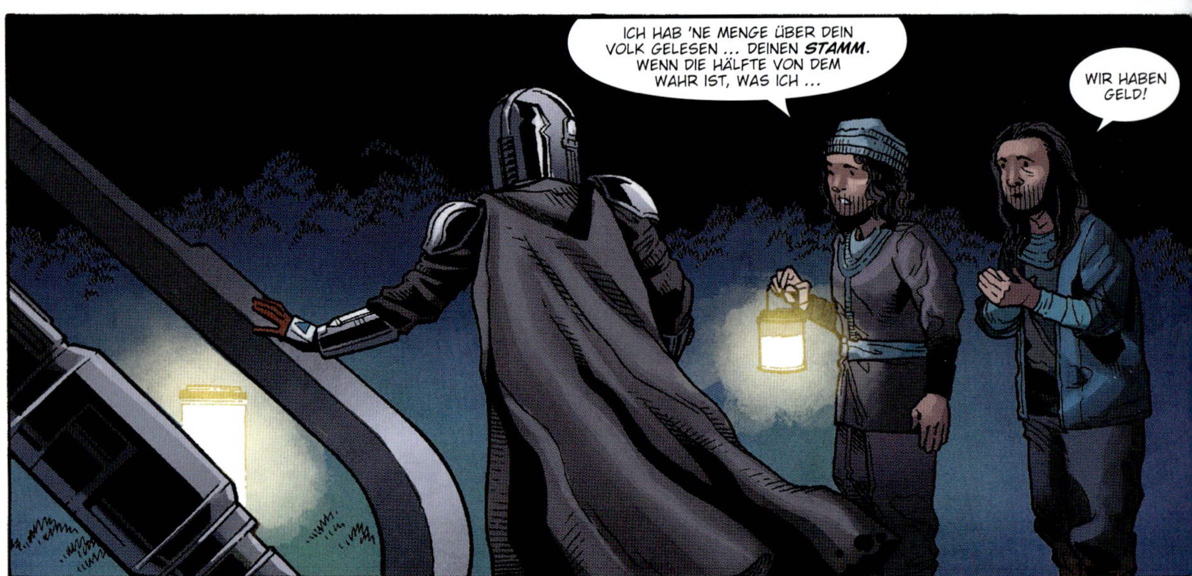
ICH HAB 'NE MENGE ÜBER DEIN VOLK GELESEN ... DEINEN STAMM. WENN DIE HÄLFTE VON DEM WAHR IST, WAS ICH ...
WIR HABEN GELD!

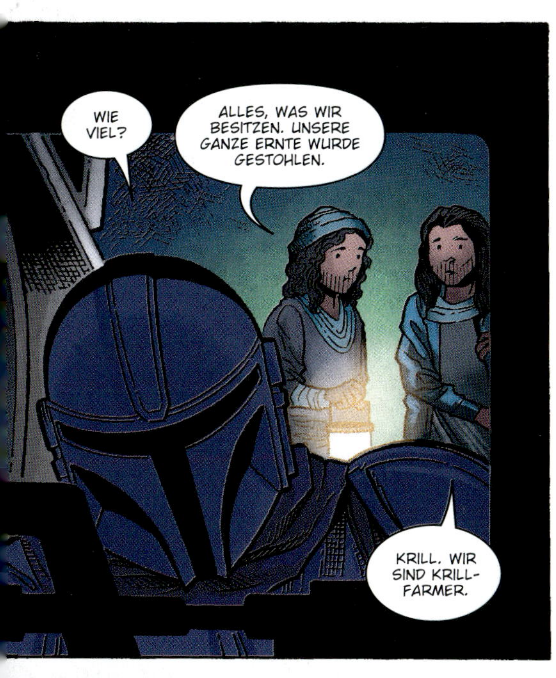
WIE VIEL?
ALLES, WAS WIR BESITZEN. UNSERE GANZE ERNTE WURDE GESTOHLEN.
KRILL. WIR SIND KRILL-FARMER.

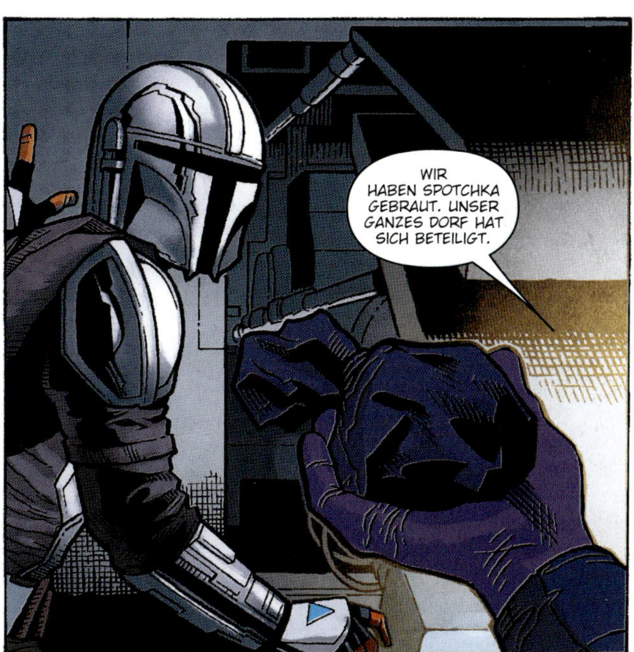
WIR HABEN SPOTCHKA GEBRAUT. UNSER GANZES DORF HAT SICH BETEILIGT.

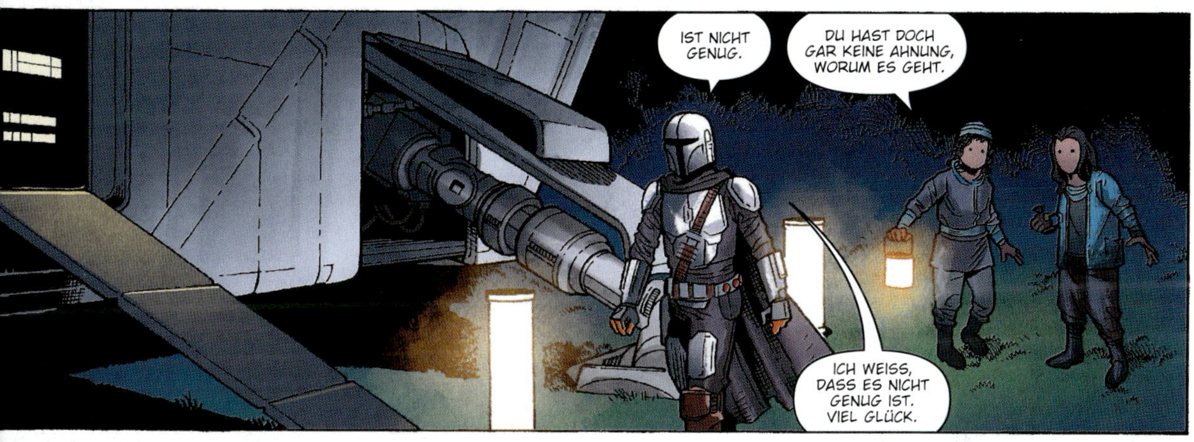
IST NICHT GENUG.
DU HAST DOCH GAR KEINE AHNUNG, WORUM ES GEHT.
ICH WEISS, DASS ES NICHT GENUG IST. VIEL GLÜCK.

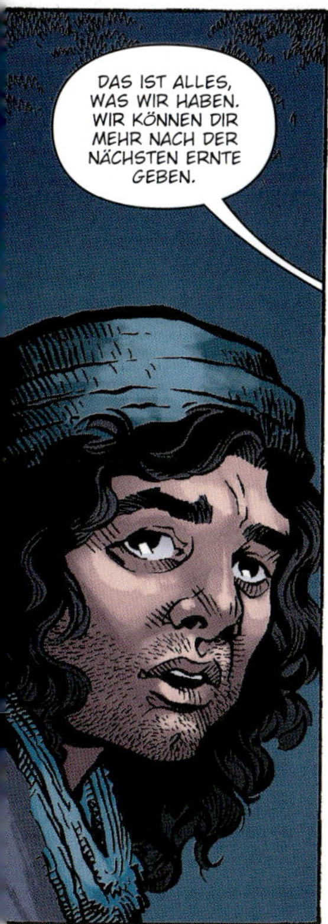
DAS IST ALLES, WAS WIR HABEN. WIR KÖNNEN DIR MEHR NACH DER NÄCHSTEN ERNTE GEBEN.

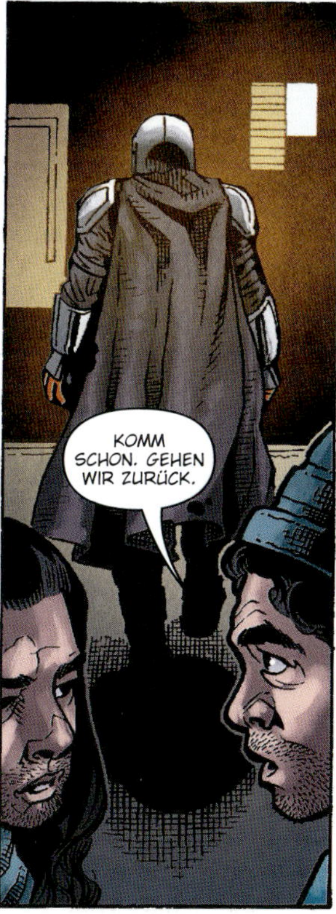
KOMM SCHON. GEHEN WIR ZURÜCK.

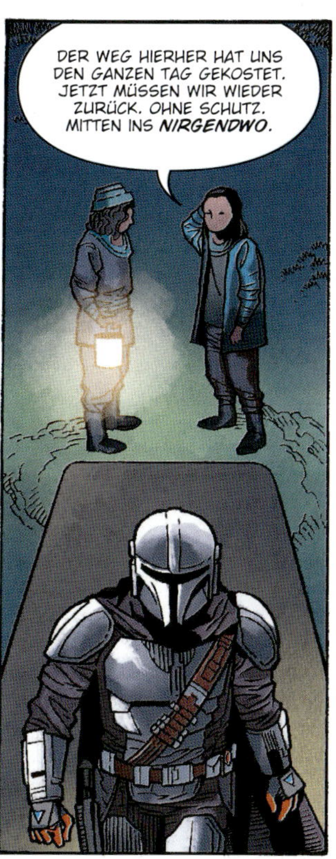
DER WEG HIERHER HAT UNS DEN GANZEN TAG GEKOSTET. JETZT MÜSSEN WIR WIEDER ZURÜCK. OHNE SCHUTZ. MITTEN INS *NIRGENDWO*.

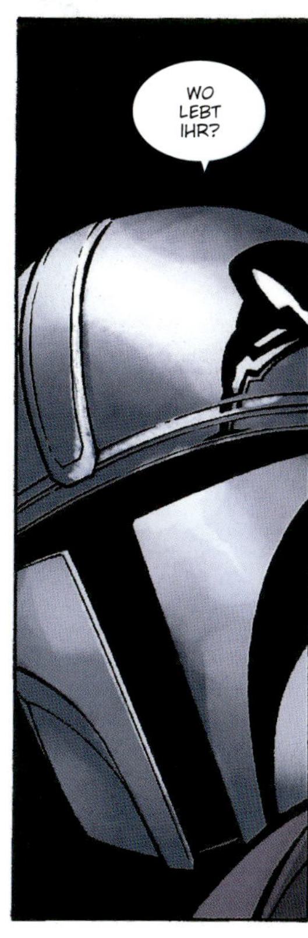
WO LEBT IHR?

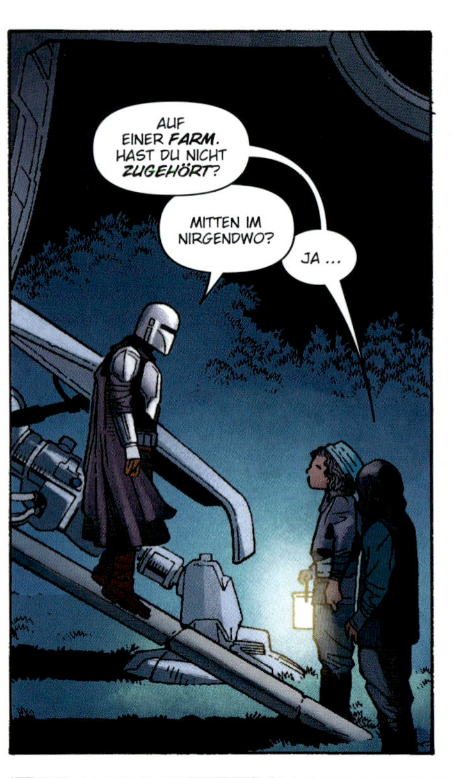

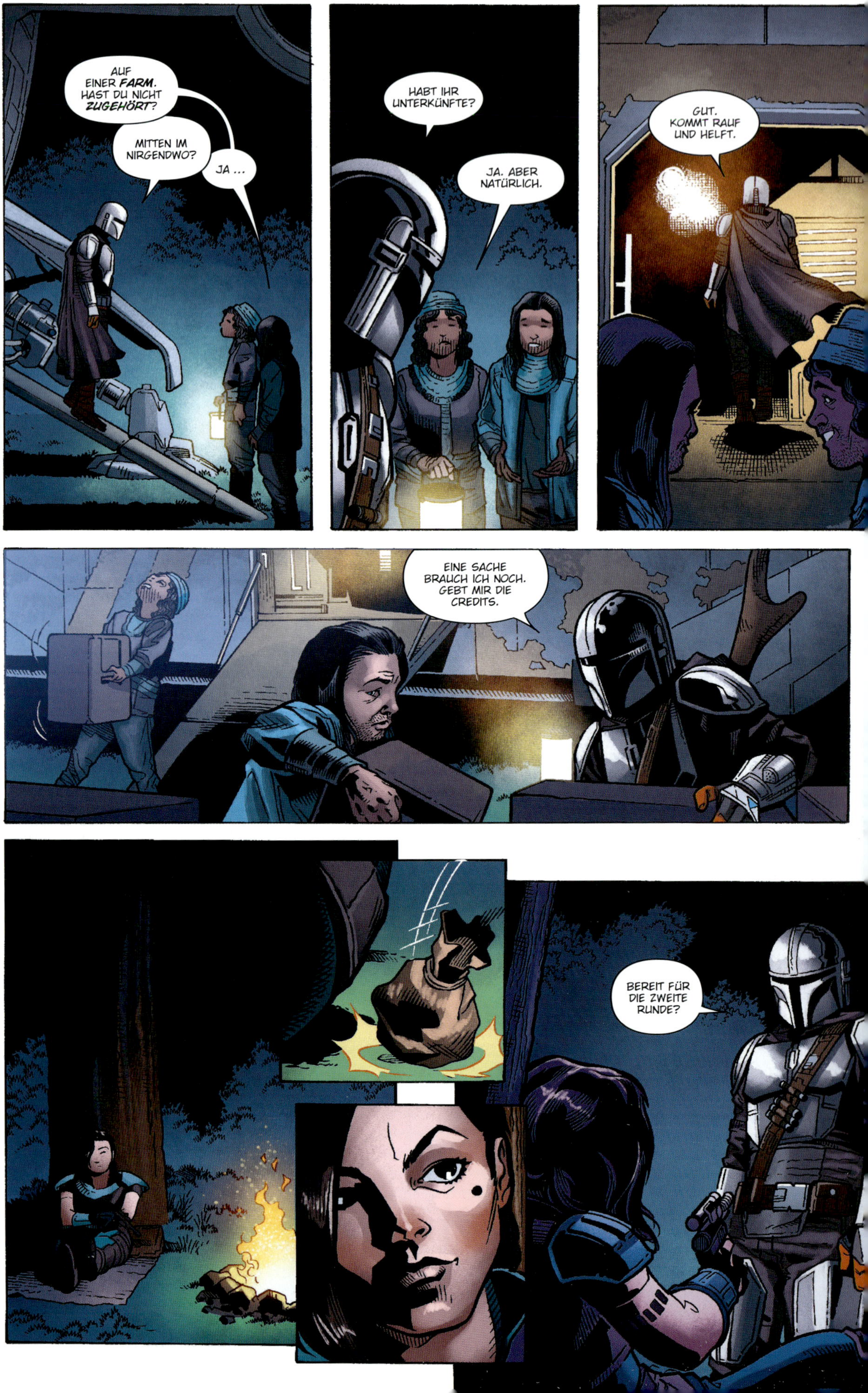

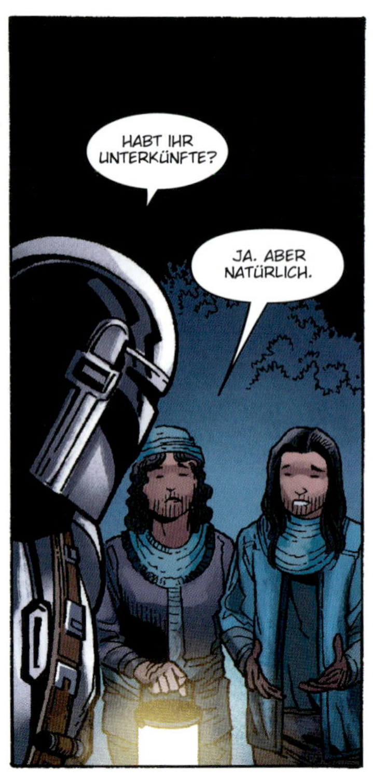

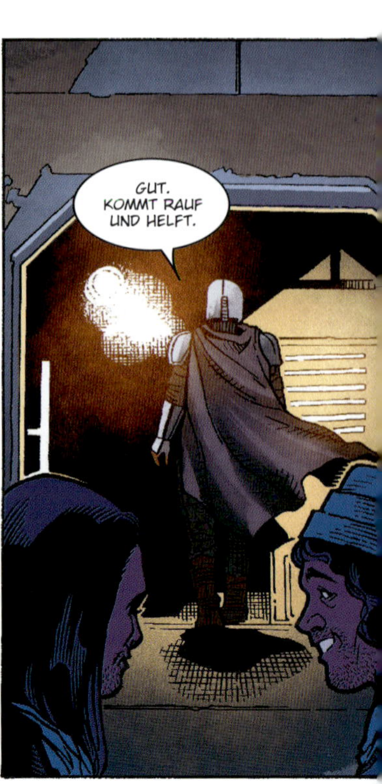

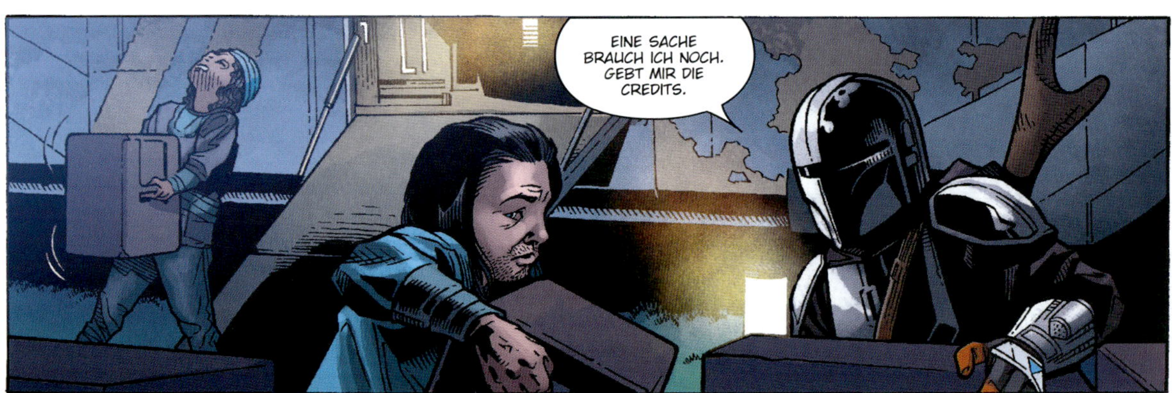

BEREIT FÜR DIE ZWEITE RUNDE?

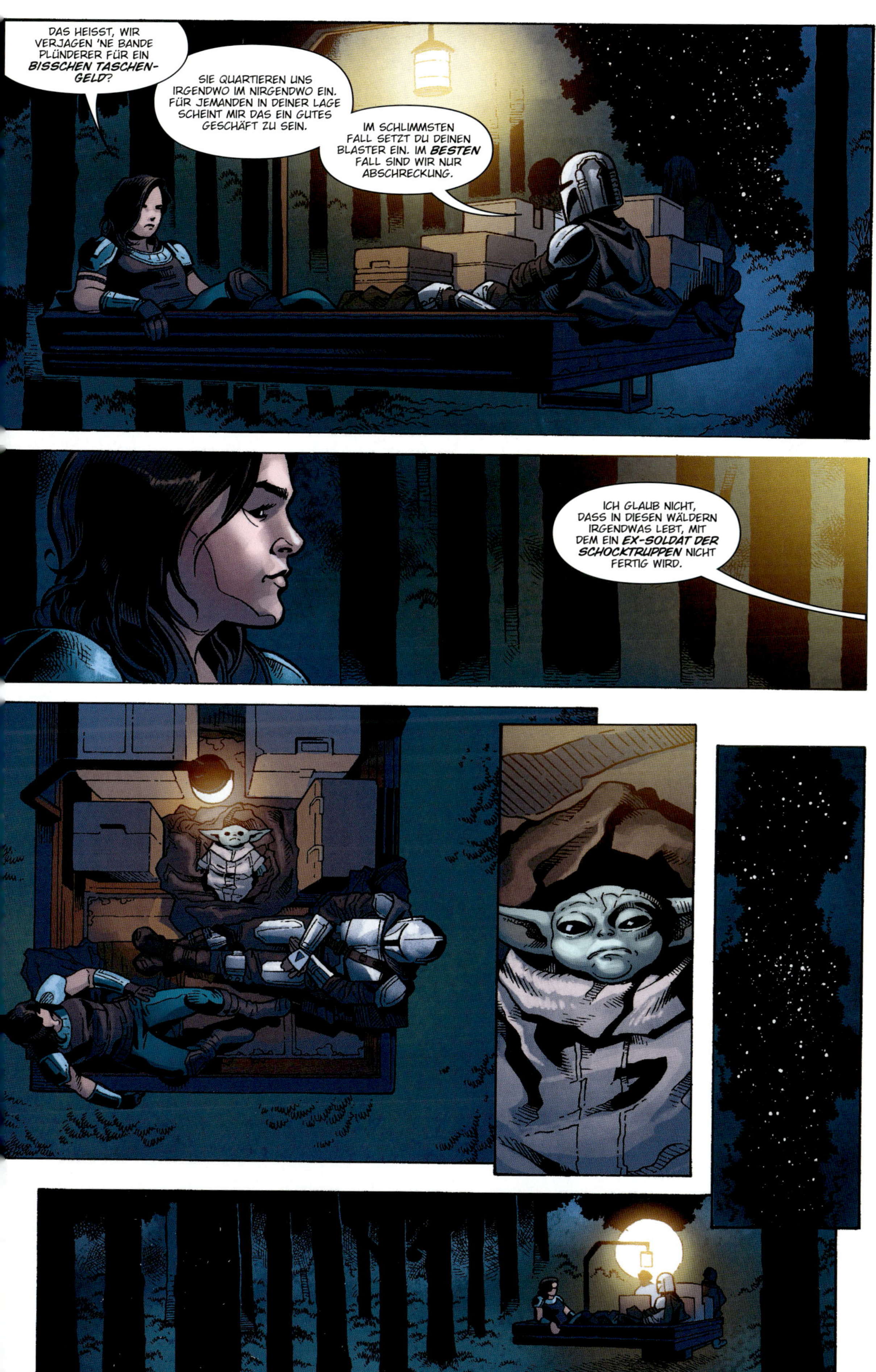
DAS HEISST, WIR VERJAGEN 'NE BANDE PLÜNDERER FÜR EIN BISSCHEN TASCHEN-GELD?
SIE QUARTIEREN UNS IRGENDWO IM NIRGENDWO EIN. FÜR JEMANDEN IN DEINER LAGE SCHEINT MIR DAS EIN GUTES GESCHÄFT ZU SEIN.
IM SCHLIMMSTEN FALL SETZT DU DEINEN BLASTER EIN. IM BESTEN FALL SIND WIR NUR ABSCHRECKUNG.
ICH GLAUB NICHT, DASS IN DIESEN WÄLDERN IRGENDWAS LEBT, MIT DEM EIN EX-SOLDAT DER SCHOCKTRUPPEN NICHT FERTIG WIRD.

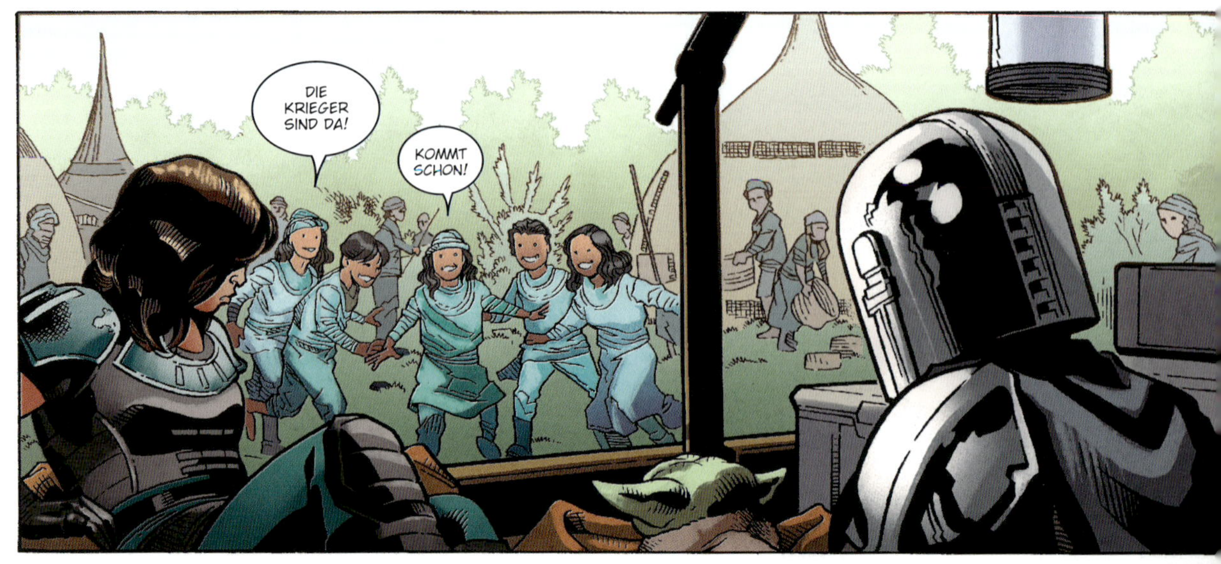
DIE KRIEGER SIND DA!
KOMMT SCHON!

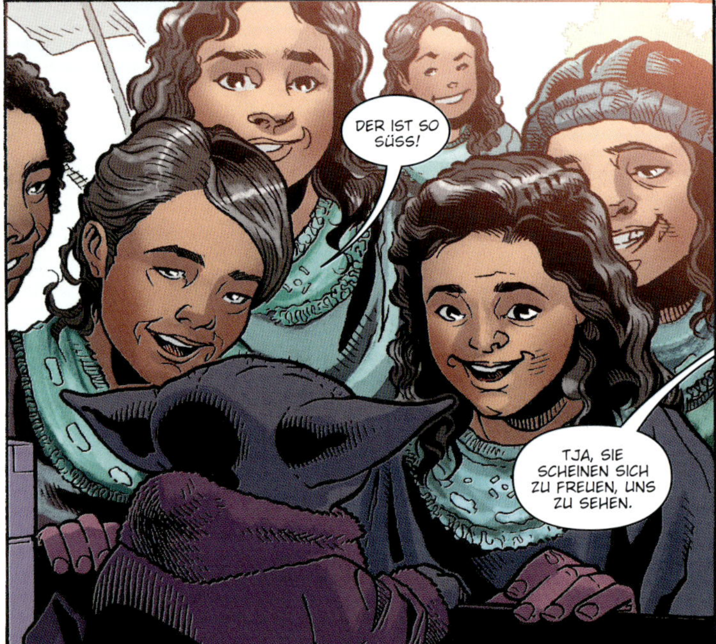
DER IST SO SÜSS!
TJA, SIE SCHEINEN SICH ZU FREUEN, UNS ZU SEHEN.

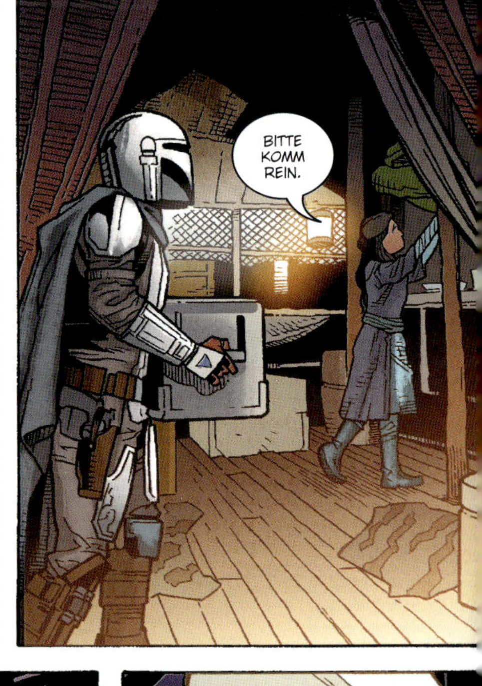
BITTE KOMM REIN.

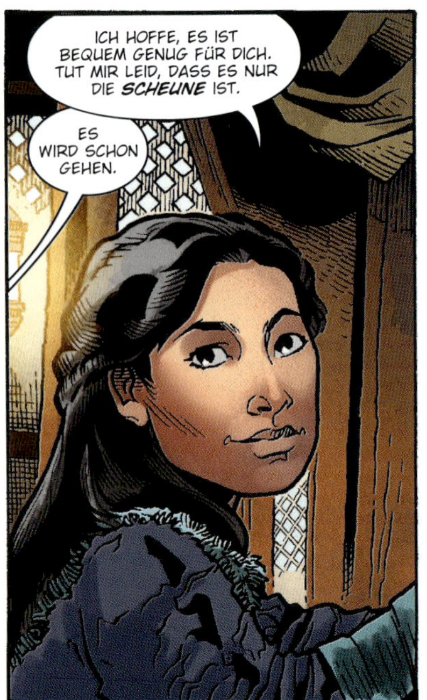
ICH HOFFE, ES IST BEQUEM GENUG FÜR DICH. TUT MIR LEID, DASS ES NUR DIE *SCHEUNE* IST.
ES WIRD SCHON GEHEN.

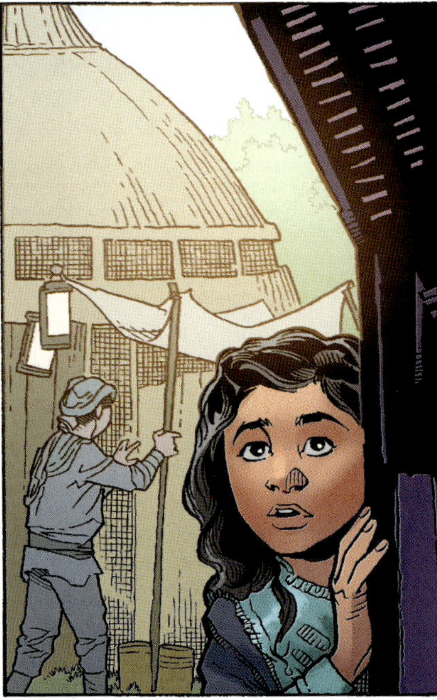

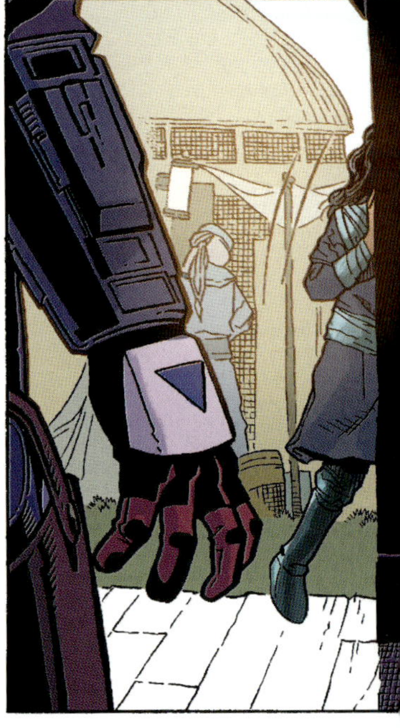

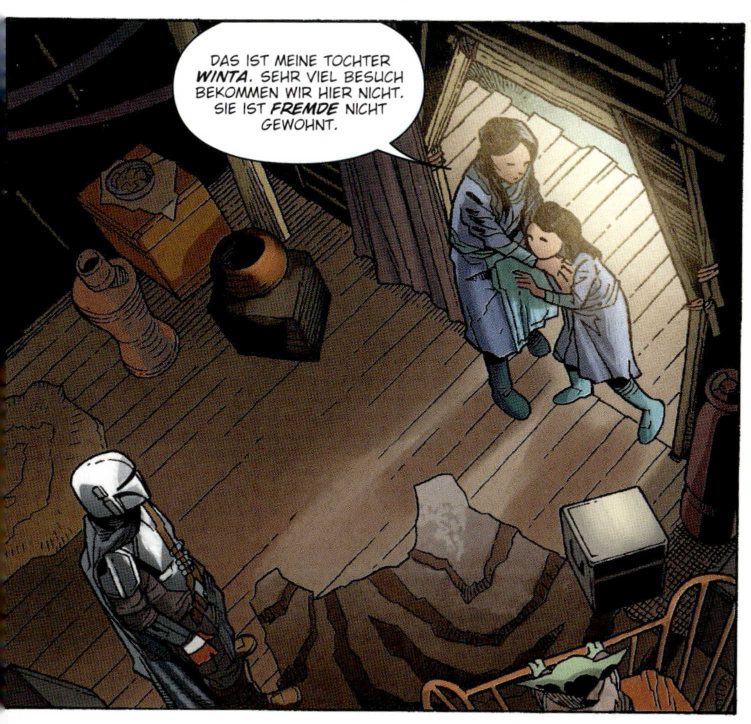
DAS IST MEINE TOCHTER
WINTA. SEHR VIEL BESUCH
BEKOMMEN WIR HIER NICHT.
SIE IST FREMDE NICHT
GEWOHNT.

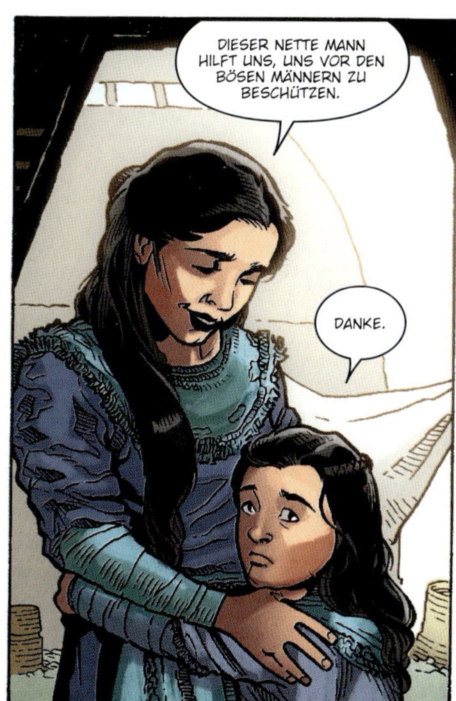
DIESER NETTE MANN
HILFT UNS, UNS VOR DEN
BÖSEN MÄNNERN ZU
BESCHÜTZEN.
DANKE.

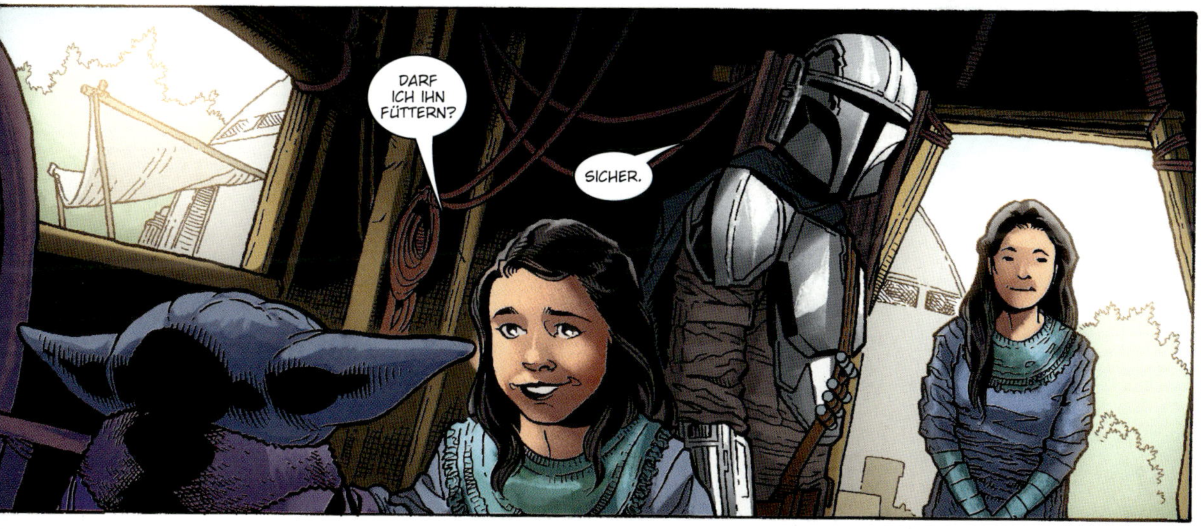
DARF
ICH IHN
FÜTTERN?
SICHER.

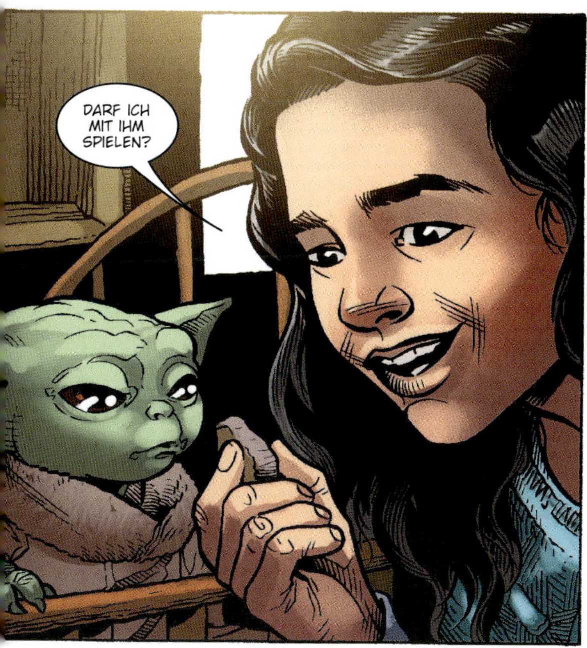
DARF ICH
MIT IHM
SPIELEN?

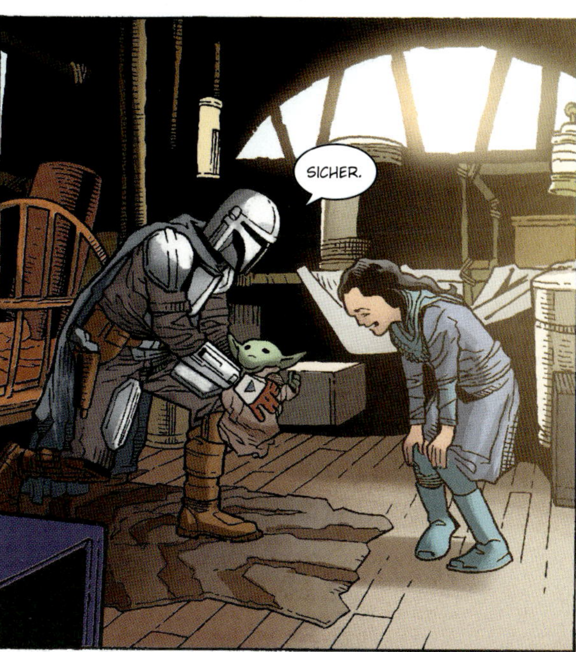
SICHER.

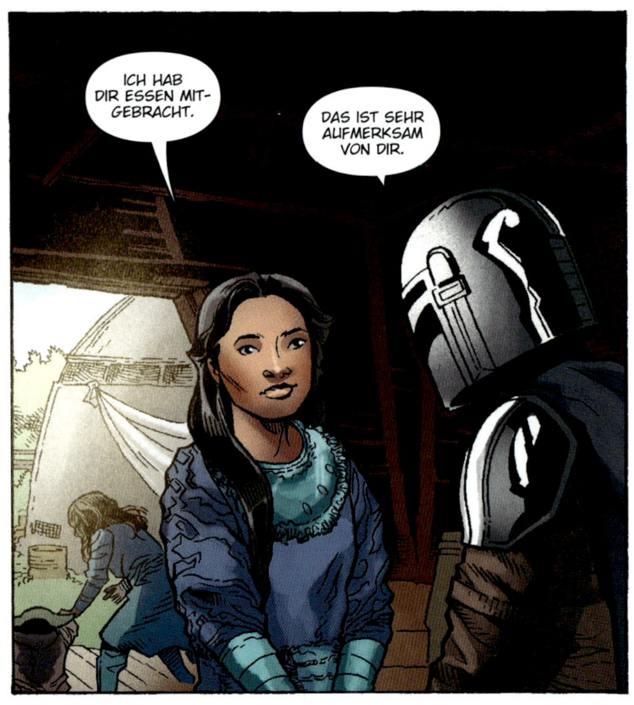
ICH HAB DIR ESSEN MITGEBRACHT.
DAS IST SEHR AUFMERKSAM VON DIR.

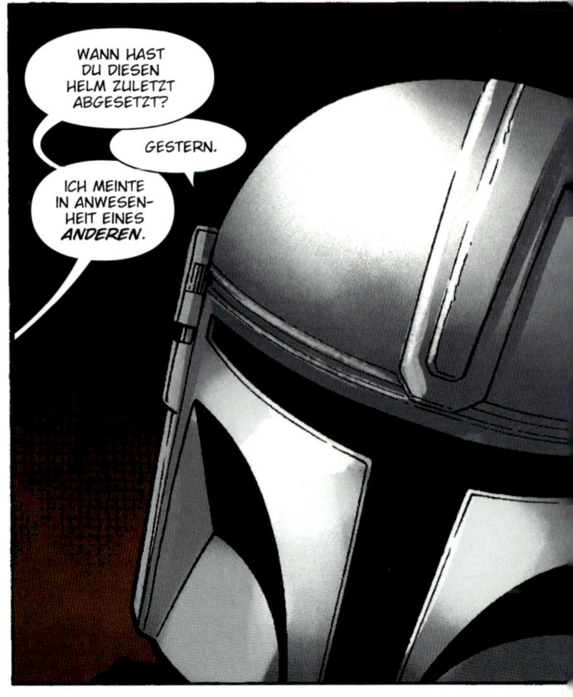
WANN HAST DU DIESEN HELM ZULETZT ABGESETZT?
GESTERN.
ICH MEINTE IN ANWESENHEIT EINES **ANDEREN**.

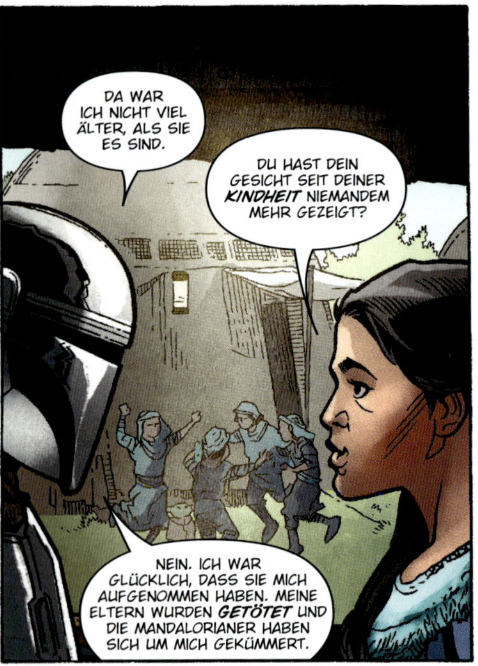
DA WAR ICH NICHT VIEL ÄLTER, ALS SIE ES SIND.
DU HAST DEIN GESICHT SEIT DEINER **KINDHEIT** NIEMANDEM MEHR GEZEIGT?
NEIN. ICH WAR GLÜCKLICH, DASS SIE MICH AUFGENOMMEN HABEN. MEINE ELTERN WURDEN **GETÖTET** UND DIE MANDALORIANER HABEN SICH UM MICH GEKÜMMERT.

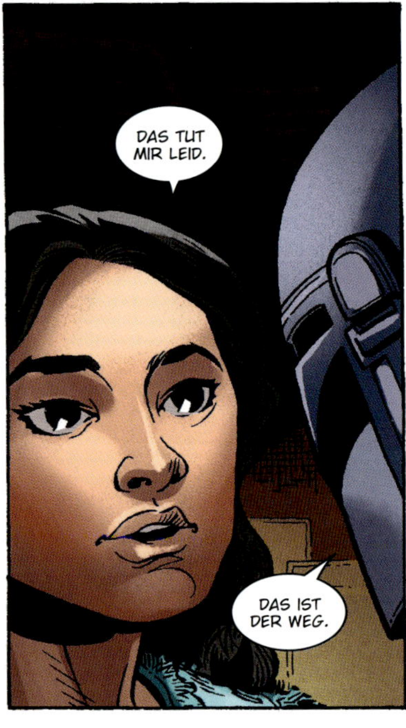
DAS TUT MIR LEID.
DAS IST DER WEG.

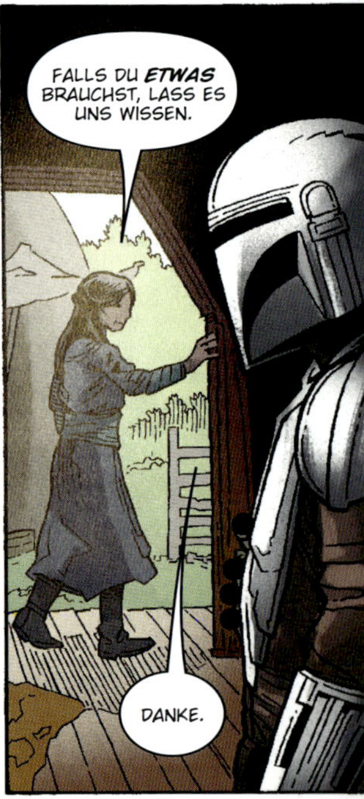
FALLS DU **ETWAS** BRAUCHST, LASS ES UNS WISSEN.
DANKE.

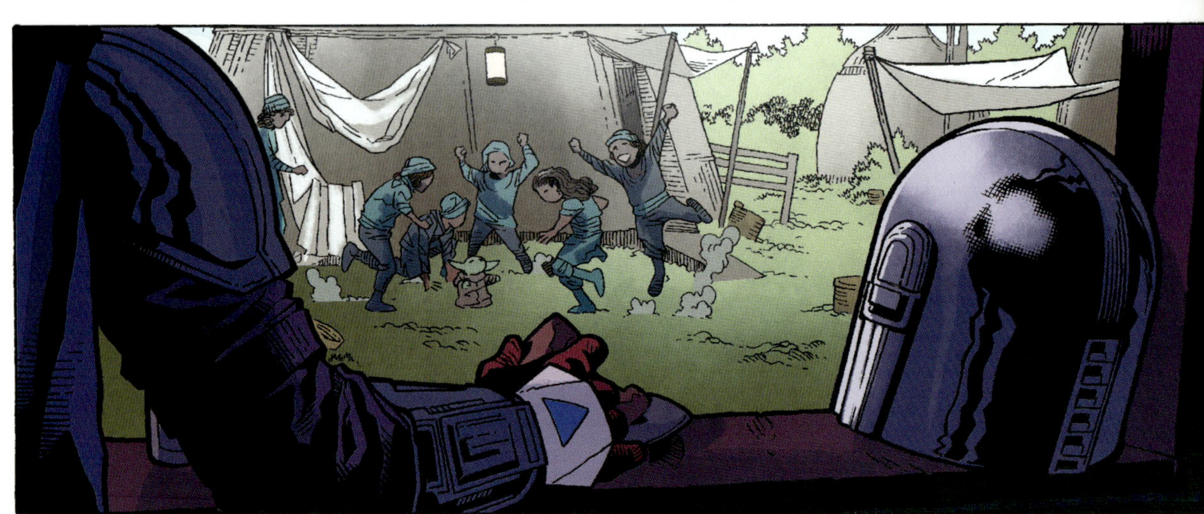

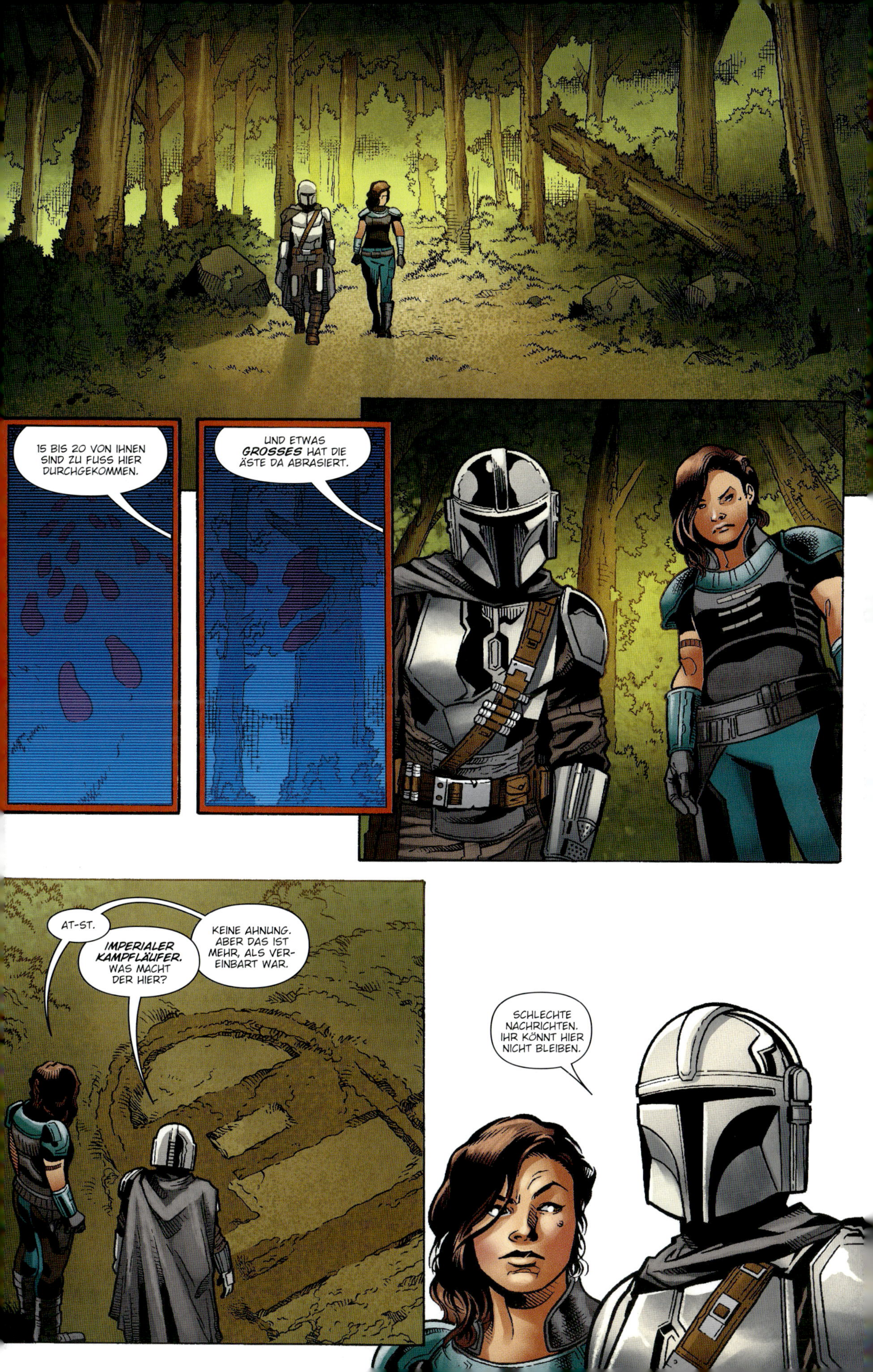

15 BIS 20 VON IHNEN SIND ZU FUSS HIER DURCHGEKOMMEN.

UND ETWAS ***GROSSES*** HAT DIE ÄSTE DA ABRASIERT.

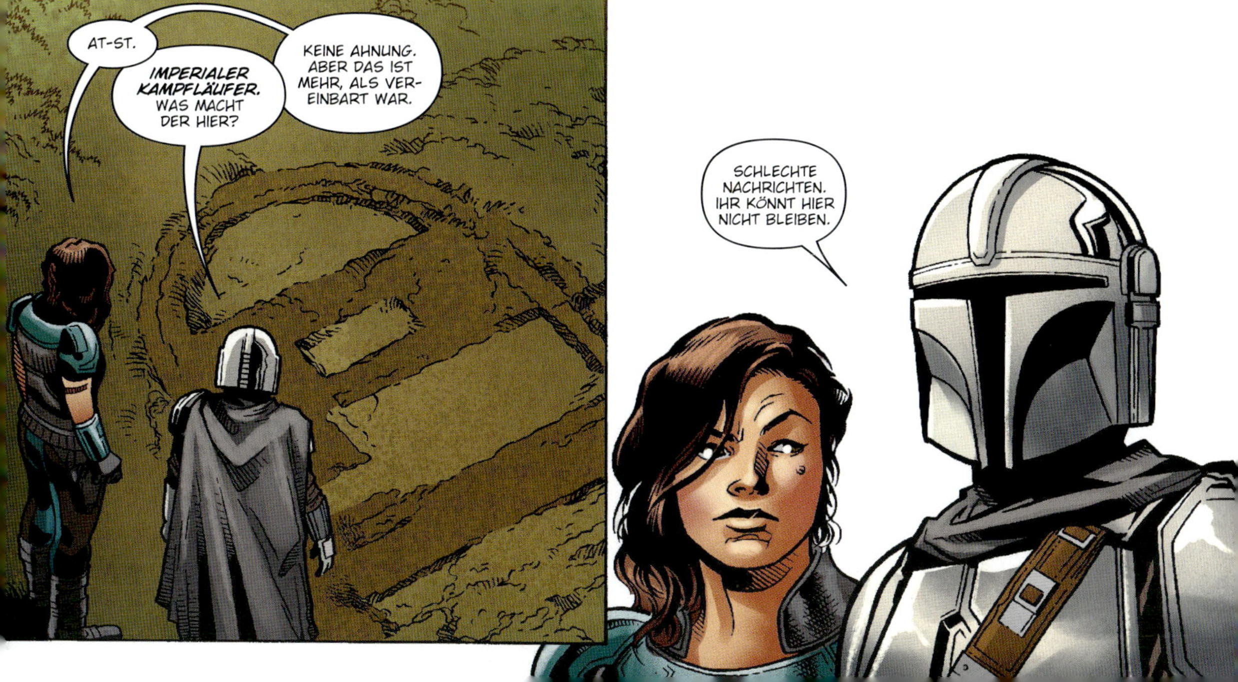

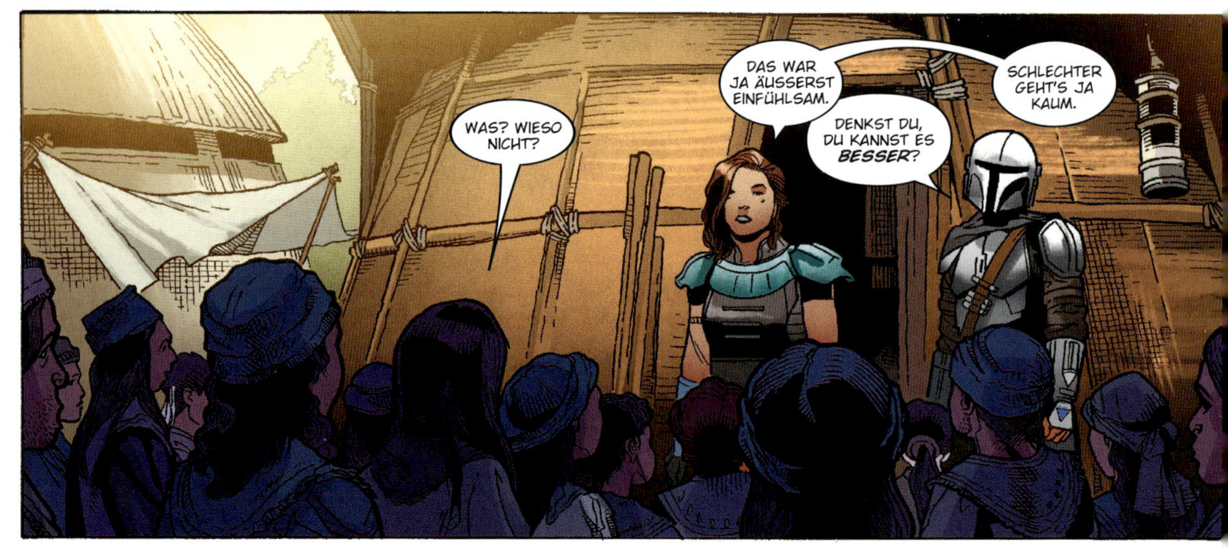
WAS? WIESO NICHT?
DAS WAR JA ÄUSSERST EINFÜHLSAM.
SCHLECHTER GEHT'S JA KAUM.
DENKST DU, DU KANNST ES **BESSER**?

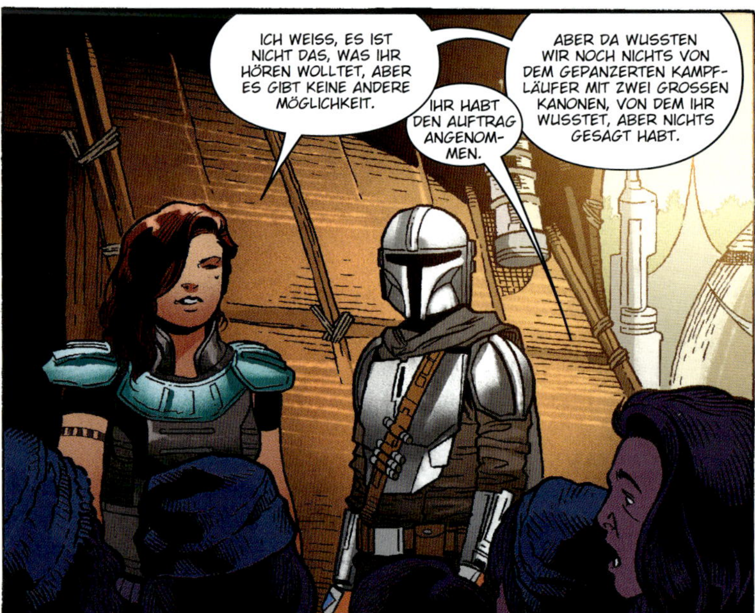
ICH WEISS, ES IST NICHT DAS, WAS IHR HÖREN WOLLTET, ABER ES GIBT KEINE ANDERE MÖGLICHKEIT.
ABER DA WUSSTEN WIR NOCH NICHTS VON DEM GEPANZERTEN KAMPF-LÄUFER MIT ZWEI GROSSEN KANONEN, VON DEM IHR WUSSTET, ABER NICHTS GESAGT HABT.
IHR HABT DEN AUFTRAG ANGENOM-MEN.

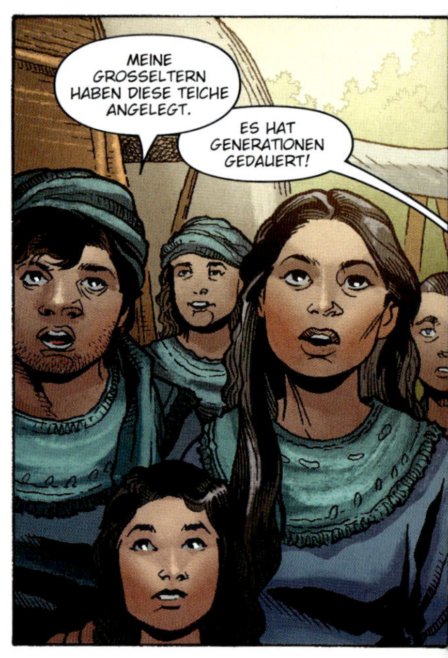
MEINE GROSSELTERN HABEN DIESE TEICHE ANGELEGT.
ES HAT GENERATIONEN GEDAUERT!

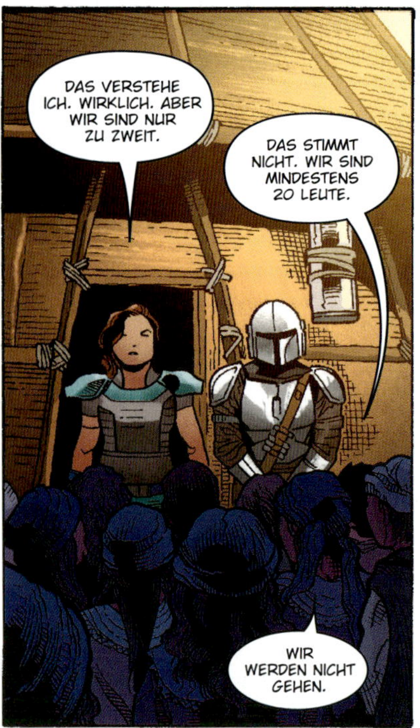
DAS VERSTEHE ICH. WIRKLICH. ABER WIR SIND NUR ZU ZWEIT.
DAS STIMMT NICHT. WIR SIND MINDESTENS 20 LEUTE.
WIR WERDEN NICHT GEHEN.

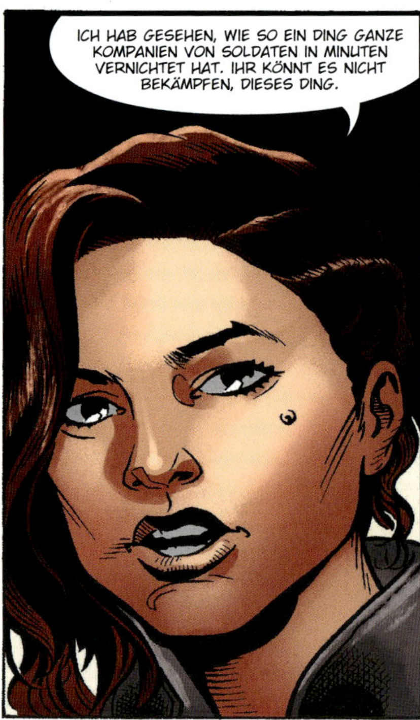
ICH HAB GESEHEN, WIE SO EIN DING GANZE KOMPANIEN VON SOLDATEN IN MINUTEN VERNICHTET HAT. IHR KÖNNT ES NICHT BEKÄMPFEN, DIESES DING.

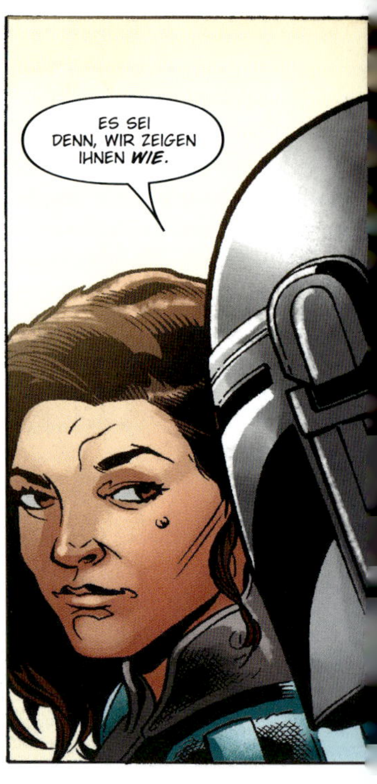
ES SEI DENN, WIR ZEIGEN IHNEN **WIE**.

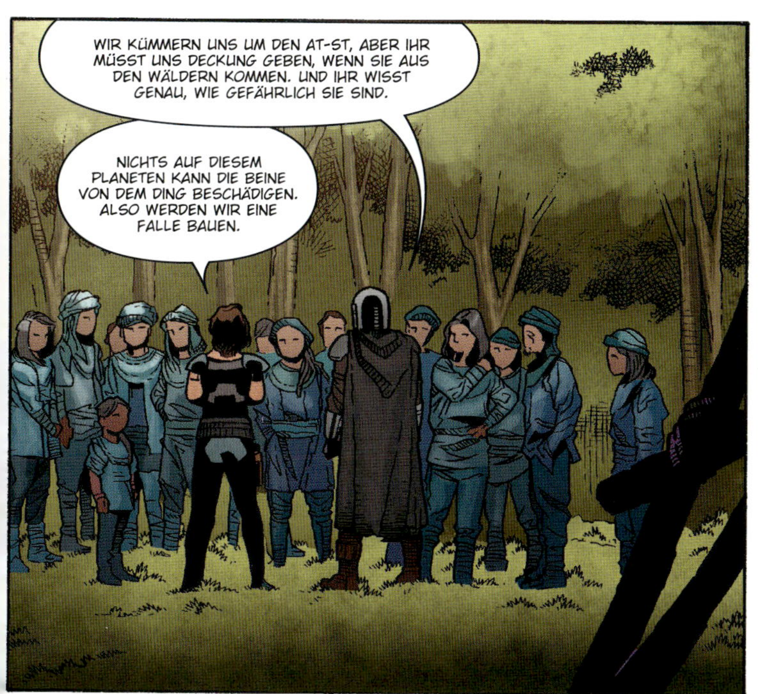
WIR KÜMMERN UNS UM DEN AT-ST, ABER IHR MÜSST UNS DECKUNG GEBEN, WENN SIE AUS DEN WÄLDERN KOMMEN. UND IHR WISST GENAU, WIE GEFÄHRLICH SIE SIND.
NICHTS AUF DIESEM PLANETEN KANN DIE BEINE VON DEM DING BESCHÄDIGEN. ALSO WERDEN WIR EINE FALLE BAUEN.

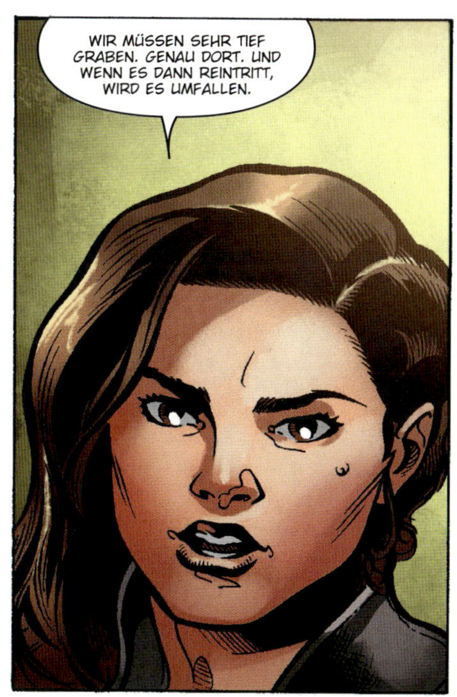
WIR MÜSSEN SEHR TIEF GRABEN. GENAU DORT. UND WENN ES DANN REINTRITT, WIRD ES UMFALLEN.

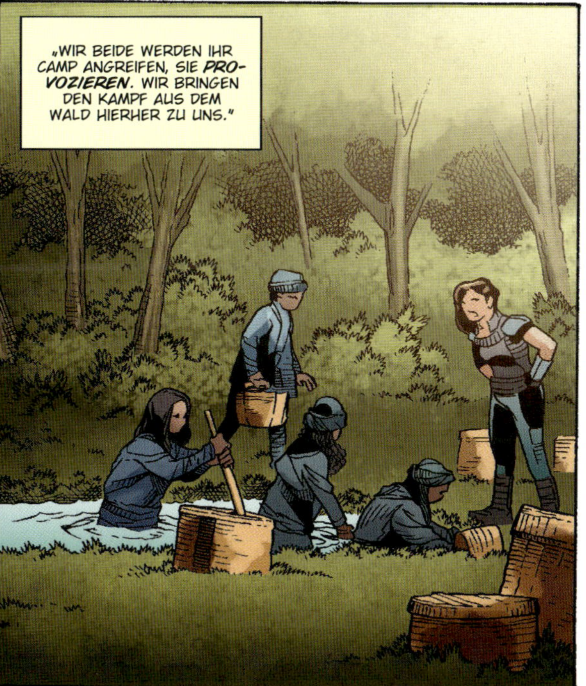
„WIR BEIDE WERDEN IHR CAMP ANGREIFEN, SIE **PROVOZIEREN**. WIR BRINGEN DEN KAMPF AUS DEM WALD HIERHER ZU UNS."

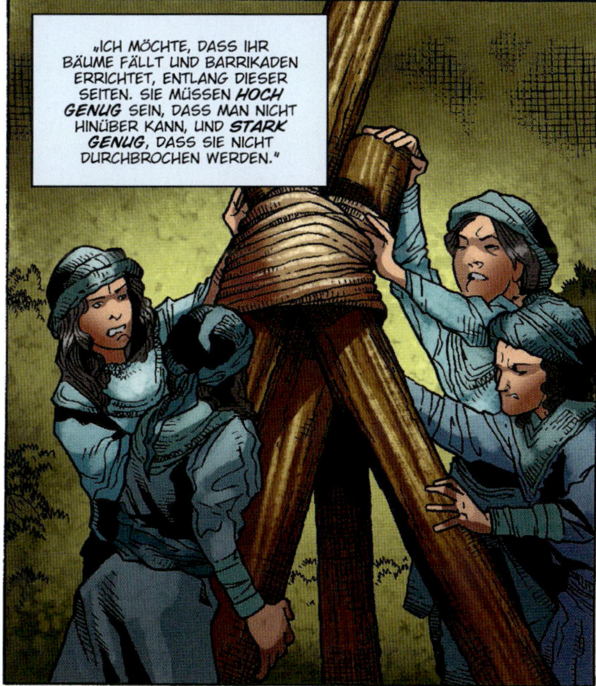
„ICH MÖCHTE, DASS IHR BÄUME FÄLLT UND BARRIKADEN ERRICHTET, ENTLANG DIESER SEITEN. SIE MÜSSEN **HOCH GENUG** SEIN, DASS MAN NICHT HINÜBER KANN, UND **STARK GENUG**, DASS SIE NICHT DURCHBROCHEN WERDEN."

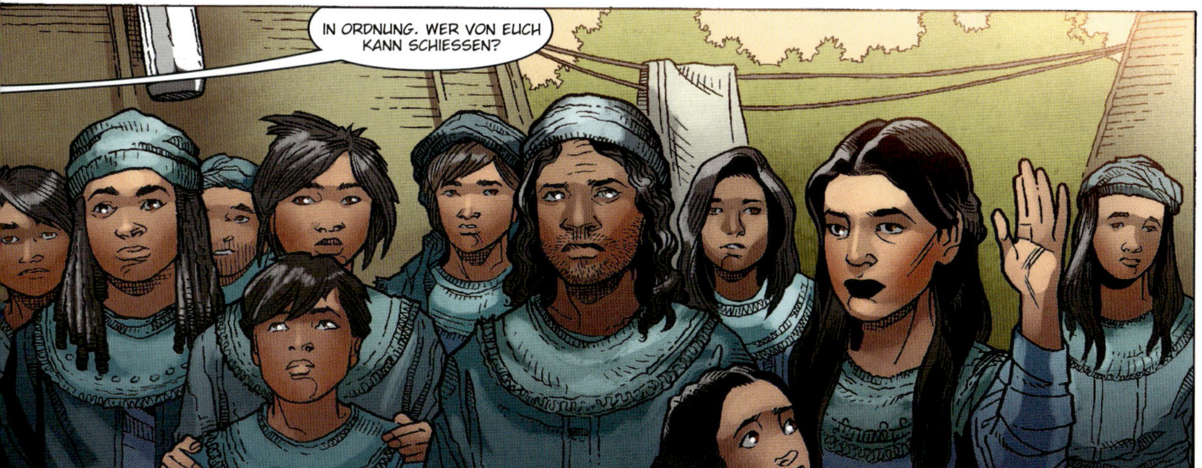
IN ORDNUNG. WER VON EUCH KANN SCHIESSEN?

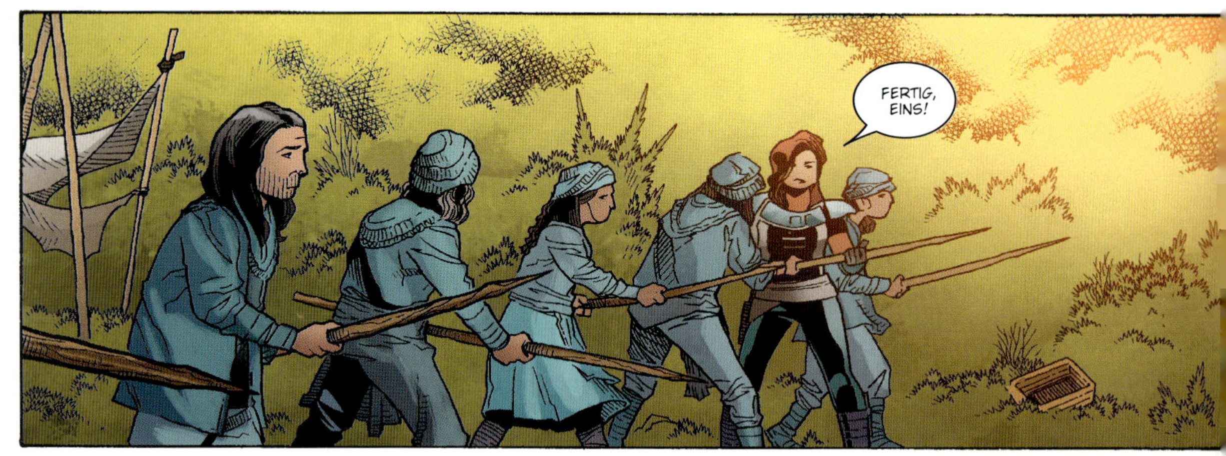
FERTIG, EINS!

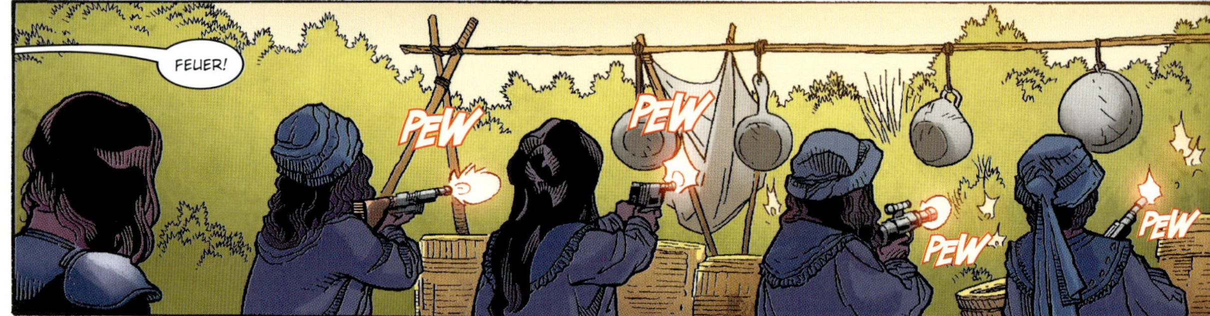
FEUER!
PEW
PEW
PEW
PEW

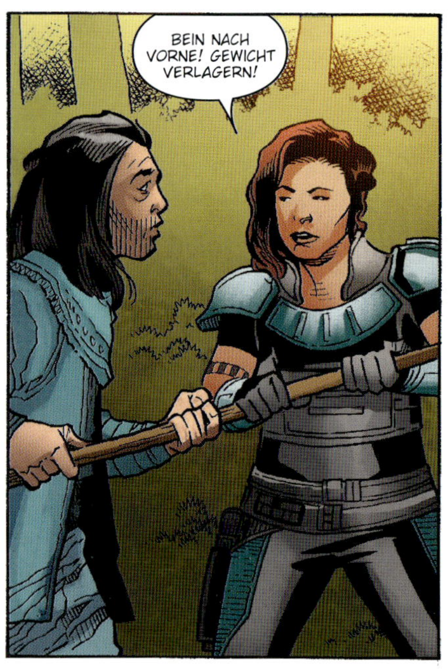
BEIN NACH VORNE! GEWICHT VERLAGERN!

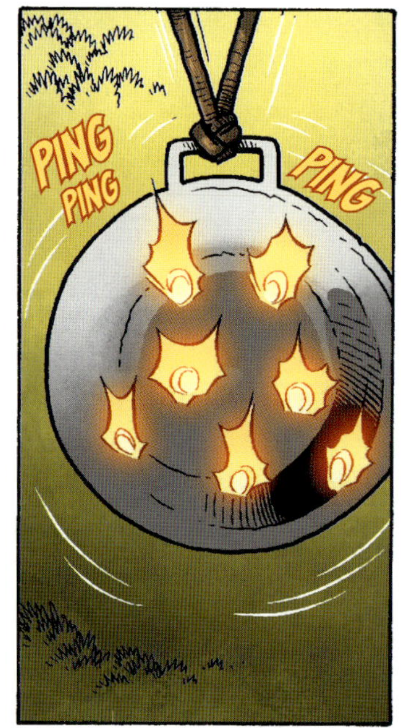
PING
PING
PING

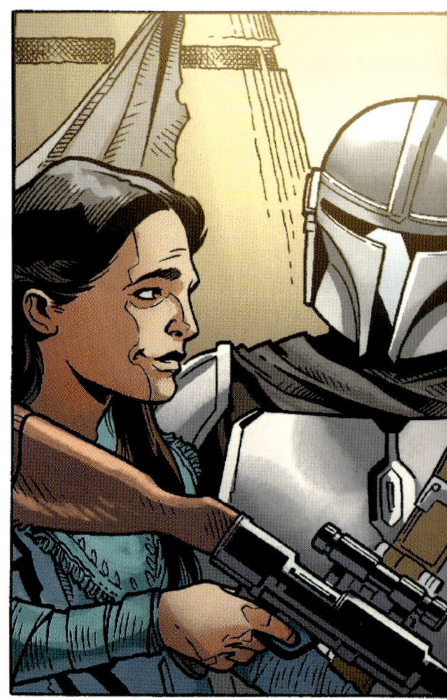

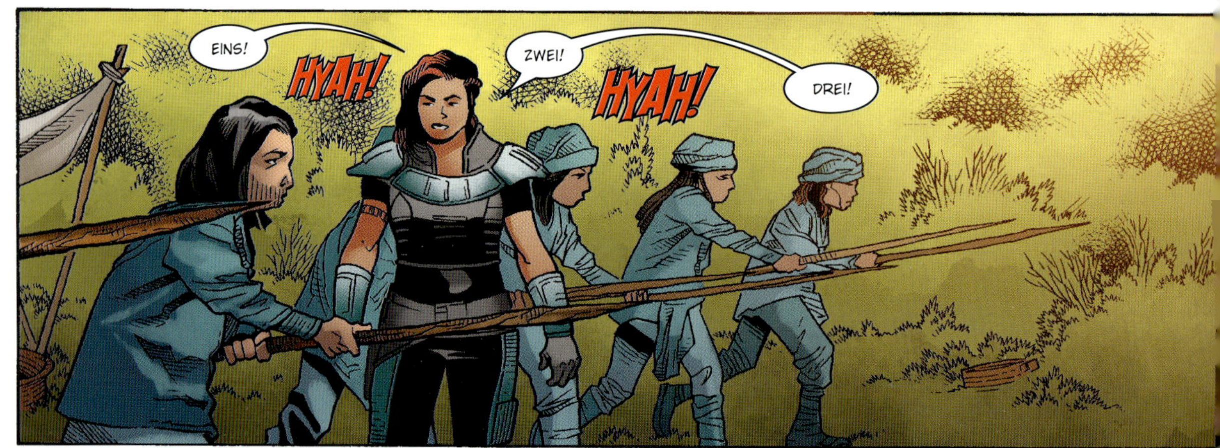
EINS!
HYAH!
ZWEI!
HYAH!
DREI!

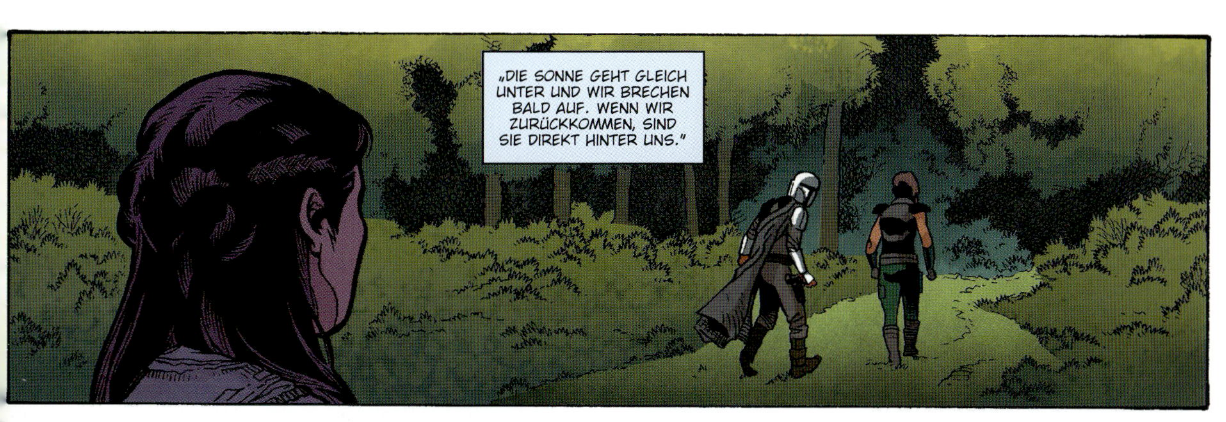

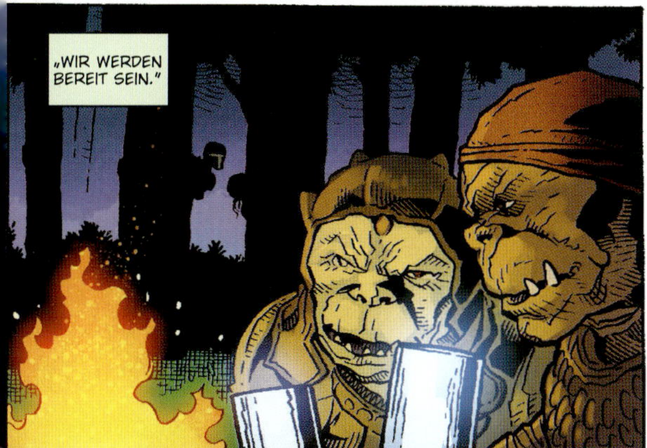

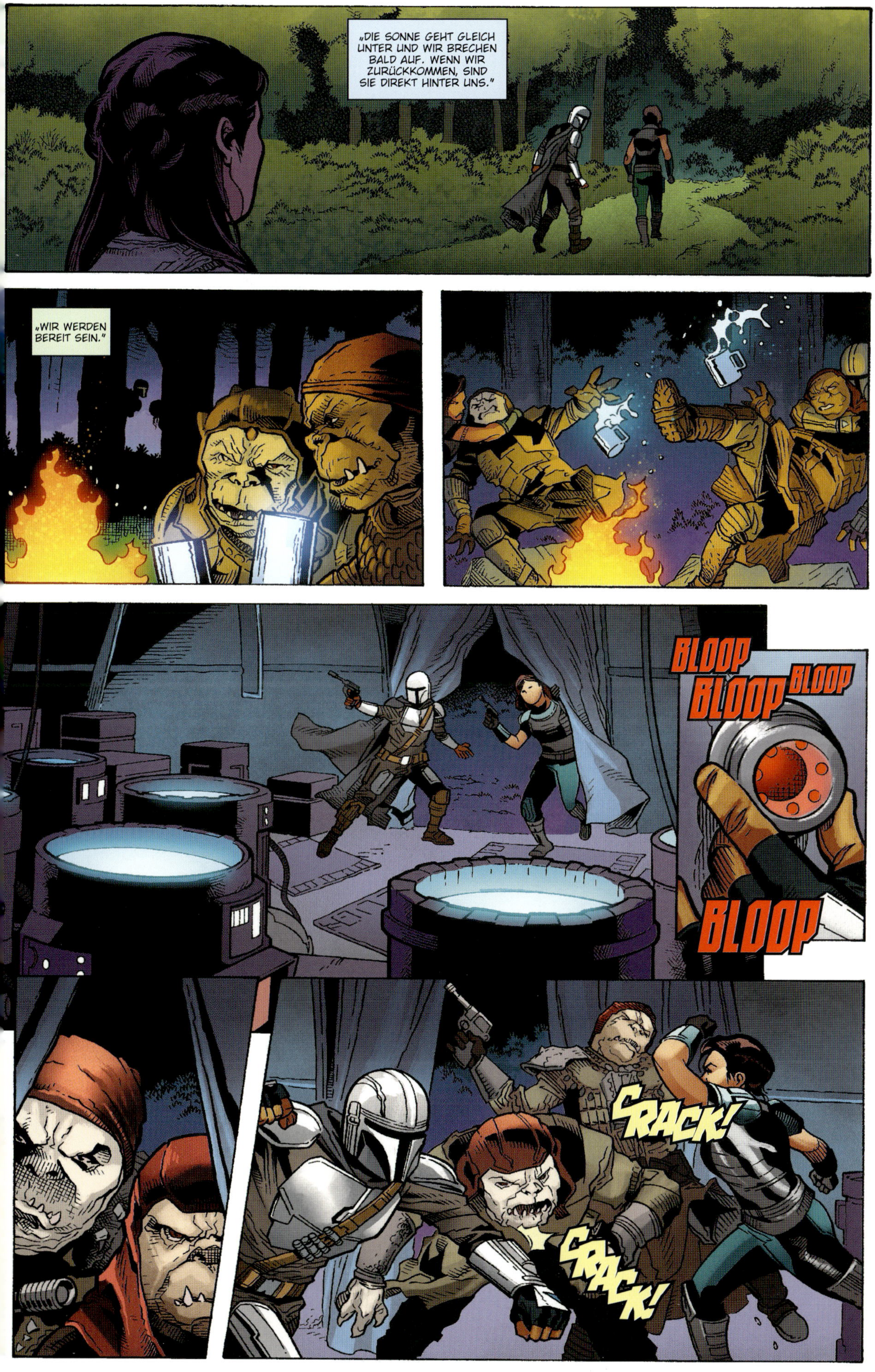

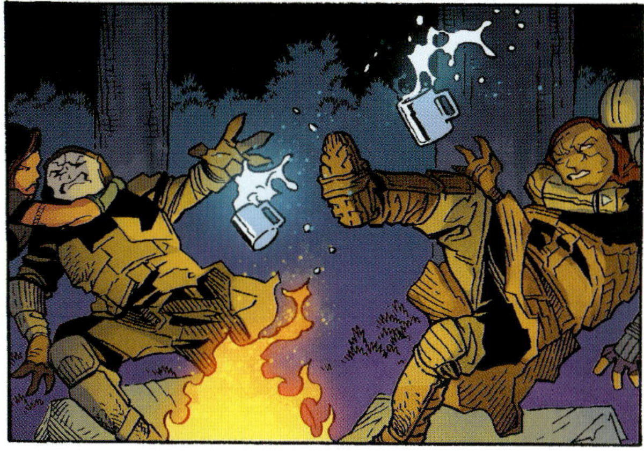

BLOOP
BLOOP BLOOP
BLOOP

CRACK!
CRACK!

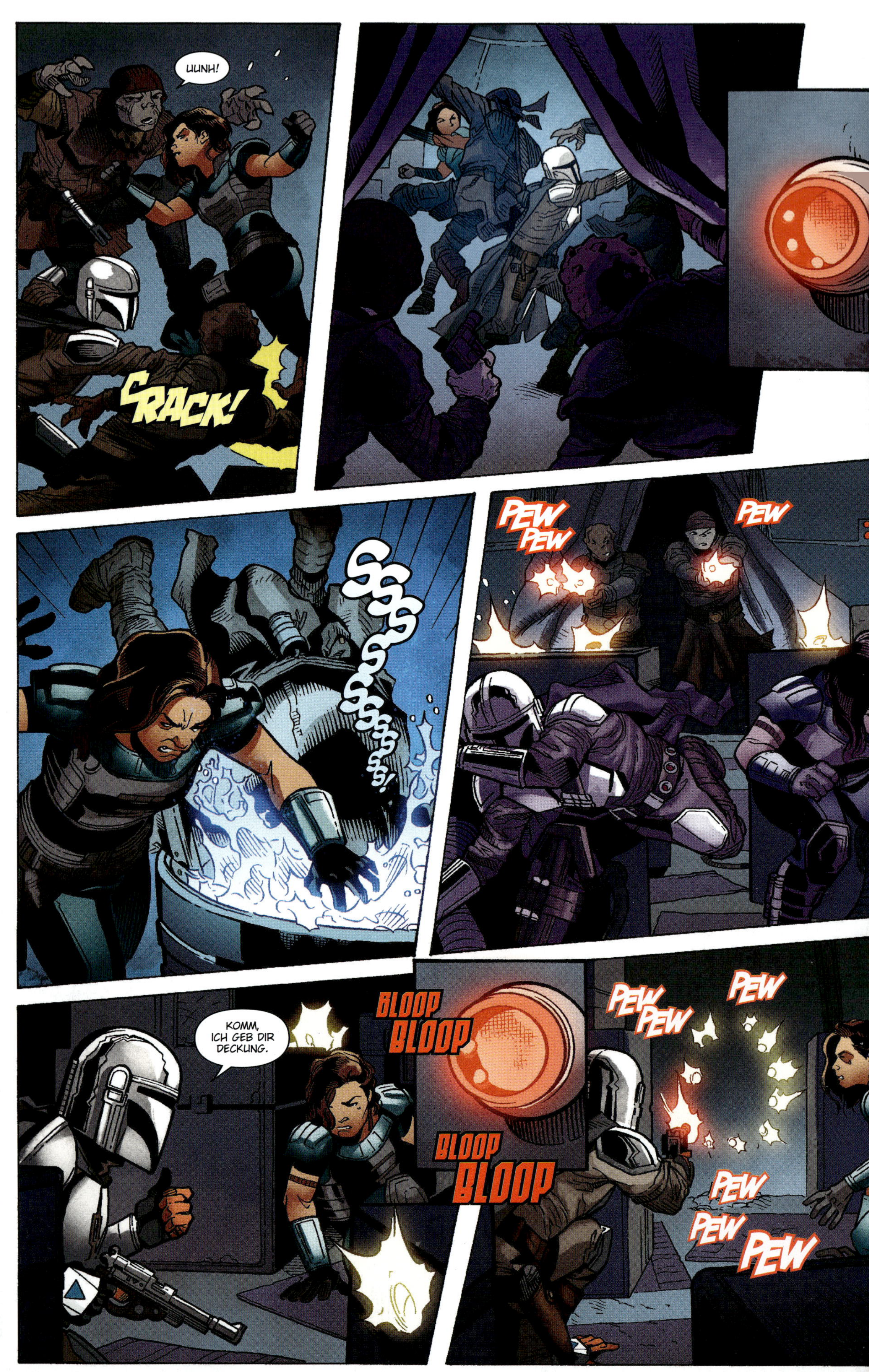
UUNH!
CRACK!
SSSSSSSSSS!
PEW
PEW
PEW
KOMM, ICH GEB DIR DECKUNG.
BLOOP
BLOOP
BLOOP
BLOOP
PEW
PEW
PEW
PEW
PEW
PEW

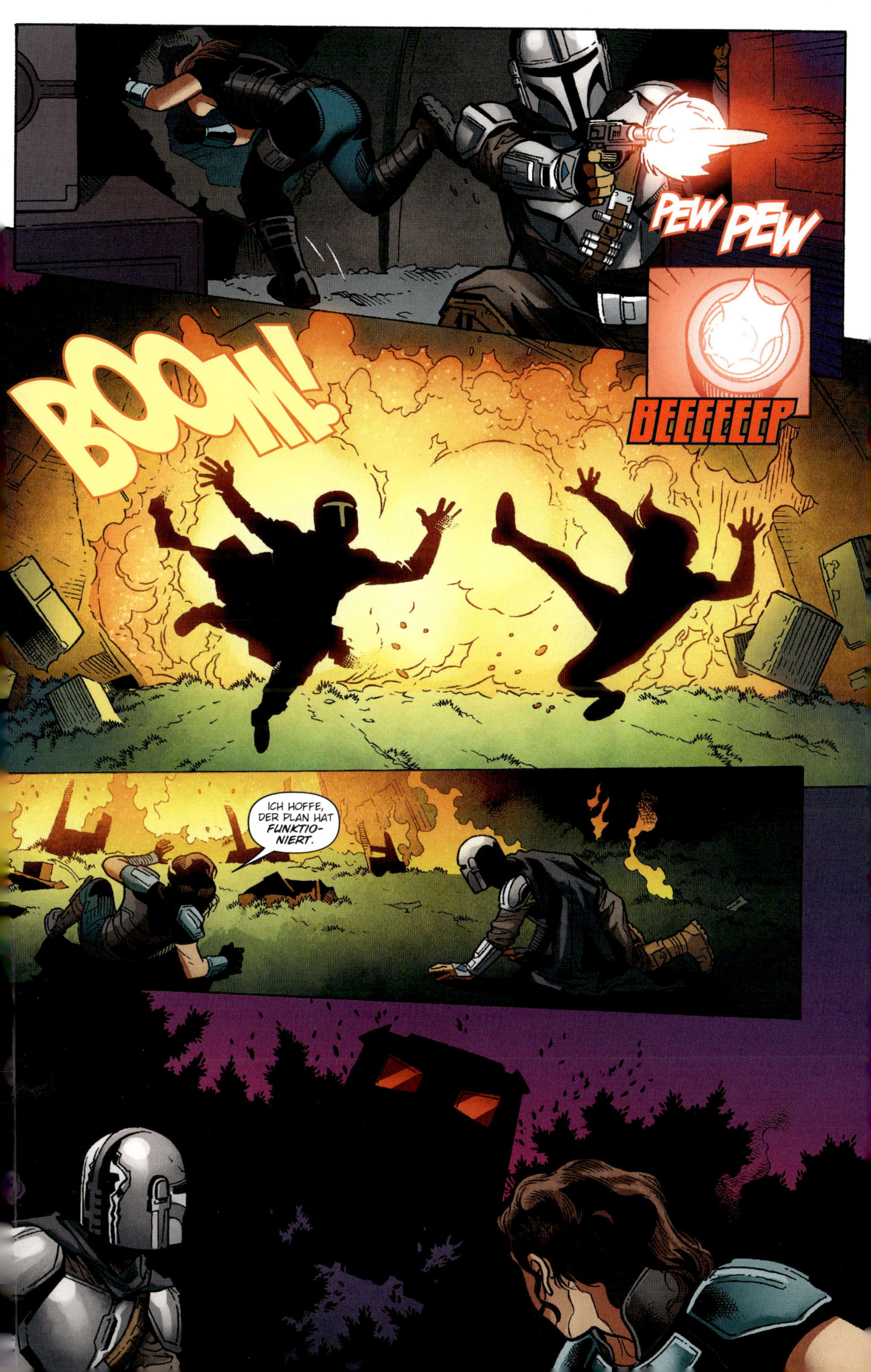
PEW PEW
BEEEEEEP
BOOM!
ICH HOFFE, DER PLAN HAT FUNKTIONIERT.

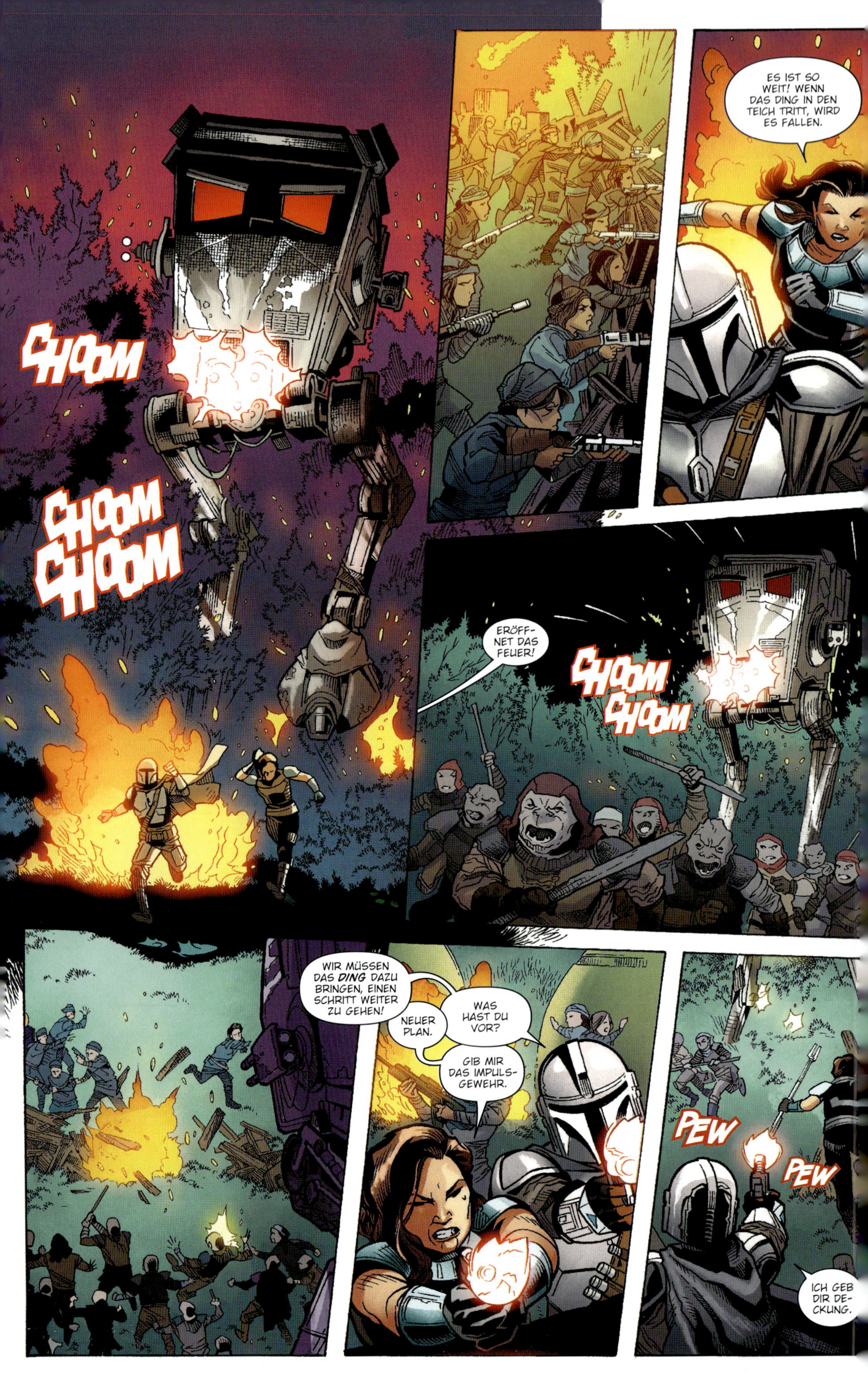
CHOOM
CHOOM
CHOOM
ES IST SO WEIT! WENN DAS DING IN DEN TEICH TRITT, WIRD ES FALLEN.
ERÖFF-NET DAS FEUER!
CHOOM
CHOOM
WIR MÜSSEN DAS *DING* DAZU BRINGEN, EINEN SCHRITT WEITER ZU GEHEN!
NEUER PLAN.
WAS HAST DU VOR?
GIB MIR DAS IMPULS-GEWEHR.
PEW
PEW
ICH GEB DIR DE-CKUNG.

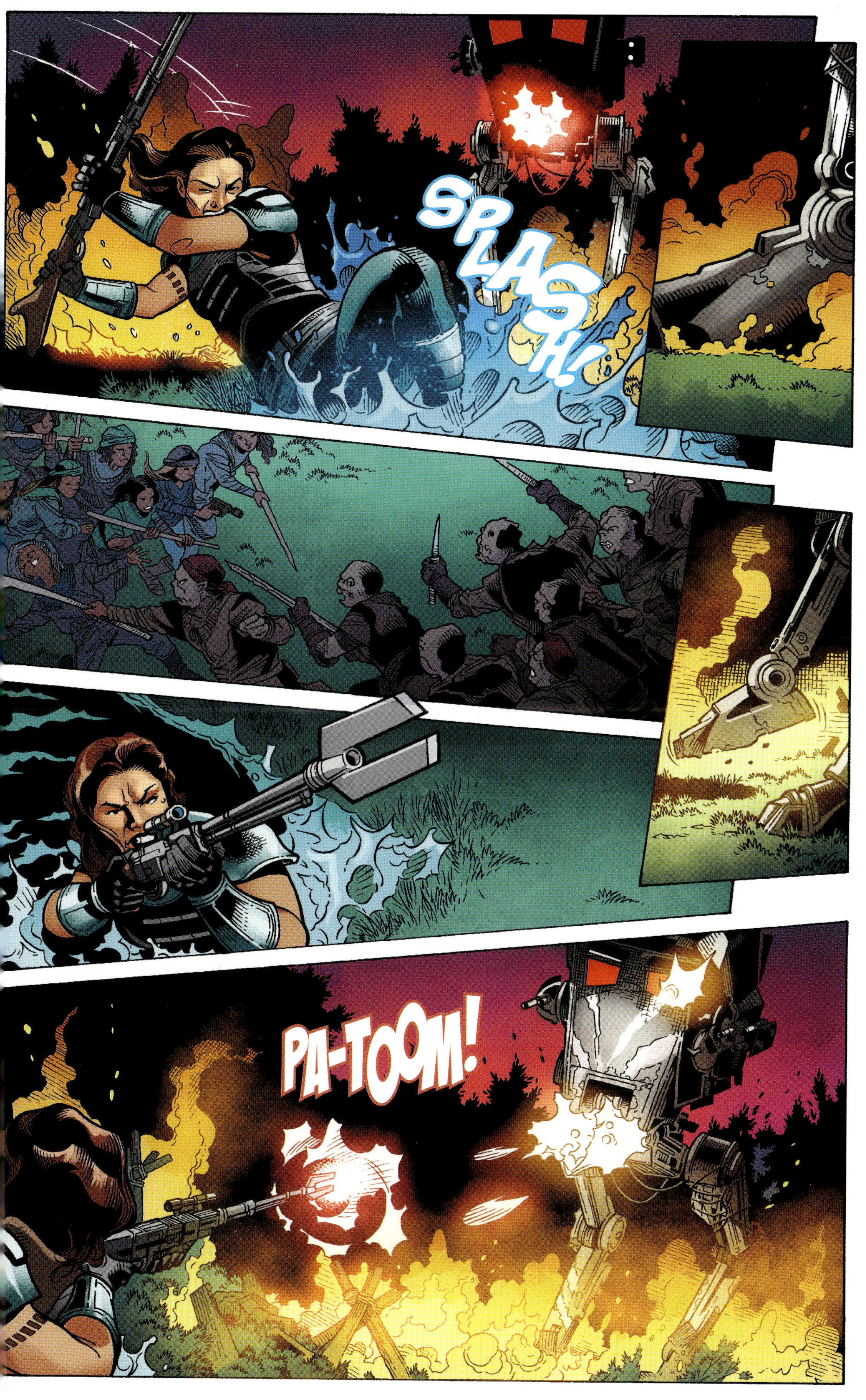
SPLASH!
PA-TOOM!

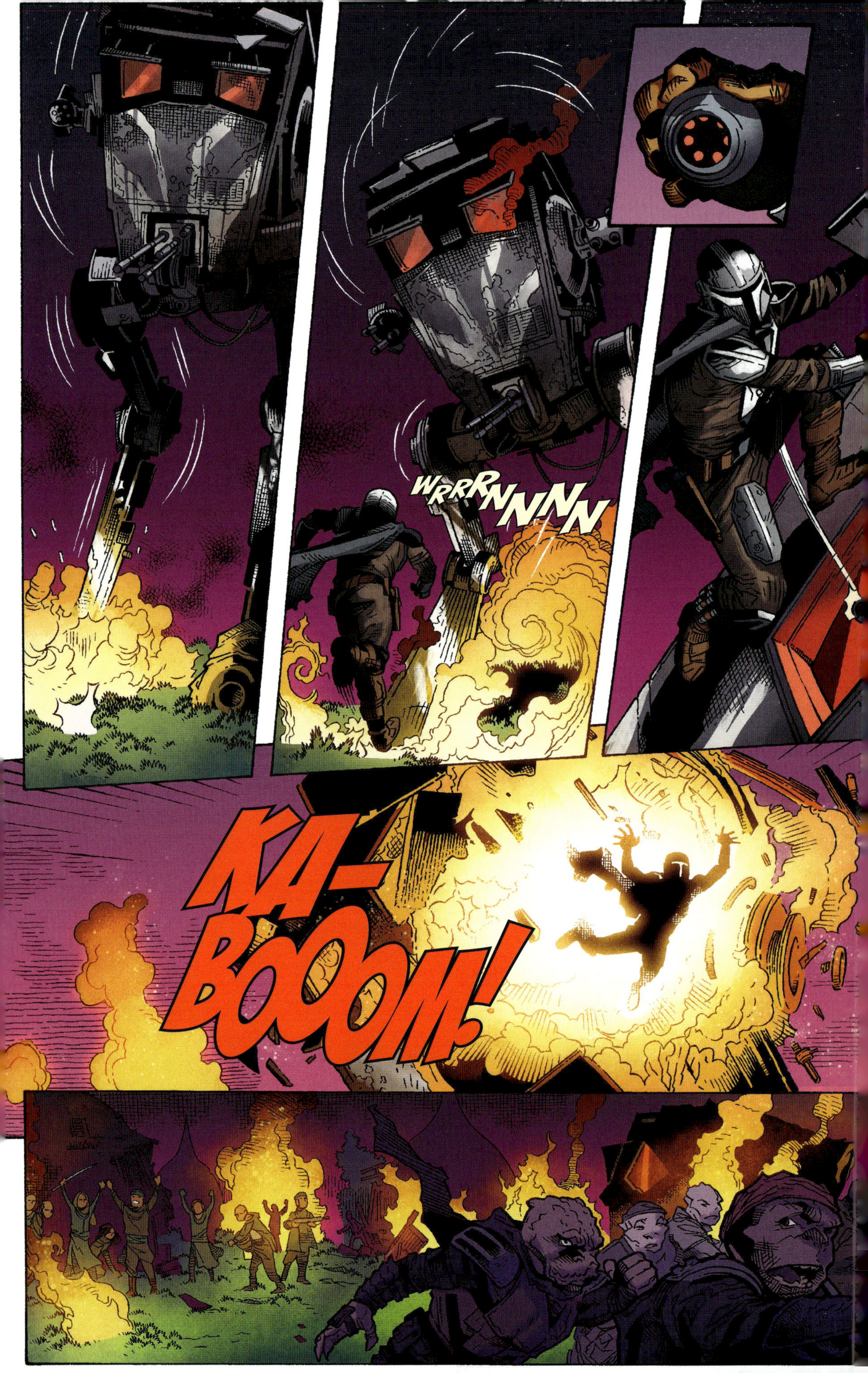
WRRRNNNN
KA-BOOOM!

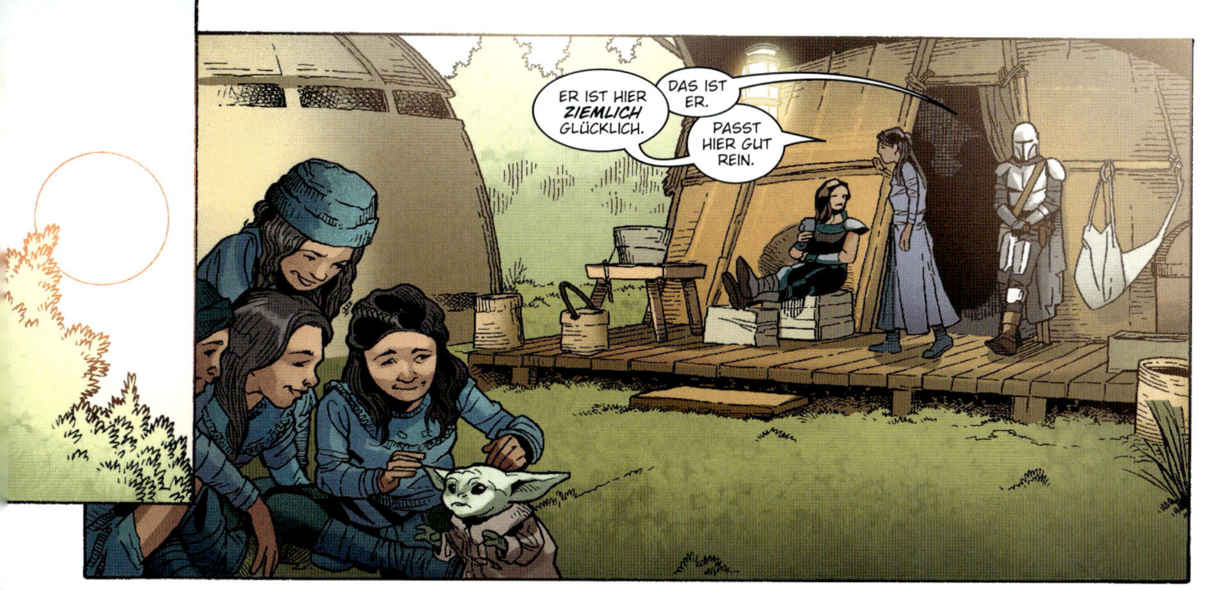
ER IST HIER ZIEMLICH GLÜCKLICH.
DAS IST ER.
PASST HIER GUT REIN.

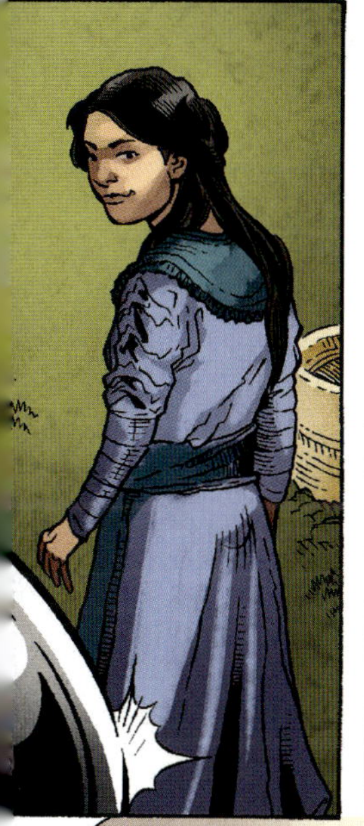

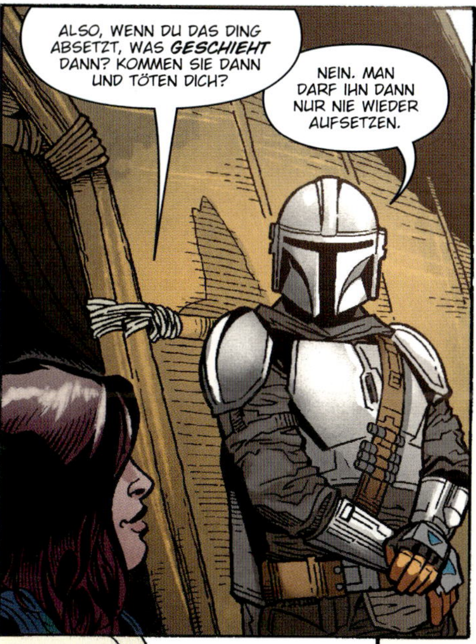
ALSO, WENN DU DAS DING ABSETZT, WAS GESCHIEHT DANN? KOMMEN SIE DANN UND TÖTEN DICH?
NEIN. MAN DARF IHN DANN NUR NIE WIEDER AUFSETZEN.

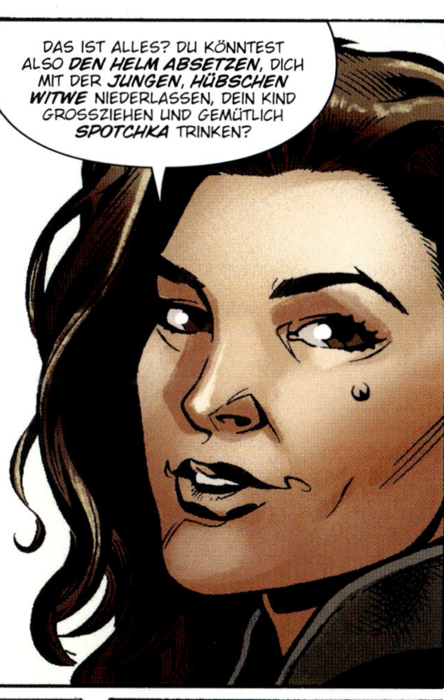
DAS IST ALLES? DU KÖNNTEST ALSO DEN HELM ABSETZEN, DICH MIT DER JUNGEN, HÜBSCHEN WITWE NIEDERLASSEN, DEIN KIND GROSSZIEHEN UND GEMÜTLICH SPOTCHKA TRINKEN?

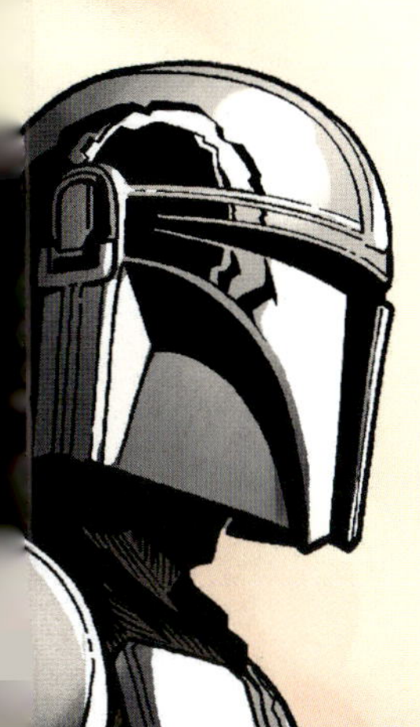
WIR HABEN HIER VOR EIN PAAR WOCHEN GANZ SCHÖN STAUB AUFGEWIRBELT. ZU VIEL TRUBEL FÜR SO 'N PROVINZNEST. SO WAS SPRICHT SICH SCHNELL RUM. WIR SOLLTEN ZUSEHEN, DASS WIR VON HIER VERSCHWINDEN.

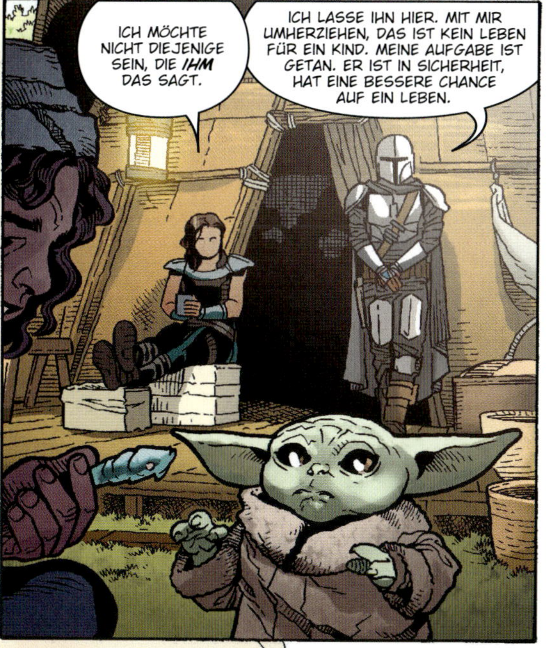
ICH MÖCHTE NICHT DIEJENIGE SEIN, DIE IHM DAS SAGT.
ICH LASSE IHN HIER. MIT MIR UMHERZIEHEN, DAS IST KEIN LEBEN FÜR EIN KIND. MEINE AUFGABE IST GETAN. ER IST IN SICHERHEIT, HAT EINE BESSERE CHANCE AUF EIN LEBEN.

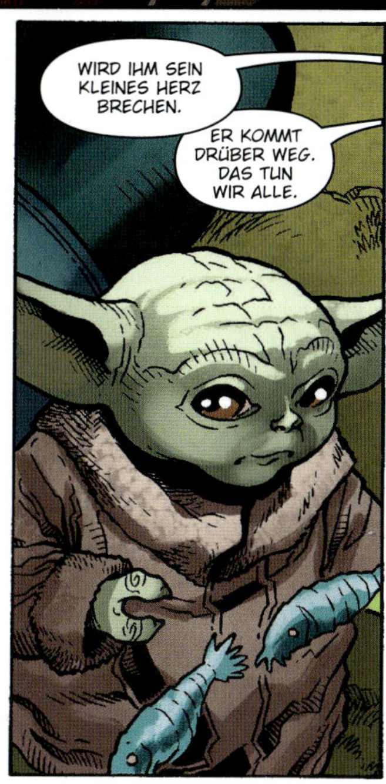
WIRD IHM SEIN KLEINES HERZ BRECHEN.
ER KOMMT DRÜBER WEG. DAS TUN WIR ALLE.

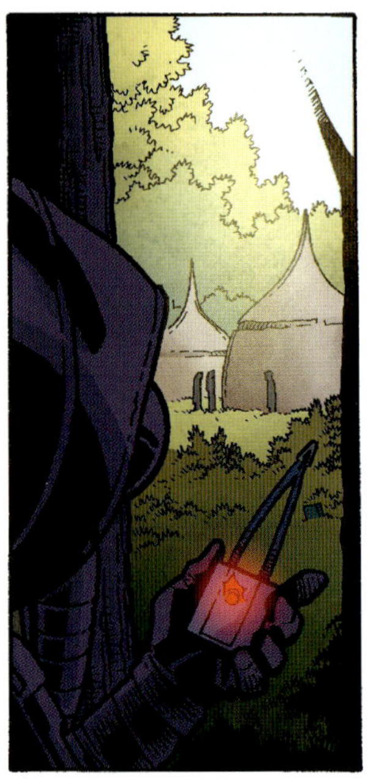
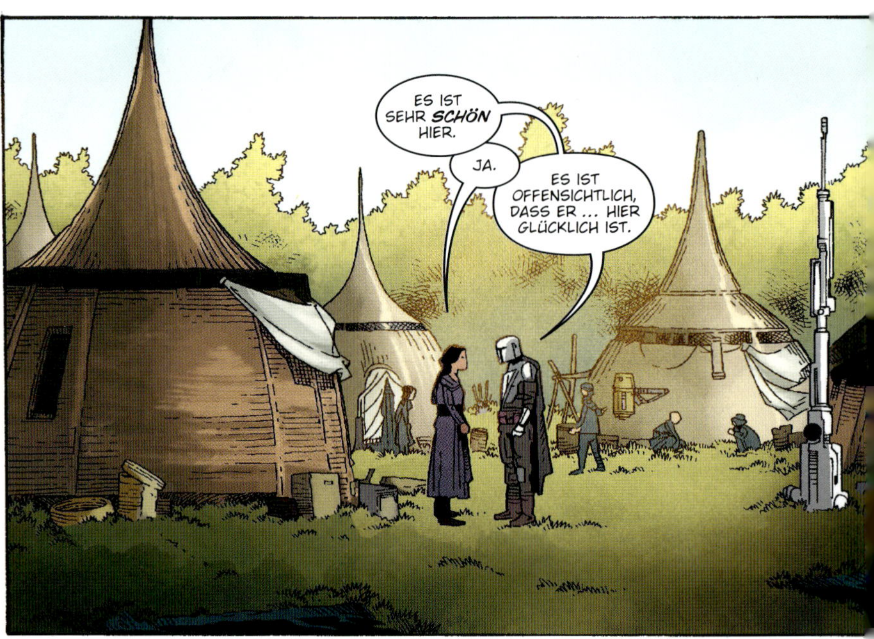
ES IST SEHR **SCHÖN** HIER.
JA.
ES IST OFFENSICHTLICH, DASS ER ... HIER GLÜCKLICH IST.
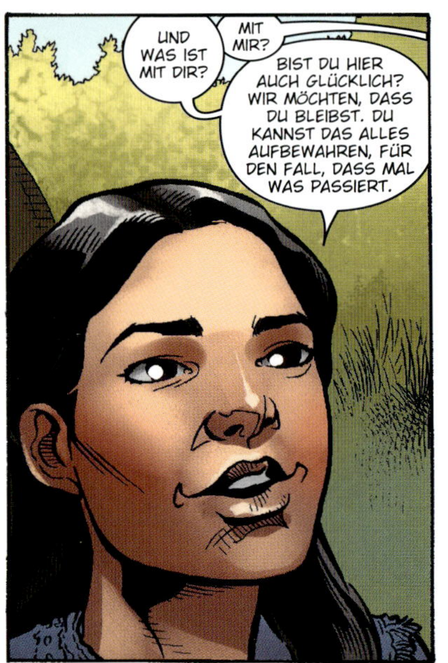
UND WAS IST MIT DIR?
MIT MIR?
BIST DU HIER AUCH GLÜCKLICH? WIR MÖCHTEN, DASS DU BLEIBST. DU KANNST DAS ALLES AUFBEWAHREN, FÜR DEN FALL, DASS MAL WAS PASSIERT.
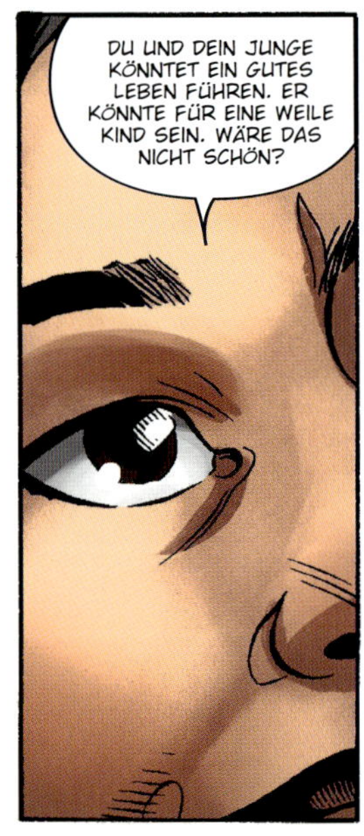
DU UND DEIN JUNGE KÖNNTET EIN GUTES LEBEN FÜHREN. ER KÖNNTE FÜR EINE WEILE KIND SEIN. WÄRE DAS NICHT SCHÖN?
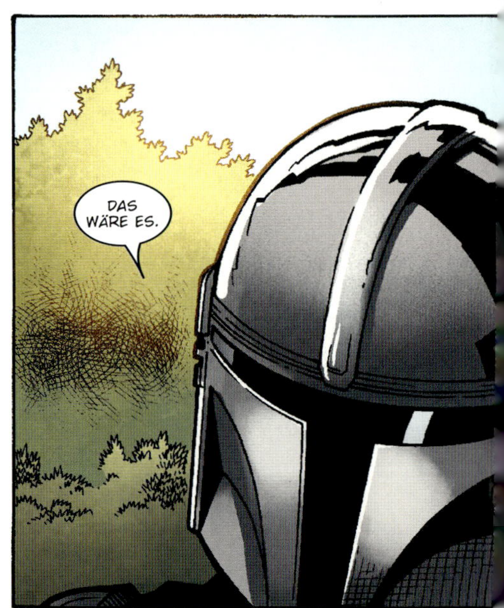
DAS WÄRE ES.
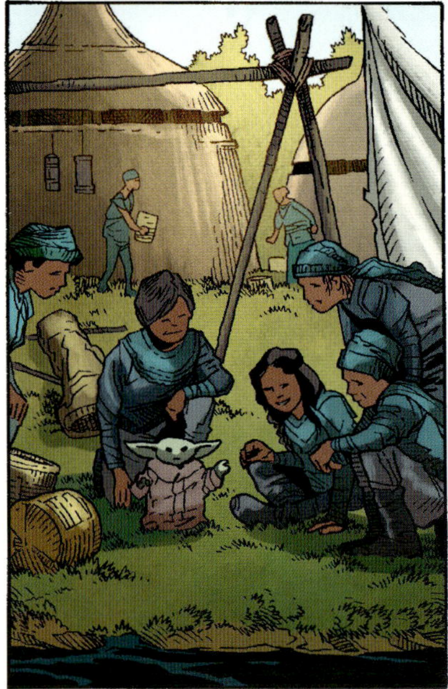
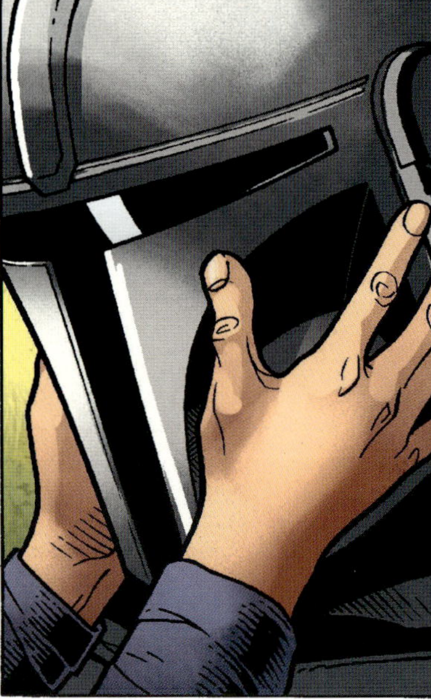
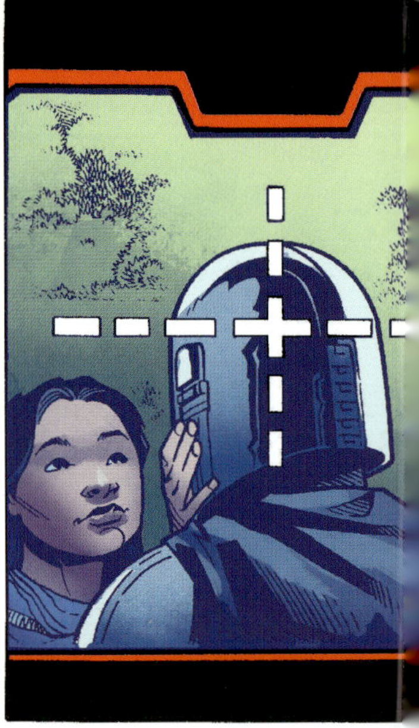

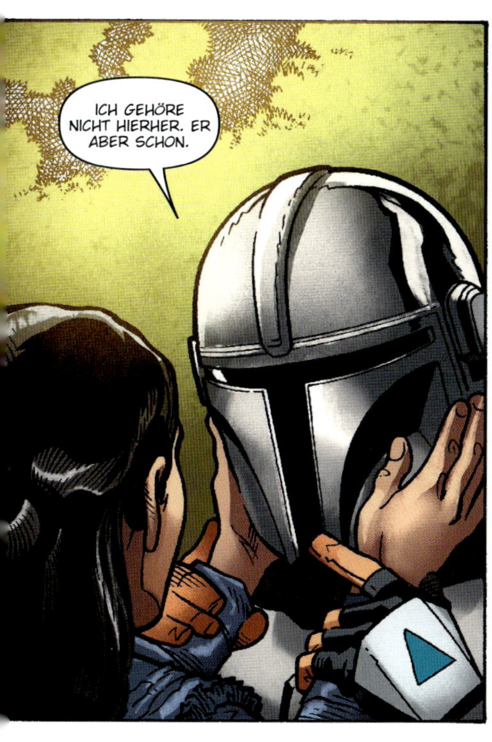
ICH GEHÖRE NICHT HIERHER. ER ABER SCHON.

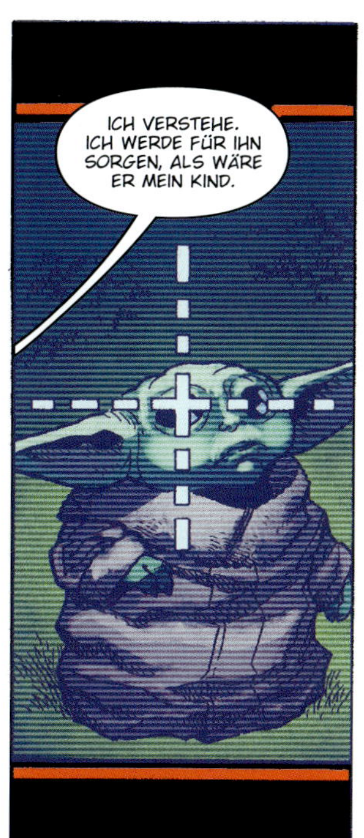
ICH VERSTEHE. ICH WERDE FÜR IHN SORGEN, ALS WÄRE ER MEIN KIND.

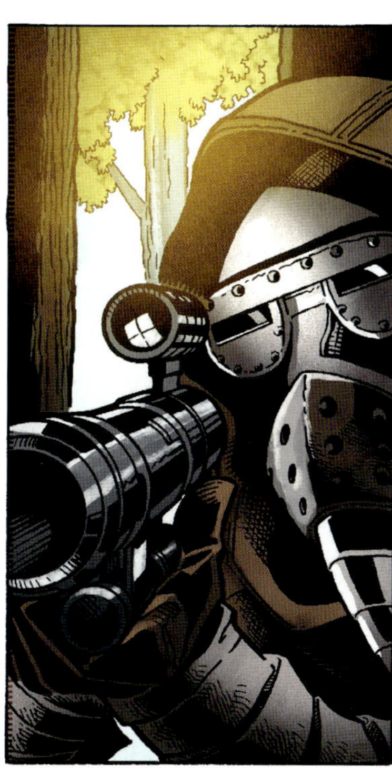

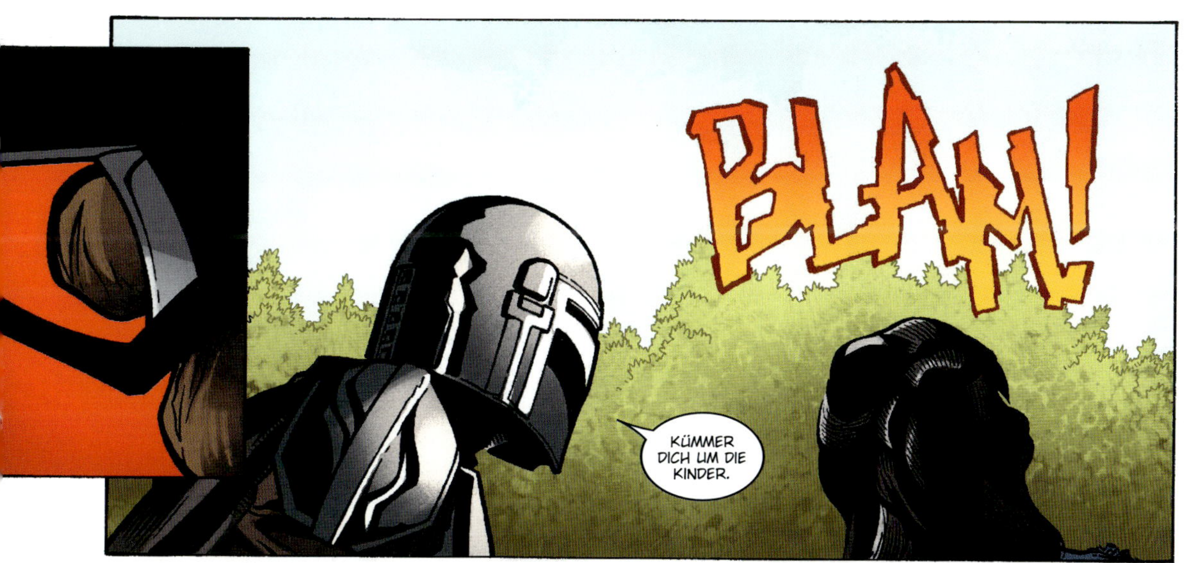
BLAM!
KÜMMER DICH UM DIE KINDER.

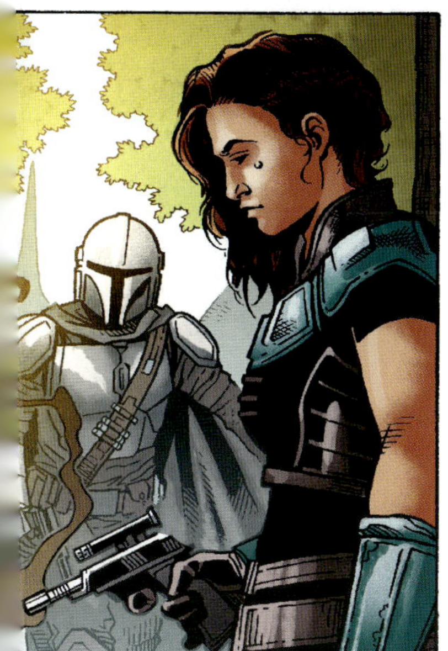

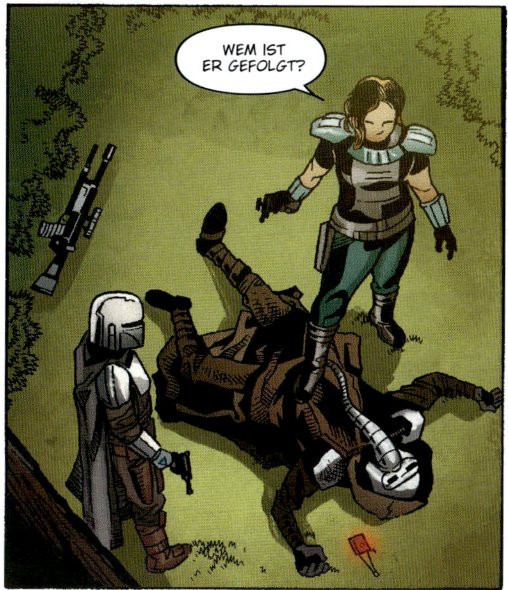
WEM IST ER GEFOLGT?

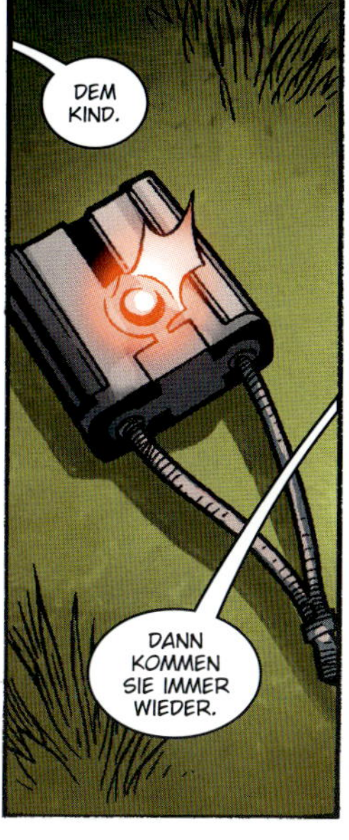
DEM KIND.
DANN KOMMEN SIE IMMER WIEDER.

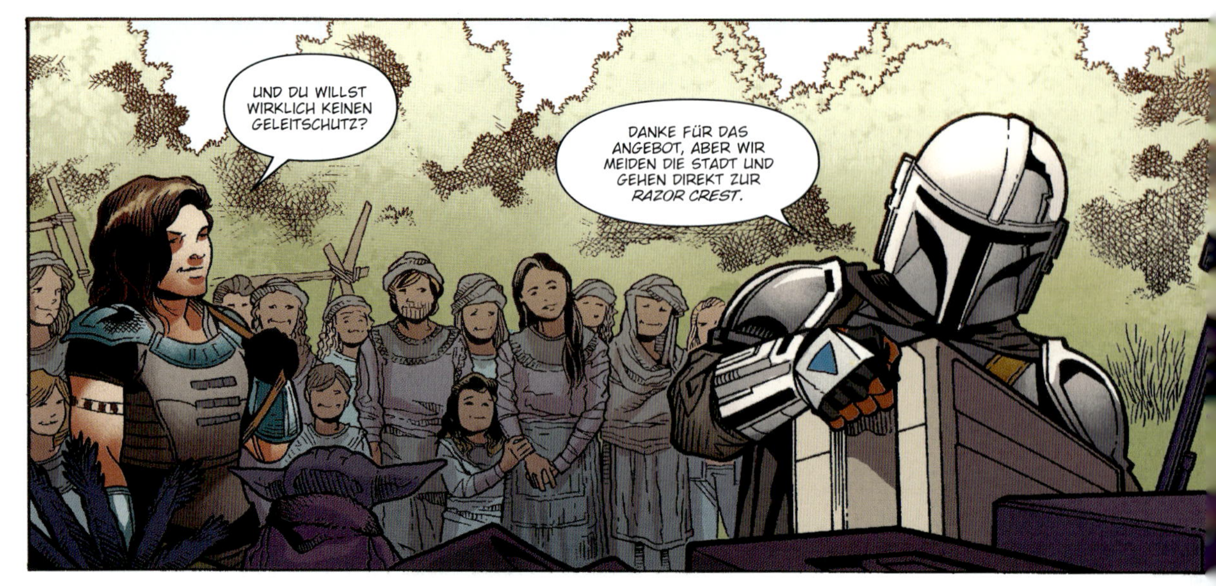
UND DU WILLST WIRKLICH KEINEN GELEITSCHUTZ?
DANKE FÜR DAS ANGEBOT, ABER WIR MEIDEN DIE STADT UND GEHEN DIREKT ZUR *RAZOR CREST*.

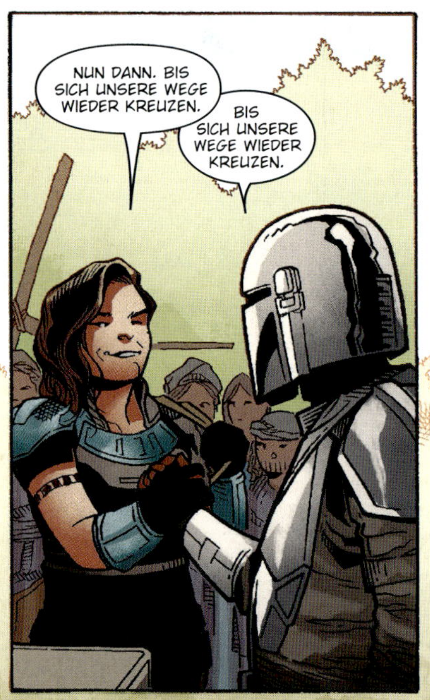
NUN DANN. BIS SICH UNSERE WEGE WIEDER KREUZEN.
BIS SICH UNSERE WEGE WIEDER KREUZEN.

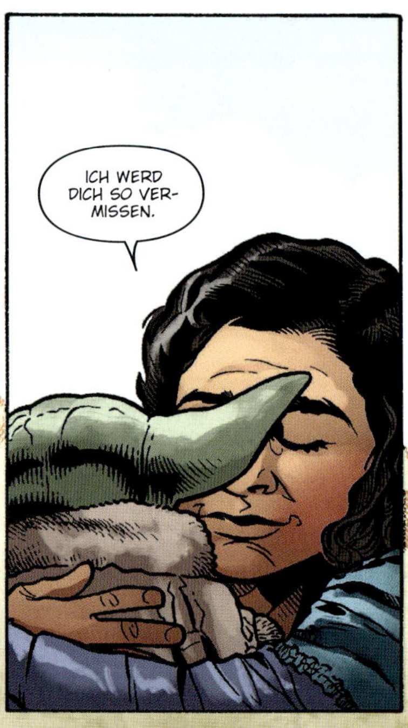
ICH WERD DICH SO VERMISSEN.

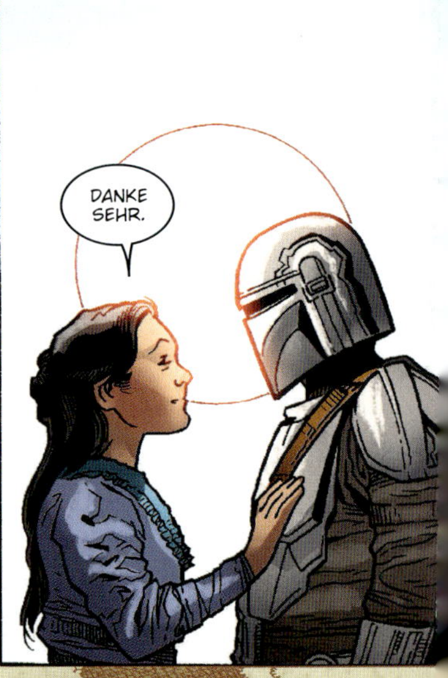
DANKE SEHR.

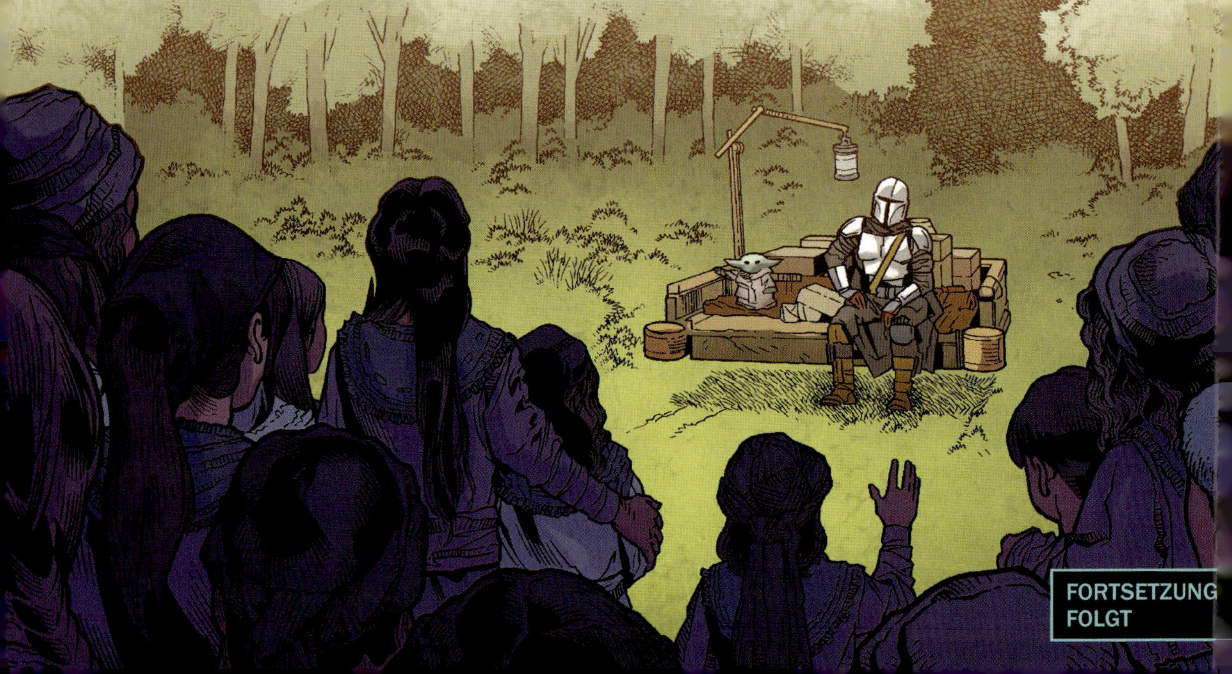
FORTSETZUNG FOLGT

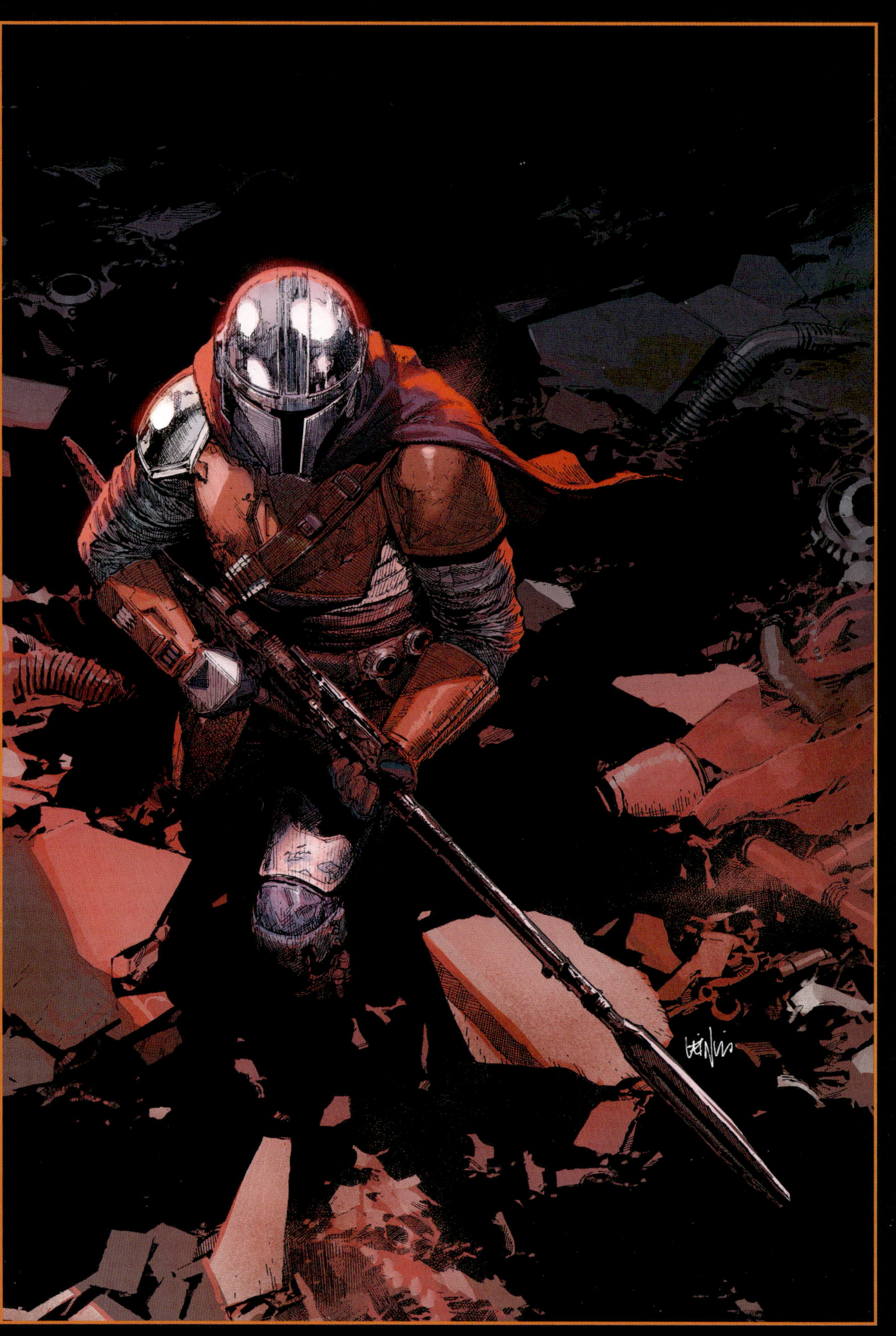

US-STAR WARS: The Mandalorian #1
Variant-Cover: **LEINIL FRANCIS YU** und **SUNNY GHO**

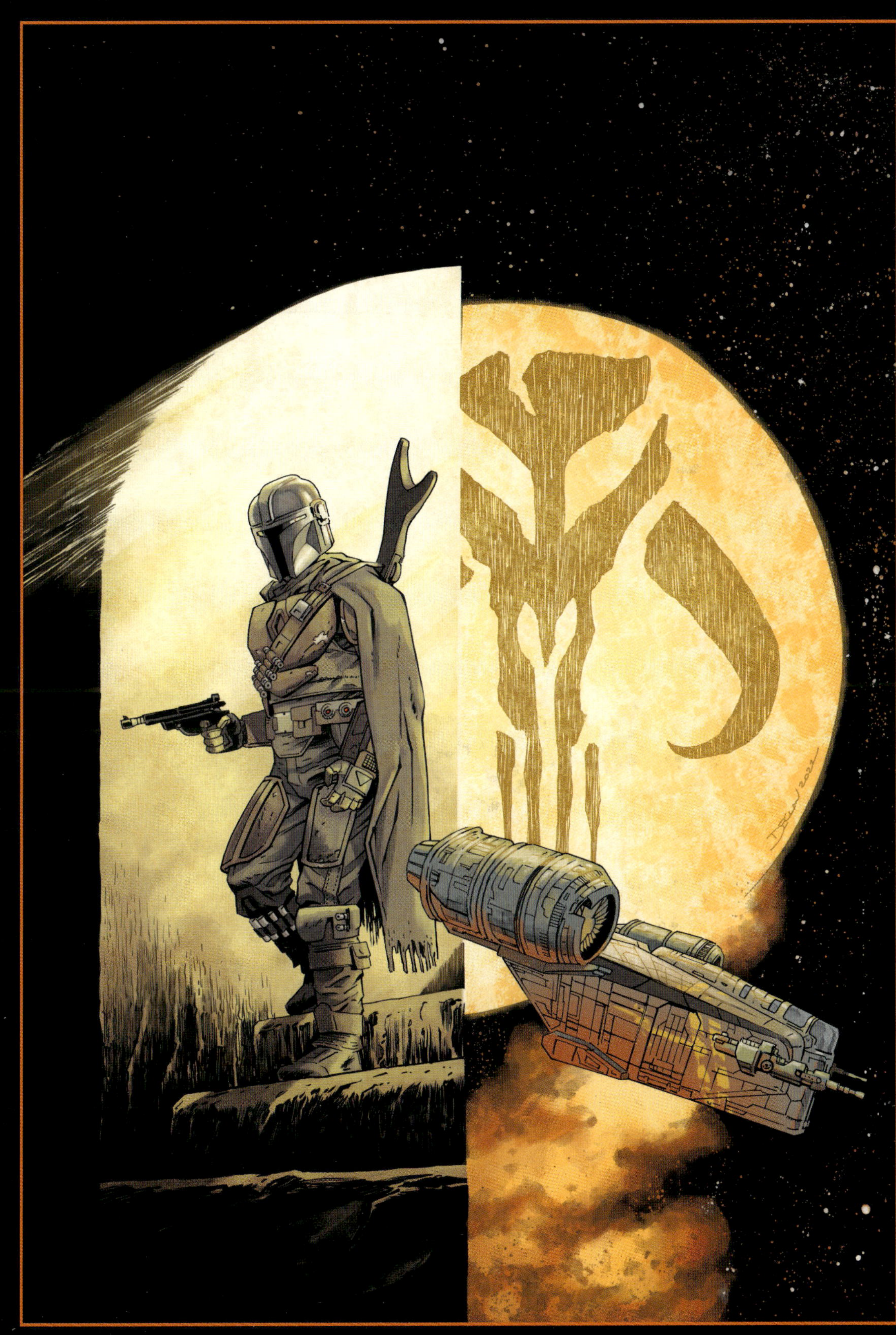

US-STAR WARS: The Mandalorian #1
Variant-Cover: **DECLAN SHALVEY**

BIOGRAPHIEN

Rodney Barnes begeistert sich schon früh für Comics. Nach seiner Ausbildung zieht er 1995 nach Los Angeles, um seinen Traum, Drehbuchautor zu werden, zu verwirklichen. Nachdem er sich hochgearbeitet hat, wird er Produzent und Autor für die Sitcom *All in the Family* und dann ausführender Produzent von Chris Rocks TV-Serie *Alle hassen Chris*. Danach folgt die gefeierte Zeichentrickserie *The Boondocks* (deren Hauptautor er ist), bis er Co-Executive Producer von *Runaways* wird. Es folgen die Comic-Serien *Falcon*-Serie und für das *Star Wars*-Universum die Miniserie *Lando*: *Doppelt oder Nichts* sowie ein Special für das Event *Krieg der Kopfgeldjäger*.

Georges Jeanty debütiert Mitte der neunziger Jahre bei kleinen, unabhängigen Verlagen. Später arbeitet er für DC an Serien wie *Green Lantern*, *Superboy* und *Superman*, und wechselt dann zu Marvel, wo er an *Gambit*, *Deadpool* und *Weapon X* arbeitet. Im Jahr 2008 beginnt sein Engagement für die Serie, die ihn bekannt macht: die Comic-Fortsetzung der berühmten TV-Serie *Buffy – Im Bann der Dämonen*. Was das *Star Wars*-Universum betrifft, so ist er neben Ario Anindito einer der beiden regulären Künstler von *Die Hohe Republik*.

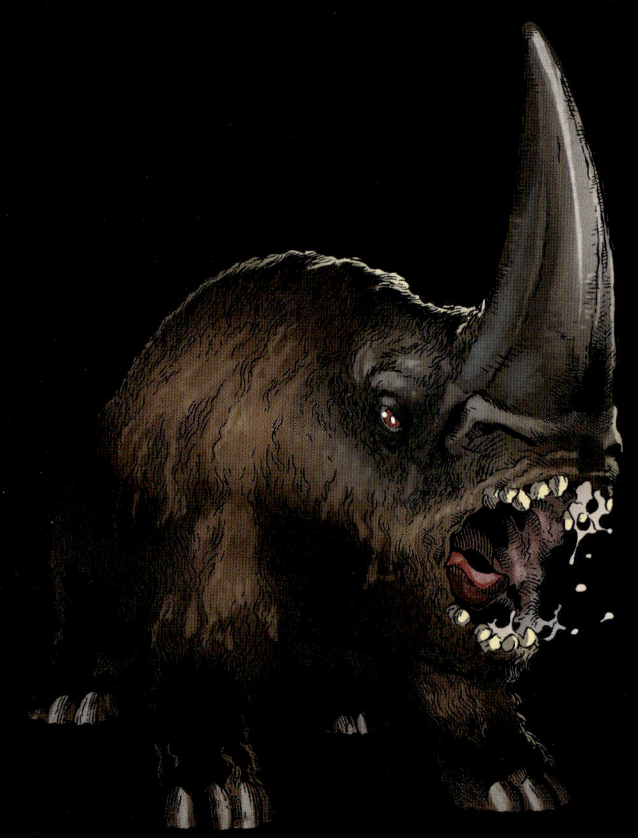